NOTICE

SUR LE

SERVICE DES EAUX

ET DE

L'ASSAINISSEMENT

DE PARIS

CETTE NOTICE A ÉTÉ DRESSÉE

SOUS L'ADMINISTRATION

DE

M. DE SELVES, Préfet de la Seine

ET LA DIRECTION

DE

M. DEFRANCE

Directeur administratif de la Voie Publique et des Eaux et Égouts

PAR LES SOINS

DE

M. BECHMANN,

Ingénieur en chef des Ponts et Chaussées, Chef du service technique
des Eaux et de l'Assainissement.

EXPOSITION UNIVERSELLE DE 1900

PRÉFECTURE DU DÉPARTEMENT DE LA SEINE

DIRECTION ADMINISTRATIVE DE LA VOIE PUBLIQUE ET DES EAUX ET ÉGOUTS

NOTICE

SUR LE

SERVICE DES EAUX

ET DE

L'ASSAINISSEMENT

DE PARIS

PARIS
LIBRAIRIE POLYTECHNIQUE, Ch. BÉRANGER, ÉDITEUR
SUCCESSEUR DE BAUDRY ET Cie
15, RUE DES SAINTS-PÈRES, 15
MAISON A LIÈGE, 21, RUE DE LA RÉGENCE

1900

LES EAUX
ET
L'ASSAINISSEMENT DE PARIS

PREMIÈRE PARTIE
APERÇU RÉTROSPECTIF

CHAPITRE PREMIER
LES EAUX ET LES ÉGOUTS IL Y A CENT ANS

1. Vue d'ensemble. — Au moment où s'ouvrait le siècle qui va finir, la ville de Paris, enfermée dans l'enceinte des Fermiers généraux, présentait une superficie de 3 800 hectares et comptait une population de 547 700 habitants.

Cette population s'alimentait, en grande partie, au moyen de l'eau séléniteuse des puits, qui existaient en grand nombre dans les cours des maisons, de l'eau puisée directement dans la Seine, contaminée par les lavoirs, les bains, la navigation, etc., et pouvait se procurer, seulement par puisage aux fontaines publiques, en nombre restreint, l'eau provenant des aqueducs du Nord et du Midi ou des pompes de la Samaritaine et du pont Notre-Dame et des pompes à feu de Chaillot et du Gros-Caillou.

Quelques privilégiés seuls avaient obtenu, par faveur ou à prix d'argent, des concessions, dont quelques-unes perpétuelles, desservies par autant de conduites rattachées aux châteaux d'eau, dont les cuvettes assuraient la répartition de l'eau disponible entre les bénéficiaires, qui tenaient leur privilège tant des libéralités du roi que de celles de la municipalité.

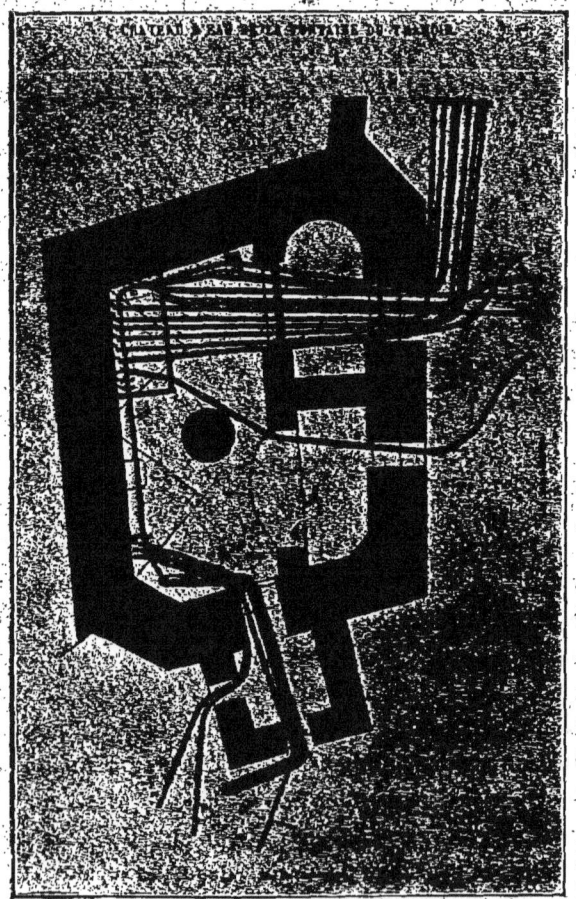

Château d'eau de la fontaine du Traboir.

Les travaux qui avaient concouru à l'approvisionnement de Paris en eaux publiques avaient été, en effet, exécutés, tantôt exclusivement aux frais du Trésor Royal, tantôt aux frais de la

Ville seule, quelquefois en participation. De là l'ancienne division des eaux de Paris en *Eaux du Roi* et en *Eaux de la Ville*. Toutefois, comme ces différentes eaux étaient souvent réunies dans les mêmes aqueducs et les mêmes conduites jusque dans les cuvettes de distribution où le partage en était fait, les eaux de la Ville participaient aux immunités de celles du Roi.

L'ensemble du service était soumis à des règlements généraux dont plusieurs sont en vigueur encore aujourd'hui, notamment la célèbre ordonnance de Charles VI, en date du 9 octobre 1392, qui déclara les unes et les autres imprescriptibles et inaliénables.

Une Compagnie, créée en 1777 par les frères Périer, avait doublé les ressources de l'alimentation par la construction successive des *pompes à feu* de Chaillot et du Gros-Caillou; mais l'ensemble représentait à peine 8 000 mètres cubes par jour, soit 15 litres par habitant, et la compagnie n'en avait pas moins succombé faute d'abonnés.

Les eaux pluviales et les eaux ménagères suivaient, dans les rues, le ruisseau central, formé par les revers inclinés des chaussées fendues, et aboutissaient à quelques rares bouches d'égout béantes et grillées où elles s'engouffraient; puis, s'écoulant dans des galeries souterraines à radier plat et piédroits verticaux, construites à diverses époques et sans plan d'ensemble, gagnaient : sur la rive droite, l'ancien ru de Ménilmontant, dont les deux branches, après avoir couru au pied des coteaux de Montmartre et de Belleville, allaient se déverser, de part et d'autre dans les fossés de la Bastille et dans la Seine à Chaillot, sur la rive gauche, la Bièvre, les fossés Saint-Victor et le grand égout Guénégaud.

Les maisons qui étaient pourvues de « privés » devaient, en vertu d'un arrêt du Parlement du 13 septembre 1533, avoir des fosses étanches, que les « gadouards », ou maîtres fy-fy, venaient vider au seau à des intervalles éloignés et dont le contenu porté à la voirie de Montfaucon, près de la barrière du Combat, était déversé dans des bassins qui répandaient dans le voisinage une épouvantable puanteur.

Quelques établissements de l'État, comme l'Hôtel des Invalides et l'École Militaire, pratiquaient, sans vergogne, le tout à la Seine.

2. Alimentation d'eau. — Sources du Midi. — Les eaux des coteaux de Rungis, l'Hay, Arcueil, Cachan, dérivées jadis par l'empereur Julien pour l'alimentation du palais des Thermes, étaient amenées à Paris par l'aqueduc d'Arcueil, qu'Henri IV avait songé à construire sur le tracé de l'ouvrage romain, dont Marie

Aqueduc d'Arcueil, arcades de la Bièvre. (Élévation générale et plan.)

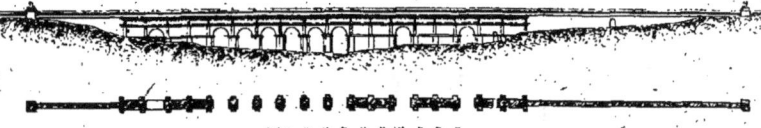

Élévation partielle et coupe (surmontées des arcatures de la Vanne).

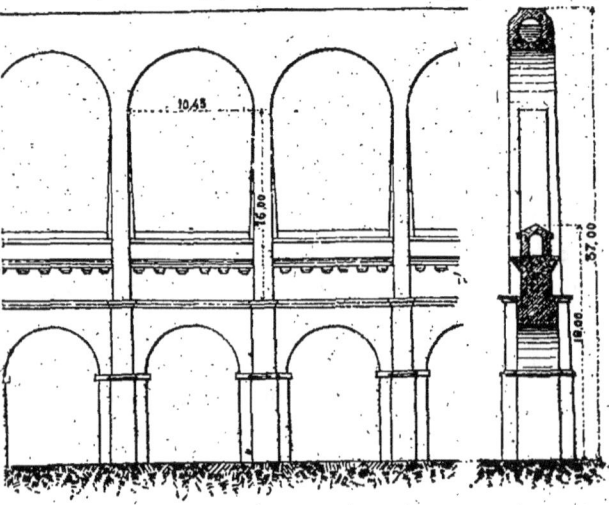

de Médicis avait posé la première pierre le 17 juillet 1613 et que le jeune Louis XIII inaugura le 18 mai 1624. Sur le parcours de cet aqueduc, construit par les soins et aux frais de la ville, on admirait les belles arcades de la vallée de la Bièvre élevées directement sur les subsructions romaines. Sa large section voûtée, ses vastes regards avec escaliers en pierre, en faisaient un ouvrage remarquable mais hors de proportion avec le maigre volume d'eau qu'il débitait, à peine 1 000 mètres cubes par 24 heures.

Sources du Nord. — Bien moins abondantes encore — 200 à 300 mètres cubes — et de qualité plus que médiocre, les eaux des sources du Nord étaient amenées par les deux petits aqueducs des Prés Saint-Gervais et de Belleville, construits à une époque bien antérieure, mais difficile à préciser, par le monastère de Saint-Laurent et l'abbaye de Saint-Martin des Champs ; le premier constitué par des tuyaux en poterie ou de simples pierrées ; le second par des galeries voûtées en pierre et pourvu de regards monumentaux dont l'établissement remonte à 1457.

Pompes de la Samaritaine. — Sous la deuxième arche du Pont-Neuf, du côté du Louvre, fonctionnait l'établissement de la Samaritaine, qu'Henri IV avait fait construire en 1606, par l'ingénieur flamand Jean Lintlaer, dans le but de fournir l'eau nécessaire au Louvre et aux Tuileries ; considéré comme une des curiosités de Paris, il était surtout réputé pour son fameux carillon.

Il se composait d'une roue pendante que le courant du fleuve mettait en mouvement et qui entraînait un jeu de pompes jadis capables d'élever 710 mètres cubes par vingt-quatre heures dans un réservoir construit dans le cloître Saint-Germain-l'Auxerrois.

Pompes Notre-Dame. — L'établissement des Pompes Notre-Dame, construit sur le même type en 1669-1671, par Jolly et Demanu, et qui avait élevé jusqu'à 1 600 mètres cubes par jour,

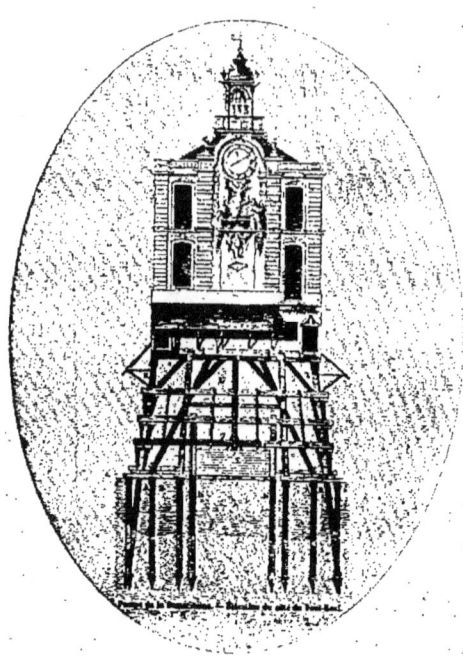

Pompes de la Samaritaine. (Élévation du côté du Pont-Neuf et coupe.)

restauré par Rennequin en 1705, par Bélidor en 1737, mais

Pompes du Pont Notre-Dame. (Vue des bâtiments et pilotis.)

toujours mal entretenu, était tombé dans un état complet de délabrement.

POMPES A FEU DE CHAILLOT ET DU GROS-CAILLOU. — La pompe à feu de Chaillot, installée en 1781, au pied du côteau qui portait le village de ce nom et sur le bord du fleuve, à l'aval mais dans l'enceinte de Paris, renfermait deux machines à vapeur de 69 chevaux chacune, du type de Newcomen, avec des balanciers en bois actionnant, par des chaînes les pistons des moteurs et des pompes. Elle refoulait l'eau puisée en Seine dans quatre réservoirs construits, à peu de distance, sur la pente du côteau.

Celle du Gros-Caillou, établie peu après, presque en face sur la rive gauche, renfermait également deux machines, mais plus petites et dont la force atteignait à peine 14 à 16 chevaux. A

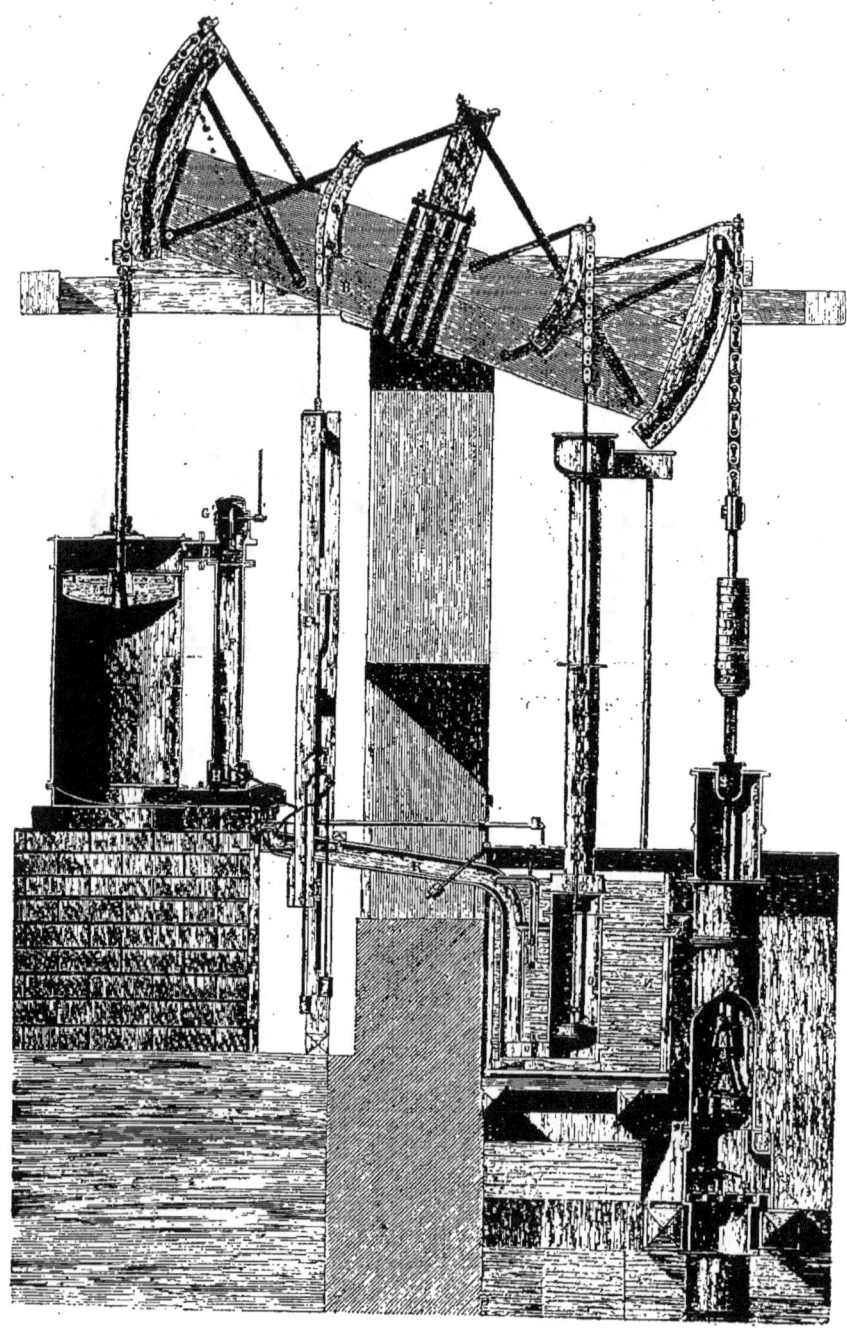

Pompe à feu de Chaillot.

défaut d'un coteau voisin où l'on eût pu construire un réservoir, l'eau était refoulée dans un château d'eau, d'où partait le réseau de distribution.

Ces deux usines qui, avec les conduites et tout le matériel de la Compagnie, avaient coûté dix millions, étaient entre les mains de l'État, qui, après la ruine de la Compagnie, s'en était emparé pour assurer la continuation du service et les avait réunies aux anciennes Eaux du Roi.

L'ensemble de ces ouvrages pouvait fournir, comme on l'a vu plus haut, un volume voisin de 8 000 mètres cubes par jour et qui, d'après un relevé de l'époque, se répartissaient de la manière suivante :

Eau des Prés Saint-Gervais (sources du Nord)	171 m³
Eau de Belleville (sources du Nord)	114
Eau d'Arcueil (sources du Midi)	952
Eau de Seine (pompes de la Samaritaine)	400
— (pompes Notre-Dame)	914
— (pompe à feu de Chaillot)	4 132
— (pompe à feu du Gros-Caillou)	1 303
Volume égal	7 986 m³

Ils alimentaient un certain nombre d'établissements publics, 83 fontaines publiques et 45 concessions particulières, gratuites ou payantes.

3. **Mode d'assainissement.** — LES ÉGOUTS. — Sur la rive droite un très petit nombre d'égouts se déversaient directement en Seine ; la plupart, au contraire, étaient inclinés en sens inverse, dans la direction du coteau, et venaient aboutir au grand égout de ceinture, qui débouchait lui-même dans le fleuve, à côté de la prise d'eau de Chaillot. C'était le cas de l'égout de la rue Montmartre, le plus ancien de tous, construit sous le règne de Charles VI par Hugues Aubriot, prévôt des marchands ; de l'égout du Ponceau, ancien fossé voûté sous Henri IV

et Louis XIII par le prévôt François Miron; de l'égout Cour-

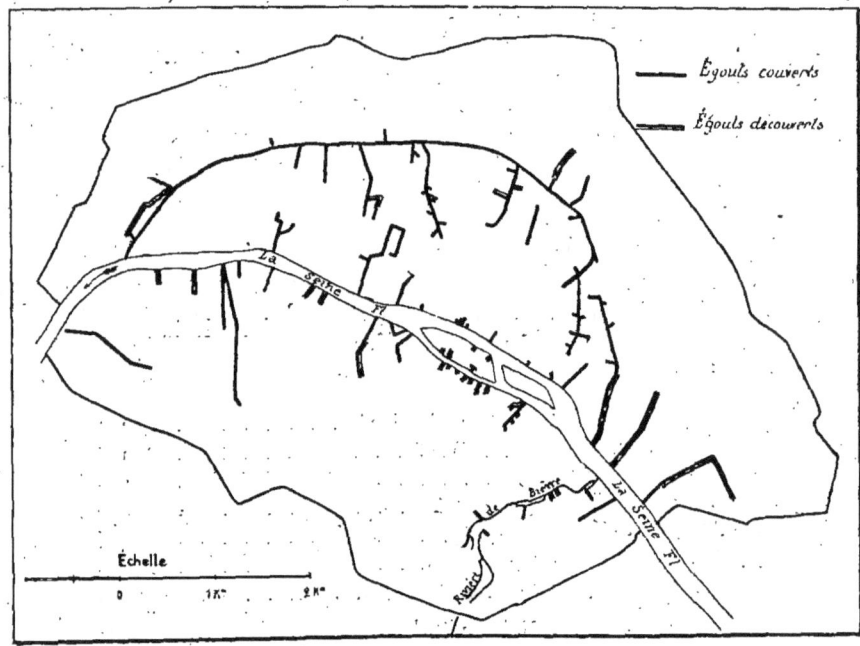

Plan des égouts à Paris en 1800.

tille-Barbette établi en 1714, suivant le tracé de la rue Vieille-du-Temple et prolongé depuis par la rue des Filles-du-Calvaire.

Le grand égout de ceinture n'était autre chose que l'ancien rû de Ménilmontant, muraillé et dallé en 1740 par Turgot, prévôt des marchands, et que depuis les particuliers avaient recouvert d'une voûte sur la majeure partie de sa longueur, notamment sur le parcours des rues actuelles du Château-d'eau, Richer, de Provence. Il avait été pourvu, par Turgot, d'un vaste réservoir placé en tête, vers la rue des Filles-du-Calvaire, qui recevait les eaux de Belleville et pouvait y déverser brusquement 6 000 m³ d'eau pour y effectuer une sorte de chasse.

Sur la rive gauche, la Bièvre déjà infectée par les eaux des tanneries et des mégisseries, servait de collecteur : après avoir longé le Jardin des Plantes et reçu les eaux sales de la Salpêtrière, elle allait se jeter en Seine non loin de l'emplacement actuel du pont d'Austerlitz. Les fossés Saint-Victor débouchaient en Seine à la porte de la Tournelle, l'égout Guénégaud près du Pont-Neuf. Plus bas le fleuve recevait les égouts des Invalides et de l'École Militaire.

Tout l'ensemble comportait une longueur totale de 26 kil. environ, qui se décomposait ainsi :

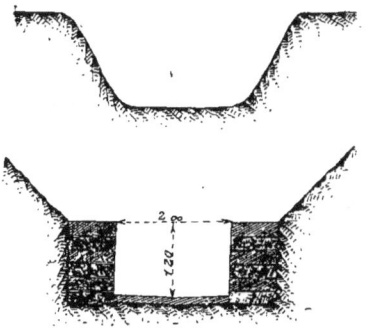

Égout de ceinture. Fossé, section muraillée et voûtée.

Rive droite : Égouts se déversant directement en Seine.	5 963 m.
— Grand égout de ceinture et affluents.	11 673
Iles	282
Rive gauche	8 133
Ensemble. . .	26 051 m.

Voirie de Montfaucon. — La voirie de la barrière du Combat ne remonte qu'à l'année 1761, c'est-à-dire à l'époque de la construction de l'enceinte des fermiers généraux. On avait alors, sur la réclamation des habitants des faubourgs Saint-Denis et Saint-Martin, décidé le report au pied des Buttes-Chaumont de la voirie de Montfaucon, la seule des voiries du moyen âge qui eût subsisté et dont les émanations empoisonnaient le voisinage. Elle avait conservé l'ancienne désignation de Montfaucon.

Ses bassins de réception s'étendaient sur une surface de 10 hect.

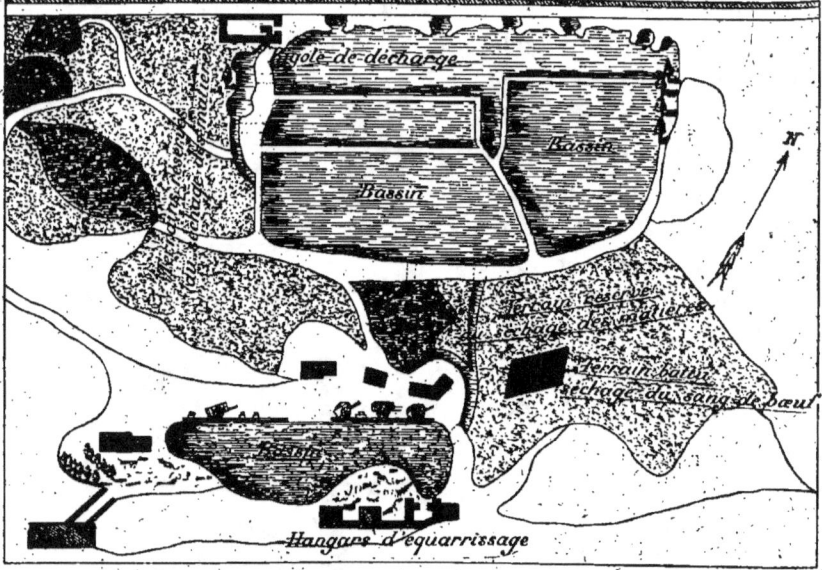

Plan de la voirie de Montfaucon en 1821.

et formaient deux étages avec une différence de niveau de 15 m.; les matières, déversées dans les bassins supérieurs, s'y décantaient et y laissaient les parties solides, tandis que le liquide était écoulé dans les bassins inférieurs où il se perdait par évaporation ou infiltration dans le sol.

Le volume des matières qu'on y apportait journellement était d'environ 50 m^3.

4. Projets. — La situation qui vient d'être décrite n'était sans doute pas considérée comme satisfaisante et depuis longtemps on avait vu apparaître des projets tendant à la modifier.

C'est ainsi qu'en 1782, de Fer de la Nouerre avait proposé de dériver les eaux de la Bièvre, de même que de Parcieux avait fait précédemment pour celles de l'Yvette. Les travaux, autorisés par un arrêt du conseil d'État du 3 novembre 1787, puis suspendus sur la plainte des teinturiers, mégissiers, tanneurs, etc., du faubourg Saint-Marceau, qui voyaient déjà la Bièvre à sec, avaient dû être abandonnés en présence des difficultés et des oppositions suscitées autour de l'entreprise et qui l'avaient fait échouer totalement en 1789.

Presque en même temps, en 1785, le projet de dérivation de la Beuvronne, affluent de l'Ourcq, avait été présenté à l'Académie des Sciences par l'ingénieur Brullée. La rigole d'amenée devait desservir un canal à point de partage descendant dans la Seine, d'un côté au bassin de l'Arsenal, de l'autre à Saint-Denis et se prolongeant de là vers Conflans Sainte-Honorine et Pontoise. C'était l'idée première des canaux Saint-Martin et Saint-Denis. La pénurie des capitaux ayant empêché la réalisation du projet, il avait été repris en 1799 par MM. Solagis et Bossu. Mais la nouvelle entreprise échoua également.

En 1797 un architecte, Giraud, avait proposé de supprimer la voirie de Montfaucon et d'en établir deux autres, à Grenelle et dans la plaine Saint-Denis, où l'on fabriquerait des engrais qui seraient écoulés dans les campagnes environnantes.

CHAPITRE II

LES EAUX ET LES ÉGOUTS DANS LA PREMIÈRE MOITIÉ DU XIXe SIÈCLE

1. Le Consulat et l'Empire. — LES EAUX. — On a vu que de nombreux projets avaient été mis en avant vers la fin du xviiie siècle pour organiser un système général de distribution d'eau, mais, s'ils avaient échoué pour la plupart, ils avaient eu pour résultat de tourner la pensée du Premier Consul vers cet important objet. A la suite de nouvelles études faites sur l'ordre du gouvernement, le Corps législatif rendit, le 29 floréal an X (19 mai 1802) un décret ordonnant qu'il serait ouvert un *canal de dérivation* de la rivière d'Ourcq et que cette rivière serait amenée à Paris dans un bassin près de la Villette.

Un arrêté du Premier Consul, en date du 25 thermidor suivant (13 août 1802) spécifia : que les travaux relatifs à la dérivation de l'Ourcq seraient commencés le 1er vendémiaire an XI, (23 septembre 1802).; que les fonds nécessaires seraient prélevés sur le produit de l'octroi de Paris ; que le Préfet de la Seine serait chargé de l'administration générale des travaux, même pour la partie du canal située hors du département de la Seine ; enfin que les travaux seraient exécutés par les ingénieurs des Ponts et Chaussées.

Le tracé et les dimensions du nouveau canal, qui devait effectuer la dérivation totale de la rivière, furent, durant trois ans, l'objet de très vives discussions au sein de l'assemblée des Ponts et Chaussées, en raison de la divergence des sytèmes préconisés. Les uns comportaient une simple rigole d'adduction d'eau potable les autres constituaient un canal de petite navigation pouvant, dans l'avenir, être relié aux canaux et rivières du nord et de l'est de la France.

Le 17 mars 1805, l'Empereur trancha lui-même la question en décidant que le profil du canal de l'Ourcq serait établi de manière à donner passage à des bateaux de moyenne grandeur.

Les travaux furent dès lors poussés avec activité entre Paris et Claye, sous la direction de Girard, Ingénieur en Chef des Ponts et Chaussées, qui avait pris part à l'expédition d'Égypte et qui, à son retour, le 28 fructidor an X (15 septembre 1802), avait été chargé de l'exécution des travaux.

Cependant un décret du 6 prairial an XI, modifié par un autre décret du 4 septembre 1807, ordonna la réunion de toutes les eaux anciennes et nouvelles en une seule administration, régie, aux frais de la Ville de Paris, par le Préfet de la Seine, sous la surveillance du directeur général des Ponts et Chaussées et l'autorité du Ministre de l'Intérieur. C'est depuis lors que la Ville se trouve en possession de l'ensemble du service des eaux de Paris et que tous les ouvrages dépendant de ce service sont considérés indistinctement comme faisant partie de la grande voirie.

En même temps que les travaux de dérivation de l'Ourcq, ceux de l'*aqueduc de ceinture*, destiné à en distribuer les eaux dans Paris, étaient entrepris le 11 août 1808 ainsi que la pose des tuyaux de conduite. Le bassin de la Villette ayant été achevé au mois d'octobre, les eaux y furent introduites le 2 décembre suivant et coulèrent à la fontaine des Innocents le 15 août 1809, ce qui permit à l'Empereur d'ordonner la démolition de la Samaritaine. Pour donner une nouvelle impulsion à l'entreprise du canal de l'Ourcq et de son double prolongement, la Ville fut autorisée, par un décret du 20 février 1810 à emprunter 7 millions.

Le 15 août 1813, la navigation s'ouvrit entre Claye et Paris.

Mais à partir de cette époque, les revers de la France paralysèrent les travaux qui furent presque suspendus en 1814.

Égouts et vidanges. — Les égouts s'augmentèrent peu durant cette période; sans songer à s'écarter des errements du passé on construisit seulement quelques tronçons raccordés sur les égouts existants et de même type, c'est-à-dire en maçonnerie de pierre de taille, lourde, massive, coûteuse, en particulier dans les rues de Rivoli, Saint-Denis, Montmartre, etc.

La salubrité de la Ville de Paris fut confiée au Préfet de police par l'arrêté du 12 messidor an VIII (1er juillet 1800). Et un décret du 10 mars 1809 vint ordonner la construction de fosses complètement étanches.

2. La Restauration. — Concession du canal de l'Ourcq et du canal Saint-Denis. — Durant les premières années de la Restauration, l'état des finances ne permettait pas à la ville de Paris d'achever les canaux de l'Ourcq et Saint-Denis; on songea donc à faire terminer cette grande entreprise par les soins et aux frais d'une compagnie à laquelle on abandonnerait les produits de la navigation.

La concession fut faite à la compagnie Vassal et Saint-Didier. Par le traité de concession en date du 19 avril 1818, approuvé par la loi du 20 mai 1818 et par une ordonnance royale du 10 juin suivant, la Ville accorda à la Compagnie une subvention de 7 500 000 francs pour terminer les deux canaux de l'Ourcq et Saint-Denis et lui abandonna les péages et les revenus territoriaux des deux lignes pendant quatre-vingt-dix-neuf ans, à compter du 1er janvier 1823; à la condition que la Compagnie achèverait les travaux et les entretiendrait à ses frais jusqu'à l'expiration de sa concession. La Compagnie fut mise en possession des deux canaux le 1er juillet 1818, suivant un arrêté du 17 juin précédent.

L'ouverture du canal Saint-Denis eut lieu solennellement le dimanche 13 mai 1821, à l'occasion du baptême du duc de Bordeaux, et le canal de l'Ourcq fut entièrement ouvert, de Mareuil à Paris, à la fin de 1822.

A ce moment, des difficultés s'étant élevées entre la Compagnie et le duc d'Orléans, à raison des droits de celui-ci sur la rivière d'Ourcq, une transaction intervenue le 24 avril 1824, et ratifiée par une ordonnance royale du 23 juin suivant, fit passer la rivière d'Ourcq, depuis le Port-aux-perches jusqu'à la Marne, dans le domaine de la ville de Paris qui en concéda la jouissance à la Compagnie.

CONSTRUCTION DU CANAL SAINT-MARTIN. — La construction du canal Saint-Martin fut prescrite par la loi du 29 floréal an X (19 avril 1802) et les décrets de l'Empereur du 14 février 1806 et du 27 juillet 1808. Cet ouvrage était à peine commencé en 1814, à la chute de l'Empire. La ville de Paris fut autorisée, par la loi du 5 août 1821, à négocier un emprunt de 400 000 livres de rente pour acheter les terrains et solder les travaux.

Une ordonnance royale, du 15 du même mois, approuva le plan définitif du canal, dont les travaux furent adjugés le 1er mars 1822 à la Compagnie des canaux de l'Ourcq et Saint-Denis sous certaines charges, clauses et conditions, comprenant notamment l'abandon, à cette Compagnie, de la jouissance dudit canal pour quatre-vingt-dix-neuf ans, à partir du 1er janvier 1823.

Le canal déclaré ouvert le 4 novembre 1825, a vu la navigation s'établir réellement le 23 décembre suivant.

LES ÉGOUTS. — *Parent Duchâtelet (1824). Premier emploi de la meulière (Duleau).* — Cependant les égouts, toujours établis un peu au hasard, suivant les besoins du moment et d'après les mêmes principes, voyaient à peine leur développement total s'augmenter de cinq cents mètres par an.

C'est ainsi qu'on construisit les égouts des abattoirs Popincourt, des rues Richelieu, Croix-des-Petits-Champs ; ceux de la pompe à feu du Gros-Caillou, de la place Maubert et de la ménagerie du Jardin des Plantes.

Mais l'assainissement du sol et celui des immeubles n'avaient encore rien gagné au point de vue de l'hygiène. Les égouts continuaient à ne pas être nettoyés, les immondices qui s'y accumulaient en arrêtant le cours des eaux, répandaient l'infection dans l'atmosphère. A la moindre pluie, les eaux superficielles n'avaient plus d'écoulement et les parties basses d'un grand nombre de

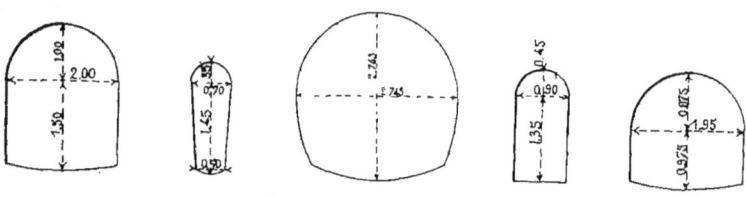

Égouts, types anciens.

quartiers de la Ville étaient inondées ; l'eau envahissait les caves et les rez-de-chaussée des immeubles jusqu'à près de un mètre de hauteur, sur certains points.

Une description des égouts existant en 1824 est donnée, fort exactement, dans le remarquable ouvrage de Parent Duchâtelet : *Essai sur les cloaques ou égouts de la Ville de Paris.*

Il divise les égouts en trois genres :

1° Celui des *égouts voûtés* qui comportait un développement total de 35 628 mètres savoir :

Égouts de la rive droite (y compris le grand égout de ceinture) 25 711 mètres ;

Égouts de la rive gauche, 9 530 mètres ;

Égouts des îles de la Seine, 387 mètres.

2° Celui des *égouts découverts* d'une longueur totale de 2 206 mètres, non compris la rivière de Bièvre, qui recevait les eaux souillées et infectes de près de cent établissements de tanneurs et corroyeurs.

3° Celui des égouts, peu nombreux, qui, par exception à la règle générale, se perdaient dans la terre par *infiltration*

A partir de 1824, on commença à comprendre l'importance du rôle des égouts dans la salubrité d'une ville ; on s'attache, dès lors, à développer le plus possible le réseau parisien et, afin de réaliser rapidement ce projet, on cherche à diminuer le prix de revient des galeries.

Devilliers, Coïc et Duleau, Ingénieurs des Ponts et Chaussées, chargés successivement des travaux d'égout de Paris, renonçant à l'emploi coûteux de la pierre de taille et de la chaux grasse, adoptèrent un nouveau mode de construction des égouts, plus rationnel et plus économique, avec chaux hydraulique et petits matériaux.

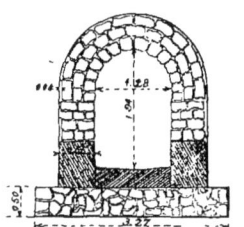

Égout de la rue de Rivoli.

Bientôt l'Ingénieur Duleau projeta l'exécution de onze grandes lignes d'égouts en maçonnerie de *meulière* à bain de mortier hydraulique avec fondation sur couche de béton. La dépense par mètre d'égout, qui s'élevait autrefois à plus de 400 francs, se trouva ainsi réduite, suivant les sections des galeries, à 130 francs pour les grandes et à 80 francs pour celles de petites dimensions.

LES VIDANGES. — On commençait à s'occuper d'ailleurs de l'assainissement intérieur de Paris. C'est ainsi que l'ordonnance royale du 24 septembre 1819 vint poser les règlements encore en vigueur aujourd'hui pour la construction des fosses d'aisances.

D'autre part, la situation déplorable de la voirie de Montfaucon s'aggravant sans cesse, par suite de l'augmentation constante des matières transportées, on avait dû songer à trouver d'autres lieux de dépôt ; et, en 1817, la Ville de Paris fut autorisée à disposer pour y transporter sa voirie, de 30 hectares de la forêt de Bondy, situés le long du canal de l'Ourcq. Mais le quart seulement des matières de vidanges put y être transporté en bateaux par le canal pour y subir le traitement rudimentaire en usage à la voirie de Montfaucon, qui continuait à rester comme un fléau pestilentiel aux portes mêmes de la Ville.

En 1826 on crut en atténuer les inconvénients en profitant de la construction de l'égout latéral au canal Saint-Martin pour jeter en Seine, en amont de Paris et des prises d'eau, les eaux vannes surabondantes de la voirie de Montfaucon.

3. Période de 1830 à 1854. — Chaussées bombées. — C'est seu-

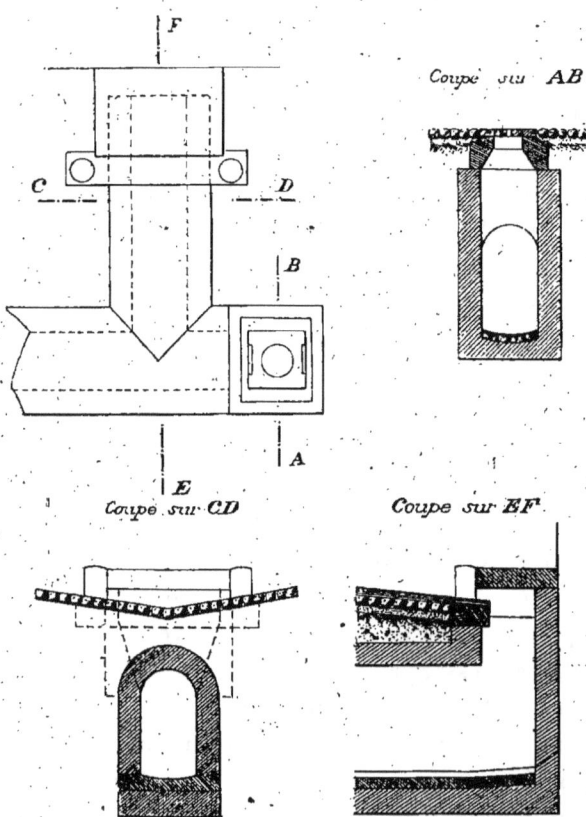

Ancienne bouche d'égout sous chaussée fendue et sous trottoir.

lement à partir de 1830 que les anciennes chaussées fendues, à ruisseau central, commencèrent à disparaître et qu'on les remplaça par les *chaussées bombées*, avec trottoirs et double caniveau.

Le développement des égouts et l'extension de la canalisation d'eau permettaient bientôt d'établir, au point bas du caniveau entourant chaque îlot de maisons une *bouche d'égout*, et au point haut une *borne fontaine*, fonctionnant deux fois par jour pendant une heure, et dont l'eau — quand elle ne servait pas au puisage — coulait librement au caniveau, pour y entraîner jusqu'à la bouche d'égout les eaux sales, la boue et les ordures, provenant soit du balayage des rues, soit des maisons riveraines.

Distribution générale. — *Eau de l'Ourcq*. — Dès l'arrivée de l'eau de l'Ourcq au bassin de la Villette, on s'était préoccupé de la distribuer, par un réseau de conduites bien étudié, dans les quartiers de la rive droite et de la rive gauche de l'ancien Paris.

Bientôt une galerie souterraine de 4033 mètres de longueur, nommée *aqueduc de ceinture* et tracée à peu près de niveau depuis son origine, au bassin de la Villette, jusqu'à un vaste réservoir terminal, établi près de la barrière Monceau, détachait sur le parcours plusieurs conduites maîtresses, qui descendaient perpendiculairement vers la Seine et franchissaient les ponts pour aboutir, sur la rive gauche, à deux réservoirs établis à une altitude un peu moindre, les bassins Saint-Victor et Racine.

Ces conduites, d'un diamètre de $0^m,60$, alimentaient de nombreuses conduites secondaires, qui amenaient l'eau tant aux appareils de la rue qu'à l'intérieur des maisons. Toutes ces conduites exécutées en fonte, avec joints au plomb, étaient posées en terre, à la profondeur nécessaire pour échapper aux gelées.

Puis un aqueduc secondaire, nommé *galerie Saint-Laurent*, s'embranchait sur l'aqueduc de ceinture et conduisait une partie des eaux, à niveau, jusqu'auprès de la gare du chemin de fer de

Fig. 16. — Aqueduc de ceinture. (Coupe.)

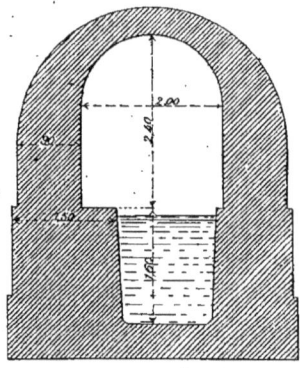

Galerie Saint-Laurent. (Coupes.)

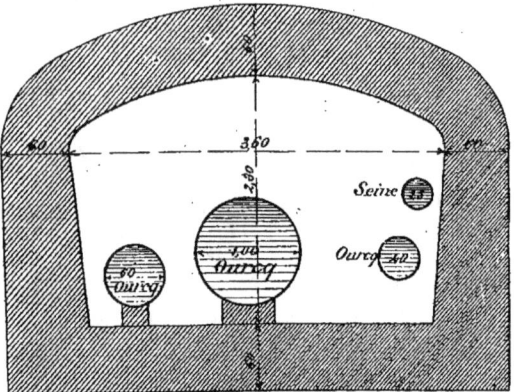

Boulevard de Sébastopol.

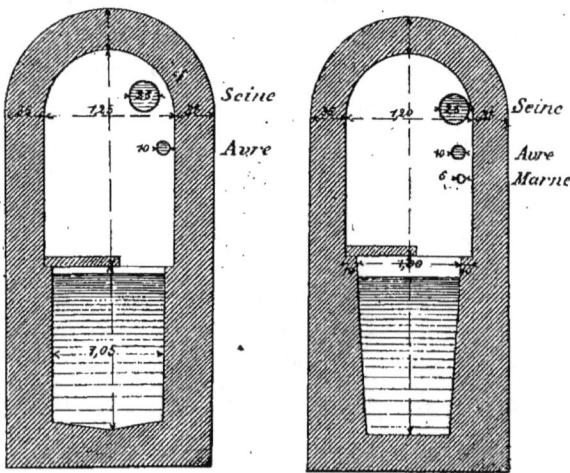

Rue d'Alsace.

fer de Strasbourg, où il se subdivisait aussi en plusieurs conduites maîtresses.

Cuve de Chaillot. — Mais les eaux ainsi distribuées n'avaient pas une pression suffisante pour atteindre les quartiers hauts, auxquels fut alors réservée l'eau de Seine que continuait à élever la pompe à feu de Chaillot. Dupuit, à cet effet, en transforma les machines et construisit, au-dessus de l'ancien village de Chaillot, une cuve de distribution en tôle, à fond en forme de calotte sphérique, de 1700 mètres cubes de capacité, qui fut à l'époque très remarquée et devint le prototype d'un grand nombre d'installations analogues.

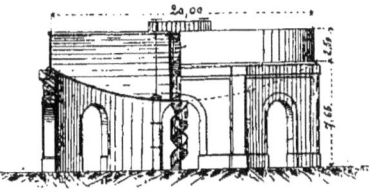

Cuve de Chaillot.

Fontaines marchandes et porteurs d'eau. — On en était encore à cette époque au régime des porteurs d'eau, soit *à bretelles*, soit *à tonneaux*, qui s'approvisionnaient aux *ventes d'eau* ou *fontaines marchandes*, en payant, au profit de la Ville, une rétribution de 0,90 par mètre cube. Imaginées en 1786, ces ventes d'eau se multiplièrent surtout à partir de l'ordonnance rendue par le Préfet de Police le 28 juillet 1819, pour interdire aux porteurs d'eau à tonneaux le puisage aux fontaines publiques, en raison de l'encombrement qu'ils causaient aux abords. Mais l'eau qu'achetaient ainsi les porteurs d'eau et qu'ils revendaient aux consommateurs était loin d'être pure; aussi, dès 1821, des essais de filtrage avaient-ils été tentés à la fontaine de la Boule-Rouge, au moyen d'un filtre principalement composé de grès pilé, de charbon et de sable fin.

Bientôt d'autres fontaines marchandes furent également pourvues de filtres de divers types, et l'usage s'introduisit, dans les ménages, du petit filtre à pierre poreuse, qui devait si longtemps faire partie du mobilier indispensable des cuisines parisiennes et qui a disparu seulement depuis l'arrivée des eaux de source.

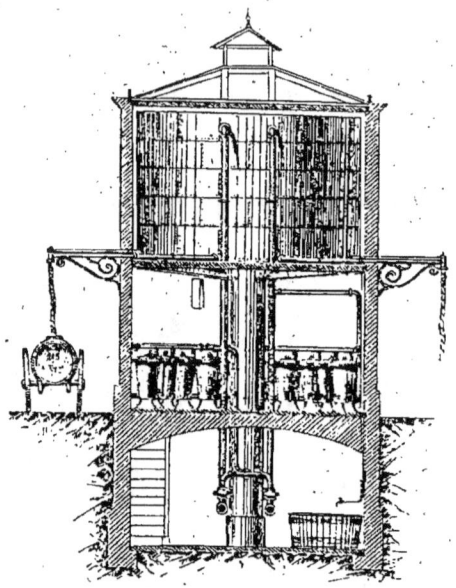

Fontaine marchande.

Enfin, une Compagnie installait, quai des Célestins, des appareils du système Vedel et Bernard et entreprenait la fourniture d'eau filtrée dans Paris, au moyen de gros tonneaux attelés.

Puits artésien de Grenelle. — En 1832, l'Administration municipale, en quête d'eaux plus pures, décida, sur la proposition de l'ingénieur Emmery, qu'on pousserait le forage d'un *puits artésien* entrepris dans la plaine de Grenelle, non plus seulement comme on le faisait aux environs de Paris, jusqu'aux couches sablonneuses de l'argile plastique, mais jusque dans les grès verts ; on devait ainsi percer, non seulement la masse des terrains tertiaires, mais encore la craie blanche, les premières assises de la craie inférieure, notamment les argiles du gault et atteindre les terrains aquifères situés au-dessous.

Les travaux furent entrepris par M. Mulot, sous la direction des ingénieurs Emmery et Mary le 24 décembre 1833. L'eau jaillissante arriva à la surface du sol le 26 février 1841 d'une profondeur de forage de 548 mètres. Le volume était de 39 litres par seconde.

Des désordres considérables survenus au pied du tubage exigèrent des travaux complémentaires qui, entrepris en décembre 1850, furent terminés le 20 juillet 1852.

Les égouts. — L'apparition du choléra en 1832, appela l'attention publique sur les travaux d'assainissement. On s'émut des émanations résultant de la stagnation des eaux sales dans des ruisseaux fétides et, pour la première fois, l'on comprit les avantages que présentait la généralisation d'un réseau souterrain. Aussi, de 1832 à 1836, la construction des égouts prit-elle une marche régulière, qui se maintint quelques années et atteignit en moyenne 8 kilomètres par an.

C'est de cette époque que date l'établissement systématique des *bouches d'égout sous trottoirs*, employées par Emmery pour supprimer les cassis transversaux aux carrefours des rues.

Sous ses successeurs, les travaux ne marchèrent pas avec moins de rapidité ; ils ne se ralentirent un peu qu'en 1848 et 1849, à cause des événements politiques, encore la longueur d'égouts exécutée durant ces deux années fut-elle de 6563 mètres.

Cette période vit apparaître une pratique qui s'est plus tard généralisée : celle de poser en égout les conduites de distribution des eaux. Depuis longtemps on avait compris l'avantage qu'il y aurait à placer ces conduites dans des galeries, où il serait possible de les visiter en tout temps pour les entretenir et les réparer ; et, sous l'Empire, l'égout Saint-Denis avait été disposé pour recevoir la conduite de $0^m,25$ qui alimentait la fontaine des Innocents ; mais on avait reculé devant la dépense qu'entraînaient les augmentations de section nécessaires.

Nouveaux types. — Le nouveau mode de construction introduit par Duleau ayant permis de réduire très sensiblement le prix des galeries souterraines, l'ingénieur Mary, chargé des services réunis des eaux et des égouts, proposa de revenir à cette disposition et porta en conséquence les dimensions des égouts élémentaires à 2 mètres de hauteur et 0,80 m. de largeur aux naissances de la voûte, de manière à pouvoir y placer des conduites de 0,081 m. et de 0,108 m. de diamètre.

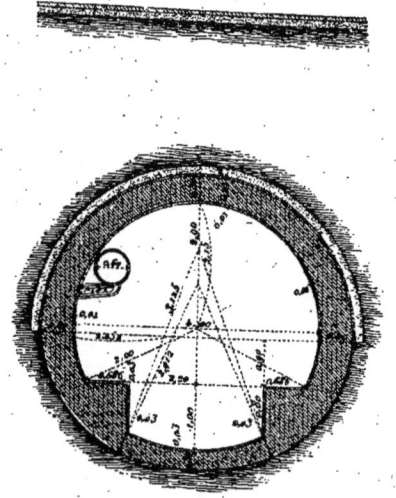

Profil de l'égout Rivoli.

Un nouveau pas, dans cette voie, devait être fait à partir de 1851, l'ingénieur Mille ayant rapporté de l'Exposition de Londres le nouveau profil *ovoïde*, à la fois économique et hardi, récemment adopté en Angleterre et dont l'adoption devait amener une nouvelle réduction dans les prix.

La construction d'une grande galerie rue de Rivoli, pour recevoir les eaux des égouts qui jusqu'alors tombaient directement en Seine, fut l'occasion d'une nouvelle amélioration due à l'ingénieur Dupuit, qui avait succédé à Mary dans la direction des eaux et égouts. Elle consistait dans l'établissement, suivant l'axe de l'égout, d'une *cunette* médiane comprise entre deux *banquettes*, aux angles desquelles furent fixées deux cornières qui formèrent un chemin de roulement pour les wagonnets destinés à transporter les matières extraites de la galerie.

Branchements. — En même temps, le décret-loi du 26 mars 1852, relatif au régime des rues de Paris, marquait un nouveau et important progrès dans l'assainissement de la capitale, son article 6 disposait en effet :

« Toute construction nouvelle dans une rue pourvue d'égout
« devra être disposée de manière à y conduire les eaux pluviales
« et ménagères. La même disposition sera prise pour toute
« maison ancienne, en cas de grosses réparations et en tout cas
« avant dix ans. »

C'était supprimer, pour un avenir prochain, les inconvénients résultant de l'envoi des eaux ménagères dans les ruisseaux de la rue, où elles s'écoulaient jusque-là, en répandant, malgré les lavages journaliers, des odeurs fort désagréables.

MURAILLEMENT DE LA BIÈVRE. — L'infection de la Bièvre, qui

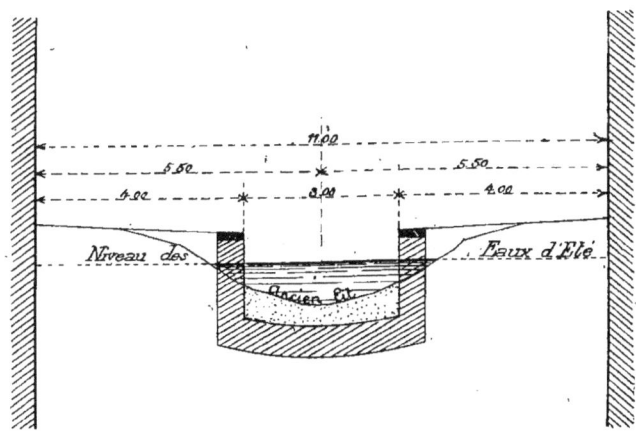

Muraillement de la Bièvre.

allait croissant par suite du développement considérable pris aux abords par l'industrie de la tannerie et de la mégisserie, avait provoqué le redressement de ce petit cours d'eau à partir de 1825. Bientôt on entreprenait d'en transformer le lit en cuvette muraillée, comme avait jadis fait Turgot pour le rû de Ménilmontant; l'opération commencée en 1828, suspendue en 1830, était reprise en 1835, mais n'a pu être terminée qu'en 1844, à la suite d'une déclaration d'utilité publique prononcée en 1840.

4. Création du dépotoir et suppression de la voirie de Montfaucon.

— LES VIDANGES. — *Création du dépotoir et suppression de la voirie de Montfaucon.* — La voirie de Bondy ne recevait qu'une faible partie des vidanges et Montfaucon continuait à soulever les plaintes

Vue du dépotoir.

des habitants des quartiers environnants, quand Mary, alors directeur du service municipal, eut l'idée de refouler tous les jours dans les bassins de Bondy, les eaux-vannes liquides au moyen d'une conduite latérale au canal de l'Ourcq, les matières solides devant continuer à y être transportées par bateaux.

L'emplacement choisi pour le nouvel établissement qui devait renfermer les machines et les pompes de refoulement, fut le lieu d'embarquement des solides au bassin de la Villette ; on lui donna le nom de *dépotoir*.

Dès sa mise en service, en 1849, Montfaucon fut supprimé et le dépôt des matières pâteuses contenues dans ses bassins transformé peu à peu en *poudrette*.

Essais d'emploi agricole. — Les premiers procédés d'exploitation des vidanges à Bondy ne différaient pas de ceux employés à Montfaucon. Les matières reçues étaient emmagasinées dans d'immenses bassins, où elles se décantaient, séchaient à l'air et étaient ensuites converties en poudrette. Quant aux liquides, ils étaient rejetés en Seine près de Saint-Denis.

En procédant ainsi on perdait, par l'écoulement des liquides à la Seine, une grande partie des matières fertilisantes, et, par l'évaporation et la fermentation, on faisait disparaître les principes ammoniacaux, qui, au lieu d'être utilisés, empestaient les localités voisines. Mille, alors ingénieur du service municipal, avait cherché, avec l'agronome Moll, à faire profiter l'agriculture des principes fertilisants des eaux-vannes, et dans ce but ils avaient fait des installations spéciales à la ferme de Vaujours. Leurs efforts avaient été couronnés de succès ; mais l'exploitation revenait à un prix trop élevé et exigeait une trop grande surveillance pour entrer dans la pratique.

Situation en 1854. — En 1854, au moment où allait être créé de toutes pièces un nouveau système d'alimentation en eau et d'assainissement de Paris, la capitale comptait un million d'habitants en nombre rond, et voici quelle était la situation de ses services sanitaires.

Les eaux. — La quantité d'eau mise à la disposition des usagers se décomposait ainsi :

Canal de l'Ourcq	60 000 m³
Eau de Seine	19 000
Eau d'Arcueil	300
Puits de Grenelle	900
Sources du Nord	200
Ensemble	80 400 m³

Les égouts. — La longueur totale des galeries d'égout qui, au commencement du siècle atteignait à peine 26 000 mètres, était, en 1854, de 163 000 mètres pour une longueur de voies publiques de 423 000 mètres.

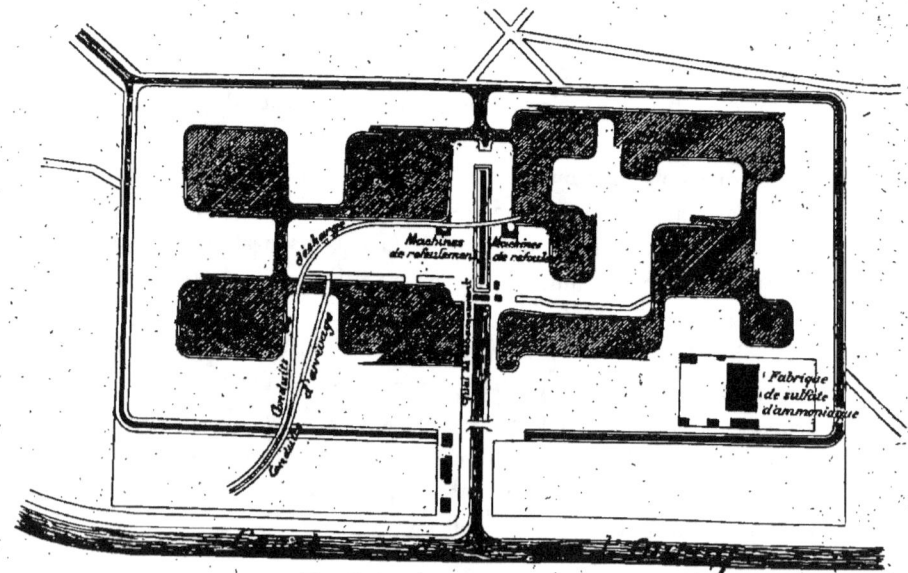

Plan de la voirie de Bondy en 1854.

Les vidanges. — La presque totalité des matières de vidanges aboutissait à la voirie de Bondy, le dépotoir de la Villette étant ouvert à tous les entrepreneurs de vidanges.

Le volume annuel s'élevait à environ 267 000 mètres cubes.

CHAPITRE III

PÉRIODE DE TRANSFORMATION. BELGRAND (1854-1878)

1. Programme nouveau. — L'année 1854, au cours de laquelle l'Administration municipale décida l'exécution d'un programme entièrement nouveau, tracé dans ses grandes lignes par le préfet Haussmann, marque l'origine d'une ère nouvelle.

Belgrand, appelé en 1856 au service de la Ville de Paris, eut immédiatement à en aborder l'application; il la conçut dans des conditions magistrales, qui soulevèrent tout d'abord une vive opposition, mais qu'il sut faire triompher et qui depuis lors sont demeurées la base immuable du système sanitaire actuel.

DOUBLE CANALISATION. SERVICE PRIVÉ. SERVICE PUBLIC. — En première ligne venait le dédoublement de la distribution d'eau en deux services entièrement distincts, l'un pour la voie publique, l'industrie, les cours, les écuries, les jardins, l'autre pour les usages purement domestiques; par suite deux systèmes de canalisations furent établis, l'un pour le *service privé*, l'autre pour le *service public*.

« *Au service privé*[1] ont été attribuées les eaux de source, captées au loin, à l'abri de tout soupçon, amenées par des aqueducs fermés dans des réservoirs couverts et conduites, sans voir le jour, sans possibilité de contamination en route, sans variation sensible

---

(1) Bechmann. *Salubrité urbaine. Distributions d'eau. Assainissement*, 2º éd., t. II, p. 335.

« *Au service public* ont été réservées les eaux de la Seine et de la Marne, assez pures chimiquement pour tous les emplois industriels, mais chaudes en été, froides en hiver, souvent troubles et qu'il fallait écarter de la consommation domestique en raison de leur contamination manifeste ; celles du canal de l'Ourcq, longue dérivation à ciel ouvert, servant à la fois d'aqueduc pour l'amenée des eaux et de voie navigable ; celles aussi des anciennes dérivations (Arcueil, Pré Saint-Gervais) lourdes, séléniteuses et peu abondantes d'ailleurs, ainsi que les eaux chaudes des puits artésiens.

« Belgrand par une habile répartition de ces diverses eaux en plusieurs zones et plusieurs étages distincts, a su faire concourir à un but unique une série de distributions juxtaposées et superposées sans jamais être confondues, de manière à satisfaire à toutes les exigences du double service dans une ville étendue, où le sol est fort accidenté, tout en évitant et les trop fortes pressions et les élévations d'eau inutiles ».

Réseau des égouts. Grands collecteurs dirigés vers l'aval. — La seconde partie du programme avait pour objet l'évacuation souterraine de toutes les eaux usées qui ne devaient plus être déversées en Seine dans la traversée de Paris, mais conduites aussi loin que possible en aval.

Un vaste réseau de collecteurs fut étudié en vue de parvenir à ce résultat. Belgrand sut résoudre un problème difficile en imaginant de profiter du long détour que fait la Seine au sortir de Paris, pour reporter le débouché de ses collecteurs auprès du pont d'Asnières, en un point vers lequel il les dirigea presque en ligne droite, en perçant un souterrain à grande profondeur sous le coteau de Monceau.

2. **Annexion de la banlieue.** — Au moment précis où il commen-

çait l'exécution des travaux d'assainissement général qu'il avait conçus, Paris s'annexait les communes de la banlieue le 1er janvier 1860; par suite sa population s'augmentait de 358000 habitants et en même temps les réseaux des canalisations d'eau et des égouts recevaient un très sensible accroissement.

Traité avec la Compagnie générale des eaux. — L'annexion venait ainsi compliquer la question, principalement au point de vue des abonnements aux eaux, car il était impossible de ne pas mettre à ce point de vue sur le pied d'égalité les anciens et les nouveaux habitants de Paris. Or la différence était grande : dans l'ancien Paris, le service municipal distribuait quotidiennement 85 litres par personne et le mètre cube était tarifié 50 francs pour l'eau d'Ourcq, 100 francs pour l'eau de Seine; dans la banlieue partiellement annexée, la Compagnie générale des eaux, concessionnaire, ne distribuait que 16 à 20 litres par tête et percevait en moyenne plus de 180 francs par mètre cube ; de plus les eaux puisées en Seine par la Compagnie, en aval de la traversée de Paris, étaient de qualité inférieure, souvent noirâtres et répugnantes.

Il fallut chercher un arrangement amiable qui fut conclu le 11 juillet 1860 et ratifié par décret du 2 septembre suivant.

Les services jusqu'alors distincts furent fusionnés de manière à unifier toute la distribution, la Ville se réservant l'exploitation technique, tandis que la Compagnie devenait, pour cinquante années, son *régisseur intéressé*, et se chargeait, à ce titre, du placement des eaux affectées au service privé, des rapports avec les abonnés, des travaux d'embranchement, de la recette des fontaines marchandes et du produit des abonnements, etc.

A cet effet, la Compagnie cédait à la Ville ses usines élévatoires (Port-à-l'Anglais, Maisons-Alfort, Auteuil, Neuilly, Clichy, Saint-Ouen, Charonne) avec les réservoirs correspondants, 259 000 mètres de conduites, les fontaines marchandes et le matériel de toute sorte qu'elle possédait dans le département de la Seine et substituait la Ville de Paris dans tous les droits résultant des traités passés par elle ou ses auteurs avec les communes situées intra ou extra-muros, le tout moyennant l'allocation :

1° D'une annuité, fixée à 1 160 000 francs, représentant les bénéfices nets acquis ;

2° De frais de régie fixés à 350 000 francs par an.

Et 3° d'une part, fixée au quart, dans les produits de l'exploitation, lorsqu'ils dépasseraient 3 600 000 francs.

Le prix du mètre cube désormais fixé à un taux uniforme dans l'intérieur de l'enceinte, était porté à 60 francs pour l'eau d'Ourcq et 120 francs pour l'eau de Seine.

Le *traité de concession*, qui devait prendre fin en 1910, pouvait d'ailleurs être résilié par la Ville à partir du 1er janvier 1870, à la condition de prévenir la Compagnie un an à l'avance moyennant :

1° La réduction des frais de régie de 50 000 francs par an, jusqu'à disparition complète en 1874 ;

2° L'abaissement de la prime sur les recettes au delà de 6.000.000 de francs qui fut ramenée, d'après une échelle progressivement décroissante, à :

20 p. 100 sur les 7e, 8e et 9e millions.

15 p. 100 sur les 10e et 11e.

10 p. 100 sur le 12e million.

5 p. 100 au delà.

Le régime mixte, un peu spécial, ainsi organisé, est encore en vigueur. Il laisse la Ville maîtresse absolue de ses services, juge du choix des eaux à consacrer à l'usage public ou privé ; elle seule construit et entretient les ouvrages, assure la distribution, sans que la Compagnie ait aucun droit d'intervention ou de critique. Par contre celle-ci est seule chargée de la partie commerciale de l'exploitation, du contentieux des abonnés, du maniement des fonds, etc.

La pratique a montré que ce régime, d'ailleurs perfectible et qui s'est prêté à diverses modifications dictées par les circonstances, devait en somme fonctionner d'une manière régulière et satisfaisante.

3. Rachat des canaux. — Pour devenir complètement maîtresse de sa distribution d'eau, la ville de Paris devait s'affranchir aussi des sujétions que lui imposait la concession des canaux de l'Ourcq, Saint-Martin et Saint-Denis.

Déjà, en vertu d'un traité du 9 juillet 1861, le canal Saint-Martin était devenu sa propriété ; elle avait à cet effet versé à la Compagnie concessionnaire, une somme de 1 388 000 francs, et s'était engagée à lui payer en outre pendant soixante et un ans, une annuité de 18 000 francs.

Les canaux de l'Ourcq et Saint-Denis ne furent rachetés qu'en 1875-1876 : le traité définitif du 21 mars 1876 stipule une nouvelle annuité de 54 000 francs à verser à la Compagnie jusqu'à l'expiration de sa concession.

La Ville s'est trouvée alors propriétaire des trois canaux, qu'elle exploite depuis lors, non seulement en vue de l'apport considérable fourni à l'alimentation du service public par le canal de l'Ourcq ; mais encore au point de vue de la navigation sur laquelle elle perçoit des droits de péage et de stationnement.

4. Dérivations de la Dhuis et de la Vanne. — Les eaux du canal de l'Ourcq et celles de la Seine devant être en principe affectées au service public, Belgrand s'était mis en quête d'eaux plus pures pour le service privé. Il crut devoir les demander aux sources du bassin de la Seine qu'à la suite de recherches étendues et minutieuses il avait reconnues les mieux situées, les plus favorables à tous égards. La construction des deux *aqueducs de dérivation* des sources de la Dhuis et de la Vanne fut d'ailleurs étudiée en vue d'en faire arriver les eaux à un niveau suffisamment élevé pour atteindre les quartiers hauts de la rive droite et de la rive gauche, qui se trouvaient jusqu'alors dans un état d'infériorité regrettable, pour ce qui concerne les quantités d'eau disponibles, en regard de l'ancien Paris, abondamment pourvu en eau d'Ourcq.

Le premier, celui de la Dhuis, terminé en 1865, amène sur les hauteurs de Ménilmontant à l'altitude de 108 mètres au-dessus de la mer, soit 75 mètres plus haut que le niveau des quais de la Seine, les eaux de la source de Pargny, située à la cote 128 et qui marque l'origine de la Dhuis, affluent du Surmelin, non loin de Château-Thierry. Il n'a pas moins de 131 kilomètres de longueur et a été exécuté entièrement en tranchée ou en souterrain, avec des siphons à la traversée des vallées, sans aucun ouvrage apparent. Il verse dans le réservoir de 100 000 m^3 de capacité, où il débouche à Ménilmontant, 20 à 25 000 m^3 d'eau par jour.

Le second, celui de la Vanne, commencé en 1868, interrompu en 1870 et terminé seulement en 1874 est beaucoup plus important. Il amenait à cette date plus de 80 000 m^3 d'eau par jour provenant d'une série de sources tributaires de la rivière du même nom, éparses dans la vallée entre Sens et Troyes. L'aqueduc, d'une longueur totale de 173 kil., aboutit à Paris sur les hauteurs de Montrouge, à côté du parc de Montsouris, dans un réservoir à deux étages, de quatre hectares de superficie et de 250 000 m^3 de capacité, dont le trop plein est à 80 mètres environ au-dessus du niveau de la mer.

5. Usines sur la Seine et la Marne. — Austerlitz. — En même temps qu'on projetait la dérivation de la Dhuis destinée à l'alimentation du service privé, on décidait, en 1863, pour satisfaire aux besoins les plus urgents du service public dans les arrondissements élevés de part et d'autre du fleuve, la construction de l'usine d'Austerlitz, forte de 220 chevaux, sur la rive gauche de la Seine, entre les ponts de Bercy et d'Austerlitz, moyennant une dépense de 1 170 000 francs. Mises en service le 5 juillet de la même année, les pompes de cette usine refoulent l'eau de Seine dans les réservoirs de Gentilly et de Charonne. Elles répondaient si bien à un besoin que, dès l'origine, alors qu'elles sont capables d'élever ensemble 2 000 m³ par vingt-quatre heures, elles refoulèrent en moyenne 14 000 m³ chaque jour.

La dépense totale s'est élevée à 1 700 000 francs.

Saint-Maur. — Malgré l'adjonction de ce nouveau volume d'eau de Seine, les XVIIe, XVIIIe, XIXe et XXe arrondissements continuaient à être très mal desservis. Pour y mettre aussi le service public à même de répondre à des besoins sans cesse croissants il fallait un supplément de 40 000 m³ au moins par jour. On le demanda bientôt à une nouvelle usine installée sur le bord de la Marne, en remplacement des grands moulins de Saint-Maur, à 40 paires de meules, achetés par la Ville en 1864.

Pour tirer de la chute qu'elle s'était procurée par cette acquisition tout le parti possible, la Ville de Paris ouvrit un canal d'amenée souterrain, parallèle et contigu au canal de navigation de Saint-Maur, qui coupe en son point le plus rétréci la presqu'île entourée par la boucle de Marne. La force hydraulique fut employée à mettre en mouvement sept moteurs hydrauliques, dont quatre roues turbines du système Girard et trois turbines système Fourneyron, ensemble 780 chevaux, qui montèrent régulièrement à partir de 1867 :

12 000 mètres cubes dans le lac de Gravelle pour alimenter les lacs et rivières du bois de Vincennes ;

35 000 mètres cubes dans le réservoir de Ménilmontant pour le service public ;

Ensemble 45 à 50 000 mètres cubes d'eau.

L'usine hydraulique de Saint-Maur étant, par sa nature même, sujette à des chômages en temps de sécheresse par manque d'eau et aussi en temps de crue par suite d'effacement de la chute, on a dû y adjoindre ultérieurement, en 1872 et 1874 deux machines à vapeur de renfort de 150 chevaux chacune, qui ont porté à 1080 chevaux la force totale de l'usine.

COMPLÉMENT D'ALIMENTATION DU CANAL DE L'OURCQ. USINES DE TRILBARDOU ET D'ISLES-LES-MELDEUSES. — A la suite de sécheresses exceptionnelles qui se firent sentir de 1857 à 1865, non seulement la navigation des canaux Saint-Denis et Saint-Martin, alimentés par les eaux du canal de l'Ourcq, fut arrêtée pendant les mois d'été, mais l'on ne pouvait même tirer du bassin de la Villette le volume nécessaire à la distribution dans Paris.

Par deux décrets du 11 avril 1866, la Ville de Paris fut autorisée à profiter de la chute produite dans la Marne, à l'amont de Meaux, par la retenue d'Isles-les-Meldeuses, pour jeter par seconde dans le canal de l'Ourcq de 300 à 500 litres d'eau de Marne élevée par des roues turbines et des pompes du système Girard, et à prendre 500 litres d'eau par seconde au moulin de Trilbardou pour les élever dans le canal au moyen de pompes mises en mouvement, tant par une roue neuve du système Sagebien que par l'ancienne roue du moulin dont la Ville de Paris s'était rendue propriétaire.

Ces deux usines peuvent monter dans le canal de l'Ourcq jusqu'à 75 000 mètres cubes d'eau de Marne en vingt-quatre heures.

6. **Puits artésiens.** — PUITS DE PASSY. — A l'époque où le Bois de Boulogne a été transformé en parc, on voulut se procurer, à un niveau convenable, l'eau nécessaire à l'alimentation des lacs et à l'arrosage des parties hautes de cette promenade.

Dans ce but, on creusa le puits artésien de Passy, dont les eaux devaient jaillir à la cote de $77^m,15$ au-dessus du niveau de la mer. Les travaux de forage, confiés à un sieur Kind, entrepreneur saxon, moyennant un forfait de 350 000 francs, furent commencés en 1855.

Mais un mouvement important des argiles ayant gravement

endommagé le tube de forage et provoqué des travaux de réparation considérables, l'opération a duré plusieurs années et les eaux ne jaillirent que le 24 septembre 1860.

Le débit du puits qui était primitivement de 16 000 m³ s'abaissa progressivement à la suite d'éboulements à la base du tube jusqu'à 6 000 m³ qu'il fournit encore aujourd'hui ; mais on avait dû limiter le niveau des eaux jaillissantes à l'altitude de 58 m. suffisante pour l'alimentation des lacs.

Puits de la Place Hébert et de la Butte aux Cailles. — Le succès du puits de Passy donna l'idée d'établir sur les points extrêmes de Paris au nord et au sud, à la Place Hébert et à la Butte aux Cailles, deux autres puits artésiens pour fournir à l'industrie des eaux à température élevée.

Commencés tous deux en 1863, ils subirent de nombreux accidents suivis d'éboulements et de ruptures de tubes, de sorte qu'après des difficultés sans nombre, le premier ne fut terminé qu'en 1888 et le second ne l'est pas encore aujourd'hui.

7. Usines de relais. — Ménilmontant. — Le réservoir de Ménilmontant ne pouvant desservir les quartiers hauts de Belleville et de Montmartre, pour assurer à ces quartiers la double alimentation, on construisit, en 1866, près du réservoir de Ménilmontant, une petite *usine de relais* destinée à y puiser l'eau de Dhuis ou de Marne, pour la refouler dans un réservoir à deux étages établi sur la butte du Télégraphe, près du cimetière de l'ancienne commune de Belleville, au sommet le plus haut de la ville.

La première moitié seule de ce réservoir a été construite ; sa capacité totale de 18 000 mètres cubes est répartie en deux bassins superposés ; le compartiment supérieur est affecté à l'eau de Dhuis ; le compartiment inférieur à l'eau de Marne.

Place de l'Ourcq. — Après l'achèvement du Parc des Buttes

Chaumont, pour fournir aux cascades un volume d'eau suffisant qu'on n'aurait pu tirer du réservoir de Ménilmontant sans compromettre le service public des XVII° et XVIII° arrondissements, on établit en 1867, à l'angle de la rue Lafayette et de la place de l'Ourcq, une usine à vapeur comprenant deux machines du type de celles d'Austerlitz, qui puisent de l'eau d'Ourcq dans le bassin de la Villette et refoulent dans un réservoir spécial de 9 000 m³ de capacité construit sur les buttes mêmes non loin du nouveau parc.

8. Réservoirs. — Passy. — Déjà en 1858 un grand réservoir à deux étages et cinq compartiments, de 35 000 m³ de capacité et destiné alors à emmagasiner l'eau puisée en Seine par les machines de Chaillot, avait remplacé la cuve métallique de Dupuit. On lui avait donné le nom de grand réservoir de Passy pour le distinguer du petit réservoir cédé en 1860 à la ville de Paris par la Compagnie générale des Eaux, qui recevait les eaux élevées par l'usine d'Auteuil et ne contenait dans ses quatre compartiments qu'un volume restreint (2 300 m³).

Gentilly. — Sur la rive gauche on avait établi en 1865 sur le territoire de la commune de Gentilly, près de la porte d'Arcueil le premier compartiment d'un réservoir voûté, appelé à recevoir les eaux élevées par l'usine d'Austerlitz, et qui devait, lorsqu'il serait doublé, contenir 10 300 m³ environ ; il avait pour objet d'assurer le service public d'une partie des XIII°, XIV° et XV° arrondissements.

9. Fontaines Wallace. — Peu après l'arrivée des eaux de source et pour la mettre partout à la disposition des habitants, un anglais richissime, sir Richard Wallace, offrit à la Ville de faire installer, de ses deniers, pour la boisson, 50 fontaines publiques alimentées en eau de source ; de là le nom de fontaines Wallace que ces petites buvettes populaires ont reçu et conservé. Deux modèles en fonte, tous deux fort gracieux et richement ornés, sont en usage, suivant que l'appareil est isolé au bord d'un trottoir ou adossé contre un mur : des gobelets en métal nickelé y sont appendus par des chaînettes. L'écoulement produit par un filet d'eau y est continu et le débit atteint 4 mètres cubes par jour.

10. Réseau des collecteurs. — COLLECTEUR D'ASNIÈRES. — Belgrand a mené de front, avec l'exécution des aqueducs de dérivation d'eau de source et des grands travaux d'amélioration de la distribution d'eau, la construction du nouveau réseau d'égouts. Il ne tarda pas à entamer l'établissement des nouveaux *collecteurs* qu'il avait conçus. Le plus important, le collecteur d'Asnières, qui écoule les eaux des quartiers les plus populeux et les plus étendus de la rive droite, entrepris en 1857, fut terminé en 1861. Il commence à la Place de la Concorde et aboutit en Seine près du pont d'Asnières.

COLLECTEUR DE LA BIÈVRE. SIPHON DE L'ALMA. — En seconde ligne, le collecteur de la Bièvre, ou collecteur Marceau, détourna sur la rive gauche les eaux de la Bièvre, qui tombaient en Seine près du Jardin des Plantes, et, au moyen du siphon du pont de l'Alma, leur fit franchir le fleuve le 12 novembre 1867 pour les conduire sous le coteau de l'Étoile et leur faire rejoindre le collecteur d'Asnières près de son débouché en Seine.

COLLECTEUR DU NORD. — Un troisième collecteur, dit du Nord, fut en outre construit à frais communs avec l'État et la ville de Saint-Denis, pour recevoir les eaux provenant de la zone nord-est du nouveau Paris et les diriger vers la Seine, où il aboutit à Saint-Denis, un peu en amont de la sortie du canal.

COLLECTEURS SECONDAIRES. — Les *collecteurs secondaires* exécutés pendant la même période sont :

Bois descendu depuis !
Le réflecteur des Lilas, qui dessine les eaux de la Seine aussi

de Paris inférieures au collecteur du Nord et vient se jeter dans le collecteur d'Asnières au boulevard Malesherbes, par la rue de la Pépinière ;

L'égout des quais d'amont, qui prolonge le collecteur d'Asnières jusqu'à la gare de l'Arsenal ;

L'égout de Rivoli ;

L'égout de Sébastopol ;

Le collecteur des Petits-Champs ;

Enfin l'égout de la rue de la Pompe qui ramène les eaux de Passy au grand collecteur venant de la rive gauche.

Sur la rive gauche :

Les principaux affluents du collecteur de la Bièvre furent prévus au nombre de six :

Le collecteur du XIIIe arrondissement ;

L'égout du boulevard Saint-Michel ;

L'égout des rues Vaneau et Bellechasse ;

L'égout de la Chaussée du Maine ;

L'égout de l'avenue Bosquet ;

Enfin le collecteur des quais d'aval (exécuté plus tard en 1877) qui avait pour objet de ramener en tête du siphon de l'Alma les eaux de Vaugirard et de Grenelle.

ÉGOUTS ORDINAIRES. — En même temps, on construisait chaque année 35 kilomètres d'égouts secondaires. Arrêté par la guerre de 1870, le mouvement reprit bientôt après, mais l'accroissement annuel fut réduit à 25 kilomètres.

11. Curage des égouts. — Le *curage* des égouts étant passé en 1859 des attributions de la Préfecture de Police à celles de la Préfecture de la Seine, Belgrand fut appelé à le réorganiser.

Il en avait grandement besoin, car on en était alors aux procédés les plus primitifs : dans toute l'étendue des galeries il se formait des bancs de sable qu'on n'enlevait qu'à de longs intervalles au moyen d'extraction de nuit par les regards.

Belgrand se proposa de supprimer ce mode intermittent de curage, qui laissait dans les intervalles la fermentation se produire avec ses dangers et ses fâcheuses émanations, et entreprit de le remplacer par des procédés nouveaux dont le principe serait au contraire l'entraînement continu des sables.

Ne pouvant donner aux galeries une pente suffisante pour que les eaux y prennent une vitesse capable de déterminer cet entraînement, il accepta comme une nécessité le dépôt des sables et imagina des engins spéciaux pour déplacer les bancs dès leur formation et les conduire sans arrêt jusqu'à l'embouchure.

Tous ont pour base l'emploi d'une *vanne mobile* épousant la forme de la cunette et déterminant lorsqu'elle est en place une retenue d'eau : grâce à cette retenue et à la chute qui en est la conséquence, on obtient artificiellement et aux points voulus un surcroît de vitesse, qui met les sables en mouvement et en détermine la progression comme par l'effet d'une chasse locale énergique ; il se forme en avant de la vanne une sorte de dune mouvante qui se met en marche et que la vanne suit elle-même sans interruption sous l'effet de la pression d'eau : l'homme qui la guide n'a qu'à en faciliter par de petites opérations accessoires le mouvement automatique.

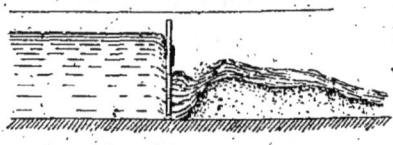

Vanne mobile.

Dans les collecteurs la vanne est portée suivant les cas par un bateau pour les cunettes de 3^m,50 (collecteur d'Asnières) et de 2^m,20 (collecteurs de Bièvre et Marceau), ou par un truc roulant sur les arêtes des banquettes renforcées par des cornières en fer dites rails, et qu'on appelle wagon-vanne pour les cunettes de 1^m,20 et au-dessous; dans les siphons elle est remplacée par une boule en bois abandonnée à elle-même et qui produit un effet identique.

Dans les égouts plus petits la vanne est portée par une sorte de

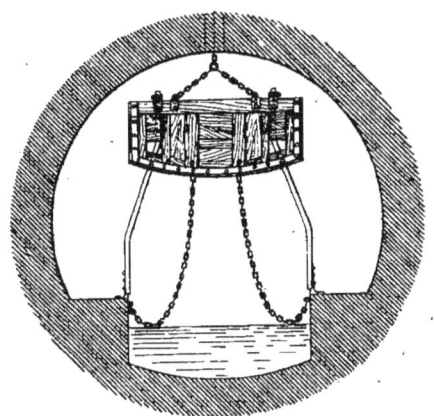

Vanne écluse.

brouette ou tenue à la main ; dans les galeries élémentaires elle est constituée par le rabot en bois employé de tout temps pour le curage et au moyen duquel on fait des traînées jusqu'au collecteur le plus proche.

Boule de curage des siphons.

L'emploi systématique de la vanne mobile n'excluait pas d'ailleurs celui des barrages formant retenue

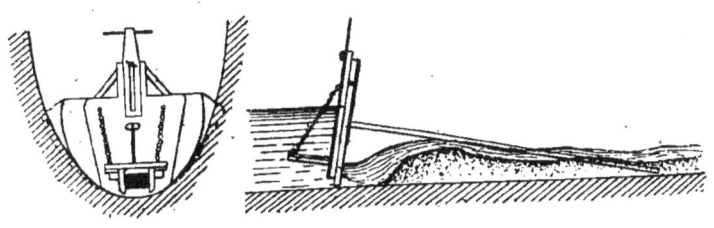

Vanne à la main.

usités antérieurement et qui ont servi désormais soit à augmenter le tirant d'eau dans les collecteurs à bateau, soit à préparer comme antérieurement des chasses dans les égouts insuffisamment pourvus d'eau en temps ordinaire.

Des wagonnets circulent sur les *rails* des collecteurs secondaires, aidant en certains points à l'extraction des sables, qu'on y charge pour les conduire ensuite souterrainement en quelques points d'évacuation sur le bord de la Seine ou du canal Saint-Martin, où ils sont reçus dans des bateaux destinés à les porter aux décharges.

12. Essai d'épuration des eaux d'égout. — Le nouveau réseau avait assaini Paris, mais les 380 000 m³ d'eaux souillées que débitaient chaque jour les 3 grands collecteurs, étaient venus gravement altérer la Seine à partir de Clichy jusqu'à Mantes.

Il fallait aussi assainir le fleuve, et l'on n'avait garde d'omettre cette partie importante du programme d'ensemble.

Dès 1864, des études étaient entreprises à cet effet avant même l'achèvement et la mise en service des grands collecteurs. Mille, à la suite de missions spéciales en Angleterre, en Espagne, en Italie, rapportait la conviction que l'épuration des eaux d'égout par le sol perméable devait fournir la solution du problème ; et, en 1865 il présentait un vaste projet d'*épandage agricole* sur le plateau de Méry.

Malgré les nombreuses polémiques que cette idée nouvelle a soulevées, elle a fini par prévaloir, grâce aux travaux de Marié-Davy, Frankland, de MM. de Freycinet, Schlœsing, etc. ; grâce aussi aux résultats des expériences résolument entreprises et poursuivies avec persévérance par les Ingénieurs du Service municipal.

Des recherches d'essai étaient tentées par Mille à Clichy en 1866, et le succès constaté déterminait en 1868 l'acquisition de quelques hectares de terrain sur l'autre rive, à Gennevilliers, où l'expérience en grand commençait au cours de l'année 1869. Le retentissement en fut grand, l'Empereur vint lui-même visiter le *Jar-*

din modèle, et, lorsqu'à la suite d'une interruption forcée durant la période de la guerre l'irrigation fut reprise dans la plaine en 1872, les cultivateurs, en dépit de l'opposition de la municipalité et d'une partie de la population de Gennevilliers, demandèrent eux-mêmes à la Ville d'amener l'eau d'égout jusqu'à leurs champs et apprirent vite à en faire usage au double point de vue de l'hygiène et de l'agriculture.

Les pouvoirs publics n'avaient pas attendu cette consécration pour reconnaître le mérite du système. Dès le 10 juillet 1870, après avis conforme du Conseil général des Ponts et Chaussées, le Ministre des Travaux Publics posait en principe que la Ville de Paris était tenue d'assainir la Seine en aval de ses collecteurs et devait continuer, en les développant, les expériences entreprises à Gennevilliers.

Le 24 juillet 1875, après dépôt d'un rapport considérable, rédigé au nom d'une Commission spécialement nommée pour étudier la question et discuté en Conseil général des Ponts et Chaussées, le Ministre prescrivit à la Ville de prendre d'urgence les mesures nécessaires pour remédier à l'infection de la Seine et, dans ce but, « on doit, disait la décision ministérielle, regarder comme le plus efficace, le plus économique et le plus pratique de tous les moyens actuellement connus, celui qui consiste dans l'emploi de ces eaux à l'irrigation des cultures et dans leur traitement par infiltration à travers un sol suffisamment perméable ».

Les Ingénieurs du Service municipal se mirent immédiatement à l'œuvre.

Suivant les indications qu'avait fournies la Commission ministérielle elle-même, ils dressèrent un projet comprenant la continuation des irrigations dans la plaine de Gennevilliers et leur extension sur des terrains domaniaux (fermes, tirés et bois) qui se trouvent sur le territoire d'Achères, à l'extrémité nord-est de la forêt de Saint-Germain.

13. Assainissement des habitations. — SYSTÈME DIVISEUR. TINETTES FILTRANTES. — Antérieurement à cette époque, l'Administration n'exerçait aucune surveillance sur la canalisation intérieure des immeubles et l'évacuation des eaux usées. A partir de 1850, la *Commission des Logements insalubres* put intervenir dans certains cas, mais ses avis n'ayant que difficilement une sanction efficace restaient trop souvent stériles. Belgrand créa en 1864 un service spécial d'*assainissement des habitations*, qui, malgré l'insuffisance de la réglementation, ne tarda pas à obtenir d'utiles résultats.

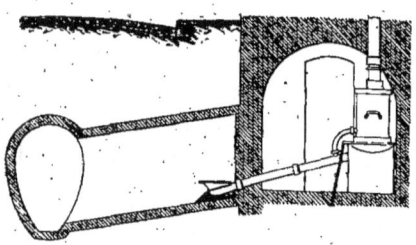

Tinette filtrante.

On comptait, dès cette époque, 600 applications des *tinettes filtrantes* qui laissent écouler à l'égout les liquides provenant des cabinets d'aisances en retenant les matières solides : les premiers essais du *système diviseur* remontaient à 1843, mais le développement en était tout récent encore ; il semblait devoir être une conséquence de l'établissement des branchements particuliers rendus obligatoires par le décret-loi de 1852. Bientôt l'Administration reconnut la nécessité d'en réglementer l'installation et songea d'autre part à frapper d'une redevance l'*écoulement des eaux-vannes à l'égout* : un arrêté préfectoral, en date du 2 juillet 1867, fixa les conditions et le tarif applicables aux écoulements d'eaux-vannes par interposition d'appareils diviseurs. A partir de ce moment, ces appareils se multiplièrent rapidement, et, dès 1871, on en comptait plus de 6 000.

Dans un mémoire, daté du 20 septembre de cette même année, Belgrand proposait d'aller plus loin ; il voulait rendre obligatoire l'*écoulement direct à l'égout* des liquides provenant des fosses d'aisances pour toute maison pourvue du branchement et même autoriser l'écoulement simultané des solides, c'est-à-dire la pratique, qu'on a plus tard baptisée de *tout à l'égout*, toutes les fois que l'égout serait suffisamment pourvu d'eau, sauf à percevoir au nom de la Ville de Paris 30 francs par chute en cas d'interposition d'une tinette filtre, et 50 francs lorsque l'écoulement se ferait directement à l'égout, ce qui procurerait les ressources nécessaires à l'achèvement du réseau des égouts et à la réalisation de l'épuration agricole. On verra plus loin comment cette idée a été ultérieurement appliquée.

14. Nouveau mode de traitement des vidanges. — L'introduction de ces nouveaux procédés demande forcément un temps assez long en raison des modifications importantes et coûteuses qu'elle entraîne dans les immeubles. Aussi la voirie de Bondy devait-elle continuer à recevoir la presque totalité des vidanges. Bien que la Ville de Paris eût porté son attention toute particulière sur l'exploitation de cette voirie et sur le traitement des matières qui y étaient apportées chaque jour, elle ne put éviter qu'il ne se formât dans les bassins un stock considérable dont la fabrication de la poudrette ne parvenait pas à les débarrasser et qui suscitait des plaintes légitimes de la part des habitants du voisinage.

Les événements de 1870, en obligeant à suspendre tout traitement à Bondy, ne tardèrent pas à rendre la situation intolérable. Le bail de la Société Richer, qui avait succédé à divers entrepreneurs et qui, en dernier lieu, payait à la Ville environ 460 000 francs par an, à raison de 0 fr. 80 par m^3 de matières apportées à Bondy, venait d'expirer. On ne put s'occuper d'une adjudication qu'en 1872. A cette époque l'introduction d'un mode nouveau de traitement, qui avait pour objet la production de sulfate d'ammoniaque, fit concevoir de magnifiques espérances qui, malheureusement, ne se réalisèrent pas. Différentes entreprises renouvelèrent des tentatives qui, toutes, aboutirent à des échecs. Entre temps, le stock avait pris un accroissement formidable, les bassins de Bondy regorgeaient ; on dut écouler en partie les matières de vidange à la Seine.

Quelques personnes crurent trouver un remède à cet état de choses dans le monopole de la vidange ; mais le Conseil municipal en repoussa le principe en 1876, en écartant les propositions de l'Administration qui tendaient à donner à la Société Lesage la concession de la vidange et de la voirie de Bondy.

Le monopole s'établit quand même en fait par suite de la formation de deux grandes entreprises, qui ne tardèrent pas à englober toutes les petites et dont une a fini par racheter l'autre. Et, en renonçant au passage obligatoire des matières par le dépotoir, l'Administration municipale laissa créer des voiries particulières et des fabriques de sulfate d'ammoniaque, en divers points de la banlieue, ce qui malgré la surveillance de la Préfecture de Police, donna bientôt naissance à de sérieux inconvénients : les odeurs que les vents du nord, rares à Paris, pouvaient seuls amener de Bondy, y arrivèrent de divers côtés désormais et soulevèrent d'ardentes protestations.

15. Couverture du canal Saint-Martin. — La partie inférieure du canal Saint-Martin a subi pendant cette période une transforma-

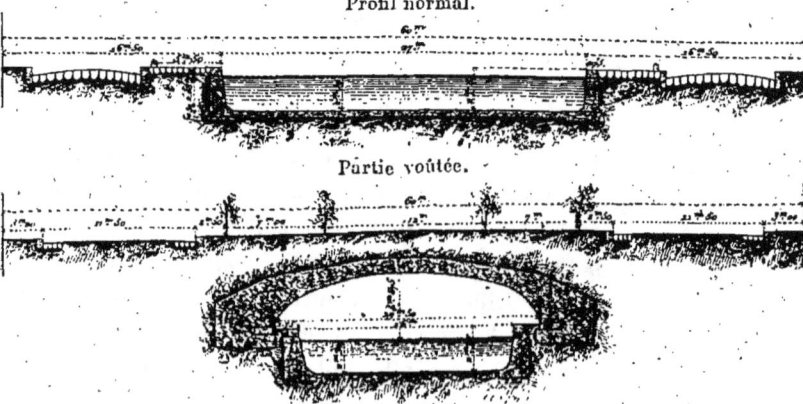

Couverture du canal Saint-Martin.

tion complète : un remaniement du profil en long a permis de le recouvrir d'une voûte et de le convertir de la sorte en un souterrain, éclairé et aéré de distance en distance par des orifices dissimulés au milieu des jardinets que l'on a créés pour l'embellissement de la promenade, établie au-dessus de la voûte, qui forme une large contre-allée entre les deux anciennes chaussées des quais.

16. Situation en 1878. — Les eaux. — A la mort de Belgrand, en 1878, le volume des eaux mis chaque jour à la disposition des Parisiens était de 370 000 mètres cubes, alors qu'il atteignait à peine 80 000 mètres cubes, lorsqu'il prit possession du service en 1854. En voici la répartition :

Eaux de rivières.

Eau de l'Ourcq.	105 000	
Eau de Seine	88 000	241 000
Eau de Marne.	48 000	

Eaux de sources.

Eau d'Arcueil et des Puits artésiens . . .	7 000	
Eau de la Dhuis	22 000	129 000
Eau de la Vanne	100 000	
Total général.		370 000

En même temps que s'élevait ainsi le chiffre de l'alimentation, la consommation publique et privée prenait un développement considérable, d'un côté par l'établissement de nombreux appareils publics, bouches d'arrosage, d'incendie et de puisage, de l'autre, par l'augmentation du nombre des abonnements.

Les égouts. — La longueur totale des égouts publics était montée pendant la même période de 42 300 mètres à 619 715 mètres ainsi décomposés.

Égouts collecteurs généraux.	31 226 m.
— secondaires.	38 788
Égouts ordinaires (nouveaux types).	401 571
— (anciens types)	148 130
Total égal.	619 715 m.

Il existait, en dehors des égouts publics, sous les voies publiques :
Des branchements de bouches d'une longueur de. . . . . . 41 115 m.
Des branchements de regards d'une longueur de 23 038
En outre des branchements particuliers, au nombre de 23 600
   d'une longueur de. 140 000
                Total . . . . 204 153 m.

LES VIDANGES. — Le nombre des fosses fixes qui, jusqu'en 1867, desservaient à peu près généralement toutes les maisons de Paris, avait commencé à décroître dès cette époque, par l'emploi des fosses mobiles d'abord, puis de la tinette filtrante, que l'introduction de l'eau dans l'habitation tendait d'ailleurs à développer chaque jour : en 1878, 14 000 chutes étaient desservies par ces appareils.

CHAPITRE IV

PÉRIODE DE DÉVELOPPEMENT (1878-1891)
ALPHAND ET SES COLLABORATEURS

1. Nouvelle organisation. — A la mort de Belgrand, survenue en 1878, le service des eaux et des égouts qu'il dirigeait depuis vingt-cinq ans fut réuni aux attributions d'Alphand, dont la direction comprenait déjà les services de la voie publique, de l'éclairage et des promenades.

Des fonctions aussi multiples et aussi étendues ne permettaient pas au directeur unique des travaux de Paris de se consacrer personnellement à la branche qui avait absorbé toute l'activité de Belgrand : son premier soin fut en conséquence de remanier les attributions de l'ancien personnel, de manière à augmenter la part d'initiative et de responsabilité de chacun des chefs de service, tout en conservant la tradition établie, de sorte que l'œuvre n'a été ni interrompue ni ralentie et qu'elle a reçu son développement normal d'après les bases primitivement arrêtées.

2. Extension rapide du système. — C'est sur ces bases mêmes qu'il traçait, dans une note présentée au conseil municipal en 1879, le programme des travaux à entreprendre. Il s'agissait, d'une part, de compléter l'alimentation du service privé, d'étendre celle du service public, manifestement insuffisante, et de poursuivre l'établissement systématique de la double canalisation. De l'autre, il fallait donner une extension rapide à la construction des égouts élémentaires, afin de préparer la solution prochaine de la question des vidanges, puis réaliser sans retard l'assainissement de la Seine par l'épuration agricole.

Les travaux ne tardèrent pas à recevoir dans ce sens une impulsion nouvelle. En douze ans, le double réseau de la distribution d'eau s'augmentait de plus d'un tiers ; celui des égouts suivait une progression parallèle sinon plus accentuée encore : en une seule année, 1880, on en construisait plus de 41 kil. ; l'un et l'autre s'étaient améliorés par l'adjonction de nouvelles conduites maîtresses et de collecteurs secondaires. L'aqueduc de la Vanne voyait son débit augmenté et assuré ; de nouvelles usines étaient mises en service, de nouveaux réservoirs construits ou projetés. Après une étude approfondie, confiée à une commission d'ingénieurs et d'hygiénistes éminents, on décidait l'application du système unitaire, dit du « tout à l'égout », par l'envoi des matières liquides et solides provenant des cabinets d'aisances dans les galeries qui recevaient déjà les eaux pluviales et ménagères. Enfin on obtenait du Parlement, après de longues et vaines discussions, la déclaration d'utilité publique nécessaire pour créer un autre champ d'épuration sur les terrains domaniaux d'Achères et une nouvelle dérivation d'eau de source.

3. Amélioration du service privé. — L'aqueduc de la Vanne n'avait pas encore son plein débit en 1878. Pour le parfaire, il y avait encore à capter diverses sources dans la vallée de la Vanne, à y ramener la source de Cochepies, achetée par la Ville dans le val du rû Saint-Ange, affluent de l'Yonne, à compléter les ouvrages destinés à l'élévation des sources basses. L'aqueduc du Maroy, qui recueille entre Chigy et Theil un certain nombre d'émergences, date de cette époque : il est venu augmenter le volume d'eau qu'élèvent les usines hydrauliques de La Forge et de Malay, et l'on a dû y adjoindre des machines à vapeur, qui ont été installées à La Forge en 1882. Simultanément on perçait un souterrain sous le plateau crayeux qui sépare le vallon de Cochepies de la vallée de la Vanne, pour l'établissement d'un aqueduc secondaire destiné à fournir un utile appoint en temps de sécheresse ; et une usine mixte, hydraulique et à vapeur, établie à Maillot, fournissait la puissance nécessaire pour refouler l'eau ainsi dérivée jusque dans l'aqueduc.

En même temps que s'exécutaient ces travaux complémentaires, on était obligé de reprendre et de renforcer certaines parties de l'aqueduc principal, particulièrement exposées aux atteintes des agents atmosphériques, et dont les maçonneries, très minces, les profils, d'une hardiesse jusqu'alors inconnue, ne présentaient pas de garanties suffisantes pour une longue durée. Les arcades en élévation notamment, fissurées par l'effet des variations de température, laissaient s'échapper l'eau en gouttelettes nombreuses, qui ne tardaient pas à menacer la solidité des fondations, assises sur un terrain dur mais susceptible d'être délayé par un écoulement d'eau continu : on est parvenu à faire disparaître ces suintements dangereux, soit en recouvrant les voûtes apparentes d'une couche de terre gazonnée, maintenue entre deux murettes, soit en adaptant sur le périmètre mouillé une feuille mince de plomb qui en assure l'étanchéité parfaite.

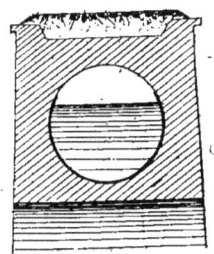

Modification du profil extérieur de l'aqueduc de la Vanne.

Dès 1881, sept ans seulement après la mise en service de la dérivation de la Vanne, l'insuffisance du volume disponible en eau de source se manifestait durant les chaleurs de l'été, par suite d'une augmentation considérable et subite de la consommation, due surtout à des écoulements continus motivés par la fraîcheur de l'eau. Tout en cherchant à enrayer le gaspillage par l'introduction de compteurs, tout en demandant à l'emploi momentané d'eau de Seine le complément d'alimentation devenu parfois indispensable, on entreprend dans le bassin de la Seine une reconnaissance générale des sources hautes, en vue de compléter l'inventaire dressé par Belgrand et de préparer pour l'avenir de nouvelles dérivations.

L'apparition du choléra en 1884, ayant appelé l'attention sur les dangers de la distribution d'eau de Seine pour les usages domestiques et sur la nécessité d'augmenter l'approvisionnement en eau de source, les résultats de la reconnaissance effectuée depuis 1881 durant la saison favorable de chaque année permettent de réaliser en quelques semaines d'importantes acquisitions, qui sont ratifiées par le Conseil municipal le 28 janvier 1885. Couche, ingénieur en chef des eaux, propose d'utiliser plusieurs des groupes de sources, dont la propriété vient d'être ainsi acquise, en établissant une *dérivation bilatérale*, dont une branche irait chercher vers l'Ouest les sources de l'Avre, tandis que l'autre, se dirigeant vers le Sud-Est, irait prendre les sources du Loing et du Lunain, du Durteint et de la Voulzie, et qui serait capable de fournir un supplément de 240 000 mètres cubes par jour. Le projet de la première branche, celle de l'Avre, est mis immédiatement à l'étude ; mais la mort tragique de Couche, au mois d'août 1885, et le passage du service des dérivations entre les mains de son collègue Humblot, déterminent un temps d'arrêt, et c'est seulement le 5 juillet 1890, après une longue instruction et une discussion ardente, que la loi déclarative d'utilité publique est promulguée, de sorte que les travaux n'ont pu être entrepris qu'en 1891.

4. Amélioration du service public. — Pour l'amélioration du service public une nouvelle prise d'eau est faite à Ivry, en amont et à peu de distance du confluent de la Marne : une grande usine, composée de six groupes de machines élévatoires à vapeur, de mille chevaux de force totale, y est installée sur un terrain assez vaste, pouvant se prêter ultérieurement à une augmentation de moitié en plus ; 85 000 mètres cubes d'eau puisée en Seine à Ivry sont refoulés à 4 kil. de distance dans un nouveau réservoir couvert établi sur le versant nord du coteau de Villejuif et dont le trop-plein est placé à l'altitude de 89 mètres au-dessus du niveau de la mer : là encore le terrain acquis est assez grand pour se prêter à une extension de l'ouvrage, qui, d'abord construit avec une capacité de 25 000 mètres cubes, pourra être doublé plus tard. En même temps, on achève le réservoir de Gentilly par la construction d'un deuxième compartiment.

D'autre part, et pour renforcer l'alimentation de la rive droite insuffisamment desservie par le réservoir de Villejuif et l'usine d'Austerlitz, on décide l'établissement d'une usine nouvelle en face de cette dernière, sur le quai de la Rapée : quatre machines à vapeur, de 600 chevaux de force totale, puisent en Seine à Bercy, depuis 1888, jusqu'à 60 000 mètres cubes, et les élèvent à la cote $82^m,50$ dans une bâche en tôle construite place Saint-Pierre au pied de la Butte Montmartre.

L'eau de l'Ourcq arrivant sans pression dans le quinzième arrondissement, on y supplée par l'envoi de 15 000 mètres cubes d'eau de Seine, puisée au quai de Javel, dans un nouveau réservoir de 6 000 mètres cubes de capacité construit à Grenelle en 1888, rue de l'Abbé-Groult.

L'alimentation du canal de l'Ourcq lui-même est complétée, en parant aux chômages périodiques des usines hydrauliques, par l'installation à Trillardou d'une usine à vapeur de secours en 1889 : cette usine, de 240 chevaux de force, peut élever 80 000 mètres cubes d'eau de Marne par jour dans le bief voisin du canal.

Le service des quartiers hauts n'est pas oublié : l'usine de relais de Ménilmontant transformée reçoit des machines plus puissantes ; une nouvelle usine construite place Saint-Pierre à côté de la bâche de Bercy, remplace la petite installation tout à fait insuffisante qui avait passé successivement de la rue de la Fontaine-du-But au passage Cottin, pour le service de la Butte

Montmartre, et un petit relais établi à Montsouris, dans l'enceinte du réservoir de la Vanne, est destiné à fournir de l'eau de source dans le haut quartier de Plaisance. Une bâche en tôle est disposée à cet effet, tandis qu'au sommet de Montmartre, à côté de l'église du Sacré-Cœur, le petit réservoir Saint-Eleuthère est remplacé, en 1889, par un ouvrage important et monumental, qui renferme trois étages d'eau superposés, dont le plus élevé atteint l'altitude de 136 mètres au-dessus de la mer.

5. Introduction des compteurs. — Depuis longtemps on se préoccupait des moyens de mesurer efficacement l'eau délivrée aux abonnés, afin d'enrayer la progression trop rapide de la consommation, qui était due en grande partie à la défectuosité des modes de livraison alors en usage : robinet libre pour les particuliers, jauge pour l'industrie. Les perfectionnements apportés à la construction des *compteurs d'eau* et l'abaissement consécutif du prix de ces appareils fournirent enfin la solution qu'on avait demandée vainement à l'emploi de robinets incalables de divers types ; et l'on résolut d'imposer le compteur pour la fourniture d'eau de source, ce qui entraînait un remaniement des tarifs et de nouvelles conventions avec la Compagnie générale des eaux.

Un arrêté, en date du 15 octobre 1880, fixa les conditions auxquelles devaient satisfaire les systèmes de compteurs pour être admis dans le service de la distribution de Paris, et chaque appareil individuellement, pour recevoir le poinçon administratif. Un *atelier d'essai*, créé à cet effet sur le quai Henri IV, permit d'établir que les seuls systèmes capables de donner une approximation suffisante et des garanties sérieuses dans le comptage étaient ceux où le volume de l'eau est effectivement mesuré et qui sont appelés en conséquence *compteurs de volume :* quatre types furent dès l'origine autorisés concurremment ; d'autres vinrent plus tard s'y adjoindre, après avoir subi de longues séries d'épreuves et passé par plusieurs phases d'autorisations partielles.

La Compagnie, se prêtant aux modifications dont la nécessité s'imposait, acceptait de remplacer le traité du 11 juillet 1860 par un traité nouveau qui porte la date du 20 mars 1880. Sans modifier la durée de la régie intéressée, ce traité a établi un nouveau mode de tarification pour les abonnements en eau de source, réduit le minimum obligatoire, fixé des bases différentes pour l'application de l'abonnement à robinet libre, réglé le mode de location par la Compagnie et les prix de location et d'entretien des compteurs, organisé un système de pose gratuite des colonnes montantes dans les maisons non abonnées et les voies privées, à l'imitation de ce qu'avait fait la Compagnie du Gaz et pour favoriser ainsi la multiplication des abonnements, etc.

6. Service d'incendie. — Bouches pour pompes a vapeur. — On se préoccupait en même temps de transformer le service d'extinction des incendies par l'introduction soit de l'emploi généralisé du jet direct, soit des pompes de grande puissance à vapeur.

Les conditions particulières auxquelles est assujetti le service public parisien, qui à certaines heures consomme d'énormes quantités d'eau simultanément dans tous les quartiers au niveau de la voie publique, déterminent dans la canalisation d'eau de rivière des variations considérables de pression; d'ailleurs la pression est faible dans tout le réseau alimenté par le canal de l'Ourcq : on ne pouvait donc obtenir le jet direct qu'en branchant les appareils sur les conduites d'eau de source, qui présentent seules la permanence de pression indispensable et auxquelles il avait déjà fallu s'adresser pour la manœuvre des ascenseurs hydrauliques. Il fut décidé que les nouvelles bouches pour pompes à vapeur, de 0,10 m. de diamètre, sur lesquelles viendraient s'adapter les raccords multiples pour le jet direct, seraient en conséquence alimentées en eau de source ; et le service des pompiers demanda qu'elles fussent établies à 100 mètres au plus de distance, ce qui impliquait la pose de 6 000 appareils de ce type dans l'étendue de Paris. — Entreprise résolument, poursuivie dès lors d'année en année, cette création ne tarde pas à donner à la population parisienne un surcroît très apprécié de sécurité, tout en supprimant la vieille pratique de la *chaîne*, à laquelle étaient jadis assujettis les voisins ou les passants, et qui avait pour objet d'alimenter les pompes à bras alors en usage, au moyen de seaux en toile qu'on se passait de main en main.

7. Insuffisance progressive de l'eau de source. — Pratique des substitutions d'eau de rivière. — Malgré l'introduction des compteurs, qui, répondant à l'espoir qu'ils avaient fait concevoir, eurent bien pour effet d'arrêter pendant quelque temps la progression effrayante de la consommation, il fallut bientôt reconnaître que cette mesure même généralisée n'aurait qu'un effet momentané, et que de nouvelles adductions d'eau de source devaient être entreprises.

Malheureusement, les acquisitions de sources faites en 1884 restèrent trop longtemps sans utilité en attendant que les projets de dérivation eussent été dressés et soumis à l'approbation des pouvoirs publics : et, chaque année, on se trouva obligé, soit de faire appel à la population et de lui recommander l'usage modéré de l'eau de source, soit de revenir dans certains quartiers au remplacement de l'eau de source par l'eau de rivière dans la canalisation du service privé, dès que l'apparition des chaleurs déterminait un accroissement brusque de la consommation. Le premier de ces expédients était assez mal reçu par la population ; le second ne tarda pas à soulever de vives réclamations parmi les hygiénistes, qui, depuis l'apparition de la théorie de l'étiologie hydrique de certaines maladies et en particulier de la fièvre typhoïde, signalaient hautement les inconvénients d'une pareille pratique. On prit soin sans doute de localiser les *substitutions* d'une manière très nette, de les annoncer d'avance par voie d'affiches et dans les journaux, de les opérer successivement grâce à un système de roulement convenablement établi entre les divers arrondissements, en limitant chaque fois à un petit nombre de jours le service en eau de rivière. Il n'en résulta pas moins un fâcheux discrédit pour le service des eaux de Paris, que Belgrand, par une sorte de divination antérieure aux découvertes de Pasteur et aux divulgations de la bactériologie, avait voulu cependant pourvoir d'eaux salubres choisies parmi les plus belles et les plus naturellement pures. Une fois le soupçon introduit dans les esprits, on ne tarda pas à croire à des substitutions clandestines, à des mélanges inavoués, et l'Administration malgré les assertions formelles, les déclarations les plus loyales, les agissements les plus corrects, ne put se défendre contre d'injustes accusations, ni remonter un courant d'idées déplorable, qui eut pour conséquence d'amener les Parisiens à méconnaître les qualités de l'eau qui leur était servie pendant l'année presque tout entière, à la filtrer par les procédés les plus divers, à la faire bouillir, à la remplacer par de l'eau minérale, toutes précautions qu'on n'avait point songé à prendre quand Paris était alimenté exclusivement en eau de Seine ou de l'Ourcq et auxquelles les mêmes Parisiens ne songeaient plus, dès que, sortis de Paris, ils buvaient dans la banlieue, dans les stations balnéaires, en province ou à l'étranger, des eaux quelconques infiniment moins pures et moins salubres.

C'est à peine si l'arrivée de l'Avre en 1893 et l'installation d'un grand établissement de filtrage en 1897, ont calmé quelque peu des appréhensions dont l'écho a retenti jusque dans l'enceinte du Parlement, si bien que les appréciations les plus erronées ont été répandues au dehors, alors précisément que Paris conviait les peuples aux fêtes de l'Exposition Universelle de 1900! Et cependant il n'y a eu que des substitutions de quelques jours et limitées à des périmètres très restreints en 1895 et en 1898; on n'y a pas eu le moindrement recours en 1899, malgré une sécheresse extraordinaire comme on n'en avait pas vu depuis nombre d'années; et la mise en service des filtres d'Ivry ainsi que de la dérivation du Loing et du Lunain en 1900 va définitivement y mettre un terme. Peut-être alors se produira-t-il une réaction, surtout quand on aura vu supprimer les derniers appareils, au nombre de dix seulement qui se prêtent encore à la mise en communication possible des deux réseaux.

8. L'écoulement direct et l'épuration agricole. — L'administration avait proposé en 1880 la vidange obligatoire à l'égout, l'établissement d'une taxe correspondante, et l'affectation du produit de cette taxe à l'achèvement des ouvrages d'évacuation et d'épuration des eaux d'égout.

Une grande *commission technique*, appelée le 25 octobre 1882, à rechercher « le meilleur procédé » à employer pour atteindre le but, après s'être livrée à une étude très complète et très approfondie, complétée par des visites à Londres, à Bruxelles et à Amsterdam, se prononçait formellement le 23 décembre 1882 en faveur de l'épuration par le sol, et le 28 juin 1883 pour l'envoi direct des matières de vidange à l'égout.

En conséquence un projet de règlement et un projet de loi, rédigés en vue de l'application de ces principes, furent présentés au conseil municipal le 14 novembre 1883, approuvés par cette assemblée le 11 avril 1884, puis mis à l'enquête du 20 au 28 mai de la même année : sur le vu des résultats de cette enquête, où 5269 personnes avaient déposé 4844 dires favorables et 425 défavorables, le conseil municipal autorisait le 31 juillet 1886 l'essai du nouveau mode de vidange dans les maisons riveraines des égouts lavés par un large courant d'eau, et un arrêté préfectoral du 10 novembre 1886 réglementait cet essai, édictait les conditions à imposer pour le bon fonctionnement des canalisations intérieures dans les maisons et fixait le montant de la redevance à 60 francs par chute. Le 20 novembre 1887 un autre arrêté étendait aux installations nouvelles d'appareils diviseurs les règles adoptées précédemment pour l'évacuation des eaux usées, dans les maisons pratiquant l'écoulement direct. Sous ce régime purement facultatif, qui a duré jusqu'en 1894, le nombre des installations, d'abord assez restreint, n'a pas tardé à se développer et plusieurs milliers de chutes ont été directement raccordées aux égouts publics.

D'autre part, le projet établi en 1875 pour l'extension des irrigations à l'eau d'égout dans les terrains d'Achères, remanié en 1880, de manière à satisfaire aux observations auxquelles il avait donné lieu à l'enquête de 1876, était enfin transmis au Parlement avec un projet de loi tendant à l'affectation des terrains domaniaux et à la déclaration d'utilité publique des travaux. Il donna lieu à des discussions passionnées et à une instruction interminable; mais son auteur, Alfred Durand-Claye, sut, par une active propagande, qui lui a valu la qualification d'apôtre du tout à l'égout et de l'épandage, faire passer sa conviction intime dans beaucoup de bons esprits, et les savants rapports de M. le Dr Bourneville à la Chambre des députés (1885 et 1887) et de M. le professeur Cornil au Sénat (1888), mirent en évidence la valeur du système de l'épuration par le sol, démontrèrent sa supériorité incontestable et son innocuité au point de vue de la salubrité du voisinage, répondirent à toutes les objections, et une loi du 4 avril 1889 vint enfin consacrer le double principe de l'écoulement direct et de l'épandage agricole, en autorisant l'épuration des eaux d'égout additionnées des matières de vidange, à raison de 40 000 mètres cubes par hectare et par an, sur 800 hectares de terres domaniales (fermes et tirés) détachées de la forêt de Saint-Germain et qui sont devenues le parc agricole d'Achères. Durand-Claye n'a pas assisté à ce triomphe final de ses idées : il était mort subitement à 46 ans en 1888.

9. Adaptation des égouts à l'écoulement direct. — Pour l'application de ces principes nouveaux, il y avait de grands travaux à entreprendre, soit pour l'exécution des ouvrages complémentaires, soit pour la transformation nécessaire et l'adaptation des anciens ouvrages.

Les décisions prises dès 1883 au sujet de l'écoulement direct impliquaient en particulier l'introduction de dispositifs nouveaux dans les égouts de Paris, afin d'y assurer partout le rapide entraînement des matières. Alfred Durand-Claye avait alors proposé de recourir pour le lavage périodique des égouts élémentaires à des chasses régulières obtenues par le départ automatique et subit de masses d'eau emmagasinées à cet effet et fournies par la distribution d'eau de rivière ; et, pour assurer l'efficacité de ces chasses, il avait substitué aux anciens radiers aplatis une petite cunette destinée à concentrer les eaux dans une section plus étroite et à en augmenter par là même la vitesse, tandis qu'une banquette latérale surélevée rendrait la circulation dans les galeries souterraines plus facile encore et moins répugnante que par le passé.

En outre il avait recommandé de raccorder désormais tous les égouts par des courbes dirigées dans le sens de l'écoulement, et de nombreuses mesures de détail ont été prises pour s'opposer partout à l'arrêt des matières et en faciliter de toutes manières l'évacuation.

10. Améliorations du réseau des collecteurs. — Le réseau des collecteurs, où l'eau coule en abondance et prend partout une vitesse suffisante pour l'entraînement rapide des matières, n'appelait point de semblable transformation. Et il a suffi de le tenir à la hauteur des besoins en le complétant par la construction d'artères complémentaires, de branches nouvelles.

Une amélioration digne d'être mentionnée a été réalisée en 1891 par le rattachement au système général, grâce à l'établissement de deux siphons, du type de celui de l'Alma mais de moindres diamètres, des réseaux des îles Saint-Louis et de la

Cité, qui jusqu'alors débouchaient encore en Seine au centre même de Paris.

L'écoulement se faisait mal dans certaines régions basses où s'étendait le reflux des collecteurs : elles furent isolées, on y créa des points bas, où furent installées des usines destinées à refouler les eaux à un niveau d'où elles s'écoulent désormais avec une pente suffisante. L'usine de la place Mazas relève de la sorte les eaux de la partie basse du XIIe arrondissement et les fait passer au-dessus de la dernière écluse du canal Saint-Martin, pour les déverser dans le collecteur des quais de rive droite ; celle du quai des Orfèvres draine les cours du Palais de Justice et a facilité jusqu'à ces derniers temps le fonctionnement du siphon de la Cité.

11. Usine municipale de Bondy. — Cette période a vu s'améliorer aussi la situation de la voirie de Bondy. Un nouveau régime, établi en 1882, mit fin aux déversements de vidanges en Seine en assurant le traitement simultané des arrivages et du stock. Les deux principales entreprises de vidanges furent autorisées à établir dans l'enceinte de la voirie des usines de traitement dans lesquelles elles s'engagèrent à recevoir et à transformer au jour le jour les matières reçues au dépotoir ; divers industriels leur vinrent en aide par la création d'usines analogues pour la fabrication du sulfate d'ammoniaque dans la zone d'isolement. D'autre part le stock était livré à un concessionnaire spécial qui s'engageait, après avoir installé un outillage approprié dans les bâtiments abandonnés par les anciens exploitants, à le traiter complètement dans un délai déterminé, de manière à débarrasser entièrement les bassins et à livrer finalement à la ville une usine capable de concourir dans une proportion intéressante à la transformation des arrivages. Malgré des difficultés assez nombreuses et des vicissitudes diverses le régime établi en 1882 a rempli le but qu'on lui avait assigné ; le stock, qui avait été longtemps le cauchemar du service de l'assainissement de Paris, a disparu totalement après des prolongations successives du délai imparti au concessionnaire, et la ville s'est trouvée propriétaire d'une *usine municipale* qui a permis bientôt la suppression des usines de la zone d'isolement et a concouru dès lors avec celles de la Compagnie Fresne, restée seule dans la voirie, au traitement régulier des arrivages.

Les eaux résiduaires auxquelles donne lieu la fabrication du sulfate d'ammoniaque s'écoulaient à l'origine dans l'égout de Pantin qui les conduisait en Seine : l'établissement d'une *conduite de retour* parallèle à la conduite d'envoi des matières sous l'une des berges du canal de l'Ourcq a permis de les ramener au dépotoir, où, après mélange avec un volume très supérieur d'eau propre empruntée au bassin de la Villette on les rejetait dans les égouts.

12. Amélioration des canaux. — De nombreux travaux exécutés sur le parcours des canaux ont contribué soit à rendre l'écoulement de l'eau plus facile et plus abondant, soit à améliorer les conditions de la navigation ou du transit des marchandises.

Il convient de citer : l'approfondissement du bassin de la Villette ; la construction de magasins sur les deux rives ; l'établissement d'une galerie spéciale qui a reporté à la *gare circulaire*, origine du canal Saint-Denis, la prise d'eau servant à l'alimentation du service public dans Paris ; l'élargissement de divers biefs pour la création de ports ; la construction ou la réfection de plusieurs ponts ; enfin l'entreprise de la transformation complète du canal de Saint-Denis, marquée par la construction de la grande écluse de $9^m,92$ de chute, unique en son genre, qui a procuré à la navigation des avantages très appréciés et dont elle a été particulièrement reconnaissante à l'ingénieur qui l'a conçue et réalisée, Humblot.

CHAPITRE V

TRAVAUX RÉCENTS

Depuis la mort d'Alphand, l'impulsion qu'il avait donnée à l'ensemble des services des eaux et des égouts a continué de porter ses fruits, et les travaux dont il avait fait dresser les projets et préparé l'accomplissement ont été successivement exécutés.

C'est ainsi que la dérivation de l'Avre, à peine commencée en 1891, était terminée au mois de mars 1893; elle amène depuis lors sur les hauteurs de Montretout, à l'altitude de 107 mètres au-dessus de la mer, 100 000 mètres cubes d'eau de source par jour en temps normal. L'opération d'Achères menée avec activité depuis 1892, s'est achevée en 1895, et l'exploitation du nouveau champ d'épuration, accru d'une surface de 200 hectares acquise directement par la Ville de Paris, a largement répondu aux espérances du service municipal. L'obligation de l'écoulement direct a été enfin édictée par la loi du 10 juillet 1894, qui, en fixant le taux de la nouvelle taxe de vidange, en a fait état pour gager un emprunt de 116 500 000 francs destiné à couvrir les dépenses d'appropriation définitive et d'achèvement du réseau des égouts et collecteurs, d'extension des irrigations à l'eau d'égout en vue de réaliser l'épuration du débit total des collecteurs parisiens, de dérivation des sources du Loing et du Lunain et de travaux complémentaires de canalisation et de construction d'usines pour le service des eaux.

Malgré l'échelonnement obligé des dépenses résultant du mode d'émission successive adopté pour l'emprunt, malgré la résistance du syndicat des propriétaires qui s'est employée à enrayer le développement de l'écoulement direct, malgré la nécessité de faire passer la dérivation du Loing et du Lunain avant l'achèvement de l'émissaire général des eaux d'égout, les conséquences de la loi d'assainissement ont été considérables.

Le réseau des collecteurs devenu insuffisant pour écouler une masse d'eau de plus en plus considérable, a été complété par l'exécution d'un nouveau siphon au pont de la Concorde et du grand collecteur de Clichy (1895-1898), qui a donné lieu à la première application du bouclier pour l'exécution à faible profondeur de galeries en maçonnerie sous les voies publiques à grande circulation. Le système de l'écoulement direct, du tout à l'égout, est à peu près entré dans les mœurs et se développe progressivement dans tous les quartiers, appliqué sans exception dans les maisons neuves et réclamé par les locataires dans les maisons anciennes; la voirie de Bondy vient d'être définitivement fermée. Une nouvelle et importante étape dans la voie de l'assainissement de la Seine a été accomplie par le prolongement de l'émissaire général des eaux d'égout jusqu'à Triel, déclaré d'utilité publique par décret du 11 avril 1896, et l'ouverture des champs d'épuration nouveaux de Méry-Pierrelaye et Carrières-sous-Poissy-Triel qui ont permis de fermer le 8 juillet 1899 le débouché en Seine des collecteurs parisiens, en attendant que le prolongement prochain vers les Mureaux vienne donner au système des irrigations et de l'épuration agricole toute l'ampleur qu'il comporte.

La création de filtres à sable à Saint-Maur en 1897, à Ivry en 1899, qui permettent d'épurer chaque jour 60 000 mètres cubes d'eau de Marne ou de Seine, fournit un moyen de parer aux exigences momentanées de la consommation durant les grandes chaleurs, en ajoutant aux eaux de source un appoint relativement important en eau moins fraîche, sans doute, mais également limpide et salubre. L'installation de nouvelles machines élévatoires à Ivry, Saint-Maur, Montmartre, la construction de réservoirs à Passy, Charonne, Montretout, la pose de grosses canalisations supplémentaires, mettent peu à peu l'outillage de la distribution d'eau à la hauteur de besoins constamment et rapidement croissants. Enfin la dérivation des sources du Loing et du Lunain, autorisée définitivement par la loi du 21 juillet 1897, s'est terminée à point pour fournir 50 000 mètres cubes d'eau de source par jour en plus dans le service privé au moment précis où l'Exposition Universelle, ouvrant ses portes, allait demander à la distribution d'eau un effort exceptionnel.

DEUXIÈME PARTIE

L'ÉTAT ACTUEL

CHAPITRE PREMIER

VUE D'ENSEMBLE

1. Outillage général. — La distribution des eaux d'alimentation et l'évacuation des eaux souillées sont à Paris entre les mains du Service municipal, qui dirige toute l'exploitation du vaste ensemble d'ouvrages destiné à desservir la population de près de 2 600 000 habitants répartie sur le territoire de 7 800 hectares de superficie que limite l'enceinte fortifiée.

Il dispose à cet effet d'un outillage comprenant :

1° Pour les eaux d'alimentation :

7 dérivations dont cinq très importantes ;

25 usines élévatoires hydrauliques ou à vapeur, représentant une puissance totale de plus de 6 000 chevaux ;

21 réservoirs d'une capacité supérieure à 800 000 mètres cubes ;

2 réseaux complets de conduites publiques, d'une longueur totale de près de 2 600 kilomètres, avec 26 000 appareils divers et 90 000 prises pour abonnements ;

2° Pour les eaux usées :

Un réseau d'égouts unique de près de 1 100 kilomètres de développement, composé exclusivement de galeries accessibles en maçonnerie, dont 78 kilomètres de collecteurs, avec 3 usines élévatoires, 3 200 réservoirs de chasse, 13 500 bouches, 20 000 regards, 50.000 égouts particuliers, 500 kilomètres de branchements ;

3° Pour l'épuration agricole de l'efflux urbain :

Un émissaire et des conduits capables d'écouler 1 000 000 de mètres cubes par vingt-quatre heures ;

3 usines élévatoires de 5.000 chevaux de force totale ;

4 champs d'épuration municipaux de plus de 1 600 hectares de superficie ;

Des réseaux de distribution et de drainage dont le développement dépasse 200 kilomètres et qui permettent d'étendre les irrigations sur une surface quadruple ;

Le tout représentant un capital de quelque 480 millions, dont 300 millions pour les eaux et 180 millions pour l'assainissement.

Le fonctionnement de cet organisme immense et compliqué est assuré par des fils télégraphiques et téléphoniques spéciaux, qui ne cessent « de transmettre, des extrémités au service central et du centre aux extrémités, les renseignements et les instructions, déterminant, en quelque sorte heure par heure, le jeu de ce grand clavier dont certaines touches principales sont à plus de 160 kilomètres [1] » de distance.

2. Double service d'eau. — La distribution d'eau installée, conformément au programme élaboré par Belgrand, a pour base la division absolue en deux services entièrement distincts, l'un pour la voie publique, l'industrie, les cours, les écuries, les jardins, l'autre pour les habitations.

Au *service privé* ont été attribuées les eaux de source, captées au loin, amenées par des aqueducs fermés dans des réservoirs couverts, et conduites, sans voir le jour, sans variation sensible de température, du point où elles émergent du sol jusqu'au robinet de consommation : en cas d'insuffisance momentanée, on

(1) Couche, *Les eaux de Paris en 1884.*

y supplée par un appoint en eau de rivière soigneusement filtrée sur un lit de sable fin, aussi limpide et tout à fait équivalente au point de vue de la salubrité.

Au *service public* ont été réservées les eaux de la Seine et de la Marne à l'état naturel, assez pures chimiquement pour tous les emplois industriels, mais souvent troubles et à température essentiellement variable, qu'on a dû écarter de la consommation domestique à cause des causes multiples de contamination auxquelles elles sont manifestement exposées; celles du canal de l'Ourcq, longue dérivation à ciel ouvert, servant à la fois d'aqueduc pour l'amenée de l'eau et de voie navigable, celles aussi des anciennes dérivations, lourdes et séléniteuses et d'ailleurs peu abondantes, ainsi que les eaux chaudes des puits artésiens.

Ces eaux, réparties entre diverses zones et en plusieurs étages distincts, alimentent une série de distributions juxtaposées et superposées sans jamais être confondues, de manière à satisfaire à toutes les exigences du double service dans une ville étendue, où le sol est accidenté, tout en évitant et les trop fortes pressions et les élévations d'eau inutiles.

3. Qualités des eaux. — Les eaux de la distribution parisienne sont l'objet d'analyses régulières effectuées par les soins de l'Observatoire municipal, publiées chaque semaine dans le Bulletin municipal officiel, et résumées annuellement dans l'Annuaire de Montsouris.

Eaux de source. — Les eaux de source, affectées au service privé, sont limpides, fraîches, agréables au goût; vues par transparence ou réfraction, elles prennent une belle couleur bleu d'azur. Leur température qui varie de 9 à 11 degrés centigrades à l'émergence suivant les saisons, augmente à peine en été, diminue à peine en hiver de quelques dixièmes de degré durant le trajet dans les aqueducs et le séjour dans les réservoirs, de sorte qu'elles parviennent à la température de 12 à 13 degrés au plus jusque dans les maisons après leur parcours dans la canalisation urbaine.

Les analyses des eaux de la Dhuis, de la Vanne et de l'Avre, donnent des résultats toujours comparables entre eux et des moyennes peu différentes d'une année à l'autre. Elles sont résumées dans le tableau suivant, emprunté à l'Annuaire de Montsouris pour 1900.

	DHUIS	VANNE	AVRÉ
Degré hydrotimétrique total	23°,1	20°,6	16°,5
— après ébullition	6°,2	4°,6	5°,8
Matière organique (en oxygène)	1 ^{mg}	0,7^{mg}	0,9^{mg}
Carbonates alc.-terreux (en chaux)	119	112	82
Carbonates alc.-terreux (en acide carbon.)	93,5	88	64
Résidu sec à 180°	282	256	228
Matière volatile	56	47	53
Oxygène dissous immédiatement	11	11	11,6
— après 48 heures	9,5	9,7	9,4
Acide azotique	10,2	10	10,8
Chlore	7	5	11
Chaux	108	112	84
Acide sulfurique	11,5	3,4	6,2
Silice	11,9	8,5	14,2
Magnésie	15,1	2,2	4
Fer et alumine	1,2	0,7	1,1
Potassium	1,4	1,7	1,9
Sodium	7,2	4,5	7,5
Bactéries (en 1898) par centimètre cube	2 220	310	720
— (année moyenne)	3 615	990	1 570

Toutes, comme on le voit, sont calcaires, peu chargées de sulfates, pauvres en matière organique et en microorganismes ; les eaux du Loing et du Lunain s'en rapprochent beaucoup.

La composition chimique de ces eaux varie peu : on observe cependant des modifications à la suite des grandes pluies, plus sensibles pour l'Avre en particulier dont le degré hydrotimétrique diminue alors un peu. Il se produit en même temps une augmentation momentanée de la teneur en bactéries. Quelquefois la limpidité est alors altérée et l'eau devient *louche* puis *trouble* pendant quelques heures parfois même pendant quelques jours.

Eaux de rivière. — Les eaux de la Seine et de la Marne, celles du canal de l'Ourcq, réservées au service public, ne sont jamais limpides, et se présentent fréquemment troubles ; leur coloration est d'un vert jaunâtre plus ou moins franc. Elles sont froides en hiver, chaudes en été et marquent au thermomètre de 0 à 23 degrés centigrades. Leur composition et leur teneur en bactéries varient suivant les points où s'effectuent les prélèvements, les époques de l'année, la température ambiante, etc.

Voici les résultats qu'ont donnés moyennement à l'Observatoire de Montsouris dans ces dernières années, les échantillons prélevés au voisinage des prises d'eau les plus importantes de la ville de Paris.

	OURCQ à la gare circulaire de la Villette.	SEINE à Ivry.	MARNE à Saint-Maur.
Degré hydrotimétrique total	35°,9	18°,9	24°,1
— après ébullition . .	12°,1	5°,6	6°,6
Matière organique (en oxygène).	2,3 mg	2,5 mg	1,4 mg
Carbonates alc.-terreux (en chaux). . . .	151	108	106
— (en ac. carbonique).	122	85	93,4
Résidu sec à 180°	424	265	285,5
Oxygène dissous immédiatement.	10,3	10,7	10,6
— après 48 heures	8,4	8,4	8,9
Acide azotique.	7,9	8,5	8,1
Chlore	10	7	5,6
Chaux	143	102	113,6
Acide sulfurique.	57,3	10,6	22,1
Silice	11,2	5,7	6,5
Magnésie	34,9	5	13,9
Fer et alumine.	1	1	1,3
Potassium.	1,3	2,7	1,8
Sodium	6,7	4,8	5,7
Bactéries par centim. cube (année moyenne).	65 430	53 910	71 600

Ce tableau montre que la composition chimique des eaux de la Seine et de la Marne diffère peu de celle des eaux de source, tandis que celle de l'eau d'Ourcq, beaucoup plus chargée de chaux, de magnésie, d'acide sulfurique, s'en éloigne très notablement. Toutes contiennent une forte proportion de matière organique et présentent une teneur très élevée en bactéries ; le nombre des microorganismes est d'ailleurs extrêmement variable, beaucoup plus grand aux époques des crues que durant les périodes de basses eaux.

Le filtrage par le sable, appliqué aux eaux de la Seine et de la Marne, les débarrasse des matières en suspension et de la majeure partie des bactéries, au point de les rendre plus limpides et plus pauvres en microbes que les eaux de source elles-mêmes.

4. Quantités disponibles. — En temps normal le service privé dispose quotidiennement des quantités d'eau énumérées ci-après :

Aqueduc des sources de la Dhuis	. . . .	20 000 m³
— de la Vanne	. . . .	120 000
— de l'Avre	. . . .	100 000
— du Loing et du Lunain	. . .	50 000
Soit au total	. . . .	290 000 m³

Mais dans les périodes de sécheresse le volume total disponible peut descendre jusqu'à 220 000 et même 210 000 mètres cubes. Les filtres d'autre part peuvent procurer un supplément de :

25 000 mètres cubes d'eau de Marne épurée à Saint-Maur, 35 000 mètres cubes d'eau de Seine épurée à Ivry, en tout 60 000 mètres cubes, de sorte que l'ensemble des ressources du service privé varie entre 350 000 et 270 000 mètres cubes par vingt-quatre heures, soit de 104 à 135 litres par habitant.

Pour le service public, l'ensemble des installations peut fournir :

Eau amenée par le canal de l'Ourcq	150 000 m³
Eau de Seine élevée par machines à vapeur	260 000
Eau de Marne élevée par machines hydrauliques et à vapeur.	120 000
Puits artésiens et anciens aqueducs	7 000
Soit un total de	537 000 m³

mais il y a presque toujours des machines en chômage pour visite, réparation, etc. et il convient de ne pas compter normalement sur plus de 520 000 mètres cubes ce qui correspond à 200 litres par habitant et par jour.

Les deux services réunis ont donc une alimentation capable de fournir chaque jour 790 000 à 870 000 mètres cubes en tout et par habitant 304 à 335 litres.

Il suffit de rapprocher ces chiffres, de celui de 15 litres qui représentait la totalité des ressources de la distribution d'eau au commencement du siècle pour marquer le chemin parcouru en cent ans.

5. Consommation effective. — La consommation se tient pendant la plus grande partie de l'année fort au-dessous des quantités disponibles : non seulement le fonctionnement des filtres est habituellement et, sauf les cas accidentels, inutile en hiver, mais encore, le volume total des eaux de source dépassant normalement les besoins du service privé, une partie de ces eaux est déversée dans les réservoirs ou dans les conduites du service public. En été au contraire, et surtout lorsque le thermomètre vient à dépasser 25°, le volume consommé s'élève rapidement au-dessus de la moyenne, et pour satisfaire aux besoins des deux services également surexcités par la grande chaleur, il faut faire appel simultanément à toutes les ressources de leur multiple alimentation.

En 1899, année de sécheresse tout à fait exceptionnelle de

chaleurs extrêmes et de longue durée, le volume des eaux distribuées s'est réparti conformément aux indications du tableau ci-après :

	PENDANT L'ANNÉE	PAR JOUR
Eau de source	76 905 500^{m3}	210 700^{m3}
Eau filtrée.	5 694 000	15 600
Service privé	82 599 500^{m3}	226 300^{m3}
Eau d'Ourcq	40 478 500^{m3}	110 900^{m3}
Eau de Seine et Marne	90 301 000	247 400
Eau d'Arcueil et des puits artésiens . .	2 263 000	6 200
Service public	133 042 500	364 500^{m3}
Ensemble	215 642 000^{m3}	590 800^{m3}

Il convient de signaler que les filtres d'Ivry n'ont été terminés qu'au mois d'août et ont à peine fonctionné, que la dérivation du Loing et du Lunain était encore en cours, et que plusieurs machines actuellement en service n'étaient pas encore disponibles.

Le maximum de consommation s'est produit le 20 juillet avec un volume de 738 000 mètres cubes, soit 295 litres par habitant, comprenant 100 litres d'eau de source 12 litres d'eau filtrée et 183 litres d'eau d'Ourcq ou de rivière. Le minimum a eu lieu le 17 décembre et la consommation totale s'est réduite à 179 litres par tête, dont 74 litres d'eau de source et 105 litres d'eau de rivière et autres.

6. Régime de la distribution. — On n'a jamais connu à Paris le système de la distribution intermittente, qui a longtemps régné sans partage en Angleterre, l'eau y est constamment en pression dans toute l'étendue des canalisations, et, à toute heure du jour ou de la nuit, les appareils publics sont prêts à fonctionner, les robinets peuvent fournir l'eau nécessaire à tous les besoins.

Mais il y a, au point de vue de la pression, une différence de régime très marquée entre le service public et le service privé.

Tandis que ce dernier est desservi par des eaux qui ont partout et sauf de très rares exceptions, une pression capable d'atteindre en tout temps les étages les plus élevés des maisons, l'autre, au contraire, ne peut y fournir qu'en certains points et à certaines heures l'eau dont on pourrait y avoir besoin : dans tout le centre de Paris, l'eau de l'Ourcq ne peut parvenir qu'au premier, ou au plus, au second étage des maisons, et, si dans d'autres quartiers l'eau de rivière (Seine ou Marne) s'élève à toute hauteur pendant la nuit, il arrive durant une partie du jour que la pression s'abaisse considérablement par suite de l'ouverture simultanée d'un grand nombre d'orifices de forte dimension au niveau du sol, pour les besoins du nettoiement ou de l'arrosage des voies publiques. En conséquence, tous les usages qui impliquent la fourniture de l'eau à tous les étages ou la permanence constante de la pression ne peuvent être desservis que par les conduits du service privé, quand bien même ils n'exigeraient point par ailleurs d'eau potable, d'eau de qualité supérieure ; c'est le cas des ascenseurs, des appareils d'extinction des incendies, etc... Et, à moins de revenir à l'emploi de réservoirs d'emmagasinement qui se remplissent aux heures de faible consommation, on ne peut, même dans les quartiers les mieux favorisés, demander au service public que des fournitures d'eau à rez-de-chaussée, dans les usines et ateliers, les écuries et remises, les cours ou les jardins.

Cette organisation dont on a maintes fois fait un reproche au service municipal, en particulier parce qu'elle oblige à employer partout l'eau de source pour le lavage des cabinets d'aisances, a du moins l'avantage d'éviter les complications et la dépense d'une double canalisation à l'intérieur des maisons, et surtout les confusions que la double canalisation pourrait y rendre fréquentes entre l'eau potable et celle qui ne l'est point.

7. **Réseau d'égouts unique.** — Le réseau d'égouts parisien, conçu primitivement pour l'écoulement des eaux pluviales et ménagères seules, a été appelé depuis quelques années à recevoir en outre, par écoulement direct, les matières solides et liquides provenant des cabinets d'aisances, et se rattache désormais au *type unitaire*.

Il est caractérisé d'ailleurs par l'emploi exclusif d'égouts d'assez grande hauteur pour qu'on les puisse parcourir debout dans toutes leurs parties et qui constituent de véritables *voies souterraines*, où les deux canalisations d'eau ont trouvé place, ainsi que diverses autres canalisations pour la distribution de force motrice et le transport des cartes pneumatiques de la poste, les câbles télégraphiques et téléphoniques, etc...

Depuis l'adoption du « tout à l'égout », l'emploi *des banquettes de circulation*, antérieurement limité aux collecteurs et aux artères principales, où elles bordaient de part et d'autre la cunette d'écoulement, a été généralisé : et les plus petites galeries présentent une banquette unique déposée sur l'un des côtés de la cunette. Il en résulte que la circulation est assurée en temps sec à l'intérieur des égouts de Paris dans des conditions de facilité particulières. En temps de pluie l'eau s'y élève, surmonte les banquettes et, grâce aux grandes dimensions des galeries, trouve un écoulement facile, de sorte qu'il n'y a nulle part d'inondation dans les rues, même par les plus grandes averses.

8. **Système des collecteurs.** — Les eaux recueillies par les égouts élémentaires construits sous les voies publiques, sont dirigées dans une série de *collecteurs*, qui les conduisent hors de l'enceinte vers le nord-ouest, après avoir franchi par des percées souter-

raines les coteaux de l'Étoile, de Monceau, des Batignolles, pour être reprises ensuite par les *émissaires* chargés de les porter dans les *champs* d'*épuration*.

Toutes les eaux de la rive gauche, y compris celles de la Bièvre, petit affluent de la Seine, devenu depuis longtemps un véritable

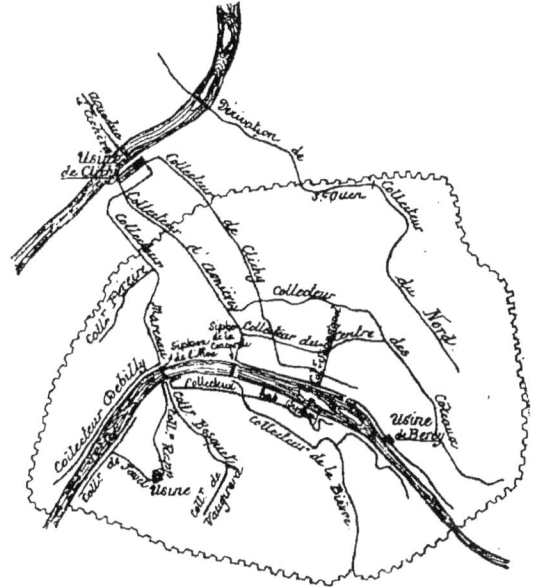

Tracé des collecteurs.

égout, sont en conséquence jetées sur la rive droite : à cet effet les collecteurs qui les reçoivent viennent concourir en deux points, à l'amont des ponts de l'Alma et de la Concorde, d'où partent des conduites en forme de *siphons* renversés, par l'intermédiaire desquelles elles franchissent le fleuve et vont se réunir aux eaux de l'autre rive dans les collecteurs généraux, troncs communs d'évacuation qui aboutissent à l'usine élévatoire de Clichy.

Les anciens égouts qui se déversaient en Seine dans la traversée de Paris, ont été recoupés le long des quais par des collecteurs longitudinaux de manière à supprimer tout écoulement d'eaux usées dans le fleuve ; ceux des îles de la Cité et Saint-Louis ont été rattachés par des siphons spéciaux à ces mêmes collecteurs ; ceux des quartiers bas, qui ne pourraient y aboutir avec une déclivité suffisante, amènent leurs eaux à des usines qui les relèvent à un niveau convenable pour en assurer l'écoulement. Et c'est seulement en temps d'orage que l'eau surabondante s'échappe sur les deux rives en certains points du parcours des collecteurs, que des *déversements* se produisent comme dans tous les réseaux où l'on admet les eaux pluviales ; du moins ces déversements sont-ils réduits à peu de chose en raison de l'étendue et de la capacité exceptionnelles du réseau ; ils ne se produisent guère que huit à dix fois par an et sont toujours d'une courte durée.

Un collecteur indépendant et isolé, dit collecteur du Nord, reçoit les eaux de la partie supérieure des coteaux de rive droite et les conduit à la porte de la Chapelle, où elles peuvent à volonté être déversées dans le collecteur départemental de Saint-Denis ou dans les deux galeries maçonnées qui constituent la dérivation de Saint-Ouen et se prolongent jusque dans la plaine de Gennevilliers.

9. Développement des galeries. Volume d'eau écoulé. — La longueur totale des galeries souterraines en service était au 31 décembre 1899 de 1 511 967 mètres dont 1 090 453 mètres d'égouts publics et 421 514 mètres de branchements de bouches de regards ainsi que de branchements particuliers.

Les canalisations diverses qui y ont trouvé place présentent un développement considérable : outre les 2 974 kilomètres de conduites d'eau, on y compte 279 414 mètres de conduites d'air comprimé, dont un tiers pour le service des horloges pneumatiques ; tout le réseau des tubes pneumatiques y est établi ainsi que les câbles innombrables des services télégraphiques et téléphoniques.

Le volume d'eau total écoulé dans l'année par ce vaste système de galeries souterraines resterait probablement inférieur aux quantités d'eau livrées par la distribution, les pertes par évaporation, infiltration etc., compensant et au delà les apports fournis par les pluies, s'il ne s'y ajoutait un contingent important d'eaux venues du dehors par l'intermédiaire des égouts départementaux : avec cet appoint la quantité d'eau écoulée peut atteindre et dépasser 200 millions de mètres cubes.

10. Emissaires, usines élévatoires et champs d'épuration. — Grâce au niveau assez élevé du collecteur du Nord, les eaux qu'il amène à la porte de la Chapelle peuvent être écoulées par l'effet de la gravité jusque dans les champs d'épuration de la plaine de Gennevilliers en passant par la dérivation de Saint-Ouen et les conduites posées à la suite sur les ponts de Saint-Ouen.

Toutes les autres eaux usées de Paris, dirigées sur l'usine de Clichy, y sont élevées par des pompes centrifuges mues par la vapeur, soit à un niveau suffisant pour franchir les ponts de Clichy et gagner par cette voie la plaine de Gennevilliers où elles sont employées en irrigations concurremment avec celles du collecteur du Nord, soit à une hauteur moindre qui leur permet d'atteindre seulement l'usine de Colombes, après avoir traversé la Seine dans un siphon sous-fluvial de grande dimension et parcouru sur une longueur de plus de 4 kilomètres les territoires d'Asnières et de Colombes.

Les pompes à piston de l'usine de Colombes les refoulent alors sur le coteau d'Argenteuil à 60 mètres au-dessus de la mer, et les déversent en tête d'un aqueduc libre qui se développe sur la rive droite du fleuve, franchit l'Oise en siphon, passe en souterrain sous la colline de l'Hautie, et se prolongera ensuite sur la rive gauche de la Seine jusqu'au-delà des Mureaux. Sur ce parcours trois branches s'en détachent, la première à Herblay pour desservir les irrigations d'Achères, la seconde un peu plus loin pour gagner la région de Pierrelaye et l'usine de relais qui refoule une partie des eaux dans le domaine municipal de Méry, la troisième à Chanteloup pour irriguer la plaine de Carrières-sous-Poissy et Triel et le domaine municipal des Grésillons.

Tout l'outillage est conçu pour un débit de près de 10 mètres cubes par seconde, et dès à présent quatre champs d'épuration

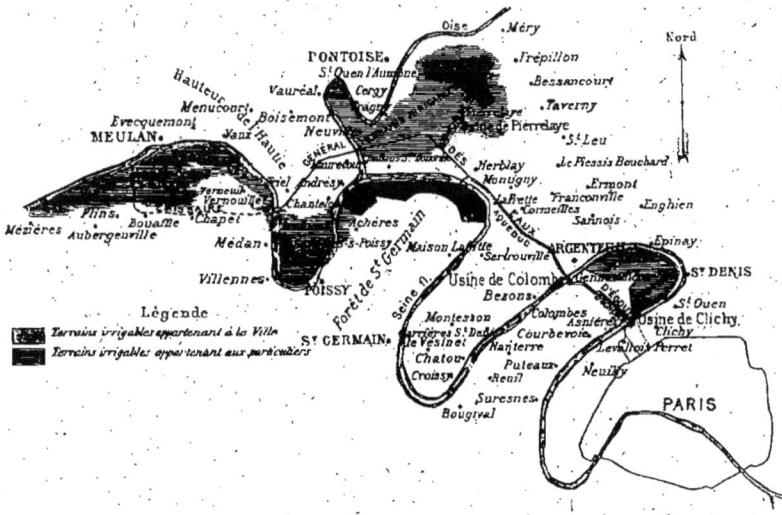

Carte des émissaires et champs d'épuration.

sont en exploitation culturale, dont partie appartient à la Ville et donne lieu à des affermages, tandis que le surplus est cultivé librement par les propriétaires auxquels le service municipal livre les eaux d'irrigation à titre gratuit. La plus considérable des exploitations domaniales affermées constitue le *parc agricole d'Achères* qui renferme 1 000 hectares d'un seul tenant et deux fermes importantes; tandis que la plaine de Gennevilliers, où les irrigations à l'eau d'égout sont depuis longtemps utilisées, est le type de l'exploitation par la culture libre.

11. Eaux d'égout. Eau épurée. — Les eaux débitées par les collecteurs sont l'objet d'analyses régulières par les soins de l'Observatoire Municipal, ainsi que celles des *drains* qui facilitent l'écoulement en Seine des nappes souterraines grossies par l'infiltration de ces eaux à travers les terrains d'épuration, et aussi celles des puits du voisinage alimentés par les mêmes nappes et qu'utilisent les habitants de la région.

La comparaison de ces analyses fait ressortir l'effet si complet de l'épuration par le sol perméable. Les eaux d'égout très chargées de matières en suspension et en particulier de matière organique et d'azote ammoniacal, contenant des millions de bactéries, ne parviendront plus désormais au fleuve qui les recevait jadis en cet état que limpides, absolument dépourvues d'azote organique ou ammoniacal, aussi pauvres en matière organique que les eaux de source elles-mêmes, à peine plus riches en bactéries, et ne dénotant leur origine que par la présence de nitrates inoffensifs.

Le tableau ci-après, qui résume les résultats d'un grand nombre

	EAUX D'ÉGOUTS		EAUX DE DRAINAGE		PUITS dans les régions irriguées.	
	Collecteur d'Asnières.	Dérivation de Saint-Ouen.	A Gennevilliers (Grésillons).	A Achères.	A Gennevilliers (Jardin modèle).	A Pierrelaye (Rougeaux).
Degré hydrotim. total.	37°	45°	62°	49°	62°	48°
Degré après ébullition.	17°	26°	33°	21°	30°	26°
Chaux.	165 mg	196 mg	309 mg	257 mg	305 mg	173 mg
Chlore.	55	90	74	67	78	19
Matière organique.	34.9	58.5	1,2	1.1	1,2	0.7
Acide sulfurique.	122	184	265	135	221	130
Résidu sec à 180°.	630	880	1071	846	1095	609
Azote nitrique.	2.2	2	27.3	23.9	39.4	17.8
— ammoniacal.	16.7	23.5	»	»	»	»
— organique.	8,7	16.7	»	»	»	»
Bactéries par cm³ (1898)	12 165 000	11 405 000	1 175	715		

d'analyses, donne précisément cette comparaison d'après l'Annuaire de Montsouris pour l'année 1900.

12. Canaux de navigation. — Le service des eaux et de l'assainissement comprend en outre les trois canaux de navigation appartenant à la ville de Paris et désignés sous les noms de :

>   Canal de l'Ourcq.
>   Canal Saint-Denis.
>   Canal Saint-Martin.

Le premier, conçu spécialement il y a cent ans pour conduire à Paris des eaux d'alimentation dérivées de la rivière d'Ourcq, affluent de rive droite de la Marne, joue en réalité un triple rôle : d'une part, il concourt pour une fraction importante à la fourniture de l'eau nécessaire au service public ; de l'autre, il sert de rigole d'alimentation du bassin de la Villette qui remplit la fonction de bief de partage pour le canal à deux versants que constituent en réalité les canaux Saint-Denis et Saint-Martin reliant la Seine en amont de Paris (Arsenal) à la Seine en aval (Saint-Denis) ; et, en troisième lieu, il dessert une navigation locale assez restreinte, il est vrai, à cause de sa faible section qui ne permet d'y affecter que des bateaux étroits et de faible capacité (50 tonnes) dits flûtes d'Ourcq.

Les deux autres évitent à la navigation de commerce la traversée de Paris et lui offrent le moyen d'accéder au port très fréquenté de la Villette. Ils sont l'objet d'un mouvement intensif malgré la perception de droits assez élevés par la Caisse municipale.

Le cube d'eau amené chaque année au bassin de la Villette approche de 80 000 000 de mètres cubes, dont moitié environ pour la distribution urbaine et un tiers pour le service des écluses ; le surplus est déversé en Seine ou dans les égouts.

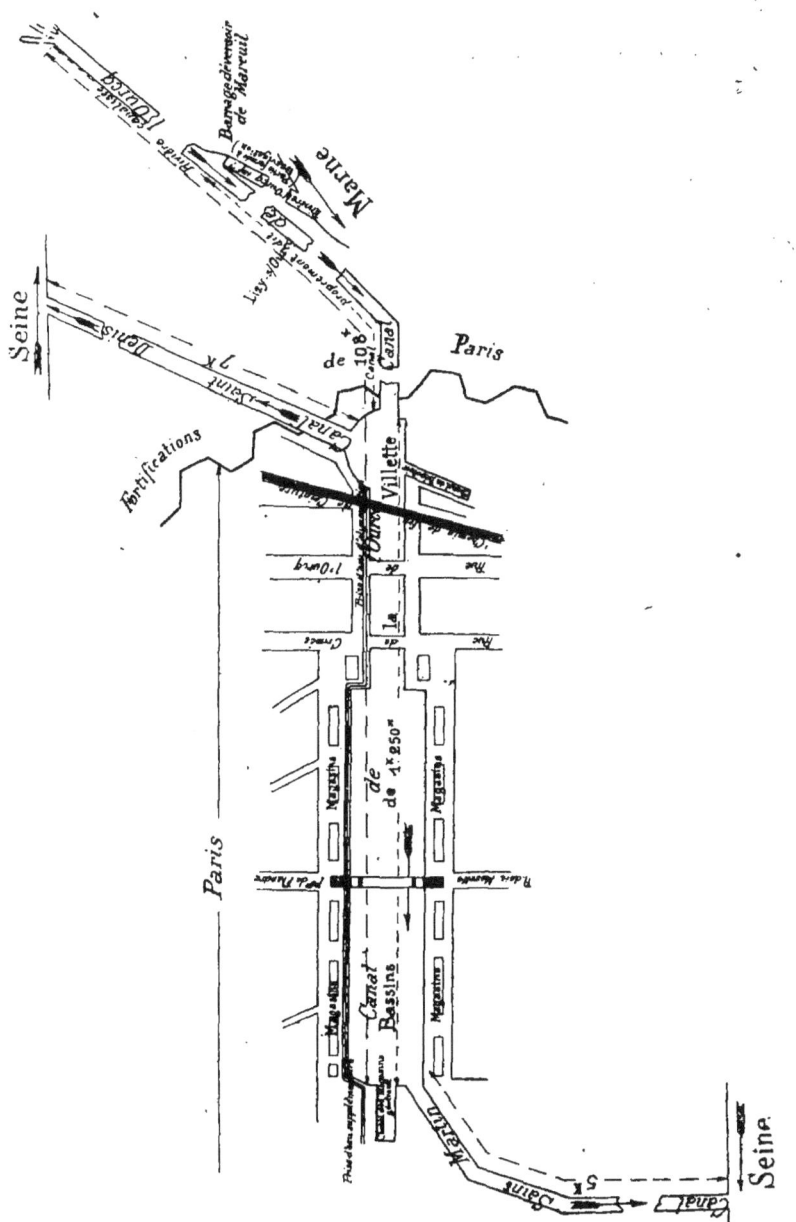

Schéma indiquant la fonction des canaux de l'Ourcq, Saint-Denis et Saint-Martin.

Le trafic de la navigation comporte un mouvement de :

    700 000 tonnes sur le canal de l'Ourcq.
   1 900 000 — Saint-Denis.
   1 100 000 — Saint-Martin.

Soit au total. . 3 700 000 tonnes environ.

CHAPITRE II

ORGANISATION GÉNÉRALE. PERSONNEL

1. Division du service. — L'arrêté préfectoral du 16 mars 1899 a de nouveau réuni sous la direction d'un chef de service unique, comme au temps de Belgrand, l'ensemble des services des eaux et de l'assainissement qui étaient subdivisés depuis 1878 en plusieurs branches distinctes.

Cet ensemble est d'ailleurs tout entier rattaché à la Direction administrative de la voie publique et des eaux et égouts à la préfecture de la Seine, sauf cependant les travaux sanitaires, ou autrement dit l'assainissement des habitations, qui dépend de la direction des affaires municipales.

Le chef de service, ingénieur en chef des Ponts et Chaussées, a dans ses attributions directes, sous la dénomination de *service réservé*, tout le service de la distribution d'eau qui comprend : l'entretien et exploitation des dérivations, les machines élévatoires et les réservoirs, la distribution générale et particulière des eaux, le contrôle de la Compagnie générale des eaux régisseur intéressé, la pose des conduites d'eau ; et en outre : les canaux de la Ville, les travaux sanitaires (assainissement des habitations).

Il a d'ailleurs sous ses ordres deux ingénieurs en chef des Ponts et Chaussées :

Le premier chargé du *Service de l'Assainissement* proprement dit, qui réunit : l'entretien et le curage des égouts, les irrigations à l'eau d'égout, la construction des égouts neufs, les travaux d'extension des irrigations; le second chargé du *service temporaire des adductions d'eaux nouvelles*, dont dépendent actuellement les travaux de construction de la dérivation du Loing et du Lunain, en voie de parachèvement et de règlement définitif, et les études entreprises en vue de préparer de nouvelles amenées d'eau de source.

2. Service réservé. — Le service réservé est divisé en six *sections* spéciales dénommées et constituées comme suit :

Inspection administrative. — Affaires générales et de personnel. — Statistique. — Projets. — Contrôle de la régie des eaux. — Dépôt des fontes.

Dérivations. — Entretien, exploitation et régie des aqueducs de la Dhuis, de la Vanne, de l'Avre, du Loing et du Lunain et dépendances. — Puits artésiens.

Machines. — Exploitation et entretien des usines élévatoires dans Paris et le département de la Seine. — Entretien des réservoirs et des conduites ascensionnelles. — Atelier de réparation. — Atelier d'essai des compteurs. — Dépôt des pompes et locomobiles. — Travaux neufs d'élévation des eaux.

Distribution des eaux. — Exploitation des réservoirs. — Surveillance, manœuvre et entretien de la canalisation et des appareils. — Contrôle technique de la régie intéressée. — Surveillance des travaux particuliers. — Travaux de réparation et de déplacement des conduites.

Canaux. — Entretien, exploitation technique et financière, police, travaux des canaux de l'Ourcq, Saint-Denis et Saint-Martin.

Travaux sanitaires. — Application des règlements concernant les canalisations intérieures d'évacuation des eaux usées. — Contrôle de la vidange. — Dépotoir municipal. — Dépôt des collections. — Travaux d'assainissement dans les établissements municipaux et départementaux.

Il dispose en outre des *huit sections du service général*, entre lesquelles Paris est territorialement divisé, pour la pose des conduites de distribution.

3. Service de l'assainissement. — Le service de l'assainissement comprend trois *sections* spéciales, savoir :

Égouts. — Curage et entretien des égouts et collecteurs. — Contrôle des canalisations en égout. — Atelier de réparation du matériel. — Magasin central. — Travaux de réparation et d'amélioration des égouts et collecteurs.

Irrigations. — Exploitation et entretien des usines élévatoires. — Conduites ascensionnelles. — Émissaires. — Distributions dans les champs d'épuration. — Exploitation de la plaine de Gennevilliers. — Jardin modèle d'Asnières.

Travaux neufs. — Travaux complémentaires : construction d'usines, bâtiments, drains, canalisations, etc. — Exploitation culturale des champs d'épuration d'Achères, Méry, Carrières. — Études et travaux de prolongement des émissaires et de création de nouveaux champs d'épuration.

Pour la construction des égouts neufs dans Paris, il dispose des huit sections du service général.

4. Service temporaire des adductions d'eaux nouvelles. — Quatre sections temporaires ont été placées sous les ordres de l'ingénieur en chef des adductions d'eaux nouvelles.

Trois se rapportent aux travaux de la dérivation du Loing et du Lunain qui ont été répartis en trois arrondissements d'amont, du centre et d'aval.

La quatrième comprend les études, recherches de sources, jaugeages, etc.

5. Personnel. — Le chef de service et les deux ingénieurs en chef qui lui sont adjoints ont sous leurs ordres, en dehors des huit ingénieurs ou inspecteurs chargés des sections du service général dans Paris, neuf ingénieurs ou inspecteurs chargés des sections spéciales des eaux et de l'assainissement. Deux des sections des travaux de la dérivation du Loing et du Lunain ont été confiées à deux ingénieurs déjà chargés d'autres sections du service spécial ou du service général, et un inspecteur réunit provisoirement dans ses attributions les égouts et les travaux sanitaires.

Ce personnel est recruté de deux manières distinctes : les *ingénieurs* appartenant au corps des Ponts et Chaussées sont nommés par le Ministère des Travaux publics sur une liste présentée par le Préfet de la Seine et mis dans la situation de service détaché, qui leur conserve le droit à l'avancement; les *inspecteurs* sont d'anciens conducteurs du service municipal qui ont mérité, par la distinction avec laquelle ils ont rempli leurs fonctions antérieures, de recevoir des attributions plus vastes et plus étendues et d'être assimilés aux ingénieurs. Ces derniers ont été jusqu'à présent nommés par le préfet sans aucune condition spéciale ; désormais ils doivent être remplacés par des ingénieurs municipaux, désignés par voie de concours parmi les agents du service municipal qui à la suite d'un examen auront été reconnus aptes à ces fonctions.

Ingénieurs et inspecteurs sont secondés par un personnel technique et administratif composé de *conducteurs municipaux*, de *piqueurs* et d'*agents auxiliaires autorisés*. Ces derniers sont recrutés parmi les jeunes gens qui ont subi avec succès les épreuves du concours pour l'admissibilité au grade de piqueur ; ils sont nommés piqueurs au fur et à mesure des vacances qui se produisent dans le cadre ; pour devenir conducteurs municipaux il leur faut subir un nouveau concours. Les élèves de l'École polytechnique, les élèves diplômés de l'École centrale des arts et manufactures, peuvent être nommés d'emblée conducteurs municipaux dans la proportion d'un vingtième des places disponibles.

Il y a dans le service un certain nombre de conducteurs des Ponts et Chaussées qui doivent disparaître par voie d'extinction.

Les agents de tout ordre subissent un prélèvement de 5 ou 5 1/2 p. 100 sur leur traitement pour la constitution d'une pension de retraite à laquelle ils ont droit après 30 ans de services. Ils sont retraités d'office, sauf les ingénieurs soumis aux règles spéciales du Ministère des Travaux publics, lorsqu'ils ont atteint la limite d'âge de 60 ans, s'ils comptent d'ailleurs les 30 années de service réglementaires.

6. Ouvriers. — Les *ouvriers*, attachés d'une manière permanente au service des eaux et de l'assainissement, sont au nombre d'environ 2 400.

Ils sont recrutés par catégories, dans des conditions de nationalité, d'âge, d'aptitude physique et professionnelle fixées par un règlement général et des règlements spéciaux. Embauchés d'abord à titre de stagiaires, ils sont ensuite titularisés par arrêté préfectoral.

Le mois normal est de 26 jours : il est alloué en outre deux journées de repos payées par mois, et un congé de 10 jours par an. La journée est en général de 10 heures : seuls les ouvriers du curage des égouts ont obtenu en 1899 la réduction de la journée à 8 heures.

Les travaux supplémentaires de jour et de nuit, réduits au minimum, donnent lieu à des allocations spéciales calculées par heure.

Payés par quinzaines, les ouvriers subissent mensuellement depuis le 1er juillet 1899 une retenue de 4 p. 100 pour la retraite qui est complétée par un versement de 7,50 fr. par la Ville ; les deux sommes sont déposées en leur nom et à capital aliéné à la Caisse des retraites pour la vieillesse et les versements sont continués jusqu'à ce que la rente viagère atteigne 1 200 francs par an. L'âge d'entrée en jouissance de la retraite est fixé à 60 ans, mais peut être reporté d'année en année jusqu'à 65 ans.

La plupart des ouvriers sont embrigadés par équipes dirigées par des *chefs-cantonniers*, des *surveillants*, des *brigadiers*, des *contremaîtres*.

Quelques-uns étant tenus par suite des exigences de leur service à une présence continue de jour et de nuit, sont logés dans des bâtiments municipaux, le plus souvent dans les dépendances des établissements auxquels ils sont attachés.

Certains services, ayant des besoins variables, prennent durant les périodes d'activité exceptionnelle des ouvriers temporaires en régie.

7. Répartition du personnel. — Le personnel est réparti comme l'indique le tableau de la page suivante, entre les diverses parties du service.

ORGANISATION GÉNÉRALE. PERSONNEL

	INGÉNIEURS en chef.	INGÉNIEURS	INSPECTEURS	INSPECTEURS ADJ. et s.-inspecteurs	CHEFS de bureau.	CONDUCTEURS	PIQUEURS	AUXILIAIRES autorisés.	GARÇONS de bureau.	OUVRIERS de toute catégorie
Chef du service. Bureaux.	1	»	»	»	1	3	9	8	2	»
Service réservé. Inspection administrative	»	»	1	»	»	5	11	3	2	»
— Dérivations. .	»	1	»	»	1	9	9	2	»	118
— Machines. . .	»	»	1	»	1	9	9	7	»	250
— Distribution des eaux . .	»	»	1	1	1	15	20	5	»	157
— Canaux. . . .	»	1	»	»	1	8	21	3	»	161
— Travaux sanit.	»	»	1	1 s.-insp. f. f°ns de chef de bureau	»	26	51	13	»	85
— Les 8 sections du service général . . .	»	6	2	»	8	3	14	1	»	12
Assainissement. Bureaux de l'Ingénieur en chef.	1	»	»	»	1	6	8	3	1	»
— Égouts. . . .	»	»	1 p. mém.	1	1	13	47	10	1	1058
— Irrigations . .	»	»	1	2	1	4	13	5	»	372
— Travaux. . . .	»	1	»	»	1	4	3	»	»	»
— Les 8 sections du service général . . .	»	6 p. mém.	2 p. mém.	» p. mém.	8	2	17	9	»	»
Adductions d'eaux nouvelles. Bureaux de l'ingénieur en chef.	1	»	»	»	1	1	3	»	»	12
— Loing et Lunain Section amont.	»	1	»	»	»	4	1	»	»	81
— Loing et Lunain. Section centre . . .	»	1 p. mém.	»	»	»	2	3	»	»	29
— Loing et Lunain. Section aval	»	1 p. mém.	»	»	1 p. mém.	3	2	»	»	54
— Études. . . .	»	1 Ing. des mines.	»	»	»	1	»	»	»	1
— Réservoir de Saint-Cloud.	»	»	»	»	»	1	1	»	»	5
	3	10	7	5	18	119	242	69	6	2395

CHAPITRE III

ALIMENTATION DU SERVICE PRIVÉ

L'alimentation du service privé est assurée normalement par

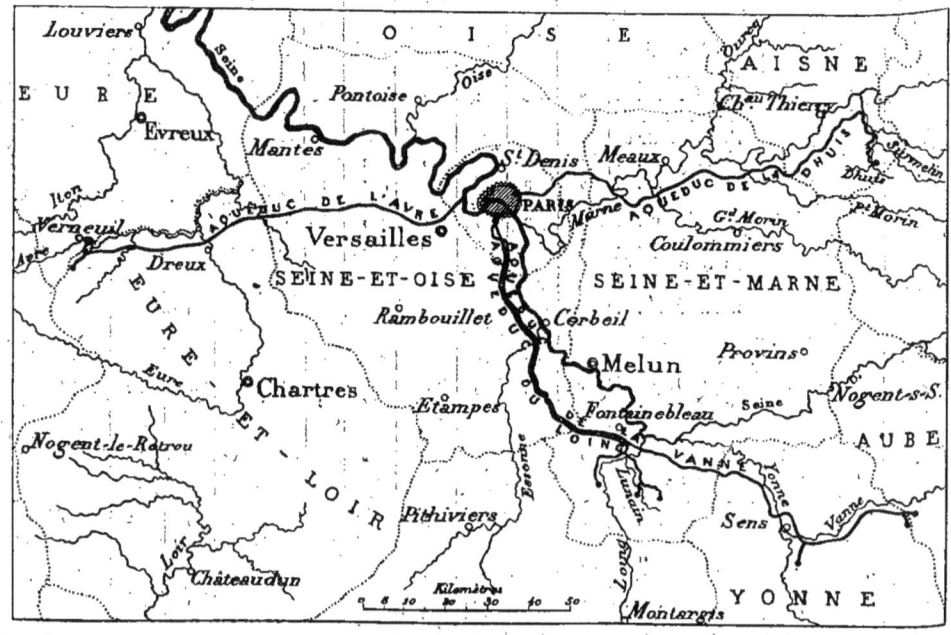

Carte des dérivations

les quatre dérivations d'eau de source : Dhuis, Vanne, Avre, Loing et Lunain, et complétée seulement en cas d'insuffisance momentanée par l'eau de rivière filtrée dans les établissements de Saint-Maur et d'Ivry.

1. Dérivation de la Dhuis. — La source de la Dhuis, choisie par Belgrand après l'abandon du projet de dérivation de la Somme-Soude, parce qu'elle avait seule résisté aux sécheresses excep-

Vue de la source de Pargny

tionnelles de 1857, a été acquise en 1859, captée en 1863 et l'eau en est distribuée à Paris depuis le 1er octobre 1865.

Cette source est située sur le territoire de la commune de Pargny, canton de Condé, arrondissement de Château-Thierry, dans le département de l'Aisne.

Elle émerge des couches calcaires lacustres, appartenant à l'étage tertiaire et sises au-dessous des marnes vertes de la Brie. Avant les travaux de captage elle jaillissait par trois orifices, dont le plus bas était à l'altitude de 128 mètres et alimentait seule le ruisseau de la Dhuis, qui mettait en mouvement 9 usines hydrauliques et se jetait, après avoir reçu un petit affluent le Verdon, dans le Surmelin, qui lui-même tombe dans la Marne, un peu en amont de la station de Mézy (chemin de fer de l'Est). Elle est enfermée aujourd'hui dans un ouvrage en maçonnerie de forme circulaire, recouvert d'une voûte en calotte sphérique et enveloppé de terre gazonnée, qui marque l'origine de l'aqueduc de dérivation. Une vanne permet de la mettre en décharge dans l'ancien lit du cours d'eau, une autre de la jeter dans l'aqueduc : on a en outre aménagé un moyen de jaugeage. Quant aux dispositions prises à l'origine pour diviser l'eau en présence de l'air et déterminer une diminution du titre hydrotimétrique en provoquant le dépôt d'une partie du carbonate de chaux, elles ont été depuis longtemps abandonnées.

Le débit de la Dhuis est moyennement de 20 000 mètres cubes; il tombe à 15 000 mètres cubes dans les périodes d'extrême sécheresse et peut s'élever par contre dans les périodes très humides jusqu'à 25 000 et 26 000 mètres cubes.

L'eau, habituellement très limpide, devient brusquement louche puis trouble à la suite des grandes averses, et surtout lorsque le ravin voisin est parcouru par les eaux sauvages qui descendent de la partie haute de la vallée et délavent les fossés du village d'Artonges. Ce ravin a été récemment revêtu en partie d'un pavage imperméable, surtout dans les parties de son parcours où il traverse des terrains absorbants. D'ailleurs la source est mise en décharge, toutes les fois qu'elle se trouble, par le garde logé à proximité et l'eau n'en est plus dirigée sur Paris.

AQUEDUC. — L'aqueduc de dérivation, qui part du bassin de captage et aboutit dans Paris au réservoir de Ménilmontant à la cote 108, a un développement de 131 kilomètres et une pente totale de 20 mètres. Il traverse les quatre départements de l'Aisne, de Seine-et-Marne, de Seine-et-Oise et de la Seine.

Son tracé suit le flanc gauche des vallées de la Dhuis et du Surmelin, puis les coteaux de rive gauche de celle de la Marne jusqu'un peu en amont de Lagny. Il traverse alors la rivière de Marne pour aller passer sous le fort de Vaujours, gagner le Raincy, Villemomble et Bagnolet, et pénétrer enfin dans Paris par la porte de Ménilmontant.

Presque entièrement enterré, il ne présente sur tout ce parcours qu'un très petit nombre d'ouvrages apparents à la traversée des vallées, vallons ou ravins : neuf ponts sous conduite libre de 1 à 4 mètres d'ouverture; dix-neuf sous les siphons, dont les plus importants franchissent le Grand Morin, au moyen d'une arche unique de 20 mètres d'ouverture, le canal latéral avec une arche de 14 mètres, et la Marne au moyen de trois arches dont deux de 22 et une de 27 mètres ; des regards aux têtes amont et aval des 21 siphons et des regards plus petits pour la visite à des intervalles d'environ 500 mètres. On y compte 101 970 mètres de tranchées, 12 209 mètres de souterrains et 16 984 de siphons. Il est établi sur le premier tiers de sa longueur dans les terrains solides et perméables compris entre les caillasses lacustres de calcaire grossier et les marnes vertes : en certains points cependant où il traverse des éboulis il manque un peu de stabilité ; d'ailleurs il a fallu le défendre par un radier solide au fond des ravins par où s'écoulent les eaux torrentielles qui descendent des plateaux imperméables de la Brie. Sur le surplus il se trouve assis tantôt dans les éboulis peu consistants des marnes vertes, tantôt sur les plateaux dont la nappe d'eau est soutenue par ces marnes.

La pente de l'aqueduc libre est partout de 0,10 m. par kilomètre. La charge des siphons est réglée uniformément à raison de 0,55 m. par kilomètre : leur flèche varie de 2 à 26 mètres au passage de 14 vallées secondaires et atteint de 39 à 73 mètres pour les vallées principales.

Sur une longueur de 7 000 mètres environ à partir de la source, l'aqueduc est établi pour un débit de 300 litres par seconde : il se compose d'abord d'un double conduit en maçonnerie, où l'on a provoqué par des chicanes les dépôts de carbonate de chaux et de limon et dont chaque côté peut être nettoyé isolément, puis d'un type d'aqueduc ovoïde présentant le gros bout en bas, de 1,64 m. de hauteur et 1,20 m. de largeur maxima, entre lesquels s'intercalent deux siphons composés d'une file de tuyaux en fonte de 0,80 m. de diamètre.

Au delà, l'aqueduc a reçu une augmentation de section en vue d'adductions complémentaires qui, jusqu'à présent, n'ont pu être réalisées, malgré des recherches multipliées et des acquisitions nombreuses de petites sources, dont le débit total est malheureusement trop peu important pour justifier des travaux de dérivation. Calculé pour un débit normal de 500 litres par seconde, il présente encore dans les parties en conduite libre une section ovoïde avec le gros bout en bas, de 1,76 m. de hauteur et 1,40 de largeur maxima : les siphons se composent d'une seule file de tuyaux de 1 mètre de diamètre.

Les parties en maçonnerie sont exécutées en petits matériaux et mortier de ciment avec chape sur la voûte et enduit de ciment à l'intérieur jusqu'un peu au-dessus de la ligne d'eau normale qui est à 0,55 m. de hauteur ; tous les ouvrages apparents sont en maçonnerie brute simplement rejointoyée sans aucun appareil ni ornement quelconque. Les siphons sont en fonte et composés de tuyaux à emboîtement et cordon avec joints à la corde et au plomb.

Les travaux commencés à la fin de juin 1863, en vertu d'un décret d'utilité publique du 4 mars 1862, ont duré un peu plus de deux ans puisque l'eau fut introduite dans l'aqueduc le 2 août 1865. Ils ont été exécutés sous les ordres de Belgrand, alors ingénieur en chef, par MM. Vallée et Huet, ingénieurs ordinaires des Ponts et Chaussées. La dépense, conforme aux prévisions du décret d'autorisation, a été de 18 millions de francs.

2. Dérivation de la Vanne. — Un premier projet de dérivation des sources de la vallée de la Vanne a été étudié par Belgrand en 1854. Abandonné alors, parce que le tracé aboutissait à une altitude insuffisante (70 m.), il fut repris de 1860 à 1865 et le projet définitif se terminant à la cote 80 mètres donna lieu à une déclaration d'utilité publique prononcée par décret du 19 décembre 1866.

Les sources avaient été acquises à l'amiable, la majeure partie

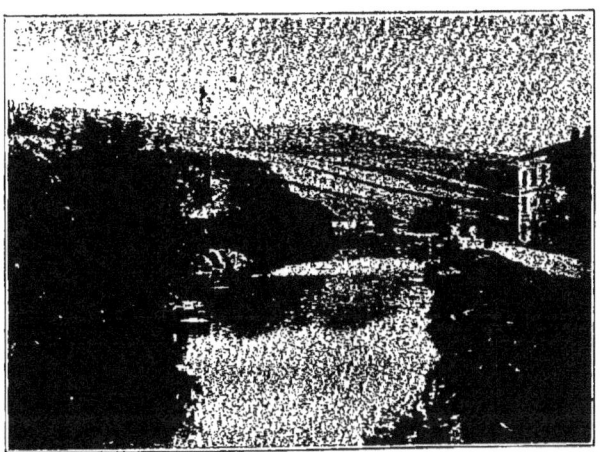

Vue des sources de Cochepies.

en 1860 et les autres successivement jusqu'en 1865. En 1867, on y ajouta les *sources de Cochepies* qui, seules, n'appartiennent pas au bassin de la rivière de Vanne et voient le jour dans le vallon du rû Saint-Ange.

Ces deux cours d'eau sont l'un et l'autre tributaires de l'Yonne où ils se jettent, le premier près de Sens, le second à 10 kilomètres en amont, près de Villeneuve-sur-Yonne. La Vanne prend naissance dans le département de l'Aube vers la limite des plaines crayeuses de la Champagne, à Fontvanne, près d'Estissac et à

14 kilomètres de Troyes : elle draine un bassin de 965 kilomètres carrés de superficie entièrement perméable et formé par la craie blanche recouverte sur les plateaux d'un limon rouge tertiaire mêlé de cailloux. La région est peu pluvieuse puisqu'il n'y tombe moyennement que 0,60 m. de pluie par an, mais sa constitution géologique est telle que les eaux de superficie y sont rares et peu abondantes, et que l'infiltration s'y montre au contraire considérable, de sorte que les cours d'eau sont presque exclusivement alimentés par des sources dont le débit est remarquablement régulier.

En dehors de la source de Cochepies, qui est tout à fait distincte, les sources captées dans le bassin de la Vanne forment deux groupes dénommés des *sources hautes* et des *sources basses*. Les sources hautes, qui émergent à des altitudes variant de 136 à 107 mètres au-dessus du niveau de la mer, parviennent jusqu'à Paris par la simple action de la gravité ; les sources basses, dont l'altitude est comprise entre 93 et 88 mètres, sont refoulées dans l'aqueduc qui porte le produit des sources hautes par l'intermédiaire de pompes, mues, soit par des chutes ménagées sur la rivière de Vanne, soit par la vapeur ; il en est de même de la source de Cochepies dont les eaux sont ramenées par un souterrain de 11 kilomètres percé dans la craie jusque dans la vallée de la Vanne où une usine mixte, hydraulique et à vapeur, les refoule également dans l'aqueduc.

Une des sources hautes, celle de Cérilly, se trouve dans un vallon latéral, tributaire de la Vanne, que parcourt le ruisseau de Tiremont et où est situé le village de Rigny-le-Ferron ; les autres sont dans la vallée principale, au pied des coteaux de rive gauche que couronne la forêt d'Othe. Les sources basses se rencontrent également dans la partie gauche de la vallée principale, disséminées au milieu des prairies où leurs eaux en s'épanchant avaient donné naissance à des marais tourbeux, dont, peu avant les captages de la Ville de Paris, l'Ingénieur Lesguillier avait proposé de réaliser l'assainissement par l'ouverture de canaux de dessèchement. Les sources hautes étaient utilisées au printemps, d'avril à juin, pour l'irrigation des prairies, et la rivière de

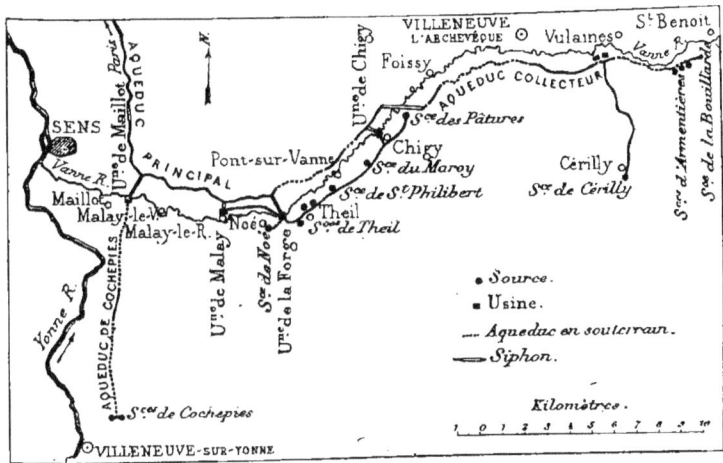

Carte des sources et des usines.

Vanne mettait en mouvement une vingtaine d'usines hydrauliques, moulins à blé, à tan, etc...

Bien que les acquisitions amiables eussent donné à la Ville de Paris le droit absolu reconnu par le Code civil aux propriétaires de sources et qu'elle eût pu en dériver les eaux sans allouer d'indemnités aux usagers, elle a spontanément décidé de respecter la jouissance des uns et de réparer le préjudice causé aux autres. A cet effet, elle s'est engagée, d'une part, à donner l'eau nécessaire aux prairies irriguées, ce qui n'a pas d'inconvénient pour le service, parce qu'au printemps la consommation ne dépasse pas encore la moyenne et que le débit des sources est presque à son maximum. Et de l'autre, elle a successivement acheté toutes les usines qu'elle a revendues plus tard et qui, pour la plupart, ont continué à fonctionner malgré l'amoindrissement de 1 500 litres par seconde qu'a dû subir le débit de la rivière, sauf quatre d'entre elles qui ont été transformées en usines élévatoires.

Captages. — Avant le captage, la *source de Cérilly*, la plus élevée de toutes, formait une sorte de gouffre ou *bime* voisin du village du même nom. Le plan d'eau a été abaissé d'environ 4 mètres et les émergences ont été enfermées dans un bassin rec-

Bime de Cérilly. Source captée.

tangulaire en maçonnerie recouvert de voûtes d'arêtes portées par les murs de pourtour et des piliers intermédiaires, des passerelles légères en maçonnerie jetées d'un pilier à l'autre permettent d'y circuler au-dessus du plan d'eau ; les voûtes sont recouvertes de terre gazonnée. Le débit varie de 100 à 200 litres par seconde.

La *source de la Bouillarde*, la première des sources captées dans la vallée principale qu'on rencontre en descendant cette vallée, et la plus éloignée de Paris, est située sur le territoire de Courmononcle, un peu en aval du confluent de la Nosle : elle émergeait sous de grands arbres et donnait naissance à un joli ruisseau ; on l'a enfermée dans un simple regard circulaire en maçonnerie, dont le bassin sans fond laisse voir les émergences et qu'entoure une banquette de circulation, et qui est recouvert d'une voûte hémisphérique. Son débit ne dépasse pas 35 litres par seconde.

La *source d'Armentières* qui vient après, à une distance d'environ 1 500 mètres, est au contraire très abondante : elle débite avec les drains recueillis dans la tranchée de l'aqueduc en aval

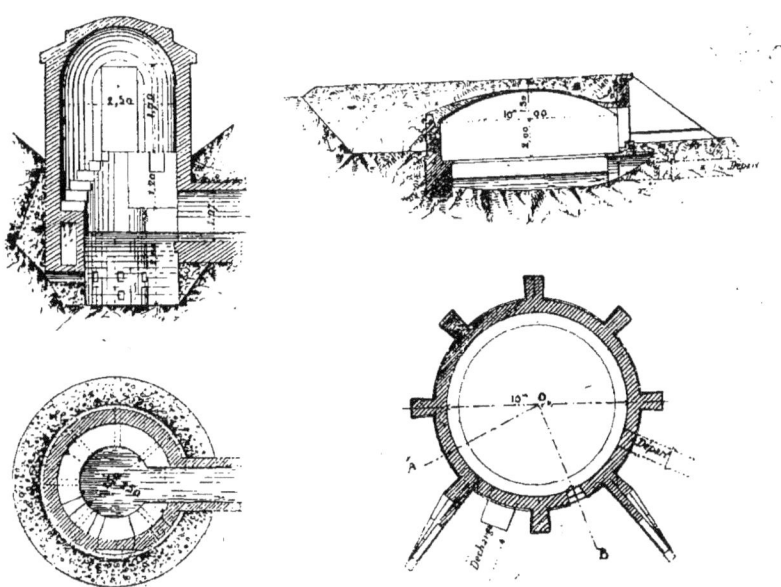

Source de la Bouillarde. Pavillon de captage (coupe et plan).

Source d'Armentières (plan et coupe du pavillon de captage).

de 200 à 400 litres par seconde. Elle sourdait autrefois au pied d'une colline boisée et y formait au milieu des broussailles trois émergences où le cresson poussait abondamment à l'état naturel : des galeries ouvertes dans la craie rocheuse ont permis d'aller chercher les divers filets d'eau jusqu'aux fissures d'où ils s'échappent, et on les a réunis dans un bassin circulaire avec banquette de pourtour recouvert d'une voûte en calotte sphérique supportant une couche de terre gazonnée.

L'aqueduc qui amène les eaux des sources d'Armentières et de la Bouillarde a été superposé à une cunette en ciment qui recueille les eaux du sous-sol et constitue le *drain d'Armentières*. Il rejoint près de *Flacy* la branche de Cérilly. Et l'on a établi à leur rencontre une petite usine où les eaux de Cérilly, plus hautes de 21 mètres, actionnent deux turbines à axe vertical commandant chacune un élévateur centrifuge monté sur le même axe, qui pompe les eaux du drain et les réunit aux eaux des sources. Un peu plus loin, une petite usine du même type utilise encore l'eau de Cérilly pour relever le produit de la *source Gaudin* (20 litres environ) captée dans le village de Flacy. C'est la dernière des sources hautes, dont le débit total, toujours supérieur à 40 000 mètres par vingt-quatre heures s'élève parfois jusqu'à 130 000.

La première des sources basses est située à 9 200 mètres au-

Vue des sources Saint-Philbert et Saint-Marcouf.

delà, c'est la *source des Pâtures* : viennent ensuite les sources du *Maroy*, de *Saint-Philbert* et *Saint-Marcouf*. Toutes émergeaient dans les prairies et formaient des bassins plus ou moins étendus

Les unes, qui venaient du coteau, ont été recueillies au moyen de petits aqueducs établis au pied des hauteurs et au-dessus des prairies où elles venaient s'épancher; les autres, qui sourdaient du fond, ont été enfermées dans des galeries sans fond, de forme sinueuse, voûtées et enveloppées de terre, où des voûtelettes légères jetées au-dessus du plan d'eau se prêtent à la circulation. Elles débitent ensemble de 250 à 350 litres par seconde.

Plusieurs autres sources de peu d'importance : *Malhortie, Caprais-Roy*, l'*Auge*, le *Chapeau*, qui donnent ensemble 30 litres,

Vue de la source Le Miroir (Theil).

ont été captées au voisinage du village de Theil; et c'est dans les dépendances de l'ancien château de ce nom que se trouvait la belle source qui alimentait jadis la pièce d'eau du Miroir et qui en a gardé le nom. Elle débite 180 litres environ, mais elle est grevée de servitude pour l'alimentation des autres pièces d'eau de la propriété, d'une rivière anglaise dans une propriété voisine, d'un bassin et d'un abreuvoir; une usine minuscule disposée à côté de la source et mise en mouvement par une petite chute, assure ces services accessoires. Enfin une dernière source, celle de *Noë*, jadis captée au temps de l'occupation romaine pour l'alimentation de la ville de Sens, est située un peu plus bas dans la vallée, à 1 800 mètres de Theil. — L'ensemble fournit environ 140 000 mètres cubes par vingt-quatre heures en toutes saisons.

L'aqueduc de captage du Maroy est double : il recueille dans une cunette spéciale des eaux de drainage qui, sous le nom d'eaux des drains du Maroy, sont réunies un peu plus loin à l'eau des sources.

On a récemment critiqué ces drains, ceux d'Armentières, ainsi que les captages pratiqués dans les villages de Flacy et de Theil. Lors d'une recrudescence de la fièvre typhoïde à Paris, en 1894, on a incriminé les drains d'Armentières et les pièces d'eau voisines de la source du Miroir. Grâce à un arrangement intervenu depuis peu, les pièces d'eau vont disparaître, des travaux de protection sont autorisés et d'autre part un contrôle sévère va être exercé sur tous les points.

Quoi qu'il en soit, l'eau écoulée par l'aqueduc est d'une limpidité cristalline pendant presque toute l'année et devient très rarement louche ; sa fraîcheur est parfaite, sa composition extrêmement peu variable.

Usines. — Les aqueducs secondaires qui recueillent les eaux des sources basses les dirigent sur les deux usines de *Chigy* et de *Laforge*, anciens moulins transformés de 31 et 61 chevaux de force : la première comporte une roue Sagebien de 8,20 m. de diamètre et 3 mètres de largeur qui actionne par engrenages deux pompes horizontales à double effet et pistons plongeurs, élevant de 9 000 à 13 000 m^3. par jour à 15 mètres de hauteur, la seconde qui peut élever jusqu'à 20 000 m^3. à 20 mètres comprend deux groupes composés chacun d'une turbine à axe vertical commandant deux ou trois pompes doubles horizontales. Deux machines à vapeur de secours, installées à Laforge, ont une puissance de 103 chevaux-vapeur et peuvent élever jusqu'à 35 000 m³. en vingt-quatre heures.

En outre, un aqueduc, dit d'équilibre, relie l'usine de Laforge

Usine de Laforge.

à celle de Malay-le-Roi, autre moulin transformé, de 51 chevaux de force, où une installation analogue à celle de Chigy peut élever jusqu'à 16 000 mètres cubes à 19,23 m. de hauteur : cette usine reçoit et utilise le surplus des eaux des sources basses qui n'a pu être refoulé par les deux précédentes.

Enfin, l'usine mixte de Maillot a pour objet de relever à 27,83 m. de hauteur l'eau des sources de Cochepies : la force hydraulique de 106 chevaux-vapeur est fournie par une dérivation de la rivière de Vanne de 1 620 mètres de longueur, amenant un volume de 2 500 litres par seconde sous une chute de 6 mètres, elle actionne deux turbines Callon commandant des pompes Girard capables d'élever 24 000 mètres cubes par vingt-quatre

Usine de Maillot (vue d'ensemble de la façade amont).

Usine de Maillot (vue particlle des machines élévatoires).

heures; deux machines à vapeur de secours, de 76 chevaux de

force, permettent d'élever en cas d'insuffisance de la force hydraulique jusqu'à 17 000 mètres cubes par jour. Cette usine est chargée de maintenir le débit maximum constant dans l'aqueduc et l'on y parvient en faisant varier la vitesse des machines suivant les indications d'un appareil électrique enregistreur du niveau.

AQUEDUC COLLECTEUR. — L'aqueduc collecteur qui recueille sur son parcours le produit des diverses sources par l'intermédiaire de tout un réseau d'aqueducs secondaires et des conduites de refoulement des usines de Chigy et de Laforge, est considéré comme prenant naissance à la source d'Armentières à 173 kilomètres du réservoir de Montsouris où vient aboutir la dérivation de la Vanne dans Paris, et à l'altitude de 111,17 m.

Il reçoit à son origine même la branche secondaire qui y amène les eaux de la Bouillarde, puis à Flacy celles de Cérilly, grossies du produit des drains d'Armentières et de la source Gaudin ; plus loin les eaux des sources basses refoulées par les machines de Chigy et de Laforge.

Il est constitué sur presque tout son parcours par un tube en maçonnerie de 1,74 m. de diamètre intérieur, porté à 1,80 m. sur les six derniers kilomètres et de 0,20 m. d'épaisseur, avec une pente de 0,20 par kilomètre. La longueur totale est de 20 395 mètres, se décomposant en 11 975 mètres de tranchées, 1 003 mètres de reliefs ou de petites arcades, 5 997 mètres de souterrain, plus un siphon en tuyaux de fonte de 1,10 m. de diamètre et de 1 420 mètres de longueur. Ce siphon est établi en travers de la vallée, un peu en amont de Chigy, et dans des prairies marécageuses où il a fallu le faire porter sur des dés en maçonnerie soutenus eux-mêmes par des pieux.

AQUEDUC PRINCIPAL. — L'aqueduc principal forme le prolongement de l'aqueduc collecteur ; son origine se trouve sur le coteau de rive droite de la vallée de la Vanne, que suit l'aqueduc collecteur à partir du siphon, et en face de l'usine de Laforge.

Il reçoit au passage les eaux refoulées par les usines de Malay et de Maillot, détache près de Sens une conduite destinée à fournir pour l'alimentation de cette ville un volume de 773 mètres cubes par jour, concédé gracieusement par la ville de Paris, et suit les coteaux de rive droite des vallées de la Vanne et de l'Yonne jusqu'auprès de Pont-sur-Yonne où il franchit la rivière d'Yonne par un grand siphon de 3 737 mètres de longueur et 40 de flèche. Il se développe ensuite sur les coteaux de rive gauche de l'Yonne et de la Seine sillonnés par de nombreuses vallées secondaires creusées dans la craie : il passe d'un thalweg à l'autre en souterrain dans la craie et franchit les vallées par des siphons ou des arcades. A Moret il traverse le Loing par un grand siphon de 2 357 mètres de longueur et 43 de flèche et s'engage dans les sables de la forêt de Fontainebleau où il suit un long ravin d'origine diluvienne, puis il franchit l'École par un siphon de 12 225 mètres de long et 31 mètres de flèche, s'établit sur le plateau du Hurepoix, traverse l'Essonne et l'Orge (longueur des siphons 1451 et 1972 mètres, flèches 34 et 45 mètres), rencontre des couches calcaires, puis des amas de meulière, un peu avant d'arriver à la Bièvre, qu'il traverse par une série d'arcades établies sur l'ancien aqueduc d'Arcueil à 38 mètres au-dessus de la vallée ; une tranchée dans le calcaire grossier et une partie en relief le conduisent enfin à Paris où il entre à côté de la porte d'Arcueil, après avoir traversé les départements de l'Yonne, de Seine-et-Marne, de Seine-et-Oise et de la Seine.

La pente des parties en conduite libre est de 0,13 m. par kilomètre jusqu'au siphon de l'Orge et de 0,10 m. audelà. La section reste circulaire et présente successivement un diamètre de 2 mètres puis de 2,10 m.

La charge des siphons est uniformément de 0,60 par kilomètre et ils sont composés de deux conduites de 1,10 m. de diamètre.

ALIMENTATION DU SERVICE PRIVÉ

Arcades de Pont-sur-Yonne. (Vue d'ensemble.)

Arcades de Pont-sur-Yonne. (Vue de détail.)

Le débit maximum est d'environ 120 000 mètres cubes par 24 heures.

La nécessité d'aboutir à l'altitude de 80 mètres n'a pas permis d'enterrer l'aqueduc de la Vanne comme celui de la Dhuis, car le sol était relativement bas dans un grand nombre de points : d'où la multiplicité des reliefs et des arcades qui atteignent un développement de 16 000 mètres, contre 93 000 mètres de tranchées, 41 900 de souterrains et 21 500 mètres de siphons.

Les ouvrages d'art sont nombreux et importants : les principaux sont les grands pont-siphons de l'Yonne et du Loing, le premier présentant 162 arches, dont une de 40 mètres, et 493 mètres de longueur, le second 53 arches et 584 mètres ; les arcades du Grand Maître dans la forêt de Fontainebleau ; celles de Courcouronnes, de Ris-Orangis ; celles de la Bièvre superposées à

Arcades d'Arcueil.

l'aqueduc d'Arcueil ; la passerelle métallique à la traversée des marais de l'Essonne ; les traversées des chemins de fer du Bourbonnais à Moret, de l'Orléans à Savigny-sur-Orge, etc.

Comme sur l'aqueduc de la Dhuis, des *regards de visite* sont établis tous les 500 mètres ; mais de distance en distance on a établi des regards de plus grande dimension permettant l'introduction d'un batelet dans lequel deux hommes peuvent se laisser descendre au fil de l'eau pour vérifier l'état d'entretien des conduites libres. Les *têtes de siphons* sont pourvues d'appareils permettant l'isolement des deux conduites; on a établi au voisinage des *déversoirs de superficie* pour régler le plan d'eau; au bas des siphons des *regards de décharge*.

Les maçonneries ont été exécutées en amont en silex, avec mortier de ciment de Vassy, en aval vers Paris en meulière avec le même mortier, les voûtes recouvertes d'une chape, les parois intérieures d'un enduit monté jusqu'au-dessus du plan d'eau fixé à 1,30 m. de hauteur. Dans la partie centrale et en particulier dans la traversée de la forêt de Fontainebleau, où la pierre faisait défaut, en béton aggloméré Coignet, composé de sable ou de sablon, de chaux et de ciment. L'épaisseur des maçonneries, de 0,28 m. aux naissances, est réduite à 0,24 à la clé.

Certains siphons, exécutés en béton par raison d'économie, ont donné lieu à des ruptures fréquentes et à des réparations difficiles, on les a presque tous remplacés ou doublés par des files de tuyaux semblables à ceux employés pour la majeure partie de ces ouvrages, c'est-à-dire en fonte à emboîtement et cordon et joints au plomb.

Les faibles épaisseurs de maçonnerie maintenues dans les reliefs et sur les arcades, ont eu pour conséquence des fissures graves par suite des différences de température entre l'intérieur et l'extérieur provenant de la constante fraîcheur de l'eau, il en est résulté des écoulements d'eau abondants et la désagrégation en beaucoup de points du sol de fondation. On y a successivement remédié en recouvrant les voûtes d'une couche de terre gazonnée maintenue entre deux murettes garnies de lierre, reprenant les fondations avariées, et doublant intérieurement l'aqueduc au-dessus de certaines arcades, notamment celles de la Bièvre, d'une feuille mince de plomb (0,002 m.) destinée à assurer l'étanchéité et dont les expériences de Schutzenberger en 1887 ont démontré la complète innocuité.

Les travaux, commencés en 1867, furent malheureusement interrompus par la guerre de 1870-71. Repris en 1872, ils ont été terminés seulement en 1874. L'eau de la Vanne est arrivée pour la première fois à Paris le 12 août 1874, mais le service fut intermittent et irrégulier jusqu'au 11 avril 1875, date à partir de laquelle il est devenu définitif et ininterrompu. Certains ouvrages n'ont été exécutés que plus tard :

L'aqueduc du Maroy, l'usine à vapeur de Laforge en 1882.

La dérivation de Cochepies et l'usine de Maillot en 1885.

La dépense totale, y compris les travaux complémentaires et de parachèvement, s'est élevée à la somme de 43 000 000 de francs.

3. Dérivation de l'Avre. — Désignée officiellement sous le vocable de dérivation des sources de la Vigne et de Verneuil, mais plus connue sous la dénomination habituelle et courante, la *dérivation de l'Avre* a été déclarée d'utilité publique le 5 juillet 1890, non plus par un décret comme les deux précédentes, mais par une loi qui a donné lieu à d'importantes discussions à la Chambre et au Sénat, sur les rapports de MM. Gadaud et Berger députés et Cornil sénateur, et dont un article formel a expressément imposé à la ville de Paris l'obligation d'indemniser tous les usagers.

Les sources appartenaient à la ville de Paris depuis 1885 : elles avaient fait l'objet de traités amiables passés durant l'été de 1884 et approuvés par le Conseil municipal le 28 janvier 1885. Une seule est dans la vallée de l'Avre proprement dite, celle du *Breuil*, la plus rapprochée de la ville de Verneuil (Eure) et sur son territoire. Les autres forment un groupe compact qui donnait naissance à un petit affluent de la rivière d'Avre, débouchant dans cette rivière à 1 400 mètres à l'aval, et dont le débit était assez abondant (1 000 à 1 500 litres par seconde) mais le parcours insignifiant (1 800 mètres seulement) : elles émergent sur le territoire de la commune de Rueil-la-Gadelière (Eure-et-Loir); elles étaient désignées sous les noms des sources du

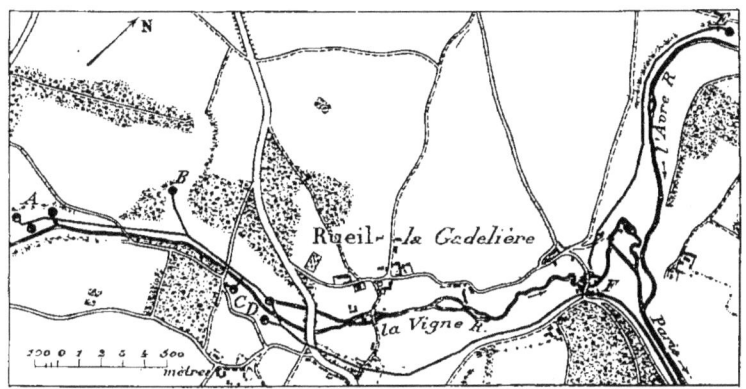

Carte des sources.
A, Nouvet; *B*, Erigny; *C*, Graviers; *D*, Foisys; *E*, Breuil.

Nouvet, *d'Érigny*, des *Graviers* et des *Foisys*. Ces sources, on le voit, sont à cheval sur les limites de deux départements qui se trouvent coïncider dans cette région avec celles des anciennes provinces de Normandie et d'Ile-de-France, ce qui explique dans une certaine mesure qu'elles aient échappé malgré leur altitude relativement élevée (156 à 147 mètres) à l'inventaire si consciencieux dressé par Belgrand des sources pouvant être conduites à Paris.

Elles jaillissent de la craie turonienne qui forme une assise puissante entièrement recouverte par les argiles à silex, au pied d'un vaste plateau cultivé mais à population très clairsemée, qui s'étend à l'ouest et au sud-ouest jusqu'à la forêt du Perche et où l'on distingue deux zones successives, l'une très peu perméable, parsemée d'étangs et parcourue par un assez grand nombre de petits cours d'eau pérennes ou éphémères, l'autre au contraire extrêmement perméable et où les lits des cours d'eau sont habituellement à sec.

Leur altitude, très supérieure à celle des sources de la Dhuis et de la Vanne, leur distance moindre (100 kilomètres à vol d'oiseau), permettaient de les amener aisément à Paris par la gravité seule. Mais l'extension donnée aux irrigations dans la vallée de l'Avre, où l'on compte environ 900 hectares de prairies abondamment arrosées, l'importance de l'industrie dans cette vallée et dans celle de l'Eure où elle débouche, l'existence de grands établissements, filatures, papeteries, tréfileries, utilisant la force hydraulique, devaient par contre motiver l'allocation d'indemnités considérables.

Captages. — Avant le captage, les sources du Nouvet et du Breuil, relevées par des barrages, s'épanchaient à la surface du sol et formaient au pied des coteaux de rive gauche de la Vigne et de l'Avre des étangs recouverts d'herbes aquatiques, où l'on distinguait mal les émergences; celle des Graviers, située dans le fond de la vallée de la Vigne, formait au contraire un très petit bassin où à travers une nappe d'eau d'une admirable limpidité, on voyait l'eau sourdre à travers le fond et soulever incessamment les graviers; celle des Foisys sise à peu de distance présentait un aspect analogue; enfin celle d'Érigny sortait d'un coteau latéral, vers la gauche de la vallée de la Vigne, au milieu d'un bois touffu et verdoyant.

On a employé pour les capter les mêmes procédés et les mêmes précautions que pour les sources de la Dhuis et de la Vanne; les barrages du Nouvet et du Breuil ont été ouverts, les étangs supprimés, les bassins sourciers nettoyés, assainis, approfondis; les émergences enfermées dans des chambres ou des galeries visitables, voûtées et recouvertes de terre gazonnée, dont les maçonneries de pourtour ont été descendues à l'aide d'épuisement jusqu'au terrain solide; le plan d'eau, un peu

ALIMENTATION DU SERVICE PRIVÉ 119

abaissé, a été réglé partout à un niveau supérieur à celui des
eaux superficielles voisines ; la source du Breuil, très voisine de

Source des Graviers. (Avant et après captage.)

la rivière d'Avre, a été en outre défendue par une digue en
argile.

On a prétendu récemment que ces précautions ne seraient pas suffisantes et qu'il eût fallu faire des épuisements plus profonds,

Source d'Érigny. (Avant et après captage.)

asseoir les maçonneries des ouvrages dans la craie compacte, et pour cela traverser toute l'épaisse couche de conglomérats remaniés qui la recouvre. De la composition des eaux captées, un peu plus variable que celle des sources de la Vanne, et où la teneur en sels calcaires diminue légèrement dans les périodes pluvieuses tandis que la richesse en nitrates augmente, on a inféré que les sources, en partie alimentées par les eaux des petits cours d'eau qui se perdent sur le plateau, dont une partie disparaît dans des gouffres apparents appelés *bétoires* et dont le cheminement souterrain est marqué à la surface du sol par des effondrements appelés *mardelles*, seraient exposées de ce fait dans certaines circonstances à des contaminations lointaines. Déjà le département de l'Eure a fait obturer certains bétoires, des expériences ont été entreprises, un régime de surveillance organisé, des mesures de protection préparées.

L'eau des sources de l'Avre, aussi limpide en temps normal que celles de la Dhuis et de la Vanne, se trouble un peu plus que cette dernière, à peu près aussi souvent que la première. En pareil cas on met en décharge celles des sources où ce phénomène se produit, et le surplus seul est dirigé dans l'aqueduc. Le débit qui s'élève jusqu'à 120 000 mètres cubes par jour dans les périodes humides, se tient normalement entre 100 000 et 80 000 mètres cubes ; mais à la suite de sécheresses prolongées, il s'abaisse dans une forte proportion et tombait à l'automne de 1899 à 52 000 mètres seulement. La Ville a d'ailleurs été obligée d'établir à l'origine de l'aqueduc un bassin de jaugeage, avec échelle visible du dehors, et un déversoir automatique, afin de garantir aux usagers que le volume dérivé ne dépasse jamais le maximum autorisé de 1 280 litres par seconde, soit 110 000 mètres cubes par jour.

AQUEDUC. — Les aqueducs secondaires, qui présentent un développement de 3 165 mètres pour les sources de la Vigne et 1 400 mètres pour celle du Breuil, soit ensemble 4 565 mètres, convergent non loin du confluent des deux vallées, en tête de l'aqueduc principal, qui, de son origine à son débouché au réservoir de Montretout (Saint-Cloud), présente une longueur totale de 102 kilomètres à travers les deux départements d'Eure-et-Loir et de Seine-et-Oise.

Le tracé de l'aqueduc principal, qui s'écarte peu de la ligne directe entre les points de départ et d'arrivée, s'engage après avoir suivi sur 4 kilomètres la rive droite de l'Avre, sous les plateaux crayeux qui limitent ce côté de la vallée, traverse près de Dreux la vallée profonde de l'Eure, au moyen d'un grand siphon de 1 708 mètres de longueur et 56 de flèche, et se développe ensuite presque constamment en tranchée sur les hauts plateaux qui s'étendent entre l'Eure et Versailles, traversant successivement la Vesgre et la Mauldre; puis, se jetant sur la gauche pour éviter le parc de Versailles, il gagne par des souterrains profonds, percés dans les couches tertiaires recouvertes par les sables supérieurs, le territoire de Saint-Cloud où il débouche à l'entrée même du réservoir.

Le radier de l'aqueduc est au départ à l'altitude de 145,03 m. et à 105,65 m. à l'arrivée, soit une chute totale de 39,38, relativement considérable, qui a permis d'adopter des pentes plus fortes que dans les deux dérivations antérieures et de réaliser par suite une capacité de débit plus élevée avec des sections réduites. Sur les dix-neuf premiers kilomètres la pente est de 0,40 m. par kilomètre, et la section circulaire de 1,70 m. de diamètre; sur le reste du parcours le diamètre est porté à 1,80 m. et la pente s'abaisse à 0,30 m. Quant aux siphons, uniformément constitués par deux conduites de 1 mètre de diamètre, ils sont calculés pour fonctionner sous une charge de 1,20 m. par kilomètre. Dans ces conditions le débit peut atteindre 150 000 mètres cubes par jour.

D'ailleurs les circonstances topographiques ont permis de supprimer presque totalement les reliefs et les longues séries d'arcades, dont la dérivation de la Vanne avait montré les inconvénients, et de revenir au type d'aqueduc appliqué pour l'adduction de la Dhuis, à peu près constamment enterré et dépourvu d'ouvrages d'art apparents. Il convient de mentionner cependant le pont-siphon de l'Eure, constitué par des arcades qui supportent sur 750 mètres de longueur les deux files de tuyaux. Quant aux

Vue d'ensemble du siphon de l'Eure.

siphons proprement dits, ils sont au nombre de 9 seulement pour une longueur développée de 7 480 mètres : après celui de l'Eure, les plus importants sont ceux de la Vesgre (longueur 2 158 mètres, flèche 35 mètres) et de la Mauldre (longueur 922 mètres, flèche 60 mètres). Il y a enfin 25 460 mètres de souterrains.

Les maçonneries, comme aux deux autres aqueducs, ont reçu de très faibles épaisseurs et sont composées de petits matériaux hourdés au mortier de ciment : cette fois le ciment de Portland a été employé de préférence, avec des silex dans la partie amont, de la meulière dans la partie aval. Les enduits intérieurs sont limités encore au périmètre mouillé et la maçonnerie brute reste apparente à l'intrados de la voûte. Les tuyaux qui constituent les siphons sont en fonte à emboitement et cordon : ils sont assemblés au moyen de joints au plomb et à la corde goudronnée. Regards ordinaires et à bateau, déversoirs, décharges, têtes de siphons, présentent des dispositions tout à fait analogues à celles adoptées antérieurement.

Les travaux, menés très rapidement, ont été terminés en moins de trois années, puisque la cérémonie d'inauguration a pu avoir lieu à Saint-Cloud le 31 mars 1893 : ils se sont fort peu écartés du projet primitif dressé en 1885 sous les ordres de Couche, Ingénieur en chef, par M. Bechmann, Ingénieur ordinaire ; la direction en était confiée à MM. Humblot, Ingénieur en chef, Geslain, Legoüez et Renaud, ingénieurs ordinaires. La dépense en a été grossie considérablement par l'allocation aux usagers des vallées de l'Avre et de l'Eure d'indemnités, qu'un syndicat formé entre les intéressés s'est efforcé de porter à un taux extrêmement élevé, qui ont donné lieu par suite à de longues négociations ainsi qu'à des instances encore pendantes devant les tribunaux administratifs et dont un certain nombre n'ont pu encore être liquidées : dès à présent les crédits absorbés, y compris ceux affectés au réservoir de Montretout, dépassent 36 millions de francs.

4. Dérivation du Loing et du Lunain. — La ville de Paris possédait depuis plusieurs années déjà la source de Villemer, tributaire du Lunain, lorsqu'en 1881 elle acquit dans la même vallée un groupe de sources dont la plus importante était désignée sous le nom de Fontaine Saint-Thomas. En 1884, plusieurs sources de la vallée du Loing, parmi lesquelles celles de Chaintréauville et de la Joie, près de Nemours, déjà reconnues et signalées par Belgrand, furent achetées à leur tour, en même temps que celles de l'Avre, de la Voulzie et du Durteint, de la haute vallée de la Seine, etc., à la suite de reconnaissances hydrologiques dirigées de 1881 à 1884 dans tout le bassin de la Seine, par MM. Couche, Ingénieur en chef et Bechmann, Ingénieur ordinaire. Le Conseil municipal en décida l'adduction à Paris le 23 novembre 1892, avant même que l'eau de l'Avre y eût été amenée. Mais le projet ne fut approuvé qu'à la fin de 1895 et la loi déclarative d'utilité publique n'intervint qu'après une longue instruction parlementaire le 21 juillet 1897, sur les rapports de MM. Berger à la Chambre et Gadaud au Sénat.

Les sources. — Les sept sources dérivées sont toutes situées dans le département de Seine-et-Marne (cantons de Nemours et de Moret) : six d'entre elles émergent sur le fond plat des larges

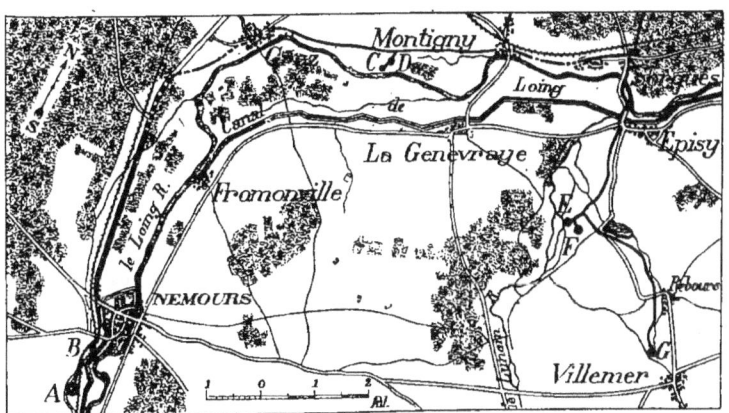

Carte des sources.
A, Chaintréauville ; B, La Joie ; C, Le Sel ; D, bignons de Bourron ; E, Fontaine Saint-Thomas ; F, bignons du Coignet ; G, Villemer.

vallées qu'arrosent le Loing, affluent de rive gauche de la Seine qui s'y jette à Saint-Mammès, et le Lunain, affluent de rive droite du Loing qui y aboutit non loin d'Episy ; la septième, celle de Villemer, marquait l'origine d'un vallon latéral à la vallée du Lunain, où elle donnait naissance à un rû qui formait un peu plus bas l'étang de Villeron. Réparties sur une longueur d'environ 25 kilomètres, elles forment deux groupes bien distincts : celui du Loing, qui se subdivise lui-même en deux parties, l'une en amont de Nemours comprenant les sources de Chaintréauville et de la Joie, l'autre entre Grez et Montigny, plus bas dans la vallée, où viennent au jour les bignons de Bourron et la source du Sel ; et celui du Lunain, formé de la source de Villemer, de la fontaine Saint-Thomas et des bignons du Coignet. Elles sortent uniformément de la craie sénonienne qui affleure au sud-est du département de la Seine-et-Marne, vers la limite de celui de l'Yonne, avant de plonger sous les terrains tertiaires inférieurs du bassin de Paris.

Leur débit, relevé par des jaugeages continués sans interruption depuis 1893, est moyennement de 50 000 mètres cubes et se répartit à peu près également entre les deux groupes, 26 000 mètres cubes pour celui du Loing et 24 000 pour celui du Lunain. La limpidité, la fraîcheur, la composition chimique et la teneur bactériologique de leurs eaux, les rapprochent de celles des sources de la Vanne. Malheureusement elles ne sont pas assez hautes pour qu'on puisse les dériver sur Paris par l'action de la gravité : les plans de captage varient de 67 à 53 mètres au-dessus de la mer, de sorte qu'il faut les relever de 40 mètres environ pour les amener à l'entrée de la forêt de Fontainebleau au niveau de l'aqueduc de la Vanne, auquel l'aqueduc du Loing et du Lunain est accolé à partir de ce point et qu'il suit jusqu'à Paris pour aboutir également au réservoir de Montsouris.

Par contre elles n'étaient que fort peu utilisées pour les usages industriels ou agricoles, ce qui explique l'absence presque complète d'opposition aux enquêtes. Sauf celle de Villemer qui arrosait quelques prés sans importance, aucune n'est employée aux irrigations, et toutes se jettent directement dans les cours d'eau sans chute utilisable. Il n'y a d'ailleurs sur les deux rivières au-dessous des évacuateurs de ces sources, qu'un petit nombre d'usines, deux sur le Lunain, huit sur le Loing, dix en tout, dont six ont été acquises par la Ville de Paris et dont deux n'éprouveront aucune diminution de force motrice. Deux des sources du Loing, il est vrai, Chaintréauville et la Joie, contribuent à l'alimentation d'un des biefs du canal de navigation du

Source de Chaintréauville. (Avant captage.)

Loing qui relie la Seine à la Loire ; et, pour compenser la perte résultant pour le canal du détournement de leurs eaux, la loi du 21 juillet 1897 a prescrit l'exécution aux frais de la Ville de divers travaux, parmi lesquels l'étanchement du barrage de Saint-Mammès et l'aménagement d'une réserve d'eau qui sera constituée désormais par l'étang de Villeron.

Captages. — La source de Chaintréauville émergeait au pied du coteau de rive gauche du Loing, sous de beaux ombrages, au milieu de blocs de grès, dans un site pittoresque qu'on s'est efforcé de respecter lors des travaux de captage ; celle de la Joie au pied du même coteau était enfermée dans les dépendances d'un ancien couvent transformé en propriété d'agrément : toutes deux sont défendues contre les crues de la rivière par les remblais du canal, et la craie se trouve presque au niveau du sol, de sorte qu'on a pu sans difficultés sérieuses et au moyen d'épuisements d'importance restreinte, les enfermer dans des galeries voûtées dont les dispositions rappellent celles des sources de la Vanne et de l'Avre.

La situation était encore plus favorable à Villemer où l'on n'était pas gêné par la proximité du canal de navigation : par contre le voisinage d'une agglomération de 500 habitants et la crainte des contaminations qui pouvaient en résulter a conduit à s'enraciner plus profondément dans la craie où l'on a mis à jour une fissure très nette, que recouvre désormais la galerie de captage.

Le travail a été plus difficile aux autres sources qui traversaient avant l'émergence d'épaisses couches de gravier et de tourbe, et où, pour éviter des critiques analogues à celles qu'on a relatées au sujet des sources de l'Avre, on s'est imposé de traverser entièrement ces couches perméables, ainsi que la craie remaniée à laquelle elles sont superposées, pour descendre les parois des ouvrages jusque dans la craie compacte. A Bourron, quelques forages d'essai ont rencontré l'eau jaillissante, de sorte qu'au moyen de tubes métalliques étanches, de 17 à 18 mètres de longueur, on a pu recueillir assez aisément tout le produit de la source du Sel ; le même procédé a donné aussi les meilleurs résultats à peu de distance pour les bignons de Bourron. A la fontaine Saint-Thomas et aux bignons du Coignet, où la craie était à une profondeur moindre, on est parvenu à descendre, à l'aide d'épuisements prolongés au moyen de pompes exceptionnellement puissantes, deux puits circulaires en maçonnerie jusque dans la craie en place, et à dégager de la sorte les fissures d'où s'échappaient les eaux ; il a suffi ensuite d'étancher les maçonneries au moyen d'un enduit de ciment et de recouvrir les puits de pavillon voûtés et enveloppés de terre gazonnée pour réaliser des ouvrages tout à fait satisfaisants.

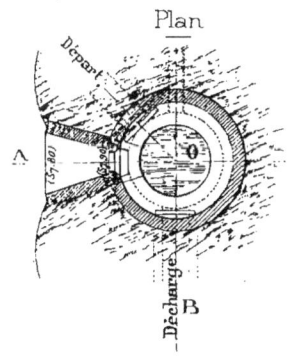

Fontaine Saint-Thomas. (Pavillon de captage.)

AQUEDUCS SECONDAIRES. — Les eaux des diverses sources sont réunies par des *aqueducs secondaires*, divisés en deux branches, qui suivent respectivement les vallées du Loing et du Lunain et aboutissent tous deux à l'usine élévatoire construite au hameau de Sorques, dépendant de Montigny-sur-Loing.

La *branche du Loing* a une longueur totale de 14 700 mètres, sa pente n'est guère que de 0,10 m. par kilomètre.

Elle se développe entre la rivière et le chemin de fer du Bourbonnais, contournant la ville de Nemours à 1 kilomètre environ de son origine, s'établissant ensuite sous un des accotements de la route nationale n° 7 jusqu'à Hulay, puis se tenant assez près du Loing jusqu'à Sorques, en traversant les agglomérations de Grez et de Montigny. Elle est formée dans la partie amont, sur 5 kilomètres environ à partir de Chaintréauville, par une conduite en fonte de 0,80 m. de diamètre avec joints en plomb, qui fonctionne comme aqueduc libre : ce type a dû être choisi pour mettre l'eau de source à l'abri de toute infiltration de la nappe qui se trouve à faible profondeur et qu'on a rencontrée dans les tranchées. Au delà une galerie maçonnée de section ovoïde et de 1 854 m. sous clé a été établie tantôt en tranchée, tantôt en souterrain, sans présenter de particularités autres que l'extrême dureté des bancs de calcaire siliceux de l'étage ludien ou bartonien, à travers lesquels le déblai a dû être effectué par places et notamment dans la rue principale du bourg de Montigny où il a fallu, malgré la multiplicité des points d'attaque, recourir pendant de longs mois à l'emploi de la dynamite. La source de la Joie est jetée par une conduite en fonte de 0,40 m. de diamètre, dans la conduite de 0,80 m. à peu de distance de Chaintréauville, celles de Bourron et du Sel sont amenées également par des conduites en fonte au voisinage de la galerie maçonnée, mais à un niveau trop bas pour qu'on puisse les y écouler directement : pour les relever de la hauteur nécessaire (1,22 m.) on a eu soin de ménager sur le profil en long de l'aqueduc secondaire une chute de 1,74 m. qui fournira la force motrice à une petite usine élévatoire dont le mécanisme se compose de deux roues à aubes, l'une motrice, l'autre élévatoire, combinaison de meilleur rendement que celle utilisée dans un cas analogue à la petite usine de Flacy, sur la dérivation de la Vanne.

La *branche du Lunain*, qui a son origine aux bignons du Coignet, a une longueur totale de 3 700 mètres seulement, et des pentes variables mais supérieures à celle de la branche du Loing ;

elle reçoit au passage, à peu de distance de son origine, les eaux de la fontaine Saint-Thomas, et 400 mètres plus loin celles de la source de Villemer que lui amène un petit aqueduc à forte

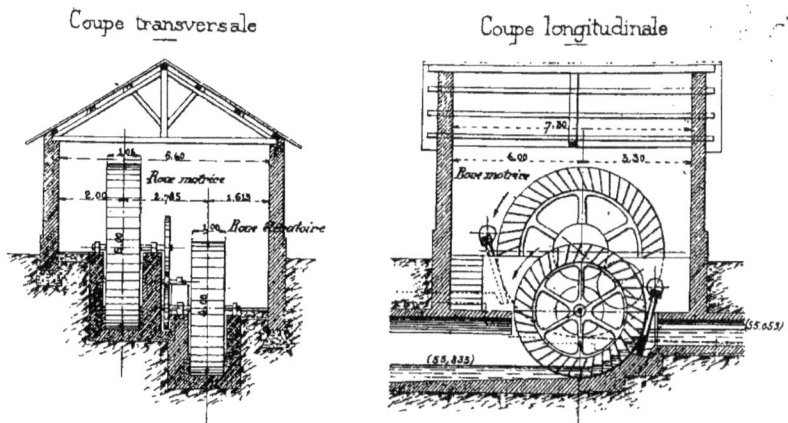

Usine hydraulique pour le relèvement des sources de Bourron.
(Coupes.)

pente (0,60 à 2 m. par kilomètre) formé de tuyaux en béton moulé de 0,60 à 0,70 m. de diamètre. Établie au départ dans une prairie tourbeuse, cette branche est d'abord construite en tuyaux de fonte ; plus loin c'est une galerie maçonnée du même type que celle du Loing ; à partir du village d'Épisy et pour franchir la dépression où se trouvent le canal du Loing et la rivière elle-même, cette galerie est remplacée par une longue conduite forcée, en fonte sur la majeure partie de son parcours, en acier à la traversée des cours d'eau.

Usine élévatoire. — L'usine a été construite en bordure du chemin de grande communication n° 148, de Moret à Nemours, au point de réunion des deux aqueducs secondaires.

Les bâtiments qui abritent machines et générateurs couvrent

une surface de 36,50 m. de long sur 22,70 m. de large. Les engins élévatoires sont au nombre de quatre, et chacun d'eux comprend un moteur horizontal monocylindrique, genre Corliss, à quatre distributeurs circulaires, et un double corps de pompe à

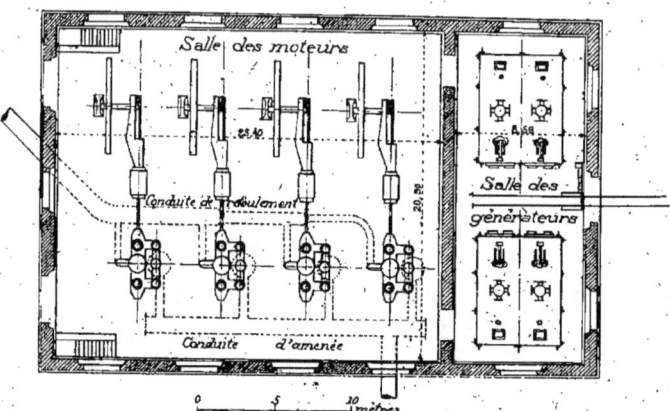

Usine élévatoire de Sorques. (Plan.)

piston plongeur du type Girard; quatre chaudières semi-tubulaires, timbrées à 6 kilog. fournissent la vapeur nécessaire. L'ensemble est capable d'élever 700 litres par seconde à 41 mètres de hauteur, de sorte que trois des quatre groupes identiques suffisent pour la marche normale et que le quatrième sert de rechange.

Les dépendances comprennent un logement pour le mécanicien, et un petit atelier de réparation. De petites turbines actionnées par l'eau du refoulement mettent en mouvement les machines-outils et la dynamo qui assure l'éclairage électrique.

Les pompes refoulent dans une *conduite ascensionnelle* en fonte de 1,10 de diamètre, à joints à emboîtement et au plomb, de 1,100 m. de longueur, qui aboutit à une bâche construite dans la forêt de Fontainebleau, au Long Rocher, à la cote 94,44

ALIMENTATION DU SERVICE PRIVÉ

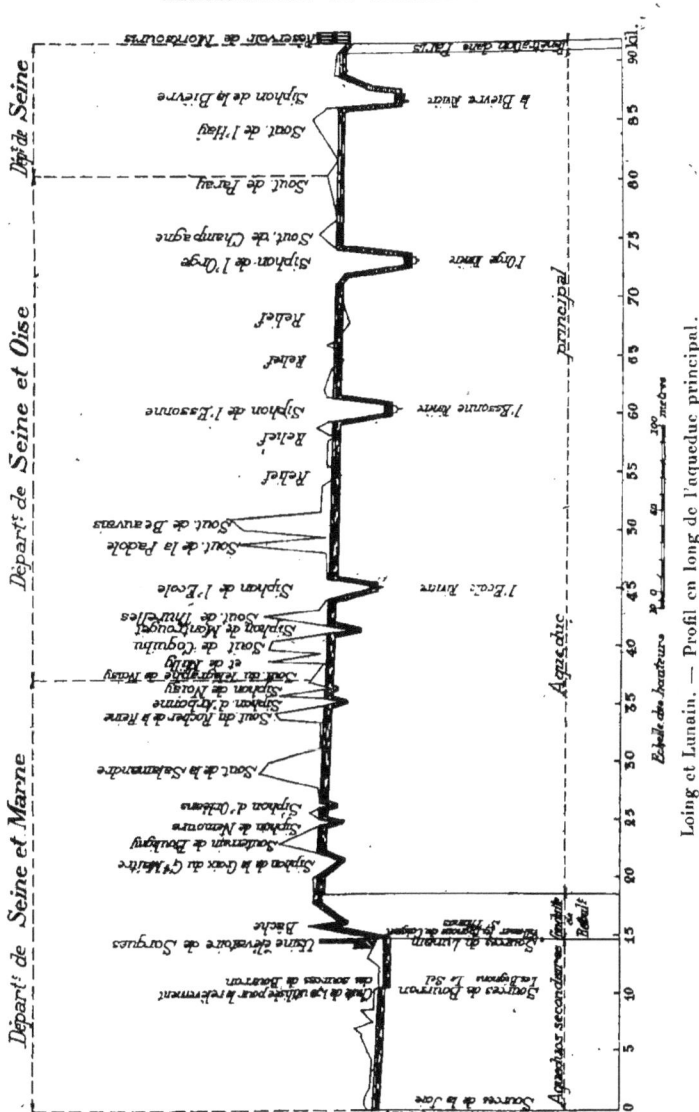

Loing et Lunain. — Profil en long de l'aqueduc principal.

et d'où une conduite forcée de même dimension et de 2 700 mètres de longueur, fonctionnant sous une charge de 1,40 m., conduit les eaux à l'origine de l'*aqueduc principal*.

Aqueduc principal. — Cet aqueduc, de 73 kilomètres de longueur environ, a été juxtaposé sur presque tout son parcours à celui de la Vanne et a reçu une section suffisante pour qu'on puisse y jeter les eaux de cette dérivation en cas d'avarie ou de réparation, du moins tant qu'il ne recevra point d'autres eaux que celles du Loing et du Lunain : à cet effet, sa capacité a été fixée à 180 000 mètres cubes par vingt-quatre heures. Il est d'ailleurs considéré comme devant être prolongé plus tard dans la direction d'une des hautes vallées du bassin de la Seine pour y aller chercher un complément d'alimentation.

Bien qu'il suive le tracé même de la dérivation de la Vanne, le nouvel aqueduc ne présente plus ces nombreux ouvrages en élévation dont l'expérience a révélé les inconvénients — changement rendu possible par les progrès réalisés dans la fabrication des tuyaux de grande dimension, qui ont permis d'augmenter sans frais exagérés les sections des siphons et d'y réduire sensiblement les pertes de charge.

Sur la longueur totale de 73 kilomètres, 80 p. 100 environ, soit 58 kilomètres, sont en conduite libre, dont 21 kilomètres en souterrain et 37 en tranchées ou reliefs enveloppés de terre avec pente uniforme de 0,10 m. par kilomètre : il y a 15 kilomètres de siphons, qui servent à franchir les vallées de l'École, de l'Essonne, de l'Orge et de la Bièvre, une série de dépressions secondaires dans la forêt de Fontainebleau et quelques chemins publics. Les parties en conduite libre présentent une section circulaire de 2,50 m. de diamètre ; les siphons ont reçu des diamètres de 1,25 m., 1,50 m. ou 1,80 m. suivant les charges dont on disposait; ceux de 1,25 m. de diamètre seuls ont été exécutés dès à présent en deux files parallèles.

Les plus longs souterrains sont ceux de la Salamandre sur le territoire de Fontainebleau (3 150 m.), de Beauvais dans la commune de Champceuil (2 100 m.) et de l'Hay dans celles de Chevilly et de l'Hay (2 500 m.). Le siphon le plus considérable est celui de la Bièvre : une déviation du tracé a reporté le passage de cette vallée à quelque distance en amont des arcades d'Arcueil, et l'on y a établi une conduite forcée de 1,80 m. de diamètre et 2 750 m. de longueur que supporte, dans la partie basse de la vallée et sur 200 m. de longueur, une série d'arcades en maçonnerie destinées à la maintenir au-dessus du champ d'inondation : ces arcades sont surmontées d'une galerie couverte qui renferme la conduite et l'on y a ménagé la place d'une seconde conduite semblable.

Exécution des travaux. — L'exécution des souterrains a présenté de sérieuses difficultés : dans la traversée des sables de Fontainebleau, à grains impalpables, et où des éboulements sont fréquemment causés par des veines un peu argileuses, on a dû prendre des précautions spéciales (déblai à section entière, masque de tête, abandon des blindages derrière les maçonneries) ; plus loin, dans les bancs de l'étage sannoisien (meulières de Brie) on a rencontré des silex durs qui ont rendu la fouille des plus pénibles ; enfin le souterrain de l'Hay, dans les marnes vertes, pénétrant par sa partie supérieure dans la nappe aquifère, a donné lieu à des épuisements prolongés et coûteux. Les maçonneries réglées à 0,30 m. d'épaisseur ont été exécutées en général en moellons calcaires ou en meulières avec mortier de ciment de Portland et de sable de rivière ; dans certaines parties peu accessibles de la forêt de Fontainebleau la difficulté des transports a obligé à y substituer le béton de ciment et même parfois à employer le grès et le sablon qu'on trouvait sur place. Les siphons de 1,25 m. et 1,50 m. de diamètre, sont composés de tuyaux cylindriques de 4,10 m. de longueur, renforcés par des frettes d'acier posées à chaud, et assemblés au moyen de joints à bagues dont l'étanchéité est obtenue par deux rondelles en caoutchouc serrées contre les tuyaux et la bague par des contrebrides boulonnées : à la traversée des rivières seulement et des champs d'inondation où les tuyaux sont soutenus au-dessus du sol par des

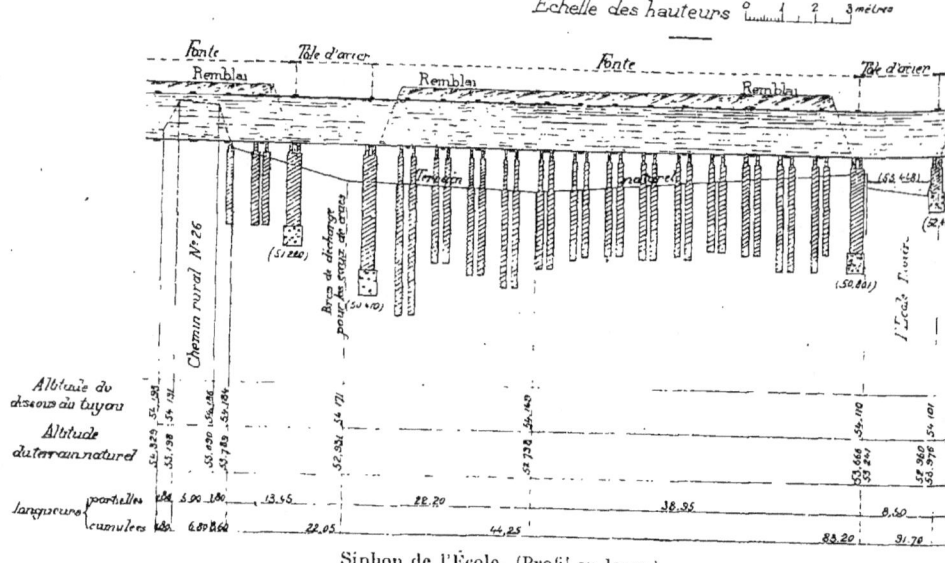

Siphon de l'École. (Profil en long.)

supports en maçonnerie (Orge) ou par des passerelles métalliques et par des tréteaux en cornière portés par des massifs de maçonnerie fondés sur pilotis (Essonne), on a remplacé la fonte frettée par la tôle d'acier rivée. C'est aussi en tôle d'acier qu'a été construite la conduite de 1.80 m. de diamètre ou siphon de la Bièvre : les joints sont du même type mais plus espacés.

Les regards d'accès, les têtes de siphons ne présentent aucune particularité. Il convient de signaler seulement l'établissement du siphon de la Bièvre en galerie sur toute sa longueur, la galerie, voûtée sur la majeure partie de son parcours, est au-dessus des arcades recouvertes en dalles de ciment armé.

A l'entrée dans Paris, l'aqueduc, un peu en relief, franchit le

Siphon de l'Essonne. (Vue.)

fossé des fortifications au moyen de trois arcades accolées à celles de la Vanne, puis se continue en siphon de 1,50 m. de diamètre, jusqu'au réservoir de Montsouris où il aboutit dans une bâche spéciale accolée à celle de la Vanne et réunie à cette dernière dans un même pavillon vitré.

Le projet a été dressé et les travaux commencés sous les ordres de M. Humblot, Inspecteur général des Ponts et Chaussées, chargé de la Direction des Eaux, par MM. Bienvenüe, Ingénieur en chef, Huet, Geslain et Baratte, Ingénieurs ordinaires. A dater du commencement de 1899, MM. Bechmann et Babinet ont remplacé MM. Humblot et Bienvenüe.

La dépense, y compris l'acquisition des sources, les indemnités de toute nature, etc., atteint approximativement 24 000 000 francs.

5. Etablissements de filtrage.

— Pour fournir pendant les périodes de très grandes chaleurs et de consommation extrême, où le volume d'eau de source amené par les aqueducs se trouve temporairement insuffisant, l'appoint que réclame alors le service privé, on a créé, en 1896-1897, un *établissement de filtrage* à Saint-Maur sur le bord de la Marne et un autre a été construit en 1899 sur le bord de la Seine à Ivry : en cas d'accident aux aqueducs, en cas de siège ou d'investissement de Paris, ces deux établissements pourraient, en outre, assurer une alimentation en eau potable qui suppléerait à la privation momentanée de tout ou partie des eaux de source.

Saint-Maur. — Le premier est capable de fournir normalement 25 000 m³ *d'eau filtrée* par vingt-quatre heures.

Il se compose de six *bassins* découverts, de forme carrée et de 40 m. de côté, mesurant, en conséquence, chacun 1 600 m². Ces six bassins sont répartis en deux groupes, précédés chacun d'un système de *canaux dégrossisseurs*, composé de couloirs de largeur croissante, où l'eau circule d'abord avec une vitesse de plus en plus réduite et se débarrasse par décantation des particules en suspension les plus grossières : on évite par là un trop rapide encrassement des filtres qui peuvent être laissés de la sorte plus longtemps en service avant de réclamer un nettoyage.

Une machinerie spéciale puise l'eau en Marne et l'élève à 2,50 m. environ pour l'amener à la hauteur convenable dans les couloirs de décantation et de là sur les bassins : lorsqu'elle s'est épurée en traversant la couche filtrante, elle est reçue dans un petit réservoir voûté où elle s'emmagasine en attendant qu'elle soit reprise par les grandes pompes élévatoires qui la refoulent dans le réseau de la distribution du service privé. Ce refoulement se faisait primitivement par l'intermédiaire de l'une des trois conduites de 0,60 m. et 0,80 m. de diamètre qui portent habituellement l'eau de rivière brute à Paris pour le service public, d'où résultait le double inconvénient d'exposer l'eau filtrée à une altération fâcheuse au contact des dépôts laissés par l'eau brute sur les parois des conduites et de réduire au préjudice du service public le débit possible en eau de rivière non filtrée. On vient d'y remédier par la pose d'une conduite spéciale pour l'eau filtrée qui a reçu 1,10 de diamètre, afin de pouvoir encore assurer ce service après le doublement projeté de l'installation actuelle.

IVRY. — Le second établissement, destiné à fournir 35 000 m³ d'eau par vingt-quatre heures, comprend seize bassins filtrants, de 900 m² chacun, soit en tout 14 400 m. superficiels.

Ces bassins sont répartis également en deux groupes, dont l'un est précédé comme ceux de Saint-Maur d'un système de canaux décanteurs présentant les mêmes dispositions, tandis que l'autre a été pourvu d'un autre mode de *dégrossissage*, consistant dans l'emploi d'un *filtre Puech*, où l'eau est obligée de traverser successivement trois couches de cailloux de grosseurs décroissantes et qui occupe une surface moitié moindre que les ouvrages de décantation.

Une usine à vapeur, munie de pompes centrifuges, aspire l'eau en Seine et la refoule dans un canal d'amenée d'où elle gagne les appareils de dégrossissage, puis les bassins : après avoir traversé ces derniers, l'eau se trouvant filtrée est dirigée dans un petit réservoir carré, recouvert d'un plancher en ciment armé, et de là dans les bâches des grandes pompes élévatoires, qui l'envoient, par l'intermédiaire d'une conduite spéciale de 1,10 m. de diamètre, jusque dans la canalisation du service privé.

Cet établissement n'occupe que la moitié du terrain acquis pour le recevoir et doit être aussi ultérieurement doublé.

Dégrossisseur Puech.

Plan. — Coupes suivant CD et AB.

Construction et fonctionnement. — Basés sur le même principe, ces deux établissements présentent des ouvrages tout à fait analogues et leur fonctionnement est identique.

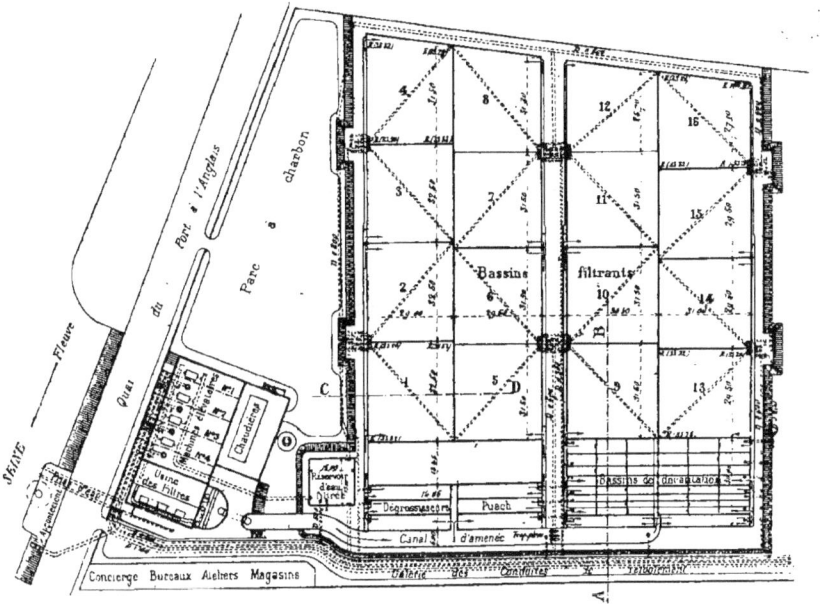

Établissement de filtrage d'Ivry. — Plan général.

Les bassins sont en maçonnerie de meulière et mortier de ciment entièrement revêtue d'enduits de ciment ; les parois des rigoles d'amenée, les cloisons des canaux de décantation ou de dégrossissage, sont en ciment armé. Sur le radier de chaque bassin est posée d'abord une double assise de briques à plat laissant entre elles des vides et formant drainage général : cette assise est traversée en diagonale par un *collecteur d'eau filtrée*. Au-dessus et jusqu'à la hauteur de 0,25 m., règne une couche de gros cailloux lavés, posés à la main, puis deux couches de cailloux ordinaires sur 0,15 m. et de gravier sur 0,10 m. de hauteur ;

enfin, une dernière couche de sable de la Loire fin et tamisé de 0,50 m. d'épaisseur, complétant la masse filtrante qui, de la sorte, occupe en tout 1,00 m. de hauteur. Au-dessus, les murs de pour-

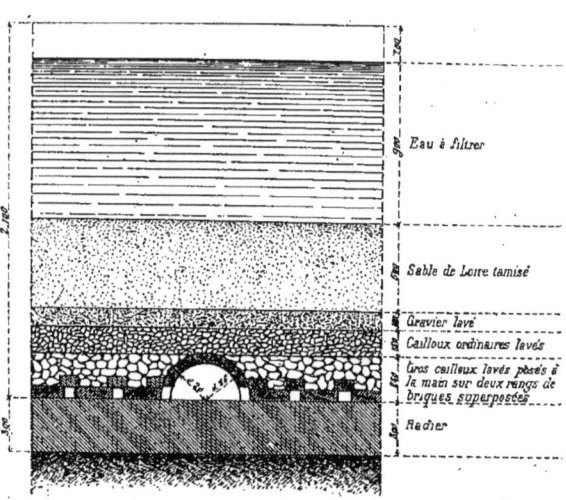

tour présentent une revanche, de 1,10 m. permettant d'admettre sur les bassins une couche d'eau de 0,90 m. d'épaisseur.

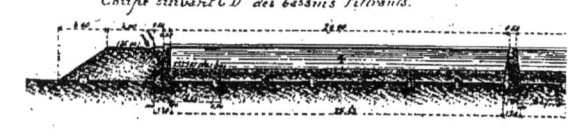

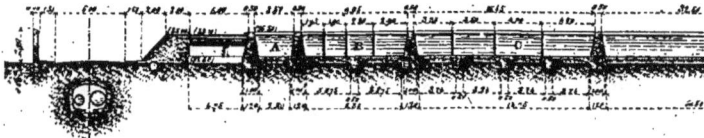

L'eau, après avoir parcouru lentement les canaux décanteurs ou traversé les dégrossisseurs Puech, est amenée par les rigoles en ciment armé, qui communiquent avec les bassins en service par l'ouverture de vannes métalliques. L'eau filtrée en sort par les collecteurs, qui communiquent avec des conduites en fonte, dont le fonctionnement est commandé par des robinets-vannes groupés, pour deux ou quatre bassins contigus, dans une même chambre souterraine en maçonnerie.

C'est par simple manœuvre à la main des vannes et des robinets qu'on règle le fonctionnement des filtres, sans le secours d'appareils automatiques. Le filtrage n'étant jamais parfait au début, les premières eaux ne sont pas livrées à la consommation ; mais bientôt il se forme à la surface du sable fin une couche mince de dépôt très riche en bactéries, qui, d'après la théorie admise, constitue le véritable filtre, et, à partir de ce moment, l'eau coule très limpide et donne à l'analyse micrographique d'excellents résultats, puisque la teneur en microbes est réduite, à moins de 1 p. 100 de ce qu'elle était d'abord ; peu à peu, la vitesse d'écoulement de l'eau à travers le filtre diminue par suite de l'augmentation d'épaisseur du dépôt et du colmatage de la couche superficielle du sable, sans d'ailleurs que le filtrage cesse d'être parfait. Lorsque le volume d'eau filtrée produit est par trop réduit, on arrête le fonctionnement, on laisse écouler l'eau, puis, dès que la surface du sable apparaît, des hommes, armés de râteaux y descendent et enlèvent la couche mince de dépôt et de sable encrassé qui recouvre la masse, après quoi on peut remettre de nouveau en service. Suivant que l'eau est plus ou moins trouble, cette même opération est renouvelée à des intervalles d'un mois, de quinze jours : c'est seulement après un grand nombre d'opérations semblables que l'épaisseur de la masse de sable aura suffisamment diminué pour appeler un rechargement au moyen de sable neuf ou revivifié par un lavage méthodique. Un filtre sur six à Saint-Maur, un sur huit à Ivry, est normalement hors service, de manière que le nettoyage s'en fasse par voie de roulement sans nuire à la continuité de l'alimentation.

Le nettoyage des canaux décanteurs se fait très aisément : il suffit de les vider et d'écouler ensuite le dépôt boueux qui en recouvre le fond au moyen de balais, en s'aidant, s'il y a lieu, d'un courant d'eau. Celui du filtre Puech comprend deux phases : tout d'abord, lorsque le gravier de l'un des trois bassins est simplement recouvert d'un dépôt un peu épais, on l'isole, on abaisse le plan d'eau jusqu'à l'apparition des vases, puis on fait couler l'eau en nappe mince pour entraîner le dépôt dont on hâte la mise en suspension au moyen de râteaux à long manche et l'on remet à vif la surface du gravier ; après plusieurs opérations de ce genre, quand toute l'épaisseur de la couche de gravier est colmatée, ce dont on s'aperçoit par une diminution considérable du débit, on met à sec celui des bassins sur lequel on veut opérer, et, à l'aide de houes, en commençant par l'aval et se servant, pour entraîner les vases d'un fort courant d'eau, on retourne complètement le gravier jusqu'au fond de manière à le débarrasser de toutes les matières qui l'agglutinent, ce qui est rendu possible et facile par les tôles perforées sur lesquelles repose le gravier et dont les trous ont des dimensions en rapport avec la grosseur des matériaux qu'elles sont destinées à supporter.

6. Usines de relais. — Les eaux d'alimentation du service privé parviennent à Paris, à deux altitudes différentes : les unes à une cote voisine de 80 m. au-dessus du niveau de la mer, les autres à 107 ou 108. Elles font, en conséquence, un excellent service dans la majeure partie du périmètre urbain ; les quartiers bas, qui occupent une très vaste étendue au-dessous de la cote 40, sont parfaitement desservis par les eaux de l'étage inférieur, qui peuvent d'ailleurs recevoir à volonté un appoint emprunté à l'étage haut ; dans le cas inverse, où les eaux de l'étage haut viennent à faire momentanément défaut, on y supplée partiellement en refoulant dans la canalisation correspondante un certain volume emprunté à l'étage inférieur au moyen des machines élévatoires installées à l'*usine de relais*, dite de l'Ourcq, qui fait l'angle de la rue Lafayette et du boulevard de la Villette.

Il y a, en outre, deux régions où le sol, s'élevant rapidement, dépasse la cote d'arrivée des eaux de l'étage haut et atteint l'altitude de 128 m. : c'est, d'une part, la butte Montmartre au Nord, de l'autre les hauteurs de Belleville au Nord-Est. Pour y faire le service des maisons, il a fallu relever mécaniquement les eaux du service haut dans deux usines spéciales de relais. Une de ces usines, établie place Saint-Pierre, au pied de la butte Montmartre, y relève l'eau d'Avre jusque dans un réservoir placé sur le sommet même et dont le trop-plein est à la cote 136. L'autre, située rue Darcy, en face du réservoir de Ménilmontant où aboutit la dérivation de la Dhuis, sert à élever l'eau puisée dans ce réservoir jusqu'à celui du Télégraphe qui domine le sommet du coteau de Belleville.

CHAPITRE IV

ALIMENTATION DU SERVICE PUBLIC

1. Canal de l'Ourcq. — Le canal de l'Ourcq, qui joue accessoirement le rôle de voie navigable, a pour objet principal l'alimentation du service public à Paris. C'est une dérivation à ciel ouvert de la rivière d'Ourcq, affluent de rive droite de la Marne, qui commence à Mareuil et se termine au bassin de la Villette, après un parcours de 97 kilomètres. Elle reçoit en route les eaux de plusieurs autres cours d'eau, la Collinance, le Clignon, la Gergogne, la Thérouenne et la Beuvronne : son débit est d'ailleurs complété en temps sec par un appoint considérable en eau de Marne fourni par deux usines élévatoires établies à Isles-les-Meldeuses et à Trilbardou, en amont et en aval de Meaux.

L'ouverture en a été ordonnée par décret du 19 mai 1802 (29 floréal an X); un arrêté du Premier Consul du 13 août suivant confia les travaux aux ingénieurs des Ponts et Chaussées sous l'administration du Préfet de la Seine et en imputa la dépense sur les produits de l'octroi : moins de sept ans après, le 15 avril 1809, l'eau arrivait déjà à la fontaine des Innocents. Mais l'entreprise n'était encore que partiellement exécutée, et à travers bien des vicissitudes elle n'a été terminée qu'en 1822 : le nom de Girard, l'ingénieur qui a dirigé tous les travaux et en a publié une relation complète, mérite d'y rester attaché. Le canal de l'Ourcq n'a d'ailleurs été amené à l'état actuel qu'après bien des améliorations successives, parmi lesquelles il convient de citer ici la dérivation du Clignon, puis la création des usines hydrauliques de Trilbardou et d'Isles-les-Meldeuses (1868) et l'addition d'une machine à vapeur à Trilbardou (1889).

On trouvera plus loin la description du canal et de ses principaux ouvrages. Il suffira quant à présent de mentionner qu'après avoir été de 1830 à 1860 la principale ressource du service des eaux à Paris, le canal de l'Ourcq tient encore une place considérable dans l'alimentation du service public, auquel il a fourni moyennement dans ces dernières années 133 000 mètres cubes par jour, avec un minimum de 76 000 et un maximum de 181 000 mètres cubes.

L'eau du canal de l'Ourcq est la moins bonne des eaux distribuées à Paris : calcaire et sulfatée, elle se trouve déjà par sa composition même ne pas convenir également à tous les usages; de plus elle se charge de matières organiques au cours de son lent écoulement dans une longue rigole à ciel ouvert où elle est exposée à recevoir plus d'un apport suspect.

C'est aussi l'eau qui est distribuée sous la plus faible pression, car dans le bassin de la Villette où elle s'emmagasine et qui forme réservoir en même temps que port de navigation fluviale, elle ne dépasse pas l'altitude de 52 mètres au-dessus du niveau de la mer, ce qui ne l'empêche pas d'alimenter la plupart des fontaines monumentales du centre de Paris, notamment celles de la Place de la Concorde.

Usines d'Isles-les-Meldeuses et Trilbardou. — Les deux usines hydrauliques d'Isles-les-Meldeuses et Trilbardou ont été créées en vertu de deux décrets du 11 avril 1866, qui ont autorisé la Ville à prendre dans la Marne de 300 à 500 litres d'eau par seconde au moulin de Trilbardou, devenu propriété municipale, et 500 litres au barrage d'Isles-les-Meldeuses dont la chute a été mise à sa disposition. Elles fonctionnent toutes deux depuis 1868 et peuvent fournir jusqu'à 80 000 mètres cubes par vingt-quatre heures.

La première se compose de deux roues-turbines à axe horizontal du système Girard, qui agissent chacune sur deux pompes horizontales à double effet dues au même constructeur. Dans la

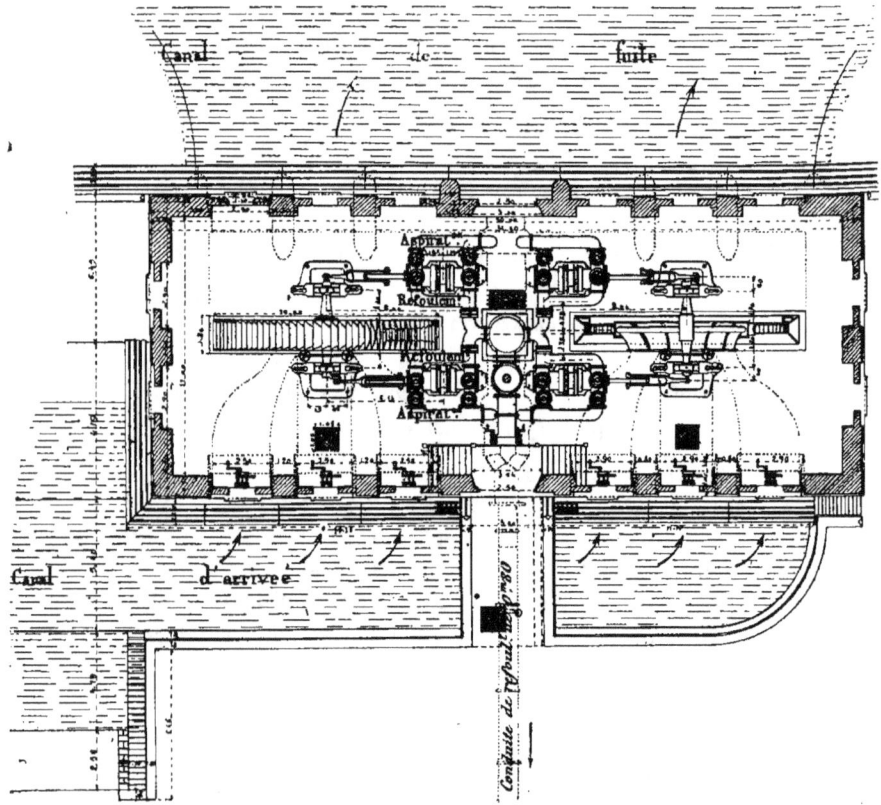

Usine d'Isles-les-Meldeuses. (Plan.)

seconde on a conservé la roue de l'ancien moulin pour mettre en mouvement une pompe verticale à double effet construite par la maison Farcot; et on y a ajouté une roue de côté du système Sagebien, de 11 mètres de diamètre et 6 mètres de largeur qui utilise une chute variant de 0,40 m. à 1,20 m. pour élever à 15 mètres de hauteur un volume d'eau, pouvant atteindre 28 000 mètres cubes par jour, au moyen de deux pompes obliques commandées par l'intermédiaire d'engrenages.

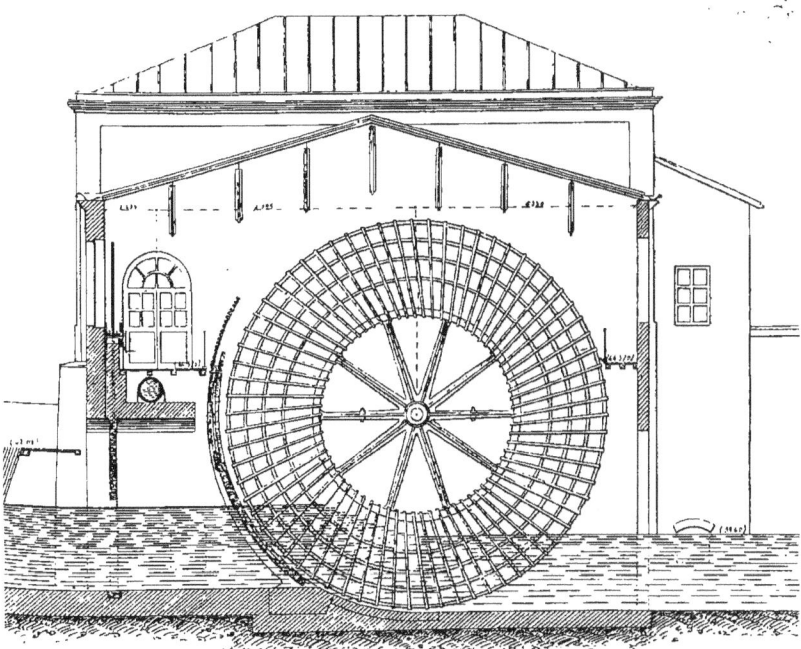

Roue Sagebien de l'usine de Trilbardou.

Ces deux usines ont coûté ensemble près de 1 100 000 francs dont 650 000 environ pour Trilbardou.

L'addition d'une machine à vapeur de 175 chevaux à Trilbardou, moyennant une dépense de 230 000 francs, a eu pour objet de parer aux défaillances des deux usines hydrauliques dont la puissance diminue beaucoup en temps sec par suite de la réduction du débit de la rivière et en temps de crue à cause de l'abaissement ou de l'effacement des chutes. Elle a permis de régulariser d'une manière presque absolue le débit du canal de l'Ourcq.

Aqueduc de Ceinture. — L'eau destinée au service public dans Paris était puisée autrefois à l'aval du bassin de la Villette ; on a reporté la prise à l'amont de ce bassin en 1885, sur un point du périmètre de la *gare circulaire* où s'embranche le canal Saint-Denis, grâce à la construction d'une galerie le long du quai de Seine.

Cette galerie vient aboutir, après un parcours de 1 800 mètres, à la chambre dite du compteur où l'on avait installé autrefois une roue destinée au mesurage du débit, et qui marque l'origine de *l'aqueduc de ceinture*, rigole en maçonnerie, bordée d'une banquette et recouverte d'une voûte, construite par Girard suivant une horizontale du terrain pour conduire l'eau du canal jusqu'au réservoir Monceau. Ce dernier ouvrage a disparu en 1898, mais l'aqueduc continue à porter l'eau de l'Ourcq aux diverses conduites maîtresses qui sont chargées de la répartir dans tout l'ensemble du vaste réseau qu'elle dessert, et enfin, franchissant la Seine dans des galeries ménagées sous les trottoirs des ponts, vont aboutir sur la rive gauche à des réservoirs d'extrémité, situés rue Linné, rue Racine et rue de Vaugirard, à des altitudes légèrement inférieures à celle du bassin de la Villette : dispositif qui a pour objet de soutenir la pression dans la partie centrale du réseau en alimentant les conduites par les deux extrémités aux heures de grande consommation.

Sur l'aqueduc de Ceinture s'embranche à l'angle des rues de l'Aqueduc et Lafayette une galerie latérale, dite *bâche Saint-Laurent* qui se termine à l'escalier de la rue d'Alsace, près de la gare de l'Est, et d'où part la grosse conduite du boulevard Sébastopol.

2. Usines puisant en Seine. — L'eau puisée directement dans la Seine était autrefois distribuée à Paris comme eau potable, et il y a quelques années encore on s'en servait pour suppléer momentanément à l'insuffisance des eaux de source aux époques de grande consommation. Aujourd'hui elle est absolument exclue

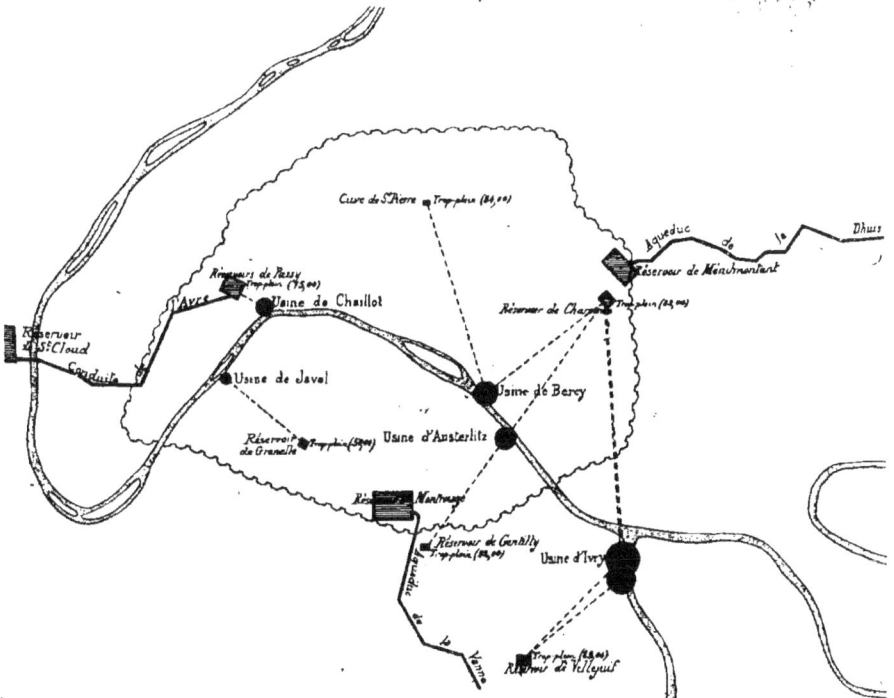

Usines puisant en Seine et réservoirs correspondants.

de la consommation domestique, à moins d'avoir été épurée par le filtrage au sable dans les bassins précédemment décrits ; et on ne l'emploie plus qu'au service public.

Ce n'est pas que le fleuve soit plus exposé qu'auparavant aux contaminations : tout au contraire, il a été débarrassé, par la construction des collecteurs des quais et des siphons des îles, des déversements d'égouts qu'il recevait jadis de part et d'autre et d'une manière constante dans toute la traversée de Paris, et par les irrigations de la plaine de Créteil de ceux qui provenaient d'une partie du département de la Seine. Mais il continue à recevoir en amont le débit des égouts de nombreuses localités ainsi que les eaux résiduaires d'une multitude d'établissements industriels ; dans la traversée même, les collecteurs y déversent leur trop-plein en temps d'orage, les bateaux-lavoirs, les bains, les mariniers contribuent à sa contamination. Les analyses régulièrement faites par l'Observatoire municipal en divers points à partir du confluent de l'Yonne, montre que cette contamination augmente considérablement de Corbeil à Choisy-le-Roi pour diminuer ensuite vers Ivry où elle présente un minimum et se relever très légèrement entre les quais de Paris.

C'est précisément à Ivry, un peu en amont du confluent de la Marne, que se trouve la principale usine élévatoire du service des eaux de Paris ; quatre autres moins importantes, sont situées dans l'intérieur de Paris, deux sur la rive gauche, aux quais d'Austerlitz et de Javel et deux sur la rive droite, quais de la Rapée et Debilly, toutes dans le bief commandé par la retenue du barrage de Suresnes qui se tient à la cote de 27,30 m.

La première, qui va être bientôt augmentée de moitié grâce à la construction en cours d'un établissement contigu, sera dans quelques mois en état d'élever 207 000 m^3, et l'emplacement disponible permettra d'accroître encore ultérieurement la puissance de ce groupe de machines, sans nouvelles acquisitions de terrain. Les quatre autres ensemble peuvent donner un produit de 176 000 m^3.

Ivry. — L'usine d'Ivry a été construite de 1881 à 1883 et comprenait d'abord six machines de 150 ch. capables d'élever ensemble 85 000 m^3 par vingt-quatre heures à une hauteur de 63 m. ; trois nouvelles machines installées en 1898 et de la force de 170 ch. chacune peuvent y ajouter un supplément de 50 000 m³.

On a commencé en 1899, à 250 m. en amont, au voisinage des bassins filtrants, la construction d'une nouvelle usine qui comprendra quatre machines de 200 ch. dont deux seront affectées

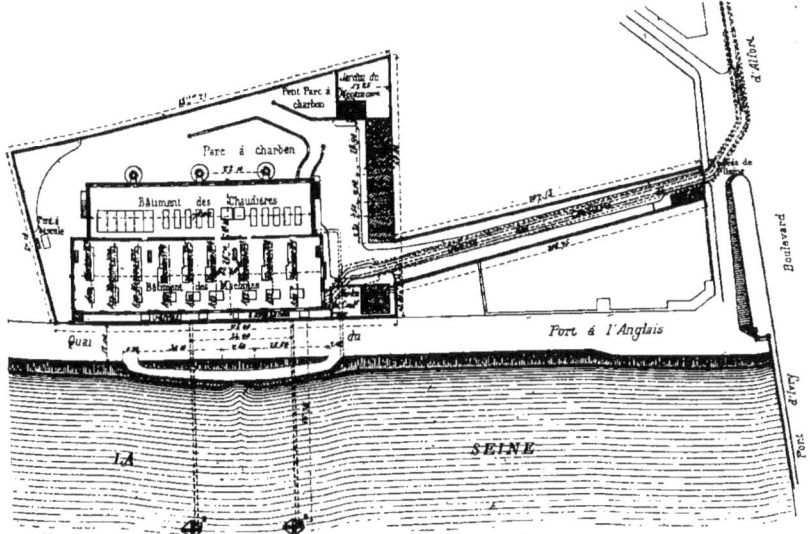

Plan de l'usine d'Ivry.

au service de l'eau filtrée et deux s'ajouteront aux neuf autres pour l'élévation de l'eau brute.

Les neuf machines de l'usine actuelle sont rangées sur une même ligne dans une salle unique parallèle à la rive, de 85 m. de longueur sur 24 de largeur : six d'entre elles, construites en 1882 par la maison Farcot à Saint-Ouen, ont des moteurs horizontaux monocylindriques à quatre distributeurs circulaires, genre Corliss et à condensation, qui actionnent chacun par l'intermédiaire d'une sorte de balancier coudé deux pompes verticales à simple effet placées en contrebas dans une fosse étanche, voisines mais à niveau différent, dont les pistons marchent en sens inverse et portent les clapets d'aspiration et de refoulement de manière que l'ensemble des deux pompes produit le même résultat qu'une pompe à double effet dans laquelle les filets liquides suivraient une trajectoire continue sans rebroussement; trois autres, sorties quinze ans plus tard des mêmes ateliers, ont des moteurs analogues mais commandent directement des pompes doubles horizontales à piston plongeur et clapets latéraux à ressorts extérieurs dérivés du type Girard, complétées par des pompes nourricières en raison de la trop grande hauteur d'aspiration. Les six pompes primitives et les pompes nourricières des nouvelles machines puisent dans une galerie longitudinale voûtée établie en avant du bâtiment, qui communique avec la Seine

Usine d'Ivry. — Coupe transversale.

par deux conduites de prise d'eau en tôle posées dans des rigoles draguées et dont les orifices s'ouvrent en plein courant dans des cages grillagées au-dessous de deux pattes d'oie en charpente : deux vannes commandent les conduites de prise d'eau et deux séries de grilles s'interposent entre elles et les tuyaux d'aspiration des pompes pour arrêter les corps flottants.

Dans une deuxième salle contiguë à la première mais un peu moins longue et large de 17 m. sont rangés également sur une même ligne tous les générateurs de vapeur, dont dix tubulaires du type Farcot avec enveloppes en tôle, six semi-tubulaires construits à Fives-Lille, et deux multitubulaires provenant des ateliers Belleville, dans des massifs en briques.

Les machines de la nouvelle usine seront analogues à celles de la deuxième série dans l'usine primitive, mais elles ne comportent pas de pompes nourricières et seront alimentées par les pompes centrifuges qui doivent servir à élever l'eau dans les bassins filtrants. La prise d'eau correspondante est pratiquée dans un mur de quai sans prolongement en rivière.

L'eau élevée par les pompes d'Ivry est refoulée dans quatre conduites dont deux aboutissent après un parcours de 4 300 m. à la bâche du réservoir de Villejuif à l'altitude de 89 m., et les deux autres traversant le pont de Conflans se dirigent vers le réservoir de Charonne à la cote 82 m. Les deux premières conduites, l'une de 1,10 m., l'autre de 0,80 m. de diamètre, ont été posées dès l'origine, en tranchée sur presque toute leur longueur, sauf dans la traversée de l'agglomération principale d'Ivry où elles ont été logées dans une galerie maçonnée ; les deux autres, établies en 1897 et en 1899, sont également en terre sur une grande partie de leur parcours. Un jeu de robinets permet de faire passer l'eau à volonté dans une quelconque de ces quatre conduites.

Austerlitz. — L'usine construite sur le quai d'Austerlitz remonte à 1863. Elle a été agrandie en 1897-98 et représente actuellement une puissance totale de 580 chev. et une capacité de production de 56 000 m^3 par 24 heures.

Les deux anciennes machines, à moteur vertical du système Woolf et à condensation, commandant par balancier horizontal supérieur des pompes verticales doubles qui ont été le prototype des premières pompes d'Ivry, sortaient de la maison Farcot ; elles n'ont pas cessé de fonctionner d'une manière continue depuis l'origine ainsi que les quatre générateurs tubulaires à enveloppe métallique fournis à la même époque. Chacune d'elles représente une force de 110 chev.-vapeur. Elles sont installées dans un bâtiment à deux étages précédé d'une grille en bordure de la voie publique, et communiquant en arrière avec le bâtiment des chaudières.

Les deux nouvelles machines, établies dans un bâtiment accolé au premier et mis en communication avec lui, sont du type horizontal genre Corliss, avec pompes du système Girard modifié, et représentent chacune une force de 180 chev.-vapeur. Elles sont desservies par quatre chaudières semi-tubulaires.

Toutes quatre aspirent l'eau de Seine dans un puisard cylindrique établi dans la cour précédant les bâtiments et d'où part une conduite de prise d'eau disposée comme celle d'Ivry avec patte d'oie en rivière. Elles refoulent dans trois conduites en fonte posées partie en terre, partie en galerie : deux de ces conduites, qui remontent à l'époque de la construction de l'usine, ont 0,50 m. de diamètre et se dirigent l'une sur le réservoir de Gentilly (cote 82 m.) sis hors de l'enceinte près de la porte d'Arcueil, l'autre par le pont d'Austerlitz sur le réservoir de Charonne (même altitude) ; une troisième conduite, du diamètre de 0,900, a été établie en 1897 en même temps que l'usine complémentaire et la relie à l'une des conduites de distribution du réservoir de Villejuif ainsi qu'à une cuve métallique établie au même niveau que ce dernier réservoir dans l'enceinte de celui de Gentilly.

Bercy. — On désigne sous le nom d'usine de Bercy l'établissement construit en 1887-1889 sur le quai de la Râpée à l'angle de l'avenue Ledru-Rollin, dont les 600 chevaux de force servent à refouler 50 000 m^3 d'eau dans la bâche en tôle érigée au pied

ALIMENTATION DU SERVICE PUBLIC

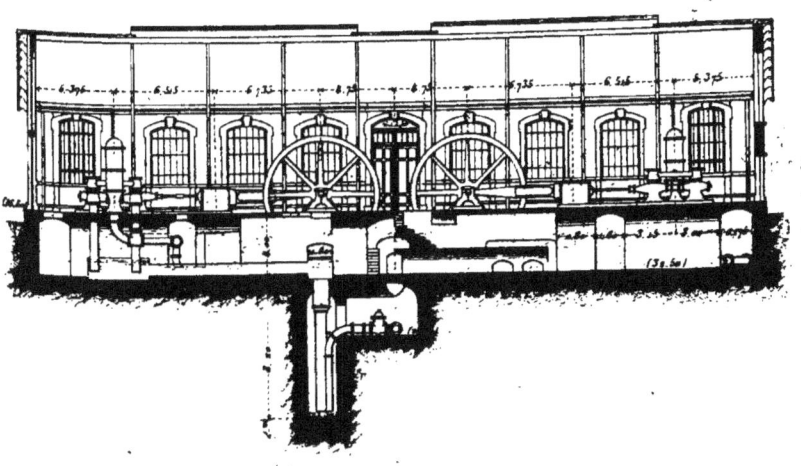

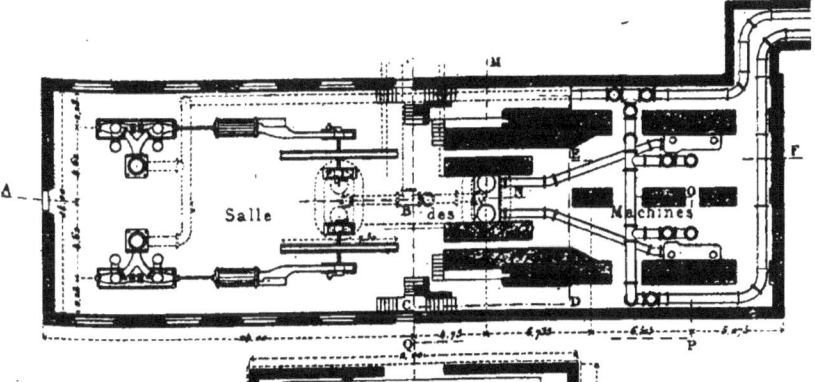

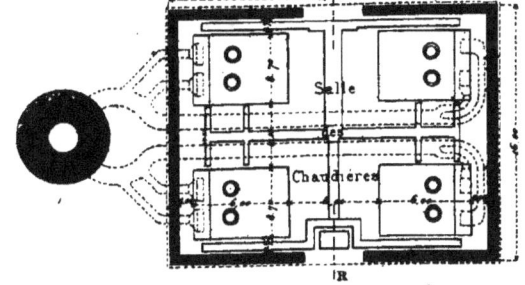

Usine de Bercy. (Coupe et plan.)

158   LES EAUX ET L'ASSAINISSEMENT DE PARIS

de la butte Montmartre dans l'enceinte de l'usine de relais de la place Saint-Pierre.

Le bâtiment des machines, construit exceptionnellement avec quelque luxe à cause de l'emplacement très en vue qu'il occupe

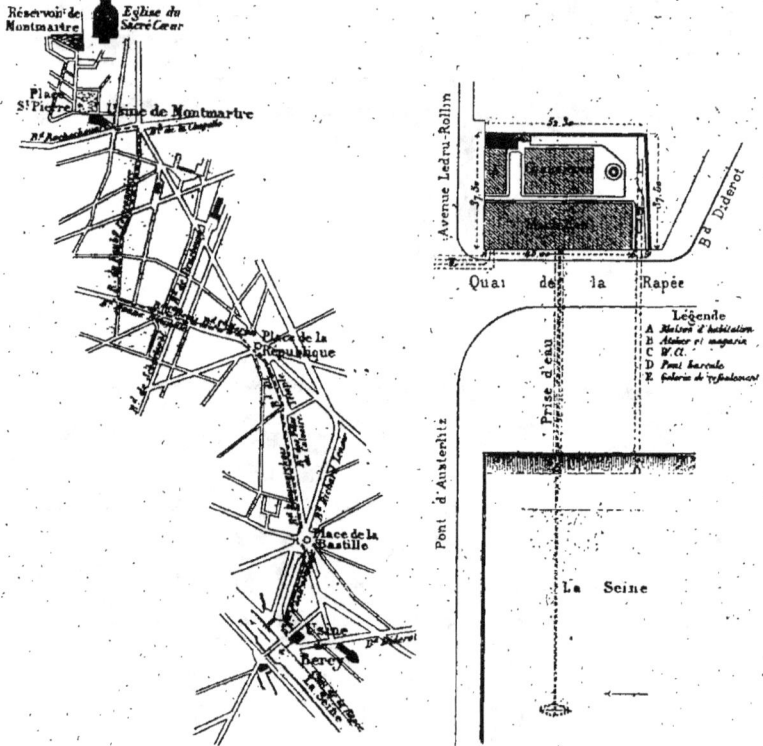

Usine de Bercy. (Plan général et conduites de refoulement.)

à l'angle de deux voies importantes, renferme quatre groupes semblables construits par MM. de Quillacq et Meunier et composés de moteurs horizontaux type Sulzer attelés directement à des pompes genre Girard avec condenseurs et pompes nourricières. Huit générateurs multitubulaires, de la maison Roser, enveloppés dans quatre massifs en briques fournissent la vapeur nécessaire à la marche de ces machines.

La prise d'eau en tôle de 0,80 m. de diamètre s'ouvre en Seine sous une patte d'oie à 20 m. en amont de la deuxième pile du pont d'Austerlitz, et se prolonge sous la place Mazas par une conduite en fonte avec joints à bague posée en galerie, qui forme un *siphon*, constamment amorcé par un petit tuyau ou *sucette* reliant le point haut à l'aspiration des pompes.

Le refoulement s'opère dans deux conduites en fonte de 0,60 m. de diamètre et de 5 783 m. de longueur, posées en galerie sur tout le parcours et qu'un jeu de robinets permet de relier respectivement à telle ou telle des quatre pompes. Les deux conduites se réunissent en une seule de 0,80 m. un peu avant d'aboutir à l'altitude 84 m. dans la bâche Saint-Pierre d'où l'eau gagne les conduites de distribution et peut atteindre par leur intermédiaire les réservoirs de Charonne et de Passy.

L'usine de Bercy (bâtiments, prise d'eau et outillage) a coûté environ 930 000 fr. soit 1 550 fr. par cheval utile.

CHAILLOT. — L'ancienne pompe à feu de Chaillot a fait place en 1852 à une usine qui renferme deux machines à simple effet et condensation du type de Cornouailles, construites dans les ateliers du Creusot, de la force de 120 chevaux utiles chacune, et pouvant élever ensemble 45 000 m³ d'eau par jour dans le réservoir de Passy à l'altitude de 75 m. par l'intermédiaire de deux conduites en fonte de 0,60 m. de diamètre.

L'établissement qui occupe un vaste triangle à l'angle de la place de l'Alma, du quai Debilly et de l'avenue du Trocadéro et renferme, outre l'usine, l'atelier central et les bureaux du service des machines élévatoires passera bientôt à l'état de souvenir. Sa suppression a été décidée : l'usine va être reportée sur le quai d'Auteuil, l'atelier et les bureaux sur le quai d'Austerlitz.

JAVEL. — Quant à l'usine de Javel, construite en 1887-1888, elle a pour objet de renforcer par un appoint en eau de Seine le service bas en eau d'Ourcq dont la pression est toujours très faible dans le XVe arrondissement, le plus éloigné du bassin de la Villette ; elle ne refoule l'eau en conséquence qu'à la cote 50 m. dans le réservoir de Grenelle par l'intermédiaire de deux conduites en fonte sous galerie de 0,40 m. et 0,50 m. de diamètre.

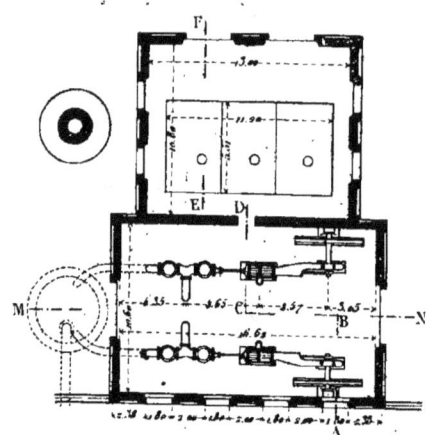

Ses deux machines, de 50 chevaux utiles chacune, peuvent élever ensemble 25 000 m^3 par vingt-quatre

 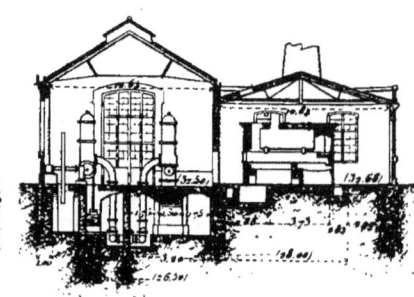

Usine de Javel. (Plan, coupes.)

heures. Elles comprennent chacune un moteur Wheelock à cylindre unique horizontal, sorti des ateliers de Quillacq, dont le piston actionne directement le piston plongeur d'une pompe double de type particulier fournie par le Creusot : elles sont alimentées par trois générateurs semi-tubulaires enveloppés dans un massif en briques.

La prise d'eau a été disposée, comme celle de Bercy, en forme de siphon avec sucette au point haut.

L'ensemble a coûté 265 000 fr.

3. Usine de Saint-Maur.

— L'eau de Marne, qui concourt avec celles de la Seine et de l'Ourcq à l'alimentation du service

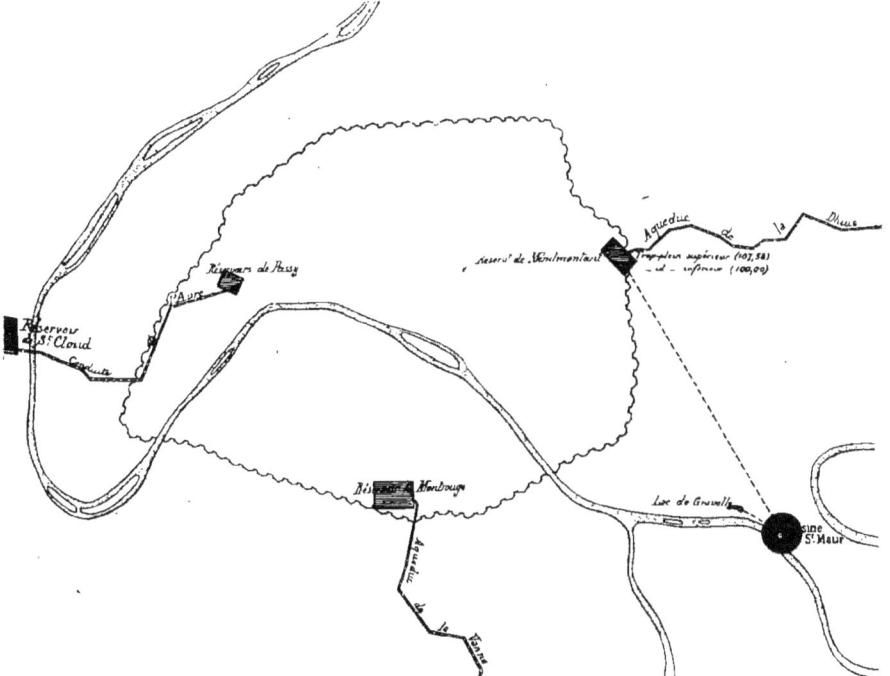

Usine de Saint-Maur et réservoir de Ménilmontant.

public, provient en totalité de l'usine de Saint-Maur, sise à Joinville-le-Pont en bordure du canal de navigation qui coupe l'isthme de la boucle de Marne, et qui occupe l'emplacement des anciens grands moulins de Saint-Maur achetés par la Ville de Paris en 1863.

Ce vaste établissement comprend en réalité quatre usines dis-

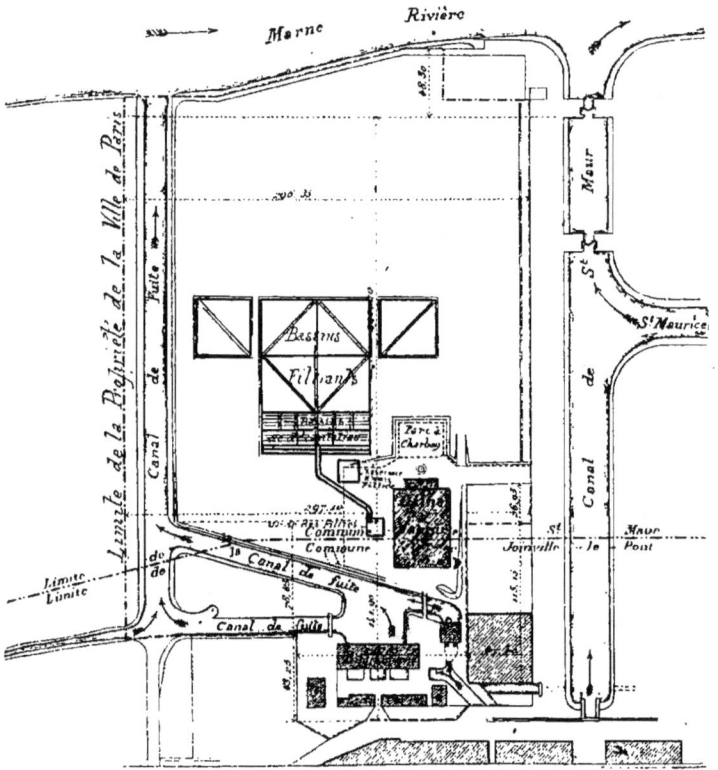

Usine de Saint-Maur. (Plan.)

tinctes : deux hydrauliques, qui utilisent la chute des anciens moulins, portée à 4,10 m. de hauteur ; deux à vapeur, dont une pour le service des bassins filtrants, renfermées dans la même enceinte. L'ensemble est en mesure de refouler, outre 23 000 m.

d'eau filtrée, 110 000 m³ d'eau brute par 24 heures, dont 12 000 au lac de Gravelle (altitude 72 m.) pour le service du bois de Vincennes, et le surplus à l'altitude de 100 m. au-dessus de la mer dans les compartiments inférieurs de Ménilmontant.

Les deux usines hydrauliques ont été construites en 1864-1866.

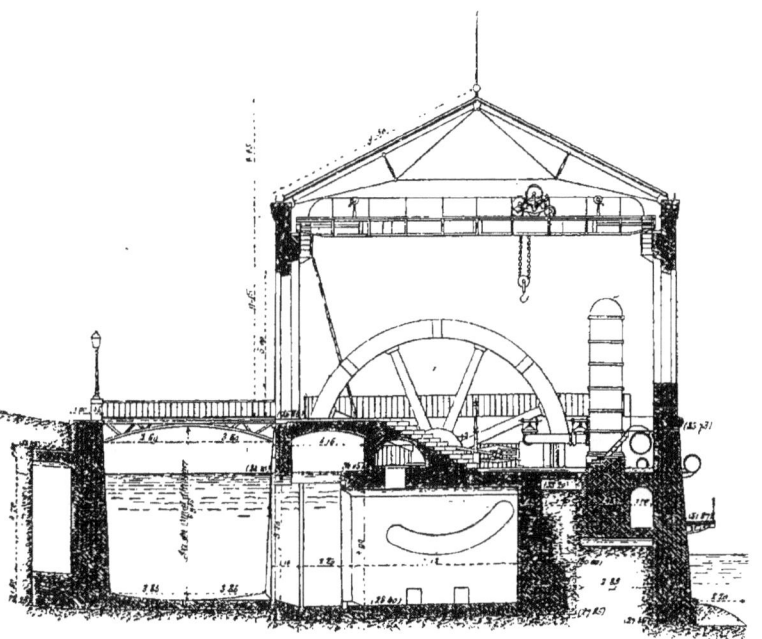

Coupe de la grande usine hydraulique de Saint-Maur.

La plus importante comprend six machines ; deux turbines Fourneyron à axe vertical de 100 chevaux et quatre roues-turbines Girard à axe horizontal de 120 chevaux, commandant toutes des pompes à plongeur genre Girard, les premières par l'intermédiaire d'engrenages, les secondes par bielles et manivelles. Deux autres turbines à axe vertical de 100 chevaux avec pompes horizontales du même type constituent l'outillage de la petite usine hydraulique. Deux de ces machines élévatoires sont affectées au service du lac de Gravelle, les six autres refoulent à Ménilmontant.

L'usine élévatoire à vapeur renferme quatre machines horizontales, d'une force totale de 980 chevaux inégalement répartie entre elles, qui ont été établies successivement en 1872, 1877, 1885 et 1899, par la maison Farcot et sont composées chacune d'un moteur monocylindrique genre Corliss à condensation, actionnant directement une pompe double genre Girard à piston plongeur unique aux extrémités effilées, à corps de pompe renflé en forme de tonneau, et clapets latéraux guidés par ressorts, d'un excellent rendement. Elles sont alimentées par de grandes chaudières ordinaires à bouilleurs.

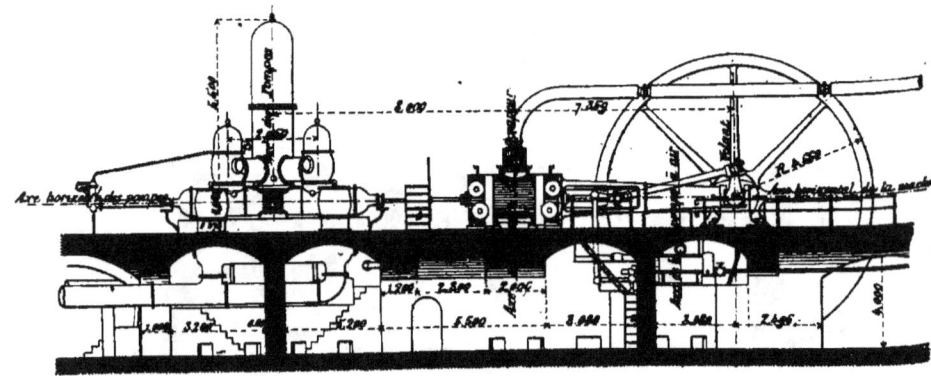

Coupe de l'usine à vapeur de Saint-Maur.

L'usine à vapeur affectée au service des filtres est d'importance tout à fait secondaire puisqu'elle n'a qu'à élever l'eau à 2,50 m. de hauteur pour la faire parvenir dans les rigoles qui la conduisent aux canaux de décantation.

L'ensemble est éclairé à l'électricité au moyen du courant obtenu dans l'établissement même par le fonctionnement d'une dynamo actionnée directement par une roue-turbine minuscule à axe horizontal genre Girard mue par l'eau sous 80 m. de pression empruntée à la colonne de refoulement. Cette petite installation due à M. Meunier, qui remonte à 1884 et fonctionne presque sans surveillance dans un coin de l'une des salles de machines, mérite d'être citée parce qu'elle donne d'excellents résultats et a servi de modèle pour un grand nombre d'autres installations semblables dans les usines du service des eaux et de l'assainissement.

Cinq conduites ascensionnelles partent de l'établissement de Saint-Maur : une de 0,500 m. dessert le lac de Gravelle ; une de 0,60 m. de diamètre et deux de 0,80 m. posées suivant des itinéraires différents et de longueur variable (jusqu'à 11 kilomètres) aboutissent aux bassins de Ménilmontant ; la dernière, de 1,10 m. de diamètre, exclusivement réservée à l'eau filtrée, se termine après un parcours de 6 300 m. seulement à la place Daumesnil où elle se relie à une conduite maîtresse de distribution des eaux de source. Les quatre premières sont en tuyaux de fonte à emboîtement et cordon, avec joints au plomb, posés en terre sauf dans quelques rares passages : la dernière est en fonte sous galerie, avec joints à bagues, depuis l'usine jusqu'au plateau de Gravelle, dans le bois de Vincennes, et au delà c'est-à-dire sur la majeure partie de sa longueur, en ciment armé avec interposition entre deux armatures d'une feuille mince de tôle plombée qui en garantit l'étanchéité.

4. Usines de relais. — De même que pour l'eau de source, des *usines de relais* ont été nécessaires pour l'eau de rivière ; et comme sur plusieurs points les machines destinées aux deux services sont réunies dans les mêmes établissements, il convient d'en faire ici une description générale.

Si l'on ne compte pas une petite usine de 30 chevaux de force établie dans l'enceinte du réservoir de Montsouris pour relever 7 500 m³ d'eau de Vanne par jour, et qui n'est plus utilisée depuis que la canalisation de l'eau d'Avre a été prolongée jusque dans cette région (1896) et y fait un service direct, on peut dire que ces relais sont au nombre de quatre, tous situés à la base des coteaux escarpés du Nord et du N. E. de Paris.

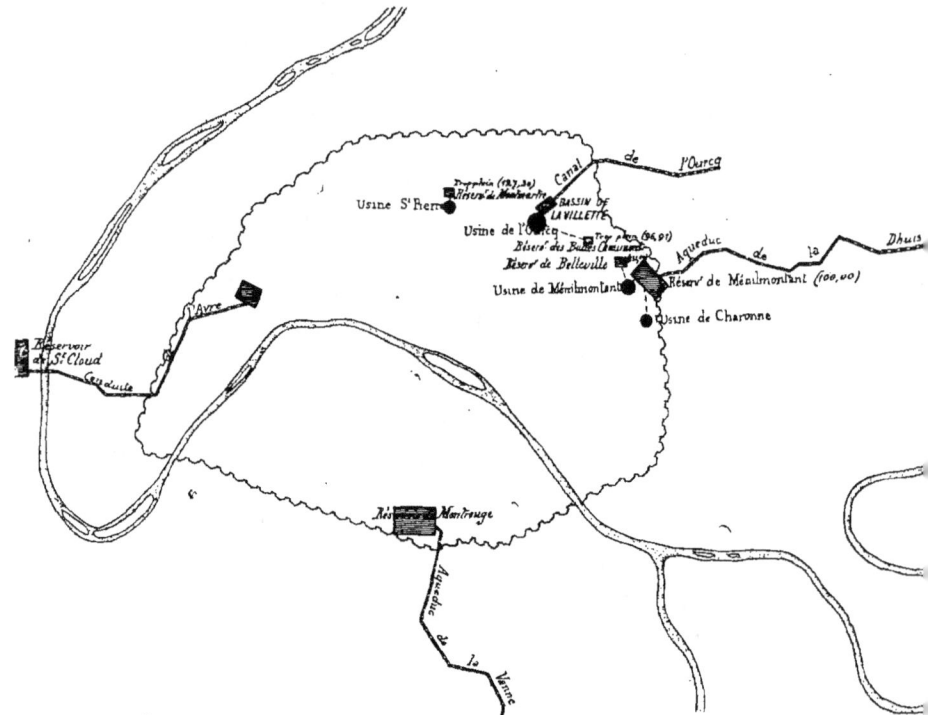

Usines de relais et réservoirs correspondants.

Ourcq. — La première de ces quatre usines, située à l'angle du boulevard de la Villette et de la rue Lafayette est connue sous le nom d'*Usine de l'Ourcq*, parce qu'à l'époque où elle a été construite, 1866-1867, elle était destinée à élever au réservoir des Buttes-Chaumont l'eau du canal prise à l'aval du Bassin de la Villette pour alimenter la cascade et faire le service du parc. Depuis elle a été utilisée pour faire simultanément, en cas de nécessité, un service tout différent, qui consiste à recevoir l'eau de Vanne en pression prise sur la canalisation et à la refouler dans la conduite maîtresse d'eau de Dhuis.

Aujourd'hui elle comporte deux salles accolées, renfermant l'une deux machines verticales à balancier du type de l'usine d'Austerlitz et de 50 chevaux de force établies, la première en 1867, la deuxième en 1886 par la maison Farcot; l'autre deux machines horizontales Sulzer de 100 chevaux actionnant des pompes Girard qui datent de 1879 et ont été fournies par MM. de Quillacq et Meunier; la chaufferie disposée en arrière comprend dans une salle unique deux générateurs tubulaires Farcot à enveloppe métallique et trois chaudières Thomas et Laurens enveloppées d'un massif de briques. Elle peut relever 36 000^m d'eau par vingt-quatre heures.

Une conduite de refoulement de 0,40 de diamètre relie l'usine de l'Ourcq au réservoir des Buttes-Chaumont; l'eau d'Ourcq y parvient par une rigole en maçonnerie à écoulement libre; de courtes conduites de raccord la relient aux canalisations de la Vanne et de la Dhuis.

Ménilmontant. — *L'usine de Ménilmontant* fait face au réservoir du même nom dont elle est séparée par la rue Darcy : elle peut y puiser soit de l'eau de Dhuis dans les bassins supérieurs, soit de l'eau de Marne dans les bassins inférieurs, et elle refoule ces deux eaux séparément dans les compartiments étagés du réservoir de Belleville par l'intermédiaire de deux conduites des diamètres de 0^m,40 (Dhuis) et de 0^m,50 (Seine).

Depuis sa création en 1866-67 cette usine a subi plusieurs transformations et agrandissements qui l'ont finalement mise en état d'élever par vingt-quatre heures 31,500 mètres cubes d'eau.

Elle renferme actuellement trois machines : deux semblables, de la force de 60 chevaux chacune, construites par la maison Windsor à Rouen en 1888, comportent des moteurs verticaux à deux cylindres Woolf commandant chacun par balancier supérieur une pompe double à piston plein et clapets latéraux; la troisième, de 70 chevaux, se compose d'un moteur genre Corliss à un seul cylindre avec pompes horizontales.

MONTMARTRE. — Le service de la butte Montmartre est assuré tant en eau de rivière qu'en eau de source par *l'usine de la place*

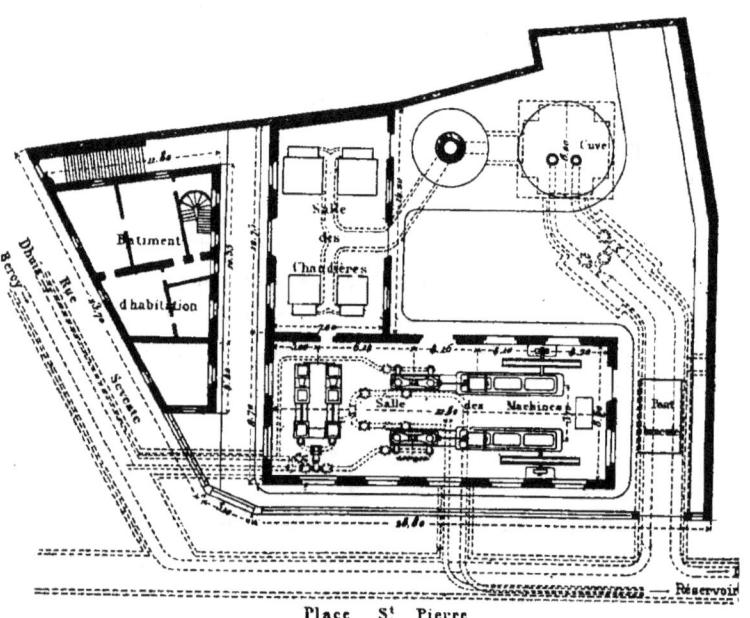

Usine de Montmartre. (Plan.)

Saint-Pierre qui a remplacé en 1889 le relais établi d'abord rue de la fontaine du But puis au passage Cottin.

Cette usine dont l'outillage a été modifié partiellement en 1899, comprend maintenant trois machines de 70 chevaux chacune, capables d'élever 30,000 mètres cubes d'eau dans les trois étages du réservoir de Montmartre, par l'intermédiaire de deux conduites ascensionnelles de 0^m,40 de diamètre, dont l'une porte l'eau de rivière à l'étage inférieur et l'autre alimente en eau de source les deux étages supérieurs.

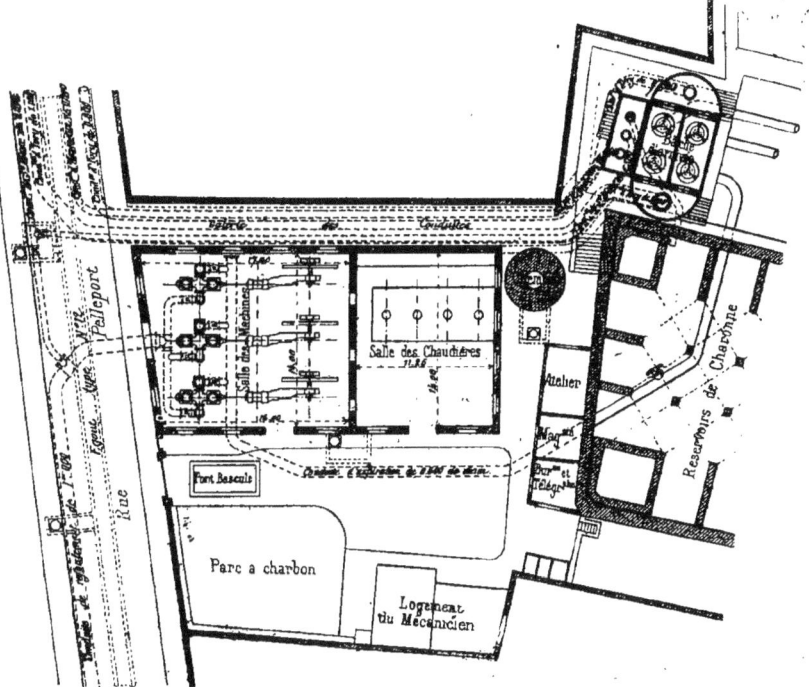

Usine de Charonne. (Plan.)

Une des trois machines, la seule qui remonte à l'origine, est du système Worthington, horizontale, à deux cylindres parallèles, avec pompes à double effet et à clapets multiples, compensateurs et condensation. Les deux nouvelles, sorties des ateliers de construction de Pantin, reproduisent le type courant à moteur horizontal genre Corliss et pompe Girard. Quatre générateurs Belleville leur fournissent la vapeur.

L'eau de rivière est puisée dans la bâche en tôle, de 200 mètres cubes de capacité, qui a été placée dans la cour même de l'établissement et où aboutit le refoulement de l'usine de Bercy ; l'eau de source provient de la canalisation des eaux de l'Avre.

CHARONNE. — Tout récemment établie, l'*usine de Charonne* sise rue Pelleport, dans l'enceinte des anciens bassins de Charonne, a pour objet de refouler soit l'eau de Seine brute dans les bassins inférieurs du réservoir de Ménilmontant en cas d'insuffisance de l'eau de Marne, soit de l'eau filtrée dans les bassins supérieurs du même réservoir pour suppléer aux défaillances de la Dhuis.

Elle renferme trois machines horizontales, moteurs du type Corliss avec pompes Girard, de la force de 50 chevaux chaque, alimentés par quatre générateurs semi-tubulaires du système Thomas et Laurens, et capables d'élever ensemble par jour 30 000 mètres cubes d'eau, partie à 18 mètres, partie à $22^m,50$ de hauteur.

5. Puits artésiens. — Les *puits artésiens* municipaux ne jouent qu'un rôle infime dans la distribution du service public.

Ils ont eu cependant leur époque de célébrité et le plus ancien celui de *Grenelle*, foré par M. Mulot, a été le premier grand puits qui ait dépassé la profondeur de 500 mètres, où il a été chercher les sables verts du gault, à la base de l'étage crétacé, tandis que la plupart des forages industriels de la région s'arrêtent aux sables du Soissonnais à une centaine de mètres de profondeur au plus. Commencé en 1833 il n'a été terminé qu'en 1852, bien que l'eau y ait jailli dès 1841 ; les accidents ont été nombreux pendant cette longue durée de travail ; finalement l'eau a pu être amenée à 38 mètres au-dessus du sol, soit à l'altitude 73, au sommet de la colonne monumentale en fonte érigée en 1859 sur la place de Breteuil. Elle jaillit d'une profondeur de 549 mètres au-dessous du sol à travers un double tubage en tôle dont les diamètres varient de 0,24 à 0,12. Le débit qui était à l'origine de 950 mètres cubes par jour est tombé brusquement à 600 quand on a terminé le percement du puits de Passy et n'a cessé de décroître depuis lors ; il n'est plus actuellement que de 400 mètres cubes environ. L'eau très limpide, marque 9° à l'hydrotimètre ; elle est chaude en raison de la profondeur à laquelle on la puise, 27° environ. Elle n'est pas affectée à un usage spécial et va se mélanger à l'eau de rivière dans la canalisation qui dessert les usages publics.

Le puits de Passy, qui débouche place Lamartine à l'altitude de 53 mètres seulement au-dessus de la mer, fournit un volume bien supérieur, près de 5 000 m³, qu'on emploie à l'alimentation des lacs du bois de Boulogne. L'eau qui en sort est très analogue à celle du puits de Grenelle, mais un peu sulfureuse. Entrepris en 1855 par M. Kind, au prix forfaitaire de 350,000 francs, il a été interrompu par un accident grave en 1857, puis repris en régie et terminé enfin en 1861. Commencé au diamètre de 1,10 m. il a été terminé avec un diamètre de 0,70 m. à la

Colonne du puits artésien de Grenelle.

profondeur de 586,50 m. où il a rencontré la deuxième nappe des sables verts ; le revêtement est en bois, formé de douves de chêne de 0,10 m. d'épaisseur, avec frettes en tôle et armature longitudinale en fer.

Le succès obtenu à Passy a décidé le service municipal à entreprendre peu après deux autres puits artésiens, l'un à la Place Hébert, dans le XIXe arrondissement, l'autre à la Butte aux Cailles dans le XIIIe ; ils ont été confiés le premier à M. Degousée, le second à M. Dru. Mais de graves accidents survenus au cours du forage firent suspendre les opérations pendant de longues années. Le 1er, repris en janvier 1884 par M. Lippmann, a été enfin terminé au cours de l'année 1891 alors qu'il avait atteint la profondeur de 718 mètres et débitait 2000 m^3 : l'eau chaude qui en jaillit a été utilisée pour l'alimentation d'une piscine municipale de natation. Le second, descendu à une profondeur de 566,60 m., est actuellement en voie d'achèvement entre les mains de M. Arrault qui vient d'être autorisé à prolonger jusqu'en haut avec son diamètre de 0,50 m. le tubage inférieur et à remplir de béton l'espace annulaire compris entre ce tubage et le revêtement supérieur.

6. Anciens aqueducs. — La dérivation des sources du Midi, dont la construction remonte au commencement du XVIIe siècle, amène encore à Paris les eaux captées alors aux environs de Rungis, limpides et agréables au goût, mais assez chargées de sels, marquant 36° à l'hydrotimètre, et dont le débit (800 à 1000 m^3 par jour) vient s'ajouter dans les bassins du Panthéon aux eaux de Seine provenant du réservoir de Gentilly, qui font dans cette région le service public. L'ancien aqueduc en maçonnerie de pierre de taille, avec sa large section, ses parois épaisses, ses regards monumentaux, fonctionne encore jusqu'à l'entrée dans Paris, ainsi que les fameuses arcades d'Arcueil au moyen desquelles est franchie la vallée de la Bièvre et que surmontent aujourd'hui les arcades de la dérivation de la Vanne. A l'intérieur de l'enceinte il a été abandonné et remplacé par une simple conduite en fonte.

On ne mentionne que pour mémoire les *eaux des sources du Nord*, trop séléniteuses pour être utilisées, mais que les anciens aqueducs et les pierrées du Pré Saint-Gervais et de Belleville n'ont pas cessé de recueillir et de conduire dans Paris, où elles se déversent désormais sans emploi dans les égouts qui les ont rencontrées. Plusieurs regards encore en bon état et d'un assez bel aspect ont mérité d'être classés par la Commission du vieux Paris parmi les monuments qu'il y aurait lieu d'entretenir et de conserver à titre de souvenir et de documents historiques.

CHAPITRE V

RÉSERVOIRS

1. Dispositions générales. — Le service public et le service privé sont commandés par deux séries entièrement distinctes de *réservoirs*, dont chaque compartiment a un rôle parfaitement défini et immuable, bien que parfois un certain nombre de bassins, appartenant respectivement aux deux services, se trouvent réunis dans une même enceinte, accolés ou superposés.

Dans le cas de superposition de bassins affectés aux deux services, c'est toujours l'*étage supérieur* qui correspond au service privé et l'*étage inférieur* au service public, de sorte que, si l'eau de source surabondante n'est pas entièrement absorbée par la distribution, il se produit un déversement automatique par trop plein de la fraction non consommée pour les usages domestiques qui vient grossir dans les bassins inférieurs l'approvisionnement du service public, tandis qu'il ne peut jamais se produire de déversement ou de communication quelconque en sens inverse.

Les divers réservoirs du service privé qui reçoivent directement l'eau de source provenant des quatre aqueducs ont leurs plans d'eau supérieurs à des altitudes qui varient de 79,50 m. (étage haut du réservoir de Montsouris) à 75,50 m. (Passy) pour le réseau de la Vanne et du Loing, et de 108 m. (Ménilmontant) à 107 (Montretout) pour celui de la Dhuis et de l'Avre. Les réservoirs alimentés en eau de source par les usines de relais ont leur trop plein aux cotes 136 (Montmartre) et 134,40 (Belleville).

La zone du service public qui reçoit l'eau du canal de l'Ourcq renforcée en eau de Seine dans le XVe arrondissement a ses réservoirs à des altitudes comprises entre 52 et 47 m. Les réservoirs

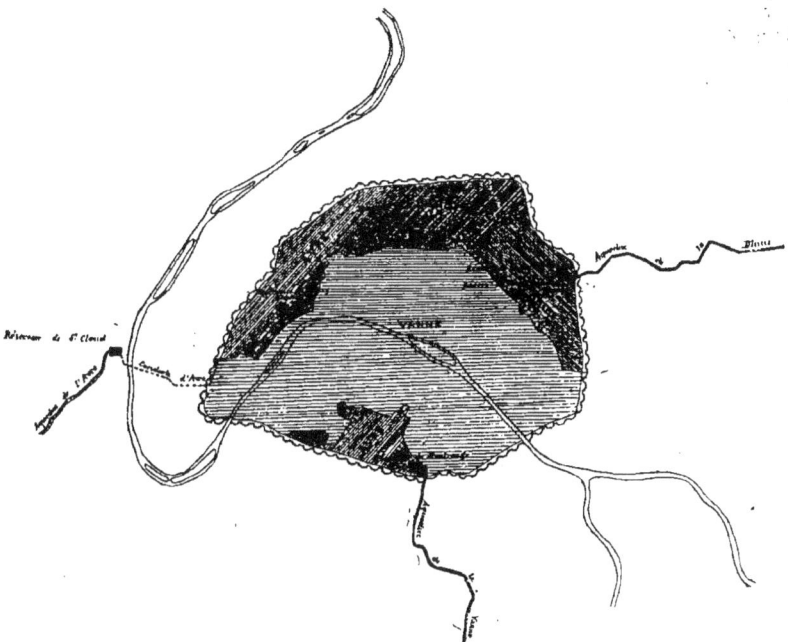

Répartition des eaux du service privé.

où parviennent les eaux de Seine élevées par les machines puisant directement dans le fleuve, les reçoivent à des altitudes échelonnées depuis 89 m. (Villejuif) jusqu'à 65 (Panthéon). L'eau de Marne est élevée à la cote 100 au réservoir de Ménilmontant. Quant aux bassins de relais, leurs trop-pleins sont établis à des hauteurs qui varient de 97 m. (Buttes Chaumont) à 131 (Belleville).

On trouve des bassins appartenant aux deux services aux réservoirs de Ménilmontant, où la Dhuis occupe les bassins supérieurs et la Marne les compartiments inférieurs ; de Passy, où un compartiment d'eau de source est superposé d'une part et accolé de

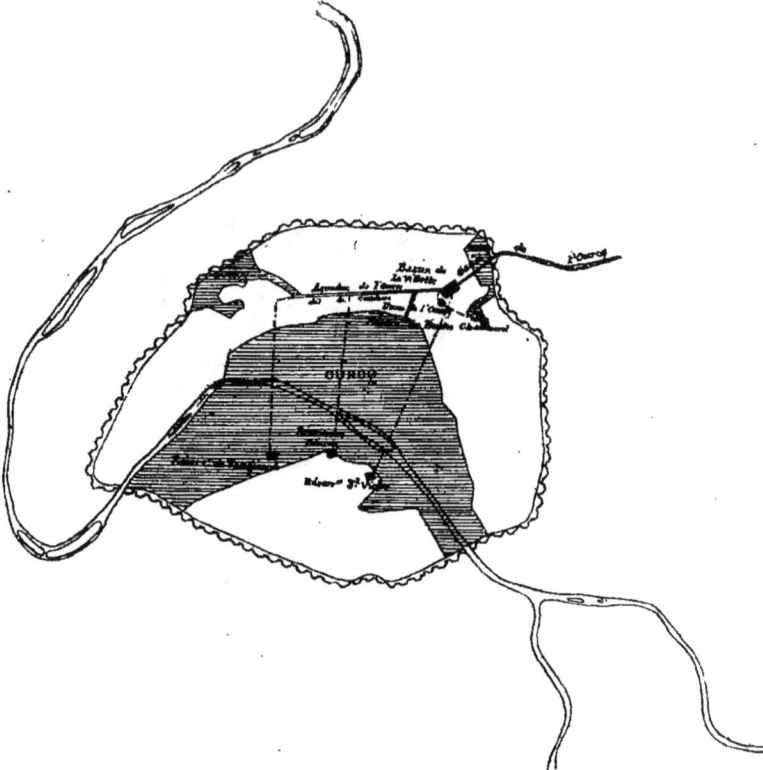

Plan du service d'eau d'Ourcq.

l'autre à des bassins alimentés en eau de rivière ; de Charonne où il y a des compartiments accolés desservant respectivement les deux réseaux ; de Montmartre où l'on compte trois étages de bassins superposés, les deux supérieurs affectés à l'eau de source, l'inférieur à l'eau de rivière.

2. Réservoirs affectés exclusivement au service privé. — Il y a donc un certain nombre de réservoirs dont les bassins sont exclu-

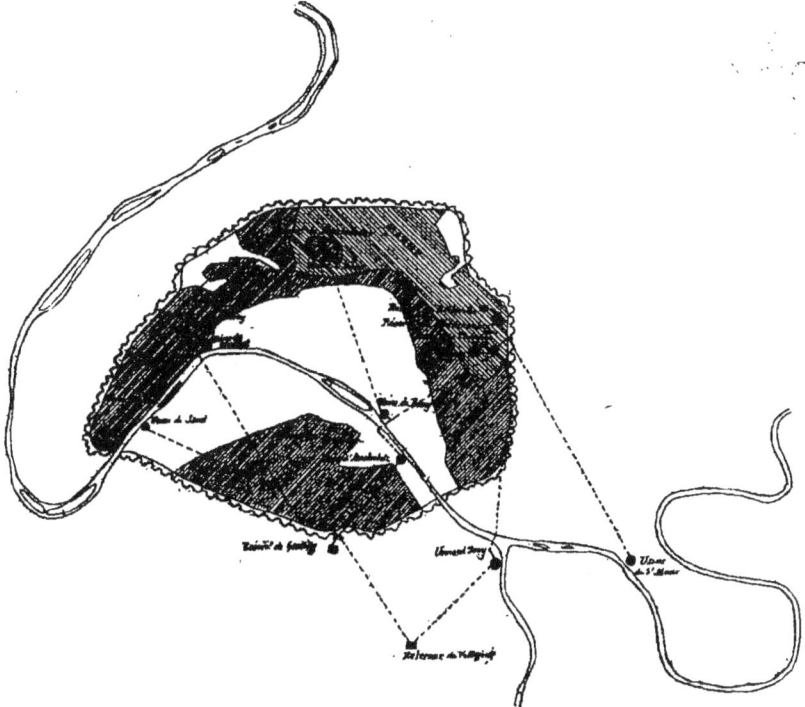

Plan des services d'eau de Seine et de Marne.

sivement affectés, soit au service privé, soit au service public, et d'autres qui appartiennent à la fois aux deux services.

Montretout. — Parmi ceux de la première série, le plus considérable est celui de Montretout, dont les trois bassins accolés peuvent emmagasiner chacun près de 100 000 m³, soit environ 300 000 m³ en totalité.

Les deux premiers, construits en même temps que la dérivation de l'Avre, ont été mis en service l'un le 24 janvier 1894, l'autre le 7 décembre 1894. Le troisième a été construit en 1899-1900

L'ensemble occupe sur le territoire de la commune de Saint-Cloud, avec les dépendances qui renferment deux maisons de

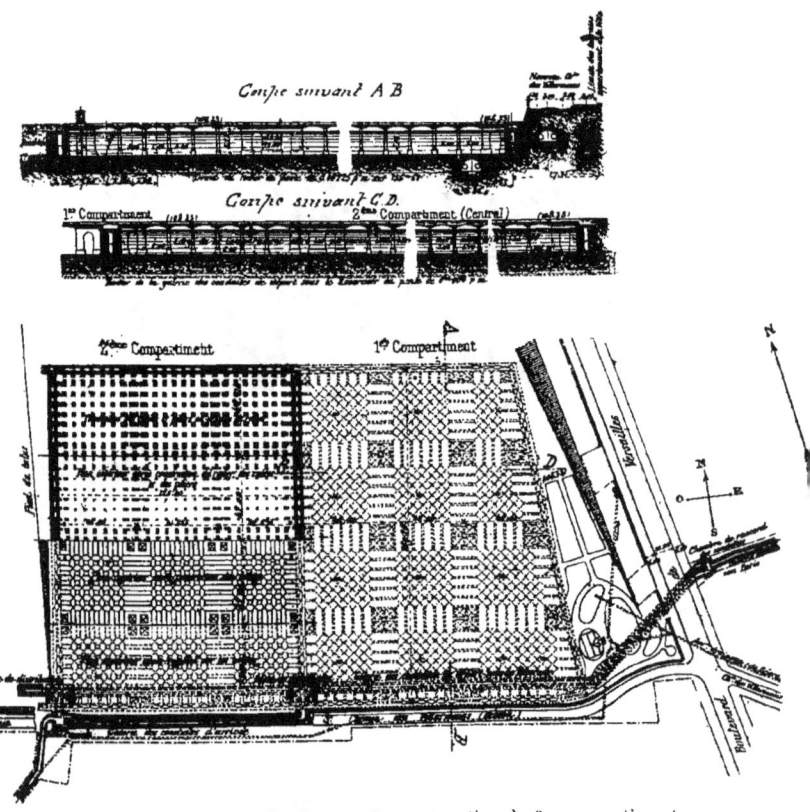

Réservoir de Saint-Cloud avant la construction du 3e compartiment.
(Plan et coupes.)

garde, un terrain de 83 445 m² de superficie, dont 66 385 m² sont couverts par l'ouvrage proprement dit.

Cet ouvrage forme un vaste rectangle de 418 m. de longueur sur 352 m. de largeur, partagé en trois compartiments par des murs transversaux dans le sens de la largeur. L'épaisseur de la tranche d'eau emmagasinée atteint au moment du plein 5 m. et le niveau supérieur se tient alors à l'altitude de 107 m. La *bâche* qui marque le point d'arrivée de l'aqueduc de l'Avre est placée sur le mur de refend qui sépare les deux premiers compartiments et à son extrémité ouest ; elle est recouverte d'un kiosque métallique vitré. Tout l'ouvrage, afin de conserver la fraîcheur de l'eau, est voûté et recouvert d'une couche de terre gazonnée, arasée à peu près au niveau du sol naturel et au-dessus de laquelle émergent, outre le kiosque de la bâche, d'autres petits kiosques servant d'accès aux escaliers à vis qui permettent la descente dans les bassins, et les tiges de manœuvre des bondes et robinets.

Le *radier*, les *murs* et les *supports de la couverture* sont en maçonnerie de meulière et mortier de ciment de Portland entièrement revêtue d'un épais enduit de ciment à l'intérieur des bassins. Les voûtes sont composées de deux cours superposés de briquettes de 0,03 m. d'épaisseur posées à plat et à joints croisés en mortier de ciment de Portland ; aussi bien les voûtes d'arêtes sur plan carré, de 5 m. d'ouverture et 0,60 m. de flèche, portées par des piliers carrés de 0,50 m. de côté, que les voûtes en berceau et en arc de cloître, de même portée et de même flèche, qui s'appuient sur des murs-culées de même épaisseur, que les piliers et murs qui entourent chaque groupe de voûtes d'arêtes : on compte 12 de ces groupes par chaque compartiment. Le radier de 0,35 m. d'épaisseur présente une légère pente dirigée vers un point bas où sont placées les *bondes de distribution* et de *vidage*, la première placée un peu plus haut que la seconde pour ne jamais laisser écouler dans la canalisation les eaux vaseuses du fond. Dans le voisinage est établi le *trop-plein* formé d'un vaste entonnoir en tôle que supporte un tuyau d'écoulement.

Les conduites de vidage et de trop plein aboutissent à un égout construit le long de l'ouvrage et qui renferme aussi les conduites de *départ* ; ce même égout reçoit le débouché des longs drains, établis au-dessous du radier parallèlement aux murs transversaux, et qui sont destinés à recueillir les eaux d'infiltration, de manière à protéger le sol de fondation ; il reçoit encore les eaux qui s'infiltrent à travers les maçonneries des murs de pourtour où de grands évidements communiquant entre eux ont été ménagés à cet effet.

L'ensemble représente une dépense totale de 4 820 000 francs.

Montsouris. — Le réservoir de Montsouris est placé à l'extrémité de l'aqueduc de la Vanne, dont il reçoit les eaux depuis l'origine : on vient d'y faire aboutir également le nouvel aqueduc du Loing et du Lunain ; et l'on peut y déverser de l'eau d'Avre amenée par une conduite de 0,50 de diamètre.

Construit sous la direction de Belgrand en même temps que l'aqueduc de la Vanne (1871-1874), il affecte la forme d'un rectangle de 265 mètres de longueur sur 136 de largeur. Avec les dépendances qui comprennent une maison de garde, un pavillon pour logement et bureaux d'un chef de circonscription, l'usine élévatoire et la tour réservoir du service de relais de Montrouge qui ne fonctionne plus depuis l'arrivée de l'eau d'Avre dans la région, et enfin le bâtiment en bois de l'ancienne usine provisoire de la Villette (1882-1888) tranformé en magasin de modèles, il occupe dans le XIVe arrondissement de Paris un terrain de 54 047 m^2 bordé par les avenues Reille et de Montsouris et la rue de la Tombe-Issoire.

Cet ouvrage considérable, qui n'a pas coûté moins de 7 000 000 de francs, a l'aspect d'un énorme tumulus recouvert de terre gazonnée, qui domine de 6 à 8 mètres le terrain naturel. Sur le plateau supérieur apparaissent les édicules vitrés des escaliers de descente, et à l'angle nord-ouest une construction saillante en maçonnerie surmontée d'un kiosque métallique vitré renfermant la bâche où débouchent côte à côte les deux doubles

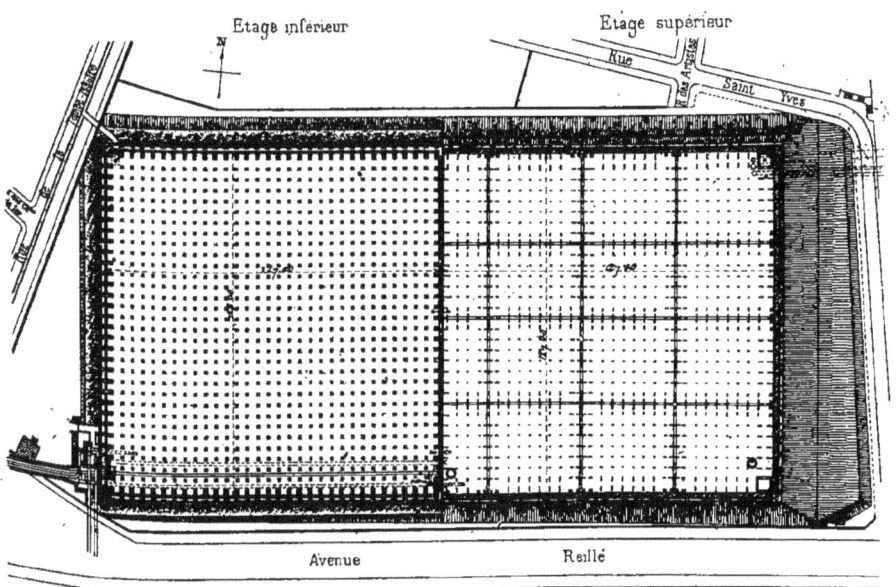

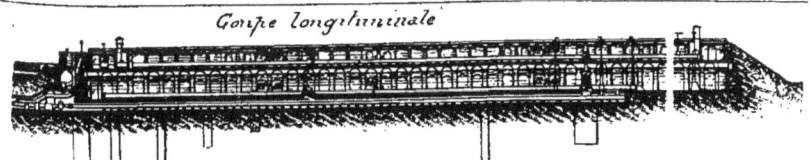

Réservoirs de Montsouris. (Plan et coupes.)

siphons qui terminent respectivement les dérivations de la Vanne et du Loing.

Fondé sur un terrain excavé par des carrières souterraines

ouvertes dans le calcaire grossier et qui a nécessité d'importantes consolidations, il se compose de deux étages superposés, dont les trop-pleins sont respectivement aux altitudes de 80 mètres et 73,75 m. L'étage supérieur, divisé en deux compartiments carrés par un mur transversal, peut recevoir une couche d'eau de 3 mètres d'épaisseur et présente une capacité de 80 000 mètres cubes : c'est le réservoir proprement dit, l'eau arrive dans le compartiment Ouest soit par déversement superficiel, soit par les bondes de la bâche, et dans le compartiment Est, par de longues conduites posées sur le radier du premier. L'étage inférieur, également divisé en deux compartiments reçoit l'eau par les trop-pleins de l'étage haut ou par des conduites directes, et fait l'office de réserve : les 126 400 mètres cubes qu'il peut emmagasiner sur une hauteur de 5,50 m. sont employés de temps à autre, mais pendant la nuit seulement afin que la faiblesse du débit compense la perte de pression et laisse une charge suffisante dans le réseau. Une petite galerie de pourtour ménagée au sommet de l'étage inférieur se prête à des visites intérieures pour lesquelles des cartes spéciales sont délivrées.

La construction est entièrement en meulière et mortier de ciment, sauf les voûtes de la couverture qui sont en briquettes, du type extrêmement léger adopté par Belgrand et reproduit dans la plupart des réservoirs parisiens, et reposent sur des piliers et des murs-culées en briques. La couche de terre superposée a reçu 0,40 m. d'épaisseur, ce qui suffit pour maintenir sans variation, même dans les saisons extrêmes, la température propre de l'eau emmagasinée.

Cuve du Château. — Le service de relais de Montmartre était autrefois commandé par une *cuve* métallique établie en 1879-1880 au-dessus de l'ancien réservoir de la commune de Montmartre, et dont le niveau correspondait exactement à celui de l'étage haut du réservoir actuel.

Cette cuve, enveloppée d'un bâtiment en fer et briques, n'est plus utilisée aujourd'hui, mais restée jusqu'à présent en place et très en vue à l'angle des rues Lepic et Norvins, elle est connue sous le nom de *Réservoir du Château*.

3. Réservoirs affectés exclusivement au service public. — *Le bassin de la Villette*, où aboutit le canal de l'Ourcq, et d'où partent les canaux Saint-Denis et Saint-Martin est avant tout un bassin de navigation et un port de commerce : on utilise néanmoins sa vaste surface, pour compenser par des dénivellations de quelques décimètres les variations de dépenses de l'eau d'Ourcq dans la distribution aux diverses heures de la journée : le plan d'eau y varie lentement, s'élevant un peu durant la nuit, s'abaissant le jour.

EAU D'OURCQ. — Les autres réservoirs d'eau d'Ourcq sont au nombre de trois, depuis la suppression récente (1898) du réservoir Monceau, tous trois situés sur la rive gauche.

Le plus élevé, dit *réservoir Saint-Victor*, est situé 23, rue Linné, et se trouve contigu à l'enceinte des arènes de Lutèce. Découvert, divisé en deux compartiments de 5 mètres de profondeur, avec trop-plein à l'altitude 48,40 m., il peut recevoir 7 000 mètres cubes. Il a été construit en 1846 en maçonnerie de meulière et mortier de chaux hydraulique et revêtu intérieurement d'un enduit général en ciment.

L'eau se tient presque au même niveau (trop-plein 48,30) au réservoir de *Vaugirard*, sis au n° 87 de la rue de ce nom, et construit en 1840 dans des conditions analogues : il est divisé en deux compartiments de 4,70 m. de profondeur et d'une contenance totale de 8 930 mètres.

Le *réservoir Racine*, désigné du nom de la rue où il est situé au n° 11, est un peu plus ancien (1836) ; contigu aux cours les plus basses du lycée Saint-Louis, il affecte la forme d'un rectangle très allongé, partagé en trois compartiments par des murs transversaux et peut recevoir 3,50 m. d'eau avec plan supérieur à la cote 46,80 m. Autrefois découvert, il a reçu depuis une couverture composée de voûtes recouvertes de terre gazonnée.

Un réservoir de relais, celui des *Buttes-Chaumont*, découvert, de forme demi-circulaire, composé de deux compartiments établis en déblai dans les glaises et bordés de talus revêtus en maçonnerie, ne reçoit également que de l'eau d'Ourcq par l'intermédiaire de l'usine du boulevard de la Villette. Construit en 1867 en bordure de la rue Botzaris, il a 2,60 m. de profondeur et peut contenir à l'altitude de 97 mètres, 8800 mètres cubes d'eau pour l'alimentation spéciale du parc des Buttes-Chaumont et du marché aux bestiaux de la Villette.

Eau de Seine. — A côté des réservoirs bas d'eau d'Ourcq il convient de mentionner un réservoir d'eau de Seine qui a été construit à une altitude correspondante (trop-plein à la cote 50 m.), celui de *Grenelle*, parce qu'il est précisément destiné à renforcer à l'extrémité Sud-Ouest le vaste réseau de distribution de l'eau d'Ourcq, où la pression devenait auparavant très intermittente dans cette région éloignée, malgré l'intervention des réservoirs d'extrémité précités. Établi en 1886-1888, rue de l'Abbé-Groult, sur un terrain excavé, il a été fondé par puits à 11,80 m. de profondeur et monté au-dessus du niveau du sol où le radier est supporté par une série de voûtes d'arêtes en maçonnerie de meulière hourdée en ciment. Il est découvert, partagé en deux bassins et renferme 6500 mètres cubes. Son alimentation normale est fournie par l'usine élévatoire de Javel, mais il peut recevoir un secours par une prise sur le réseau supérieur que commande le réservoir de Gentilly.

Quant à ce réseau supérieur, il possède trois groupes de réservoirs, au Sud (Villejuif et Gentilly), au Nord-Ouest (Passy) et au Nord-Est (Charonne), qui sont en communication par le réseau de distribution et se soutiennent mutuellement. En outre, entre Passy et Charonne et vers le milieu de la ligne de fonc

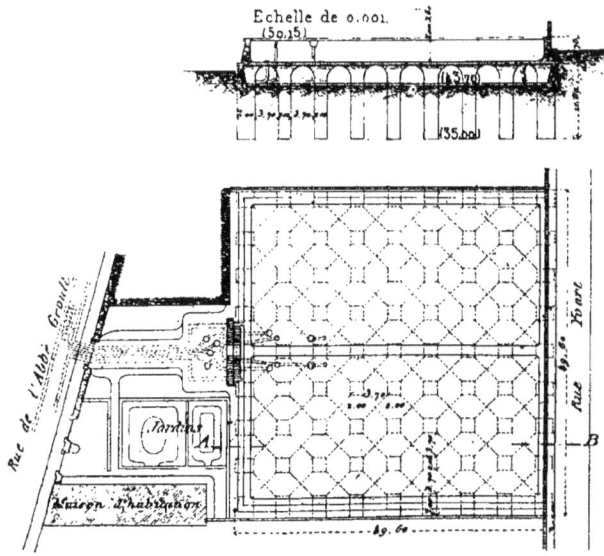

Réservoir de Grenelle. (Plan et coupe.)

tion, se trouve la *bâche Saint-Pierre* où aboutissent les conduites de refoulement de Bercy.

Le plus considérable de ces divers réservoirs est celui de *Villejuif*, qui doit recevoir une capacité de 50 000 mètres cubes, mais dont la moitié seulement a été construite en 1881-1883. Cette moitié, divisée en deux compartiments rectangulaires égaux, a d'ailleurs tous les organes accessoires d'un réservoir complet. La bâche circulaire occupe le point central de l'ouvrage tel qu'il a été projeté de manière à commander plus tard les quatre compartiments. Assis à flanc de coteau, près de la route de Fontainebleau, un peu au-dessous du village de Villejuif, sur un terrain susceptible d'être délayé par l'eau (marnes du gypse) et quoique entièrement en déblai, ce réservoir a été drainé avec un soin tout particulier par l'établissement d'un double radier percé dans deux sens rectangulaires de galeries à

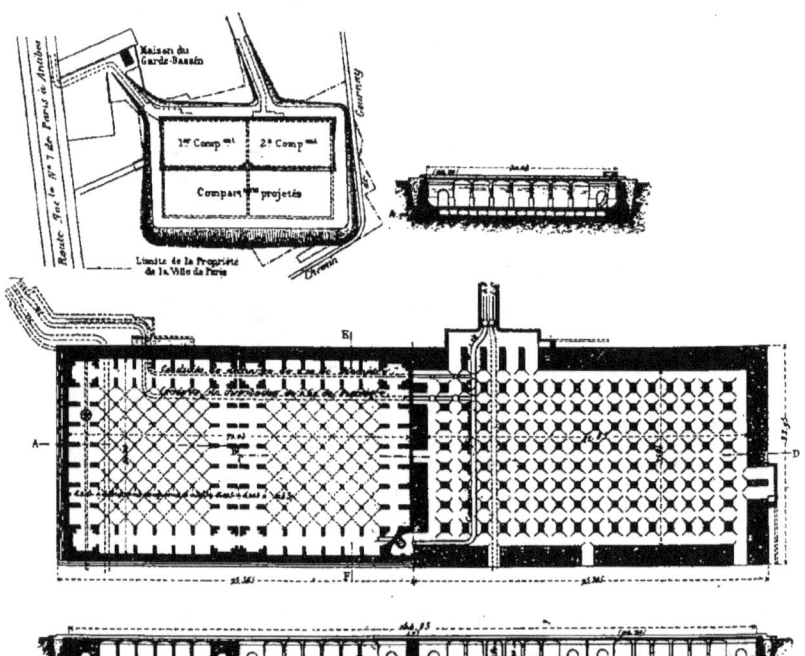

Réservoir de Villejuif. (Plan et coupes.)

section elliptique en communication avec un égout et où aboutissent toutes les eaux d'infiltration : ces galeries servent d'ailleurs au passage de toute la canalisation de service. Les deux bassins sont couverts de voûtes en briquettes portant une couche de terre gazonnée, dont les piles-culées sont très allongées et séparées des murs de pourtours par un intervalle, dispositif déjà appliqué antérieurement afin d'éviter toute poussée dangereuse sur ces murs. Leur profondeur est de 5 mètres, leur trop-plein établi à l'altitude de 89 mètres. Ils ont coûté 1 470 000 francs avec les terrains, constructions annexes, galeries, etc…

Le *réservoir de Gentilly*, situé près de la porte d'Arcueil et en dehors de l'enceinte, est arasé un peu plus bas, 82,10 m. Également couvert et gazonné mais saillant au-dessus du sol, où ses murs sont en bordure de deux voies publiques, il est divisé en deux bassins contigus, dont la contenance totale est de 10 300 mètres cubes, avec une épaisseur d'eau de 4,60 m. Le premier bassin a été construit en 1865, le second en 1882. On y a joint en 1898 une cuve métallique de 200 mètres cubes de capacité, dont le trop-plein est à 88,50 m. dans laquelle aboutit maintenant la conduite de refoulement de l'usine d'Austerlitz et qui est en communication avec les conduites de distribution du réservoir de Villejuif. C'est par le trop-plein de cette cuve que s'alimente le réservoir de Gentilly qui commande un réseau spécial à pression un peu moindre, dont les conduites se prolongent d'une part jusqu'au réservoir de Grenelle, de l'autre jusqu'à celui du *Panthéon* construit rue de l'Estrapade en 1840, sur des substructions en béton, et dont les deux compartiments découverts, arasés à l'altitude 65, dominent la montagne Sainte-Geneviève et reçoivent l'eau d'Arcueil qui s'y mélange à l'eau de Seine.

La *bâche Saint-Pierre* élevée en 1888 sur une tour en maçonnerie de 3,35 m. de hauteur dans l'enceinte même de l'usine de Montmartre, se compose d'une cuve métallique de 200 mètres cubes de capacité, d'un diamètre supérieur à celui de la tour qui la supporte et qui s'y raccorde par un fond en tronc de cône : première application en France d'un type qui a été reproduit fréquemment depuis et en particulier à Montrouge et à Gentilly. Le trop-plein est à la cote 83,56 m. de sorte que l'eau refoulée à cette hauteur par l'usine de Bercy peut aller s'emmagasiner, par les conduites de distribution, dans les réservoirs de

Passy et de Charonne sis de part et d'autre et dont les plans d'eau supérieurs ne s'élèvent qu'à 75 et 82 mètres.

Les *réservoirs de Charonne* se divisent en deux parties séparées par la rue des Prairies : d'une part vers la rue Pelleport, dans un terrain qui renferme l'usine de Charonne, et qui est contigu à d'anciens réservoirs de la Compagnie Générale des Eaux donnant sur la rue de Bagnolet, on trouve un premier réservoir comprenant deux compartiments allongés, de forme un peu irrégulière, saillant au-dessus du sol et couverts, d'une capacité de 5 600 mètres cubes, dont le plan d'eau supérieur ne dépasse pas 80,70 m. ; d'autre part, dans l'ancien cimetière de Charonne, un nouveau réservoir, terminé en 1898, et comprenant deux bassins couverts, dont le trop-plein est arasé à l'altitude 82 mètres et qui peuvent contenir sur 5 mètres d'épaisseur un volume de 23 500 mètres cubes d'eau. Les deux parties, réunies par une conduite de gros diamètre, peuvent fonctionner ensemble ou séparément. Elles reçoivent l'eau de Seine refoulée par les usines d'Austerlitz et d'Ivry ; celle provenant de Bercy peut y parvenir, comme on vient de le voir, par l'intermédiaire de la bâche de Montmartre ; enfin on peut, à titre de secours, y envoyer de l'eau de Marne par une prise sur les conduites de Saint-Maur.

4. Réservoirs mixtes affectés aux deux services. — Le plus ancien et le plus grand des réservoirs mixtes renfermant à la fois des compartiments destinés à recevoir l'eau de source pour le service privé et des bassins distincts pour l'eau de rivière et le service public, est le *réservoir de Ménilmontant* construit en 1865 sous la direction de Belgrand, en bordure des rues Saint-Fargeau, Darcy et du Surmelin. C'est une construction à deux étages superposés, dont le plus élevé affecte en plan la forme d'un demi-cercle de 95,40 m. de rayon complété par un rectangle construit sur le diamètre et de 44,80 m. de largeur, tandis que l'autre disposé au-dessous, mais de surface moindre, figure pres-

RÉSERVOIRS

Réservoir de Ménilmontant. (Plan et coupes.)

que un carré de 100 mètres environ de côté. L'étage supérieur qui reçoit l'eau de la Dhuis, sous une épaisseur de 5 mètres, peut contenir 100 000 mètres cubes environ, quand le plan d'eau atteint la cote 108; l'étage inférieur où aboutit l'eau de Marne refoulée par l'usine de Saint-Maur, a son trop-plein à l'altitude 100,20 m. et peut contenir 28 000 mètres cubes sous l'épaisseur de 4 mètres. Tous deux sont établis en déblai dans l'épaisseur de la couche des marnes vertes ; le radier du second repose sur les marnes du gypse. Ils sont séparés par des voûtes d'arêtes de 0,35 m. d'épaisseur à la clé en meulière et ciment de Vassy ; les bassins supérieurs sont recouverts par des voûtes en briquettes de 0,07 m. d'épaisseur portées par des piliers espacés de 6 mètres d'axe en axe. L'ensemble a coûté 4 000 000 francs.

Le *grand réservoir de Passy*, ainsi désigné pour le distinguer du petit réservoir cédé en 1860 par la Compagnie générale des Eaux près de la place du Trocadéro et récemment désaffecté, comprend actuellement six compartiments, dont cinq reçoivent de l'eau de rivière et un seul de l'eau de source. Quatre de ces compartiments sont superposés deux par deux et forment deux étages en élévation bordant les rues Lauriston, Villejust et Copernic, dans le XVIe arrondissement, sur le sommet du coteau : c'est l'un des deux compartiments supérieurs (altitude 75,33 m.), celui qui longe la rue de Villejust, qui est affecté à l'eau de source, et pour ce motif a été couvert au moyen de voûtes en briquettes du type général avec couche de terre gazonnée ; l'autre est découvert et reçoit directement l'eau de Seine élevée par l'usine de Chaillot, à laquelle peut se mélanger au besoin celle provenant du réservoir de Villejuif ou de la bâche Saint-Pierre ; les bassins inférieurs séparés de l'étage supérieur par des voûtes d'arêtes en maçonnerie en reçoivent les trop-pleins ; on peut aussi y envoyer directement par la bâche les eaux de rivière. En arrière, et du côté de la rue de Villejust, se trouve un cinquième compartiment bas, de forme irrégulière et découvert, dit bassin de réserve ; puis du côté de la rue Copernic mais à distance de la rue, le sixième et dernier compartiment, découvert, récemment construit, au niveau de l'étage supérieur et porté par des substructions formant sous-sol voûté, qui est destiné à un complément d'approvisionnement en eau de rivière. Les cinq premiers bassins remontent à 1858 ; la couverture en briquettes de celui dit de Villejust, exécutée un peu plus tard, a été le prototype de toutes celles des nouveaux réservoirs de Paris, les maçonneries étaient en meulière hourdée au mortier de ciment de Vassy avec enduits en ciment : le dernier compartiment construit en 1898-99 sur un terrain acquis à cet effet en 1881, dont le plan est en forme d'un rectangle allongé, et qui peut emmagasiner 22 000 mètres cubes d'eau sous une épaisseur de 5 mètres, est construit également en meulière mais avec mortier de ciment de Portland. Les cinq premiers ensemble n'ont qu'une capacité de 35 000 mètres cubes en tout, dont 6 000 pour l'eau de source.

Le *réservoir de Belleville* qui reçoit les eaux de source et de rivière refoulées par l'usine de relais de Ménilmontant, a été construit en 1863-64 sur le mamelon le plus élevé des coteaux de la rive droite, dit butte du Télégraphe. Il n'est que la moitié de l'ouvrage alors projeté et ne comprend en conséquence pour chacun des deux services qu'un compartiment unique : le bassin supérieur, où le plan d'eau atteint l'altitude 134,40 m., et destiné à l'eau de source, est couvert de voûtes en briquettes portant le revêtement en terre, et séparé par des voûtes d'arêtes en maçonnerie du bassin inférieur, affecté à l'eau de rivière, qui lui sert de support et où le trop plein est arasé à 131,10 m. ; établi sur plan rectangulaire, il présente sur l'un de ses côtés un mur avec arrachements qui est destiné à former refend quand on construira l'autre moitié du réservoir. Sa capacité totale est de 18 000 mètres cubes, dont 6 200 environ pour l'eau de source et le surplus pour l'eau de rivière.

Sur le sommet de la butte Montmartre on a élevé en 1888-89, en remplacement du petit réservoir Saint-Eleuthère, un ouvrage important qui n'a pas moins de 18 mètres en élévation et qui est

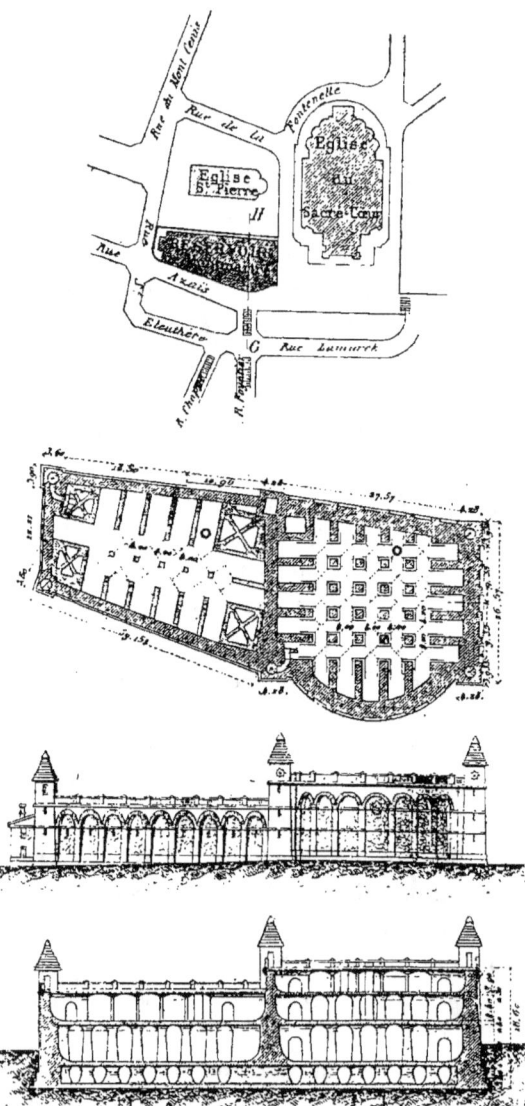

Réservoir de Montmartre. (Plans, élévation et coupe.)

visible de loin à côté de la basilique : cette situation lui a fait donner un caractère monumental réalisé au moyen d'arcatures, de balustrades et de tourelles en pierre de taille. Ce nouveau *réservoir de Montmartre* a une capacité totale de 11 000 mètres cubes environ, répartie entre trois étages superposés, qui sont eux-mêmes portés sur un étage inférieur de galeries voûtées, formant substruction protectrice contre les infiltrations et où est disposée la tuyauterie compliquée qui dessert les trois étages d'eau. Le moins élevé de ces trois étages est seul affecté à l'eau de rivière avec trop-plein à l'altitude 127,30 m. et tranche d'eau de 5 mètres d'épaisseur ; l'étage moyen, alimenté en eau de source, et pouvant recevoir une tranche d'eau de 3,50 m. jusqu'à la cote 132 mètres, le recouvre entièrement ; et tous deux, partagés respectivement en deux bassins, assurent le service public et le service privé sur les flancs et sur tout le pourtour de la butte. Le plateau supérieur, très restreint, est desservi pour tous les usages par le cinquième compartiment, qui forme le troisième étage et se superpose au plus grand des deux bassins de l'étage moyen ; l'eau de source y parvient seule et s'y élève jusqu'à l'altitude de 136 mètres. Tout l'ensemble de forme assez irrégulière, repose sur les sables supérieurs par l'intermédiaire d'un épais plateau de béton, divisé en deux couches que sépare un enduit de ciment avec drains et protégé en avant par un mur parafouille ; de fortes ceintures en fer solidarisent à chaque étage les maçonneries, toutes en meulière et mortier de ciment de Portland : grâce à ces précautions, et malgré la situation périlleuse où il est placé, exposé au midi, sur un sol médiocre, et à la crête même d'un talus rapide qui surplombe de 80 mètres les quartiers environnants, cet ouvrage s'est parfaitement comporté. Il a coûté avec les acquisitions de terrain et les dépenses d'ornementation pure, environ 1 200 000 francs.

CHAPITRE VI

DISTRIBUTION

1. Zones et étages du service privé. — La distribution des eaux qui alimentent le service privé est faite par zones, commandées respectivement par un ou plusieurs réservoirs, dont l'altitude est telle que la pression soit, dans toute l'étendue des zones correspondantes, constamment suffisante pour atteindre les étages les plus élevés des maisons et assurer par jet direct le service d'incendie.

Trois de ces zones sont desservies directement par les réservoirs d'arrivée des quatre dérivations : Ménilmontant (Dhuis), Montsouris (Vanne et Loing), Montretout (Avre). Elles forment deux étages à niveau différent : l'*étage bas*, comprenant une zone unique en tête de laquelle se trouve le réservoir de Montsouris, fournissant le mélange d'eau de Vanne et du Loing, fréquemment additionné d'un appoint en eau d'Avre, et pour laquelle le bassin de Villejust (réservoir de Passy) formant réservoir d'extrémité fournit un secours également en eau d'Avre ; l'*étage haut*, alimenté par les deux réservoirs de Ménilmontant et de Montretout, qui sont à peu près à la même altitude, supérieure de 27 à 28 m. à celle du réservoir de Montsouris, renferme deux zones, normalement séparées et respectivement desservies par chacun de ces deux réservoirs, l'une en eau de Dhuis, l'autre en eau d'Avre.

La zone unique de l'étage bas englobe tous les quartiers bas des deux rives de la Seine, s'étend sur la rive droite jusqu'auprès

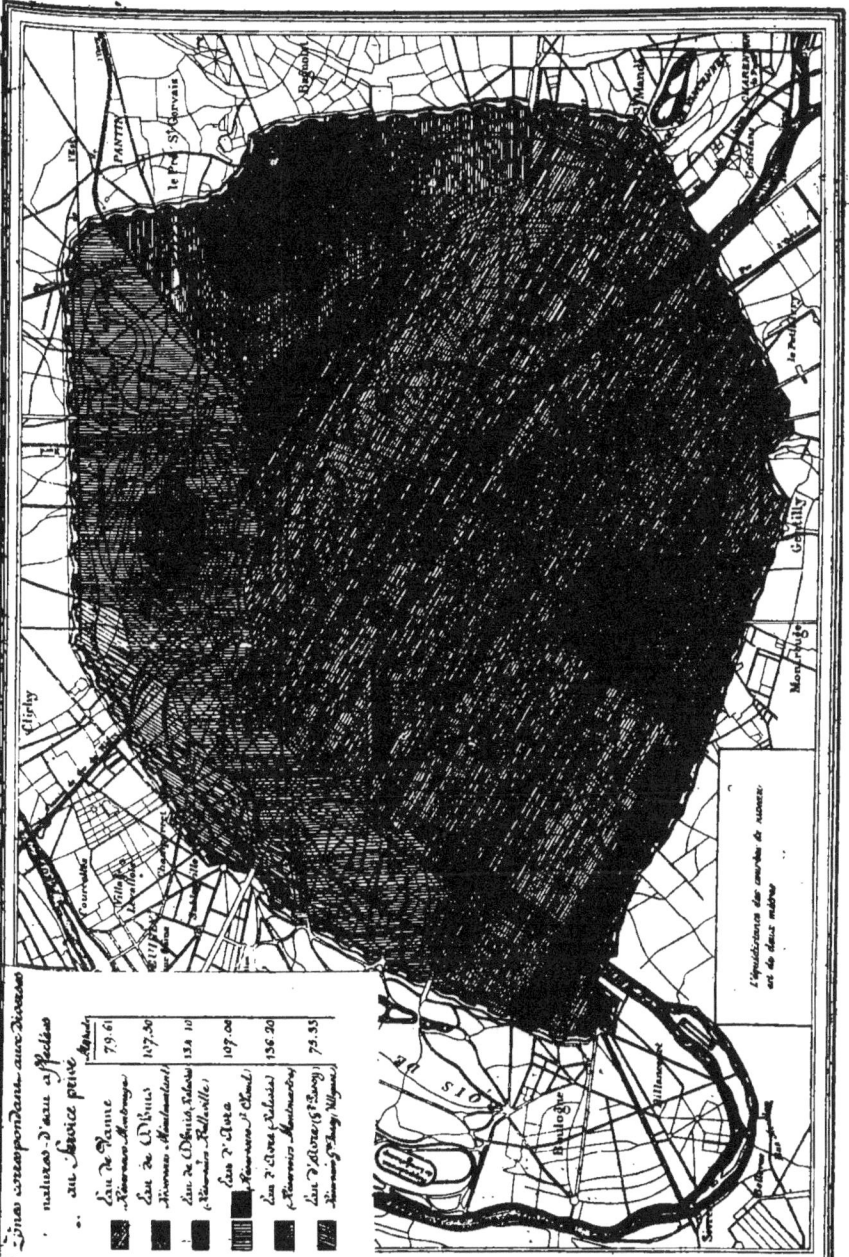

Zones de distribution des eaux de source.

des boulevards extérieurs, avec prolongements vers la Villette, la plaine Monceau et Auteuil, et comprend la majeure partie des arrondissements de la rive gauche : en cas d'insuffisance d'alimentation par les réservoirs de Montsouris et de Passy, elle peut recevoir un complément en eau filtrée provenant d'Ivry ou de Saint-Maur et refoulée directement dans la canalisation de la région est.

Les deux zones de l'étage haut se partagent les coteaux de la rive droite, l'une du côté ouest commandée par le réservoir de Montretout, l'autre du côté est par celui de Ménilmontant ; la ligne séparative correspondant normalement au plateau de la Villette. A la zone ouest, desservie en eau d'Avre, se rattache sur la rive gauche le plateau isolé de Plaisance (partie du 14e arrond^t) auquel viendront bientôt s'adjoindre deux autres plateaux isolés moins étendus, avoisinant l'un la Place d'Italie (13e arrond^t, partie), l'autre celle du Panthéon (5e arrond^t, partie). En cas de faiblesse d'alimentation en eau de Dhuis, la zone est peut recevoir, soit de l'eau filtrée provenant de Saint-Maur, soit de l'eau filtrée à Ivry relevée par l'usine de relais de Charonne, soit encore de l'eau de Vanne relevée par celle de la Villette. Si c'est l'Avre qui se trouve momentanément insuffisante, on peut étendre par de simples manœuvres de robinets l'eau de Dhuis, additionnée au besoin comme il vient d'être dit, à tout ou partie de la zone ouest.

Deux autres zones surélevées sont spécialement desservies par les relais de Ménilmontant et de la place Saint-Pierre, qui y refoulent respectivement l'eau puisée dans les réseaux des deux zones de l'étage haut. L'une est limitée à la butte Montmartre (partie du 18e arrondissement) ; l'autre à la partie haute de Belleville dans le 20e arrondissement.

2. Zones et étages du service public. — La distribution des eaux du service public se fait d'après une répartition analogue, mais

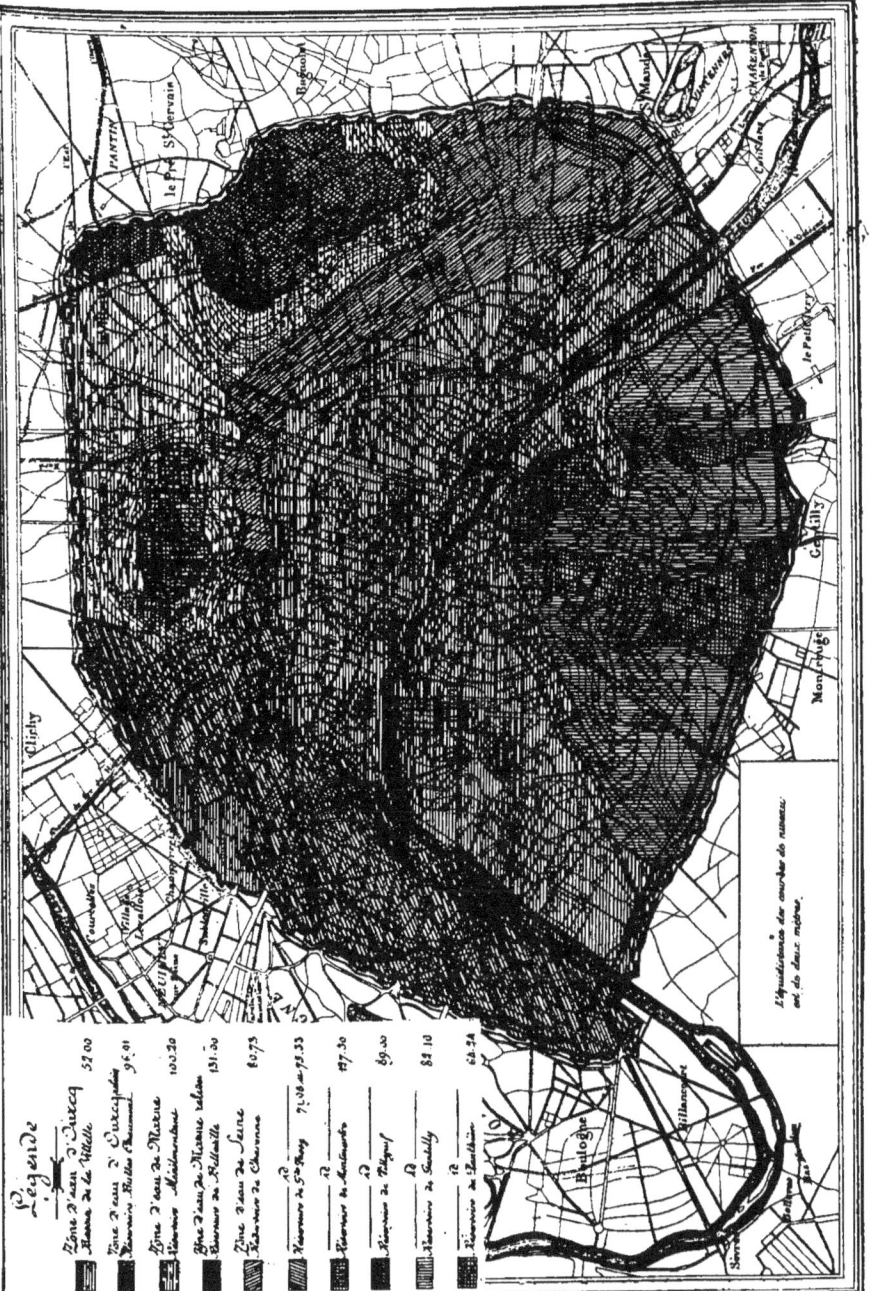

Zones de distribution des eaux de rivière.

suivant des périmètres et à des niveaux différents, de sorte que les diverses zones des deux services ne se correspondent pas et que les limites de ces zones chevauchent entre elles sans se superposer.

On peut y distinguer trois étages : un *étage bas* à pression réduite, desservi presque exclusivement en eau d'Ourcq avec un faible appoint en eau de Seine par l'usine de Javel et le réservoir de Grenelle et qui comprend l'ensemble des quartiers bas des deux rives de la Seine, sur une largeur plus ou moins considérable à partir des berges ; un *étage moyen*, où l'eau se tient 25 m. plus haut, qui est commandé par les réservoirs d'eau de Seine (Villejuif, Gentilly, Panthéon, Passy (partie), Charonne, bâche Saint-Pierre) et englobe sur la rive droite tous ceux de la région ouest et une bande vers l'est au pied des coteaux; un *étage haut*, plus élevé encore de 15 à 20 m. et où le service est fait en eau de Marne par les bassins inférieurs du réservoir de Ménilmontant.

Dans les cas de pénurie, l'alimentation de l'étage haut peut venir en aide par de simples manœuvres de robinets à l'étage moyen et celle de l'étage moyen peut fournir de même un appoint à l'étage bas. En sens inverse l'usine de la Villette peut élever de l'eau d'Ourcq, l'usine de Charonne de l'eau de Seine dans le réseau de l'étage haut et renforcer de la sorte l'alimentation en eau de Marne.

Les usines de relais desservent en outre trois zones surélevées : une dans le 19ᵉ arrondissement, dont l'altitude est intermédiaire entre l'étage moyen et l'étage haut, est commandée par le réservoir des buttes Chaumont et les machines de la Villette, avec possibilité de secours en eau de Marne provenant de l'étage haut ; une autre, qui comprend les flancs et le plateau supérieur de la Butte Montmartre, reçoit par l'intermédiaire du réservoir qui la couronne les eaux relevées par les machines de la place Saint-Pierre; la troisième enfin, limitée aux quartiers hauts de Belleville, est desservie par le réservoir de la butte du Télégraphe en eau relevée par les machines de Ménilmontant.

3. **Tracé général et longueur des canalisations.** — Dans l'un et l'autre service, chaque zone a son réseau particulier de canalisations, toujours disposé d'après le *système maillé*, c'est-à-dire affectant la forme d'un vaste filet enserrant dans ses mailles les îlots de maisons, de telle sorte qu'en un point quelconque l'eau peut arriver par deux côtés, qu'il n'y a pas ou du moins que très peu de conduites en impasse, que l'eau circule partout et ne séjourne nulle part, et que les effets des interruptions de service pour travaux de modification ou de réparation deviennent extrêmement limités.

Les *conduites maîtresses* ou principales sont le plus souvent tracées suivant des lignes de ceinture, faisant le pourtour complet du système de mailles, de cette sorte de filet qui constitue l'ensemble du réseau ; d'autres, établies suivant des lignes transversales, viennent renforcer l'alimentation du réseau dans les points où la consommation est la plus exigeante et où il se produit plus particulièrement des *baisses de pression*. Il va de soi que ce tracé théorique se plie, dans l'application à toutes les irrégularités du tracé des voies publiques elles-mêmes, sous lesquelles les conduites doivent être nécessairement placées.

Quant aux conduites secondaires, aux *conduites de service*, elles forment les mailles élémentaires du réseau et sont branchées directement sur les conduites maîtresses, avec lesquelles on les raccorde le plus souvent à angle droit et non pas au moyen de pièces courbes comme dans les réseaux ramifiés, où l'eau coulant toujours dans le même sens, il est facile de prévoir, et rationnel de favoriser l'écoulement normal. Dans chaque rue il y a deux conduites de service parallèles, une alimentée en eau de source, l'autre en eau de rivière, et affectées respectivement au service privé et au service public.

Les diamètres à donner aux diverses conduites dans les réseaux maillés ne peuvent y être d'ailleurs calculés avec la même rigueur que dans les réseaux ramifiés ; il faut se contenter en général d'approximations. Par contre, grâce au double afflux d'eau qui se produit de part et d'autre dans chaque conduite, la section d'écoulement est d'ordinaire mieux utilisée, et pour le même débit on peut se contenter de diamètres moindres ; ceux en usages à Paris varient depuis 1,10 m. jusqu'à 0,10 m. en passant par 1 m. 0,90 m. 0,80 m. 0,70 m. 0,60 m. 0,50 m. 0,40 m. 0,35 m. 0,30 m. 0,25 m. 0,20 m. et 0,15 m. On trouve exceptionnellement encore quelques anciennes conduites de plus petites dimensions, 0,06 m. et 0,08 m. par exemple, ou dont les diamètres ne sont pas des fractions aliquotes de mètre et correspondent aux mesures autrefois usitées, pieds, pouces, etc., depuis 0,027 m. jusqu'à 0,325 m. Il convient de mentionner un diamètre supérieur à 1,10 m. celui de la première conduite de départ du réservoir de Montsouris, exécutée par couche en béton de ciment avec le diamètre de 1,30 m. Au 31 décembre 1899, les conduites de la distribution présentaient par diamètres les longueurs respectives résumées dans le tableau ci-contre.

4. Mode d'établissement des conduites. — En règle générale, et sauf des exceptions de moins en moins nombreuses, les conduites de distribution d'eau à Paris sont posées dans les égouts, complétés au besoin par des *galeries sèches* spécialement construites pour les recevoir et toujours visitables.

Ce mode d'établissement, qu'on n'a point généralisé de la sorte dans d'autres villes, présente l'avantage considérable de faciliter la surveillance, le contrôle, les réparations, de permettre la constatation et la suppression rapide des fuites, sans ces opérations minutieuses et compliquées auxquelles on a dû se résigner ailleurs pour éviter ou restreindre les pertes invisibles.

Il a eu pour conséquence l'emploi de tuyaux d'un type spécial,

DISTRIBUTION

Tableau de la canalisation par diamètres et par nature de matériaux au 1er janvier 1900.

DÉSIGNATION des diamètres.	FONTE	TÔLE et bitume.	PLOMB	FER étiré.	TÔLE d'acier.	BÉTON	TOTAUX	OBSERVATIONS
0,027	»	»	989,30	8,80	»	»	998,10	
0,034	»	»	239,98	»	»	»	239,98	
0,041	1 240,30	»	1 460,25	10,81	»	»	2 711,36	
0,054	25 227,83	1 957,75	175,20	»	»	»	27 360,78	
0,060	28 298,57	»	81,89	»	»	»	28 380,46	
0,081	34 492,31	10 190,30	1 181,89	»	»	»	46 314,50	
0,100	1 482 435,76	4 669,08	7,50	5	»	»	1 482 448,26	
0,108	14 450,89	1 011	»	»	»	»	19 919,97	
0,135	5 529,31	»	463,22	»	»	»	7 005,53	
0,150	168 922,82	»	»	»	»	»	168 922,82	
0,162	11 324,37	3 291,50	»	»	»	»	14 615,87	
0,190	1 294,82	192,05	»	»	»	»	1 486,87	
0,200	139 161,17	»	»	»	»	»	139 161,17	
0,216	1 218,73	520,02	»	»	»	»	1 738,75	
0,250	61 722,79	2 898,83	»	»	»	»	64 621,62	
0,300	73 252,14	468,32	»	»	»	»	73 720,46	
0,325	3 635,32	»	»	»	»	»	3 635,32	
0,350	23 607,68	»	»	»	»	»	23 607,68	
0,400	113 059,63	685,37	»	»	»	»	113 745	
0,500	74 400,76	1 699,43	»	»	»	»	76 100,19	
0,600	88 891,30	1 996,99	»	»	»	»	90 888,29	
0,700	»	»	»	»	40,30	»	40,30	
0,800	54 168,79	»	»	»	174,80	»	54 343,59	
0,920	5 716,98	71,97	»	»	»	»	5 788,95	
1,00	13 254,40	1 225,11	»	»	»	»	14 479,51	
1,10	17 508,01	»	»	»	»	»	17 508,01	
1,30 (béton)	»	»	»	»	»	1 338	1 338	
1,50 (tôle d'acier)	»	»	»	»	3 564	»	3 564	
							2 483 885,34	

très simple et de fabrication facile, qui convient particulièrement pour les conduites posées en égout et qu'on n'emploie guère ailleurs ; ce sont des tuyaux cylindriques en fonte, à bouts unis, sans emboîtements, cordons, brides, ni aucun dispositif destiné à faciliter la confection des joints. Ces tuyaux, fondus verticalement dans des moules en sable à noyau intérieur, comme tous ceux employés dans les services d'eau, se placent bout à bout, en ménageant entre eux un intervalle de quelques millimètres, et s'assemblent au moyen d'une sorte de manchon très court appelé *bague*, qui recouvre l'intervalle et laisse entre sa face interne et les bouts des deux tuyaux un espace annulaire destiné à être rempli de plomb coulé à chaud : un cordon de glaise, placé entre les extrémités des tuyaux s'oppose aux bavures intérieures, deux autres cordons, enroulés de part et d'autre de la bague et dans lesquels on ménage des évents, limitent exactement l'espace dans lequel on verse le plomb fondu ; il ne reste pour achever le joint qu'à enlever les deux bourrelets d'argile aussitôt que le métal est refroidi et à le mater au ciseau de manière à profiter de sa ductilité pour l'obliger à s'appliquer de part et d'autre contre les parois et à obtenir à la fois la résistance et l'étanchéité. Dans le cas où une dépose devient nécessaire, quelques coups de marteau permettent de chasser la bague, à laquelle pour faciliter cette manœuvre on donne une légère conicité, et on découpe le plomb à froid, sans être obligé d'allumer en égout un foyer pour en obtenir la fusion.

Les pièces de raccord couramment employées sont analogues à celles auxquelles on a recours dans tous les services d'eau, coudes, bouts d'extrémité, manchons, cônes, etc... Pour les embranchements on n'emploie que des manchons à tubulures droites.

La pose en égout se fait le plus souvent au moyen de consoles en fonte scellées aux naissances dans les maçonneries des piédroits et qui présentent une forme appropriée pour recevoir les tuyaux des divers diamètres. Les grosses conduites, au lieu d'être suspendues au moyen de consoles, reposent le plus souvent sur des banquettes ménagées à cet effet dans les galeries, par l'intermédiaire de dés en maçonnerie ou de colonnettes en fonte. Parfois, lorsque les emplacements sont déjà occupés, on suspend les conduites à la voûte au moyen d'étriers ou on les supporte au-dessus des naissances par des poutrelles en fer transversales. On a d'ailleurs soin de contrebuter partout les coudes au moyen de massifs de maçonnerie, et de fixer les conduites par des ceintures ou des arcs-boutants en fer scellés dans les maçonneries.

5. Appareils accessoires. — A tous les embranchements, et de distance en distance sur les conduites de grande longueur, se trouvent des *robinets* permettant d'isoler à volonté tel ou tel tronçon en cas de besoin.

Ces robinets sont du type dit à *boisseau* et en bronze pour

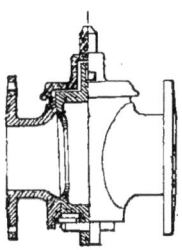
Robinet à boisseau.

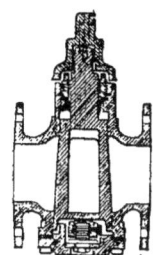
Robinet à cône renversé.

les conduites du diamètre de $0^m,10$ ou au-dessous ; mais depuis quelques années on n'emploie plus que ceux du modèle Gibault, où la clé en forme de tronc de cône est renversée et présente le gros bout en bas, ce qui procure une étanchéité plus grande et facilite le démarrage, parce qu'au repos la pression de l'eau assure le contact des surfaces frottantes, tandis que le poids seul de la clé au moment des manœuvres détermine un léger abaissement de la clé et s'oppose au grippement.

Sur toutes les conduites de diamètre supérieur à 0,10 on n'adopte que les *robinets-vannes*, en fonte, à cage cylindrique avec couvercle hémisphérique, où la vanne circulaire forme coin et se manœuvre par une vis en bronze fixe sur laquelle se déplace l'écrou mobile également en bronze; les cercles de contact sont en même métal. Ces robinets ont des ouvertures circulaires de même diamètre que les conduites correspondantes et ne produi-

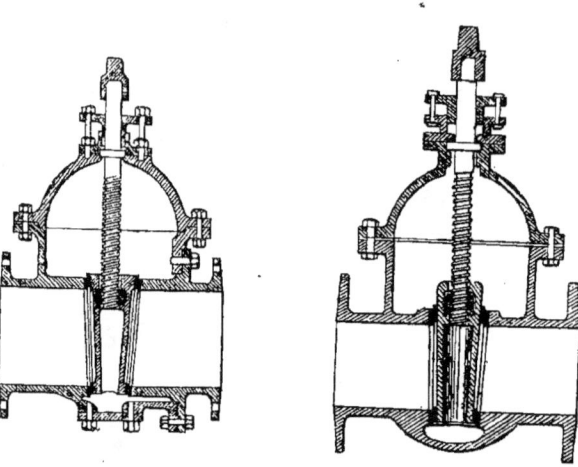

Robinets vannes.

sent en conséquence aucun rétrécissement, il n'est fait d'exception que pour les conduites de 0,90 m. 1,00 m. et 1,10 m. de diamètre, où l'on fait ordinairement usage de robinets-vannes de 0,80 m., à cause du poids énorme et des dimensions gênantes des robinets-vannes de plus grands diamètres. Pour faciliter la manœuvre des gros robinets-vannes on dispose souvent un petit conduit *en nourrice* qui relie les deux biefs de part et d'autre et permet de les tenir tous deux pleins préalablement au démarrage.

Des décharges, placées aux points bas et constituées par une tubulure tangente munie d'un robinet, permettent le vidage des conduites en cas de besoin dans les égouts mêmes où elles sont logées; l'échappement de l'air au moment du remplissage s'effectue, non au moyen de *ventouses* spéciales, mais par des appareils du service public placés aux points hauts et qui en font l'office. On dispose de distance en distance des *trous d'homme* sur les très grosses conduites, pour en rendre possible la visite inté-

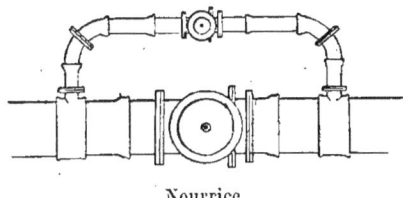

Nourrice.

rieure. On compte sur l'ensemble des réseaux de la distribution d'eau 3 625 robinets-vannes et 18 850 robinets à boisseau, 2 500 décharges et 10 trous d'homme.

6. Branchements de prise. — Les *prises* ne sont pas admises sur les conduites maîtresses, et se font exclusivement sur les conduites de service. Autant que possible elles sont faites *en charge* au moyen de l'appareil spécial, afin de laisser la conduite correspondante en pression et à ne pas causer d'interruption dans le service et par l'intermédiaire d'un *collier à lunette* en fer. Sur ce collier s'adapte le *robinet de prise*, habituellement en bronze et à boisseau, du type Gibault.

Les *branchements*, qui relient les prises soit aux appareils de la voie publique, soit aux canalisations intérieures des immeubles riverains, sont exécutés en plomb et se raccordent sur les robinets de prise. Afin de se mettre à l'abri contre les conséquences dommageables des fuites en terre, on exige rigoureusement que chacun de ces branchements soit enveloppé dans une *galerie* maçonnée comme les conduites elles-mêmes ou au moins dans un tuyau en fonte formant *fourreau* incliné vers l'égout, avec lequel il se raccorde et où se trouvent ainsi ramenées les eaux qui viendraient à s'échapper par des joints défectueux ou des tuyaux rompus.

Le nombre des branchements pour appareils publics s'élève à plus de 28 500 et celui des branchements particuliers dépasse 87 500.

7. Appareils publics. — Sur les voies publiques sont disposés un grand nombre d'appareils affectés aux divers services et qui sont alimentés, les uns en eau de source, les autres en eau de rivière.

L'eau de source, qui est seule destinée à la consommation, est naturellement fournie aux *fontaines de puisage*, qui étaient jadis une des plus précieuses ressources des habitants et dont quelques-unes ont conservé leur aspect monumental, comme la fontaine Bouchardon, rue de Grenelle, la fontaine de l'Arbre Sec, la fontaine de Jarente, etc... de même qu'aux *bornes-fontaines*, destinées aujourd'hui au même usage, et aux *fontaines Wallace* ou *fontaines-buvettes*, munies de gobelets, où viennent se désaltérer les passants. De moins en moins répandues, à mesure que les abonnements se sont développés, et bien qu'on ait soin de les placer de telle sorte qu'on n'ait jamais à faire que cent mètres de chemin au plus pour s'y approvisionner, les bornes-fontaines ne sont qu'au nombre de 728, principalement dans les quartiers excentriques : elles sont saillantes, le plus souvent adossées à un mur, l'orifice placé à 0,50 m. envi-

Fontaine monumentale de Jarente.

ron au-dessus du sol, et commandées par un bouton repoussoir ; le débit en est réglé à 100 litres par minute environ.

Fontaine Wallace. (Isolée et adossée.)

Les fontaines Wallace, qui portent le nom de l'anglais généreux qui fit don à la Ville de Paris des 50 premières, actuellement au nombre de 110 sur les voies publiques, sont de deux types, suivant qu'elles sont isolées ou adossées : un filet d'eau y coule jour et nuit, débitant environ 4 mètres cubes par vingt-quatre heures, de sorte qu'on y trouve l'eau constamment fraîche, mais le dispositif est tel qu'il est impossible d'y faire des puisages au seau ou au baquet. Dans les promenades appartenant à la Ville de Paris sont

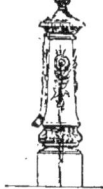

Fontaine buvette.

réparties 80 fontaines-buvettes, en forme de borne carrée de petite dimension, munies de gobelets, mais à écoulement intermittent commandé par un bouton à ressort.

C'est aussi en eau de source, parce que seule elle donne partout et toujours l'eau en pression suffisante pour opérer par jet direct, que sont alimentées les *bouches d'incendie*. Ces bouches, à raccord de 0,10 m. de diamètre, placées de 100 en 100 m. au plus, au nombre de 7 000, sont enfermées dans des boîtes en fonte noyées dans les trottoirs et signalées par des plaques émaillées blanches scellées au mur voisin : toujours sous pression, il suffit de soulever le couvercle, de raccorder par une

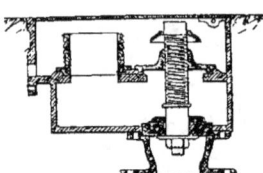

Bouche d'incendie.

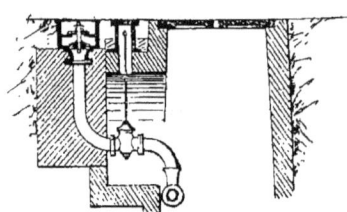

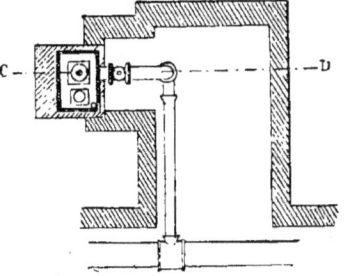

Plaque indicatrice.

Disposition de la bouche dans un regard.
Plan et coupe suivant CD.

manœuvre rendue très rapide l'appareil mobile des pompiers et d'ouvrir le clapet à vis, pour obtenir un volume d'eau capable d'alimenter soit une pompe à vapeur soit plusieurs lances à la fois.

L'eau de rivière alimente les 7 800 bouches de lavage utilisées à peu près partout deux fois par jour, le matin et l'après-midi, pour réaliser dans les caniveaux pavés, au pied des bordures de trottoir, un courant d'eau, réglé à raison de 1,75 lit. par seconde ou environ 100 lit. par minute, qui favorise le nettoyage de la chaussée et entraîne les balayures. L'appareil est enfermé dans une boîte en fonte qui s'aligne avec les bordures du trottoir, dont elle épouse la forme : il se compose d'un orifice de 0,04 de dia-

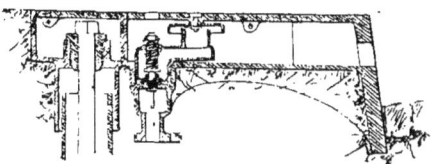

Bouche de lavage.

mètre débouchant sous une cloche fixée au-dessous du couvercle de la boîte afin de briser le jet et d'obliger l'eau à sortir sans

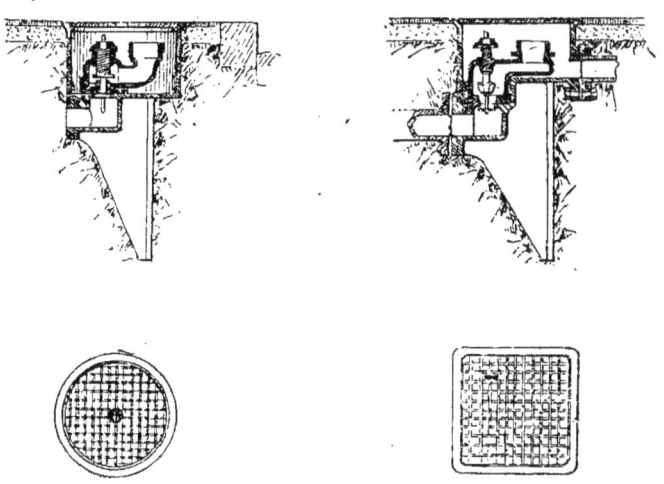

Bouche d'arrosage.

pression, avec une vitesse réduite, par deux orifices qui s'ouvrent dans le caniveau même ; un clapet en bronze en permet à volonté l'ouverture ou la fermeture, et un robinet d'arrêt, placé plus bas commande la communication avec la conduite publique.

On les dispose habituellement au point haut ou heurt du caniveau qui entoure chaque îlot de maisons.

Les bouches d'arrosage, également alimentées en eau de rivière, sont disposées dans des boîtes en fonte, rondes ou carrées, qui renferment les mêmes organes que les bouches d'incendie mais sous de moindres dimensions : sur le raccord de l'orifice de 0,04 de diamètre, vient se fixer l'extrémité du tuyau flexible porte-lance des cantonniers, composé de plusieurs tronçons de tuyaux droits en métal, reliés entre eux par des bouts de tuyaux en cuir formant charnière et portés par des chariots à galets ou à boules. Au nombre de plus de 7 000, ces bouches sont établies sur les trottoirs des voies publiques ou les contre-allées des promenades, convenablement réparties et alternées le plus souvent de manière que le jet direct de la lance puisse atteindre tous les points susceptibles d'être arrosés ; on y retrouve le clapet à vis et le robinet d'arrêt ou de prise, à boisseau, du type à cône renversé.

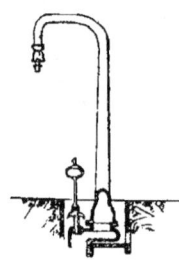

Col de cygne.

Pour les fournitures d'eau temporaires sur la voie publique, l'alimentation des chantiers par exemple ou le remplissage des arrosoirs, on visse souvent sur l'orifice des bouches de lavage ou d'arrosage, après en avoir levé le couvercle, un tuyau recourbé, dit *col de cygne*, avec petit robinet de puisage.

Quelques bouches, peu différentes de celles qui servent à l'arrosage mais de plus grand diamètre, sont disposées en certains points sur la voie publique pour le remplissage des tonneaux.

On compte encore, parmi les appareils publics, les *effets d'eau* des urinoirs, au nombre de quelque 1500 ; les *robinets de puisage* des places de voitures, les prises jaugées d'alimentation des appareils de chasse en égout, etc.

Viennent enfin les *fontaines d'ornement*, nombreuses à Paris, particulièrement dans la zone desservie en eau d'Ourcq, où elles fonctionnent tous les jours, tandis que celles des autres quartiers alimentées en eau élevée par machines, sont le plus souvent réservées pour les dimanches et jours de fête. Dans la première catégorie se trouvent les fontaines de la place de la Concorde, qui débitent chacune 50 lit. par seconde, la fontaine Saint-Michel (44 lit.), la fontaine du Châtelet (20 lit.), celles de la place du Théâtre Français (chacune 18 lit.), les fontaines des Innocents, Saint-Sulpice, Molière, Cuvier, les gerbes du rond-point des Champs-Élysées, etc...; dans la seconde, la fontaine de l'avenue de l'Observatoire, le grand jet d'eau des Tuileries, la cascade du Trocadéro (300 lit. par seconde), la gerbe de la place d'Italie, etc.

Il convient de mentionner encore les *cascades* et *les rivières* des Bois de Boulogne et de Vincennes, du parc des Buttes Chaumont, du parc Monceau, etc

CHAPITRE VII

ÉGOUTS ET COLLECTEURS

1. État général du réseau souterrain. — Le *réseau des égouts* parisiens, qui n'a cessé de se développer progressivement depuis que le système général en a été arrêté il y a quarante ans, s'étend à la totalité de la surface comprise dans l'intérieur de l'enceinte; l'ensemble des *collecteurs* est complet et il ne reste à exécuter qu'un nombre restreint d'égouts élémentaires dans les voies les moins populeuses.

Le développement total des égouts publics, qui atteignait au 31 décembre une longueur de 1 100 km. en nombre rond, se répartit entre les divers types conformément au tableau ci-contre.

Les *collecteurs généraux* et *secondaires*, qui correspondent aux premiers types entrent dans le total pour une longueur d'environ 86 km. dont 9 700 m. extra-muros.

On compte en outre 417 km. de *branchements* reliant aux égouts publics, soit les orifices de la rue, bouches sous trottoirs ou cheminées de regards, soit les canalisations intérieures des immeubles riverains.

2. Collecteurs généraux. — Les collecteurs généraux, au nombre de quatre, sont tous dirigés vers le Nord-Ouest : trois d'entre eux viennent converger à l'usine élévatoire de Clichy, établie sur la rive droite de la Seine entre les ponts d'Asnières et de Clichy, le quatrième sort de l'enceinte fortifiée par la porte de la Chapelle.

NUMÉRO DU TYPE	HAUTEURS des piédroits.	DIAMÈTRE de la voûte.	HAUTEUR sous clef.	SECTION de l'égout.	LONGUEURS		
					Intra-muros.	Extra-muros.	Totales.
Collecteur Type A..	0,50	6	5	22,04	1 690,03	1 858,34	3 548,37
de Clichy. Type B.	0,50	5	5	18,63	885,27	»	885,27
1.	1,05	5,60	4,40	17,76	3 498,28	1 689,13	5 187,41
2.	1,05	5,20	5,35	17,91	1 790,45	»	1 790,45
3.	0,90	4	3,90	11,68	10 913,19	1 173,60	12 086,79
4.	1,05	3,70	3,70	9,89	»	»	»
5.	1,50	3	3,80	8,42	13 045,81	4 932,50	17 978,31
6 et 6 modifié.	1,50	2,50	3,15	7,04	23 148,21	»	23 148,21
6 bis.	1,50	2,50	3,55	6,93	4 875,98	»	4 875,98
7.	1,45	2,40	3,45	6,29	1 092,28	»	1 092,28
8.	1,25	2,30	2,80	4,81	12 575,23	»	12 575,23
9.	1,35	2	2,75	4,05	14 660,85	»	14 660,85
9 bis.	1,85	1,80	3	4,22	528,20	»	528,20
Types à voie de 1m,20.	»	»	»	»	4 137,49	»	4 137,49
spéciaux à voie de 1m.	»	»	»	»	736,71	»	736,71
de à voie de 0m,80.	»	»	»	»	3 443,99	»	3 443,99
collecteurs à voie de 0m,60.	»	»	»	»	7 337,07	»	7 337,07
10	1,15	1,75	2,40	3	73 462,88	»	73 462,88
10 bis	1,195	1,75	2,40	3,13	5 474,78	»	5 474,78
10 ter	1,225	1,75	2,40	3,08	4 877,96	»	4 877,96
11	1,40	1,50	2,35	2,38	459,36	»	459,36
11 bis	1,375	1,50	2,35	2,66	1 903,21	»	1 903,21
12 et 12 ter.	1,65	1,30	2,35	2,15	349 268,57	»	349 268,57
12 bis	1,35	1,40	2,30	2,46	154 473,97	»	154 473,97
13	1,415	1,30	2,10	1,96	77 574,73	»	77 574,73
13 bis, 13 ter et 14 nouveau.	1,445	1,05	2	1,65	37 596,09	»	37 596,09
14	1,55	0,90	2	1,63	46 009,75	»	46 009,75
15	1,25	1	2	1,66	10 348,53	»	10 348,53
Non classés.	»	»	»	»	217 067,90	»	217 067,90
Totaux.					1 082 876,77	9 653,57	1 092 530,34

Le plus considérable, celui de Clichy, construit en 1895-1899, a une section de 6 m. d'ouverture et de 5 m. de hauteur, avec cunette de 4 m. de large sur 2 m. de profondeur compris entre banquettes latérales de 0,90 de largeur, sur la longueur de 3500 m. qui s'étend de la place Clichy à l'extrémité aval : il se prolonge en amont vers la place de la Trinité sur une longueur de 900 m. avec une section d'un mètre plus étroite ; l'épaisseur de maçonneries y est moyennement de 0,55 m. La pente générale

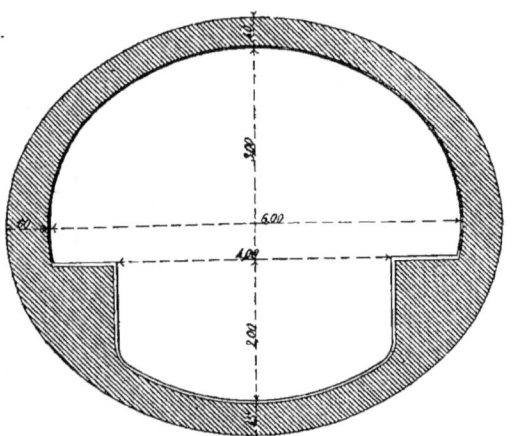

Coupe du collecteur de Clichy.

du radier est uniformément réglée à 0,50 par kilomètre, ce qui suffit pour communiquer normalement à l'eau qui s'y écoule une vitesse de 1 m. à 1,50 m. par seconde. A son point de départ, rue

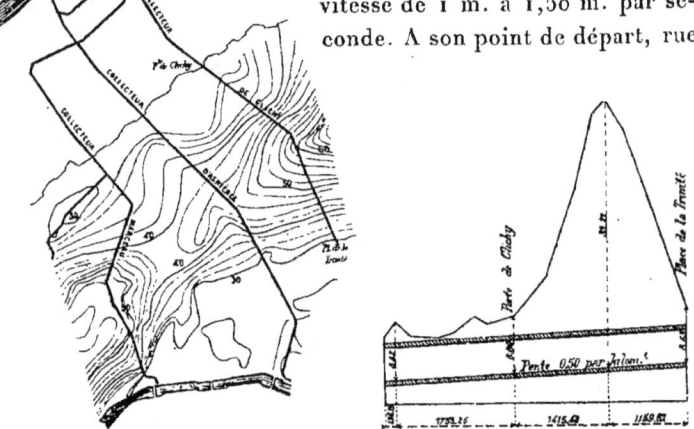

Plan et profil en long du collecteur de Clichy.

Saint-Lazare, le radier est à environ 8 m. en contre-bas du sol : mais, comme il se dirige sous le coteau des Batignolles par la rue et l'avenue de Clichy, il ne tarde pas à s'enfoncer de plus en plus jusqu'à une profondeur de près de 40 m. ; il se rapproche ensuite du sol au voisinage de l'enceinte et se maintient ensuite à très faible profondeur sous le boulevard National, dans la traversée de Clichy.

Il n'en a pas moins été exécuté d'un bout à l'autre en souterrain, sans ouverture aucune sur les chaussées, sans la moindre

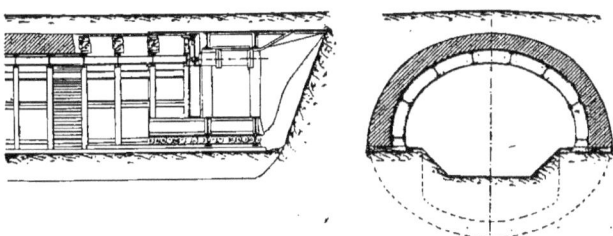

Premier Bouclier (partie extra-muros).

interruption de la circulation, extrêmement active sur les voies empruntées, grâce à l'emploi du *bouclier*, qui y a été appliqué pour la première fois à la construction d'une galerie de grande section à revêtement en maçonnerie : dans la partie aval, extra-muros, établie dans les alluvions de sable et de gravier, le bouclier a permis d'exécuter la voûte jusqu'aux naissances presque sous le pavage de la chaussée, après quoi on a repris en sous-œuvre, à l'aide d'épuisements, les piédroits, le radier et les banquettes ; dans la partie amont, intra-muros, qui a traversé les sables de Beauchamp parsemés de grès et les marnes du calcaire de Saint-Ouen, le bouclier épousait la totalité de la section et l'on exécutait d'un seul coup toute la maçonnerie. C'était dans les deux cas sur les cintres métalliques entretoisés que s'appuyaient les vérins hydrauliques servant à la progression du bouclier, et des appareils transporteurs éloignaient les terres provenant de la fouille que des trains mûs par la vapeur ou l'électricité allaient décharger à l'aval soit par les berges de la Seine soit par le fossé des fortifications. Pour passer d'une section à l'autre sous la place Clichy, il a suffi de rétrécir le bouclier en démontant la partie médiane. Le débit du collec-

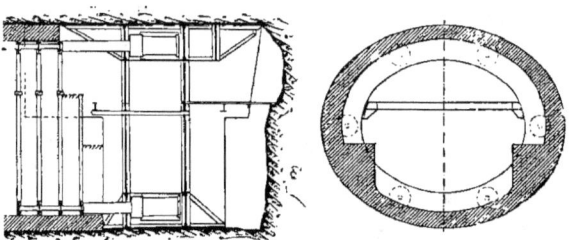

Deuxième Bouclier (partie intra-muros).

teur de Clichy, qui est revenu moyennement à 1 000 fr. le mètre courant, peut atteindre 12 m³ par seconde sans débordement de la cunette ; il s'élève à plus de 25 m. quand l'eau surmonte les banquettes de 75 centimètres.

Le *collecteur d'Asnières*, qui vient immédiatement ensuite par ordre d'importance, suit un tracé parallèle et peu distant, à travers le territoire de Levallois et sous les rues de Tocqueville et du général Foy, le boulevard Malesherbes et la rue Royale jusqu'à la place de la Concorde : sa section sur tout ce parcours est elliptique, avec une ouverture de 5,60 m. et une hauteur de 4 m. ; la cunette a 3,50 m. d'ouverture et 1,35 m. de profondeur, les banquettes établies à 1,05 m. au-dessous des naissances, ont une largeur de 0,93 m. ; la pente varie de 0,26 m. à 0,56 m. par kilomètre, et l'épaisseur des maçonneries est en moyenne de 0,50 m. Comme le collecteur de Clichy, qui a eu pour objet de le doubler alors qu'il était devenu insuffisant pour les quantités d'eau à écouler, il s'enfonce à grande profondeur sous les hauteurs des Batignolles ; mais il se tient à 1,50 m. environ plus haut jusqu'à peu de distance de la Seine, où il débouchait encore naguère, immédiatement en amont du pont d'Asnières, et déversait sous une inclinaison rapide les eaux et les matières lourdes qu'elles entraînaient, principalement composées de sables provenant de l'usure des chaussées : fermé depuis le 8 juillet 1899, le débouché en est aujourd'hui complètement muré, et trois *galeries de dérivation* conduisent la totalité des eaux du collecteur vers le bassin de dégrossissage de l'usine de Clichy, où débouche également le nouveau collecteur général. C'est de 1857 à 1861 que le collecteur d'Asnières a été construit sous la direction de Bel-

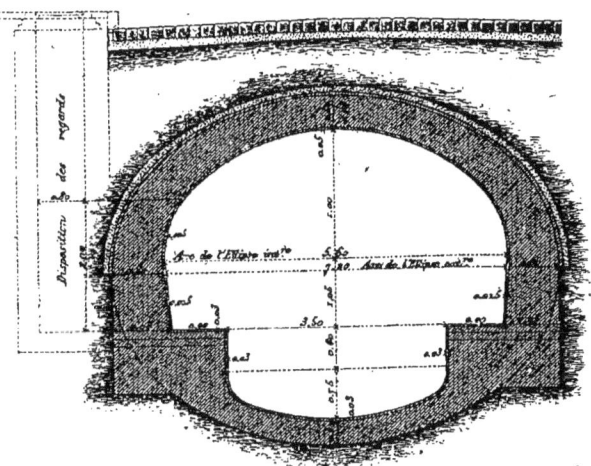

Coupe du collecteur d'Asnières.

grand ; la partie aval en tranchée, ainsi que la partie amont, et la partie médiane en souterrain à travers les sables bouillants dont on n'a pu venir à bout que par un abaissement général de la nappe d'eau obtenu au moyen d'épuisements difficiles et dispendieux. Aussi a-t-il coûté pour une longueur de 4 900 m. environ 3 700 000 fr. soit près de 800 fr. par mètre courant : il avait été calculé pour un débit normal de 4 m³ par seconde sans débordement de la cunette, mais il a pu en fait débiter bien plus dans la période qui a précédé la construction du collecteur de Clichy. A l'amont de la place de la Concorde ce collecteur se prolonge, d'une part le long des quais de la rive droite jusqu'au bassin de l'Arsenal, sous le nom de *Collecteur des Quais*, avec des sections de 4 m. d'ouverture et 2,20 m. de cunette jusqu'au Châtelet, de 3 m. aux naissances avec cunette de 1,20 m. au delà de ce point; d'autre part, il reçoit par l'intermédiaire du *siphon de la Concorde*, établi en 1896-1897, le produit du grand collecteur de la rive gauche, dit *Collecteur de la Bièvre*, qui suivait originairement les quais entre les places Saint-Michel et de l'Alma, et qui a été récemment dévié par la rue de Solferino, le boulevard Saint-Germain et la rue de l'École de Médecine pour faire place au prolongement des voies du chemin de fer d'Orléans, mais aboutit encore à la rue Geoffroy-Saint-Hilaire où la Bièvre s'y jette un peu en amont du Jardin des Plantes depuis l'année 1867 : l'un et l'autre ont une pente à peu près uniforme de 0,30 m. par kilomètre, ce dernier a également une section de 4 m. d'ouverture et une cunette de 2,20 m. de largeur entre les banquettes de circulation.

A peu de distance de l'ancien débouché en Seine se trouve le confluent du collecteur d'Asnières avec le troisième collecteur général, dénommé *collecteur Marceau*, et qui, traversant le territoire de Levallois, pénètre à Paris par la porte d'Asnières, se dirige ensuite vers la place de l'Étoile où il passe à grande profondeur et, par l'avenue Marceau, à laquelle il doit son nom, aboutit à la place de l'Alma, où il recevait jusqu'en ces derniers temps par l'intermédiaire du *siphon de l'Alma* la totalité des eaux de la rive gauche, dont une notable partie a été depuis dérivée sur le siphon de la Concorde. Sa section et sa pente sont identiques à celles du collecteur de Bièvre dont il constituait primitivement le prolongement direct.

Le quatrième collecteur général, tout à fait indépendant des trois premiers, désigné sous le nom de *Collecteur du Nord*, est tracé à un niveau sensiblement plus élevé pour arrêter au passage les eaux descendant des coteaux de Ménilmontant et de Belleville et les dévier dans la direction de la Chapelle. A l'origine il les déversait dans le collecteur départemental, qui commence à la

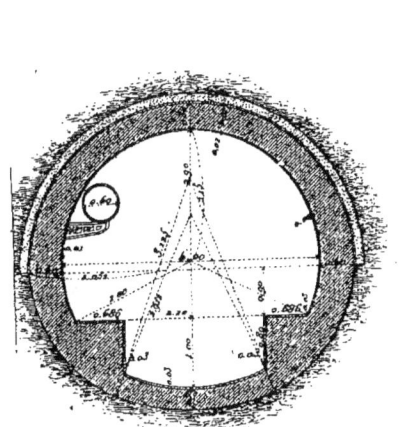

Coupe du collecteur Marceau.

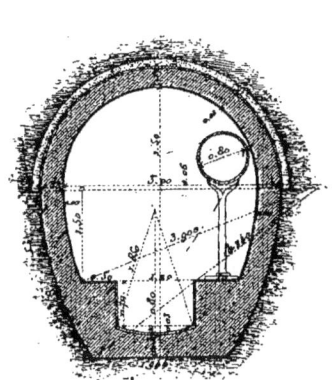

Coupe du collecteur du Nord.

porte de ce nom et se dirige vers Saint-Denis, où il débouche en Seine immédiatement en amont du canal. Mais, depuis fort longtemps déjà, il a été séparé du collecteur départemental par un barrage, qui en arrête les eaux et les dévie dans un émissaire spécial, appelé *dérivation de Saint-Ouen*, pour les conduire jusque dans les champs de Gennevilliers, où elles parviennent par simple gravité, franchissant la Seine au moyen de deux conduites forcées de 0,60 m. de diamètre posées sous le tablier des ponts métalliques de Saint-Ouen : en 1899 cette dérivation, devenue insuffisante, a été doublée, en même temps qu'une nouvelle conduite de 1 m. de diamètre était établie sous le pont de Saint-Ouen élargi spécialement à cet effet. Le collecteur du Nord suit d'abord les boulevards de Belleville et de la Villette, puis les rues d'Allemagne et de Crimée en passant sous le bassin de la Villette, et gagne ensuite la tête de la dérivation de Saint-Ouen par le boulevard Ney. Grâce à des pentes beaucoup plus considérables que celles des collecteurs précédents, il a pu recevoir une section relativement restreinte, à cunette de 1,20 m. et banquettes inégales de 0,50 m. et 0,70 m. de largeur, avec voûte en plein cintre de 3 m. d'ouverture et 0,30 m. d'épaisseur de maçonnerie.

Tous ces collecteurs ont été uniformément construits en maçonnerie de meulière avec mortier de ciment; dans les parties exécutées durant les dernières années le ciment lent de Portland ou de laitier a été substitué à celui de Vassy à prise rapide exclusivement employé dans les travaux antérieurs. Les enduits des cunettes et des banquettes ont reçu partout 0,03 m. d'épaisseur et sont en mortier riche de ciment de Portland; ceux des piédroits et des voûtes n'ont que 0,01 m. à 0,02 m. et sont exécutés, de même que les chapes d'extrados, en mortier de ciment de Vassy. Depuis quelque temps on place le long des piédroits à une hauteur de 0,80 m. environ des *mains courantes* en fer galvanisé, qui sont destinées à rendre la circulation moins dangereuse le long des cunettes larges et profondes.

3. **Collecteurs secondaires.** — Chacun des collecteurs généraux draine un bassin de vaste étendue (1 200 à 2 500 hectares); les eaux y sont dirigées par un réseau spécial de galeries souterraines, dont il est le tronc commun et dont les principales ramifications constituent les *collecteurs secondaires*. Ce sont en général des égouts à cunettes profondes, dont les largeurs varient de 0,60 m. à 1,20 m., et comprises entre deux banquettes symétriques ou dissemblables suivant les cas, sous voûtes en plein cintre, avec des pentes de 0,30 m. à 1,50 m. par kilomètre et

construits d'ailleurs suivant le système général en maçonnerie peu épaisse de meulière et mortier de ciment revêtue d'enduits de ciment. Les arêtes des banquettes de part et d'autre de la cunette sont garnies de fers cornières, scellés dans la maçonnerie, et qui peuvent faire l'office de *rails* pour le roulement des wagonnets à usages divers circulant au-dessus de l'eau.

Le collecteur de Clichy n'a quant à présent qu'un seul affluent important, le *collecteur des Coteaux*, qu'il reçoit à son origine même, place de la Trinité. C'est, il est vrai, le plus chargé de tous les collecteurs secondaires : s'allongeant depuis ce point jusqu'à la rue Michel Bizot, à travers les 9°, 10°, 11° et 12° arrondissements, il réunit toutes les eaux provenant de la zone étendue comprise entre le collecteur du Nord et son propre tracé, qui suit la rue de Charenton, gagne le boulevard Voltaire, passe sous le canal Saint-Martin au droit de la rue de la Douane, emprunte ensuite les rues du Château-d'Eau, des Petites-Écuries, Richer, ancien parcours du rû de Ménilmontant, enfin le faubourg Montmartre et la rue Saint-Lazare ; de plus il sert de débouché à une fraction du réseau départemental qui déverse dans Paris un volume d'eau considérable provenant du territoire des communes de Montreuil, Vincennes, etc. Il offre une section tout à fait analogue à celle du collecteur du Nord, des pentes variables, et n'a pu être exécuté, de 1858 à 1866, qu'au prix de grosses difficultés résultant tant de l'étroitesse des voies publiques empruntées que de la présence d'une nappe d'eau abondante dans laquelle il pénètre parfois jusqu'à 3 m. de profondeur. Comme il débouchait primitivement dans le collecteur d'Asnières, son tracé dépassait la place de la Trinité où il s'arrête aujourd'hui et atteignait la place Saint-Augustin par les rues Saint-Lazare et de la Pépinière : la pente a été renversée dans cette dernière partie de manière à l'utiliser comme une sorte de déversoir ramenant dans le collecteur de Clichy une partie des eaux surabondantes du collecteur d'Asnières.

Le bassin du collecteur d'Asnières et du collecteur des quais de rive droite, qui en est le prolongement, comprend la zone située entre la Seine et le collecteur des Coteaux en amont de la place de la Concorde, et la majeure partie de la surface limitée de part et d'autre par les collecteurs de Clichy et Marceau : la partie basse du 11° arrondissement et l'île Saint-Louis y sont rattachées par des siphons qui franchissent l'un, l'écluse de l'Arsenal, l'autre le petit bras de la Seine près du pont Louis-Philippe. Le plus important des collecteurs secondaires qui s'y déversent est le *collecteur Rivoli* dont le débouché se trouvait jusqu'en 1899 place de la Concorde et qui vient d'être dévié, pour faire place au Métropolitain, depuis le Châtelet, par les rues des Halles et Saint-Honoré et l'avenue de l'Opéra, jusqu'au *collecteur du Centre*, qui, dérivé lui-même du collecteur des Coteaux au boulevard Voltaire, se dirige vers la place de la Madeleine par les rues Saint-Sébastien, de Bretagne, Réaumur, Turbigo, Etienne-Marcel, des Petits-Champs et des Capucines : l'un et l'autre sont recoupés par le *collecteur Sébastopol*, qui sert à équilibrer les débits respectifs de ces diverses artères : tous trois présentent une cunette de 1,20 m. de largeur uniforme. Diverses ramifications, moins considérables comme section ou comme parcours, complètent l'ensemble des branches maîtresses de cette partie du réseau souterrain sur la rive droite. De l'autre côté de la Seine, le collecteur de la Bièvre reçoit aussi vers l'amont plusieurs affluents de quelque importance, notamment le *collecteur Censier*, ou Pascal, qui emprunte les rues ainsi dénommées et remplace successivement les divers biefs de la Bièvre à mesure que progressent les travaux destinés à réaliser la suppression de ce cloaque à ciel ouvert, à la couverture duquel on procède peu à peu, et qui a dès à présent disparu sur plus des cinq sixièmes du développement de ses deux bras, la *Bièvre vive* et la *Bièvre morte*, à l'intérieur de l'enceinte, puis le *collecteur Saint-Bernard* grossi lui-même du collecteur d'Austerlitz, etc.

Le collecteur Marceau a pour tributaires, sur la rive droite, le *collecteur Pereire* récemment prolongé jusqu'à la rue de la Pompe à travers les XVII⁰ et XVI⁰ arrondissements, et le *collecteur Debilly*, qui suit le quai de ce nom et se prolonge sous l'avenue de Versailles. Mais les plus importants se trouvent sur la rive gauche où convergent en tête du siphon de l'Alma :

1° Le *collecteur bas de l'Université*, construit en 1896 et 1899, lors des travaux de remaniement nécessités par l'établissement des nouvelles gares des Invalides et du quai d'Orsay, et qui, après avoir recueilli les eaux de la zone déprimée comprise entre les quais et le boulevard Saint-Germain, puis celles de l'île de la Cité, par un siphon qui franchit le bras navigable de la Seine, suit dans toute sa longueur la rue de l'Université, croisant par-dessus le collecteur de Bièvre à la rue de Solférino ;

2° Le *collecteur Bosquet*, qui suit l'avenue de ce nom et a été dernièrement prolongé jusque dans la rue de Vaugirard, pour y recueillir les eaux de la partie haute du XV⁰ arrondissement ;

3° Le *collecteur Rapp* qui traverse le champ de Mars, gagne, par la rue Cambronne, les rues Lecourbe et Croix Nivert et reçoit au croisement de la rue de la Convention les eaux de la partie basse du même arrondissement, relevées en ce point par des pompes spéciales.

Un seul collecteur secondaire aboutit au *collecteur du Nord* par la rue de la Chapelle : il vient du boulevard Rochechouart où il reçoit les eaux du versant sud de la butte Montmartre.

4. Ouvrages divers. — Siphons. — *Les siphons de l'Alma et de la Concorde*, qui servent à jeter toutes les eaux de la rive gauche dans les grands collecteurs de la rive droite, et ceux qui réunissent respectivement les îles Saint-Louis et de la Cité au collecteur des quais de rive droite et au collecteur bas de l'Université, en franchissant le fleuve ou l'un de ses deux bras, ne sont autre chose que des conduites, dont la forme est celle d'un siphon renversé ou d'un U, et qui, plongeant sous le lit, relient les galeries de part et d'autre pour en faire des vases communiquants.

Le plus ancien, celui du pont de l'Alma, établi par Belgrand en 1868, se compose de deux tuyaux de 1 m. de diamètre en tôle, de 0,02 m. d'épaisseur et parfaitement lisses à l'intérieur, grâce à l'emploi de couvre-joints extérieurs et de rivets à tête fraisée.

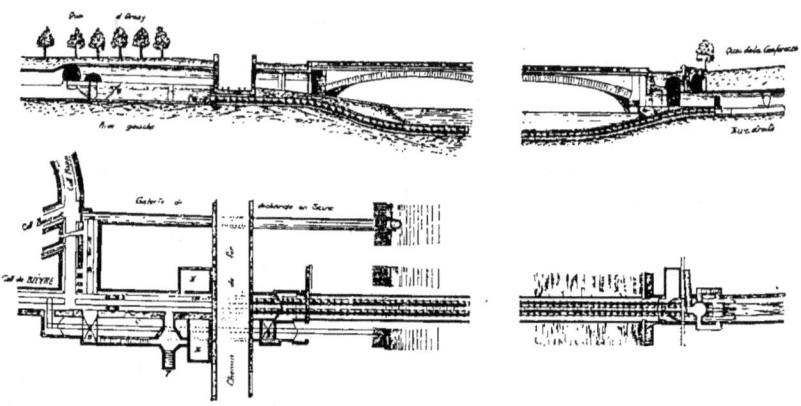

Siphon de l'Alma. (Plan et coupe.)

Assemblés sur la berge et amenés flottants au-dessus de la rigole draguée pour les recevoir, dans laquelle on avait préalablement coulé du béton sur 0,40 m. d'épaisseur, ces deux tubes, reliés par des entretoises qui en maintenaient l'écartement, ont été descendus d'une pièce sur le lit de béton entre deux rangs de pieux et palplanches, puis recouverts d'une autre couche de béton de 0,70 m. d'épaisseur arasée au niveau du fond du lit, à 3,45 m. au-dessous de la retenue du barrage de Suresnes. Un seul de ces conduits débitait à l'origine le volume total en temps sec, mais vingt ans plus tard, ce volume avait tellement augmenté que les deux réunis ne présentaient plus la capacité nécessaire, et, pour éviter des débordements trop fréquents, on a dû construire un autre ouvrage du même genre en 1896 à 40 m. en amont du pont de la Concorde.

Cette fois on a eu recours à un procédé différent, qui venait précisément d'être appliqué avec succès à Clichy pour le passage des eaux d'égout refoulées par les machines de l'usine élévatoire de ce nom. Un souterrain, à section intérieure circulaire de 1,80 m. de diamètre, a été percé à l'air comprimé au-dessous de la Seine dans un terrain assez homogène et résistant, au moyen d'un bouclier métallique, système Greathead : descendue au fond d'un puits creusé sur la rive jusqu'à la profondeur convenable et progressant ensuite horizontalement en suivant une faible inclinaison, cette sorte de chambre de travail avançait successivement, par courses de 0,50 m. chaque, poussée par des vérins hydrauliques qui prenaient leur point d'appui en arrière sur le dernier anneau en fonte du revêtement, dont les plaques à nervures venaient d'être mises en place et boulonnées extérieurement à l'abri d'un prolongement en tôle de la carapace du bouclier. Finalement, les anneaux de fonte boulonnés entre eux ont formé, grâce à l'interposition de languettes de bois tendre, un revêtement étanche dont on a noyé à l'intérieur les nervures et les têtes de boulons dans une masse de béton de ciment bien lisse et régulière et que des injections de ciment ont mis en contact direct avec le sol en assurant le remplissage du vide laissé tout autour par les tôles du bouclier.

Quant aux deux siphons des îles, établis en 1891, ils sont du type de celui de l'Alma, également composés l'un et l'autre de deux tuyaux en tôle accouplés, mais de diamètre plus petits, 0,40 m. pour l'île Saint-Louis, 0,50 m. pour celle de la Cité.

A la tête amont de chacun des quatre siphons, on a eu soin de prévoir des dispositifs permettant de les isoler au besoin, les protégeant contre l'apport de matières lourdes ou flottantes susceptibles d'y provoquer des engorgements et facilitant la manœuvre de la boule en bois au moyen de laquelle on en fait le curage périodique.

Au pont Morland, et pour faire passer les eaux d'égout au-dessus de l'écluse de l'Arsenal, M. Maurice Lévy a imaginé d'employer un siphon d'un autre genre, composé de deux conduites en fonte de 0,60 m. de diamètre qui épousent la forme même de la voûte du pont : des trompes à eau desservies par la distribution, sont employées depuis 1879 à en déterminer et à en maintenir l'amorçage.

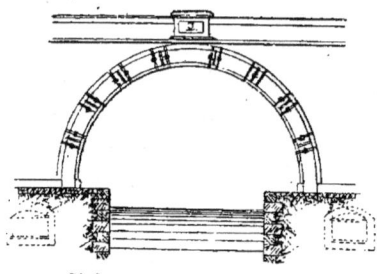

Siphon du pont Morland.

Il y a enfin un sixième siphon, sous le canal Saint-Martin, au départ du collecteur du Centre, composé également de deux conduites de 0,60 m. de diamètre, et qui a été établi en 1890.

USINES ÉLÉVATOIRES. — Trois régions basses, peu étendues, dont les eaux ne pouvaient être écoulées convenablement par les collecteurs à cause du défaut de pente, ont donné lieu à l'installation de petites *usines élévatoires*.

La première en date est celle de la place Mazas, érigée en 1887, sur un des terre-pleins dépendant de l'écluse de l'Arsenal, pour faciliter le passage des eaux des quartiers bas des 11e et 12e arrondissements dans le siphon du pont Morland. Elle renferme depuis l'origine deux machines mi-fixes à vapeur qui actionnent deux pompes centrifuges, et l'on y a récemment ajouté une roue élévatoire mûe par les mêmes machines et un générateur de rechange.

La seconde, dite du quai des Orfèvres, a été installée en même temps que le siphon de la Cité, pour y assurer l'écoulement des

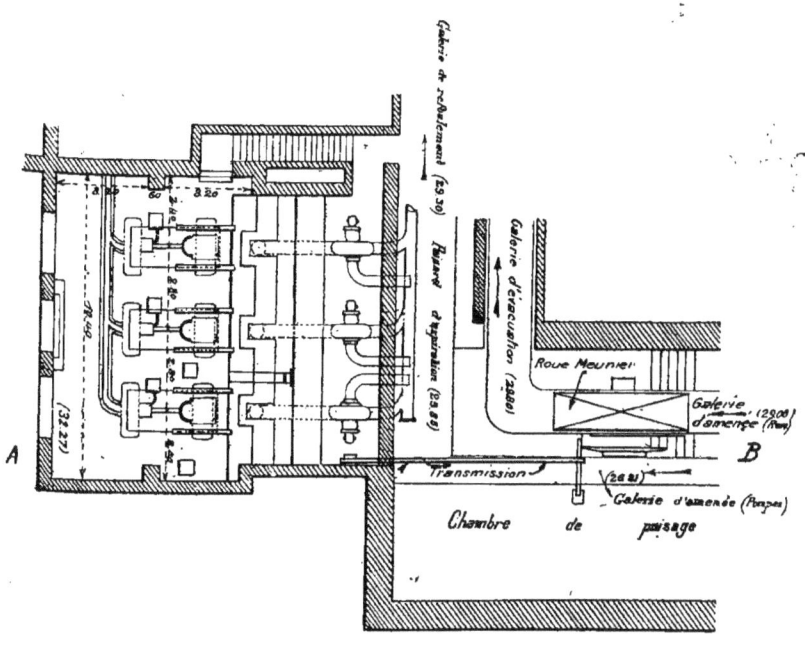

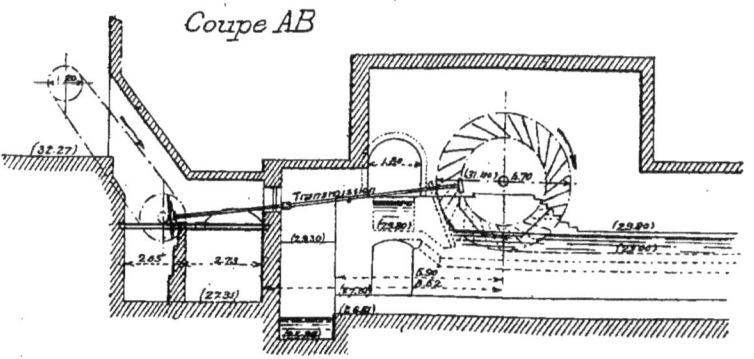

Plan d'ensemble et coupe partielle de l'usine Mazas.

eaux usées provenant des cours basses du Palais de Justice. On y trouve quatre pompes centrifuges montées chacune sur le même arbre que l'appareil moteur correspondant, qui n'est autre qu'une petite turbine en bronze alimentée en eau de Seine prise sur les conduites du service public.

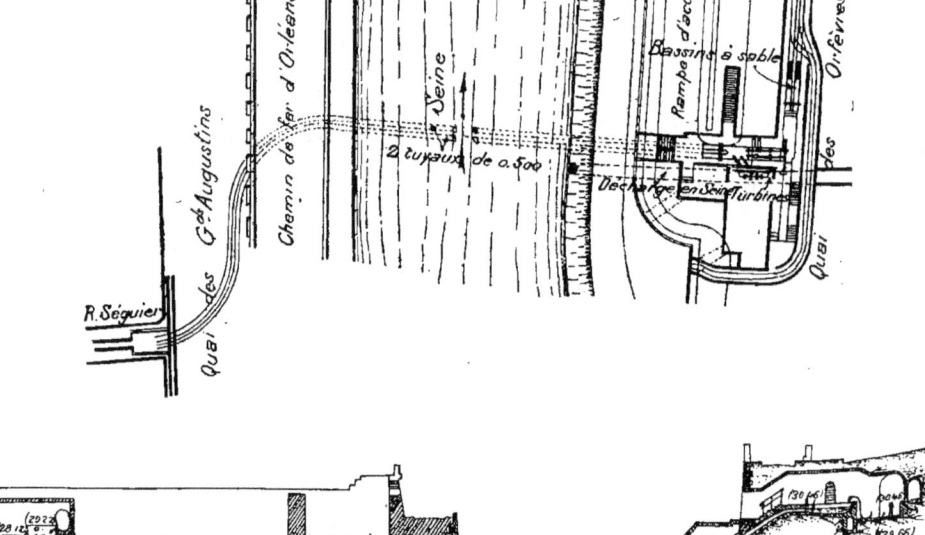

Siphon de la Cité et usine élévatoire du quai des Orfèvres.

Enfin la dernière, qui élève à l'angle des rues Lecourbe et de la Convention les eaux du réseau bas de Javel à une hauteur de 3 mètres pour les jeter dans le collecteur Rapp, présente l'originalité d'un dédoublement complet de son outillage, les machines à vapeur et les générateurs étant installés à distance dans la rue Alain-Chartier, d'où elles commandent par l'intermédiaire d'une transmission à eau comprimée sous 40 atmosphères, deux séries de pompes élévatoires à simple effet disposées dans des chambres étroites, en partie souterraines, où il n'y avait point de place pour les moteurs.

En amont des prises d'eau des usines, on retrouve les mêmes dispositions qu'en tête des siphons, afin d'y retenir les corps solides, lourds ou flottants, dont le passage pourrait détériorer les engins élévatoires.

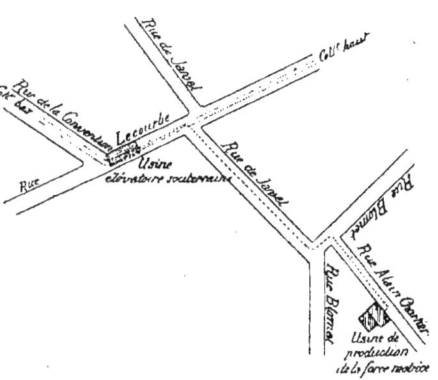

Plan des usines Alain Chartier et de la Convention.

Déversoirs. — Les collecteurs principaux ayant été calculés pour des pluies de 0,006 m. à l'heure, supposées s'écouler en un temps triple, des *déversoirs* ont dû être disposés en certains points de leurs parcours afin de rejeter en Seine les eaux des pluies très abondantes, des pluies d'orage, qui dépasseraient cette limite : c'est là une nécessité dans toutes les villes où les eaux météoriques sont reçues dans le réseau souterrain, et il suffit de dire, pour s'en rendre compte en ce qui concerne Paris, qu'une pluie de 0,06 à l'heure, comme on en a observé parfois, intéressant toute la surface comprise dans la périmètre de l'enceinte, donnerait lieu à un débit par seconde de 400 mètres cubes, soit 10 fois celui de la Seine à l'étiage ! En se limitant aux pluies de 0,006 m. Belgrand comptait que les déversements se produiraient au plus vingt fois par an : il s'est trouvé qu'en fait il n'y en a pas plus de huit à dix chaque année et qui souvent ne se prolongent que pendant un temps fort court.

Les déversoirs ont leur seuil arasé le plus souvent un peu au-dessus des banquettes ; des rainures permettent d'y ajouter des hausses, formées de poutrelles qui se superposent et qu'on élève ordinairement jusqu'à 0,75 m. environ.

L'eau qui passe sur les déservoirs, généralement peu chargée de matières entraînées, parce que le courant qui s'est produit au commencement de l'averse a déjà provoqué une chasse énergique et nettoyé les divers conduits, est évacuée à la Seine par des galeries spéciales : des *portes de flot*, qu'on ferme en temps de crues, s'opposent d'ailleurs à la rentrée des eaux de la rivière par ces galeries et aux inondations qui en seraient la conséquence dans les quartiers bas où elles pourraient refluer jusque sur la chaussée et les trottoirs par les bouches d'égout.

On conçoit qu'au moment des orages, quand un afflux considérable et presque subit détermine un exhaussement brusque du plan d'eau au-dessus des banquettes, il y ait un danger sérieux pour les hommes que surprendrait l'écoulement violent et rapide qui se produit alors ; aussi a-t-on eu soin de placer à des intervalles suffisamment rapprochés (50 mètres), et de part et d'autre, des cheminées de regard par où ils peuvent gagner le dehors ; et, dans les parties à grande profondeur où les regards sont plus espacés, des *chambres de refuge* intermédiaires, disposées au-dessus de la voûte et raccordées par des escaliers aux deux banquettes de circulation.

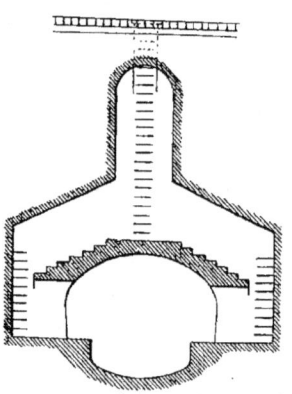

Chambre de refuge.

CHAMBRES A SABLE. — En quelques points, comme on l'a déjà signalé pour les têtes de siphons et les abords des usines, on a ménagé des bassins de dépôt, dits *chambres à sable*, destinés à recevoir les matières lourdes qui ne se mettent pas en suspension dans l'eau tant que la vitesse est inférieure à 1,50 m., ce qui est le cas général, et dont l'entraînement est, dès lors, long et dispendieux.

Ces chambres à sable se composent habituellement de deux

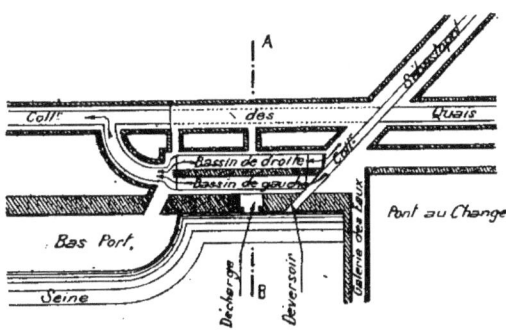

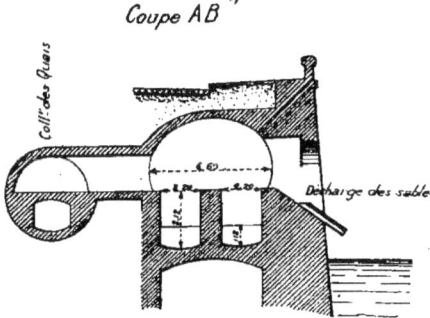

Chambre à sable.

cunettes profondes semblables et parallèles, où l'on fait passer l'eau alternativement et d'où elle ne sort que par déversement superficiel. Quand une des cunettes est remplie, on met l'autre en service et l'on procède au déblaiement de la première.

Depuis peu on a songé à simplifier ces sortes d'installations en y substituant de simples approfondissements de cunette qu'on pratiquerait de temps à autre, et d'où l'on pourrait extraire les sables sous l'eau sans détourner ni interrompre le courant.

5. Égouts élémentaires. — *Les égouts élémentaires*, établis suivant des types assez variés, selon l'époque à laquelle ils ont été construits, ont tous une hauteur libre d'au moins 2 mètres pour qu'on puisse partout y circuler debout. Tous aussi, sauf le petit nombre qui remontent à plus de soixante ans, sont construits en maçonnerie de meulière hourdée et enduite au mortier de ciment, avec des épaisseurs réduites le plus souvent à 0,20 m. Les pentes varient de 0,005 m. à 0,03 m. par mètre d'ordinaire, sauf à intercaler, quand le sol a une déclivité supérieure, des gradins, de distance en distance, pour éviter de trop fortes inclinaisons qui risqueraient d'y rendre la circulation dangereuse. Depuis 1885, et sur l'initiative d'Alfred Durand-Claye, on a substitué aux radiers presque plats, autrefois en usage pour la commodité du passage, une *banquette de circulation* latérale longeant sur l'un de ses côtés une petite *cunette* d'écoulement.

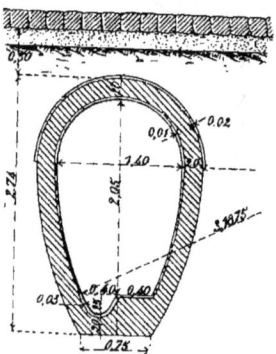

Égout type 12 *bis*.

Le type le plus répandu, catalogué 12bis, a 2,30 m. de hauteur sous clé, 1,40 m. de largeur aux naissances, une banquette de 0,40 m. de largeur et une cunette d'égale ouverture sur 0,25 m. de profondeur. Il ne coûte guère, rabais déduit, plus de 75 francs par mètre courant, malgré ses grandes dimensions, et y compris fouille, boisages, rétablissement de la chaussée, etc. Son débouché est tel que les eaux d'orage les plus abondantes s'y engouffrent sans peine et que tout calcul à cet égard est le plus souvent superflu. On peut d'ailleurs y placer des conduites d'eau jusqu'à 0,40 m. de diamètre, sans préjudice des autres canalisations de moindre importance, câbles télégraphiques, tubes pneumatiques, etc.

C'est seulement en cas de besoins exceptionnels, soit à cause des grands volumes d'eau à écouler dans des artères importantes, soit plus souvent pour l'établissement de conduites maîtresses, qu'on a recours à des types de plus grandes dimensions.

L'égout est ordinairement unique dans chaque rue et placé suivant l'axe même de la chaussée à une profondeur à peu près régulière et de 3 à 4 mètres environ. Dans les voies dont la largeur est supérieure à 20 mètres, l'usage s'est établi de renoncer à l'égout unique médian et de placer deux galeries parallèles de part et d'autre sous les trottoirs ou contre-allées, non loin des façades des maisons riveraines, de manière à réduire la longueur des branchements particuliers. Mais cette pratique, qui entraîne aussi le doublement des conduites d'eau, est trop coûteuse pour qu'on ne s'efforce point de la limiter au cas précité.

Deux égouts qui se rencontrent ont leurs cunettes raccordées en courbe dans le sens convenable et le radier de l'égout affluent est tenu à 0,20 m. plus haut que celui de l'égout dans lequel il débouche, afin de ne point créer au croisement d'obstacle quelconque au bon écoulement des eaux. Des plaques indicatrices en porcelaine ou en lave émaillée y sont scellées avec l'indication du nom des rues correspondantes.

6. Ouvrages accessoires. — Les *bouches* par où les eaux de la rue pénètrent dans les égouts sont à Paris librement ouvertes dans l'atmosphère. Chacune d'elles est constituée par un orifice allongé pratiqué dans la bordure du trottoir et compris entre le *couronnement* et la *bavette* en granit. Au-dessous et en arrière se trouve une cheminée verticale en maçonnerie, qu'un branchement maçonné de hauteur croissante et à radier fortement incliné raccorde sur l'égout, de manière à y faciliter la chute des matières solides entraînées ; un raccord courbe dirigé dans le sens de l'écoulement a pour objet d'aider à leur entraînement. S'il est du côté de la banquette, ce raccord y est creusé, et une

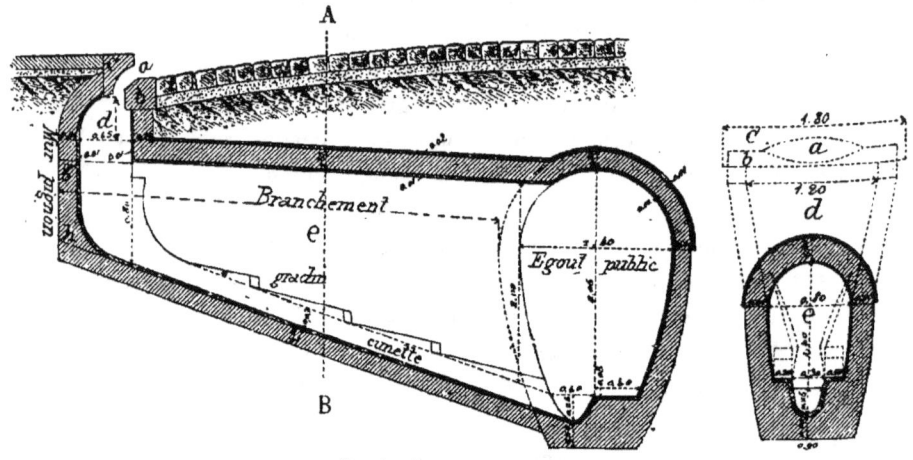

Bouche d'égout sous trottoir.

grille en fer ou une dalle le recouvre pour que la circulation ne s'y trouve pas interrompue.

Les regards d'accès s'ouvrent uniformément sur les trottoirs où la gêne qui résulte de leur utilisation est moindre que sur la chaussée : ils se composent d'une cheminée verticale à base carrée, munie d'échelons en fer galvanisé dans un de ses angles, avec une crosse mobile destinée à rendre le départ plus commode. L'orifice circulaire est recouvert d'un tampon en fonte asphaltée, que son poids défend contre toute manœuvre imprudente : quand il est béant, un gardien doit y être placé et veiller à empêcher tout accident par l'emploi d'un entourage formant garde-corps mobile. La partie inférieure de la cheminée se relie à l'égout par une galerie de communication ou branchement à radier plat, de 1,80 m. de hauteur, qui débouche normalement à 0,20 m. au moins au-dessus de la banquette afin d'y éviter le reflux des eaux autant que possible.

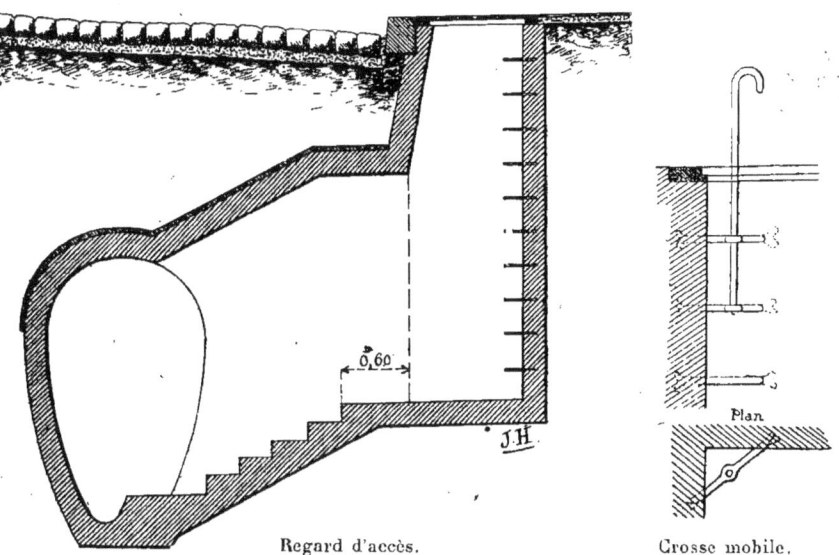

Regard d'accès.   Crosse mobile.

Les *branchements particuliers*, obligatoires en vertu du décret-loi du 26 mars 1852, relient aux égouts publics toutes les maisons riveraines : aux termes de l'arrêté du 16 juillet 1895, ils sont constitués par des galeries en maçonnerie de 1,80 m. de hauteur, fermées à l'aplomb du piédroit de l'égout et pénétrant dans les maisons par des ouvertures pratiquées à travers le mur de face ; le tuyau d'évacuation y est logé, ainsi que les conduites en plomb pour l'alimentation d'eau, les câbles téléphoniques s'il y

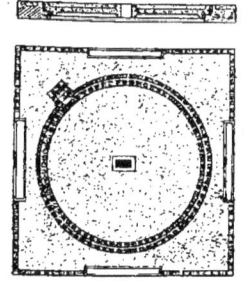

Trappe bitumée.

a lieu, etc. Des conduites en fonte épaisse peuvent y être substituées dans les voies à faible circulation pour les immeubles d'un revenu inférieur à 3 000 francs. Antérieurement, les branchements, fermés vers les maisons et ouverts du côté de l'égout, étaient exposés à l'invasion des eaux sales qui y laissaient des dépôts nauséabonds et exigeaient en conséquence des curages fréquents. Pour les reconnaître aisément, ils portent un numéro en porcelaine ou en lave émaillée qui rappelle celui de l'immeuble correspondant dans la rue en bordure de laquelle il est situé.

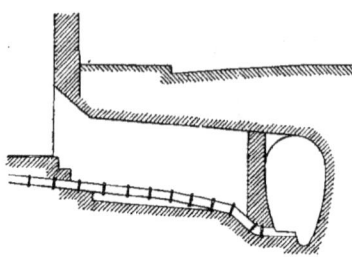

Les bouches étaient au 31 décembre 1899, au nombre de 13 234. On comptait 19 496 regards et 48 498 branchements particuliers, non compris 7 961 branchements particuliers murés à l'aplomb de l'égout.

CHAPITRE VIII

CHAMPS D'ÉPURATION

1. Émissaire général. — Le tracé de l'*émissaire général*, qui alimente tous les champs d'irrigation de la ville de Paris, part de l'usine de Clichy où aboutissent les trois collecteurs généraux de

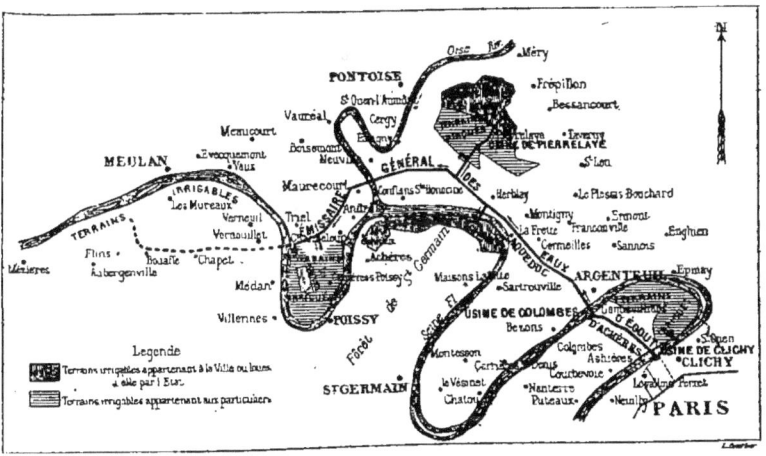

Carte générale des irrigations.

Clichy, d'Asnières, et de Marceau ; les eaux du quatrième, dit collecteur du Nord, sont dérivées par les deux galeries traversant Saint-Ouen qui les conduisent, par la gravité seule, dans la plaine de Gennevilliers.

Dans l'usine de Clichy, sont installées des pompes à vapeur qui refoulent une partie des eaux d'égout vers les terrains de Gennevilliers par des conduites spéciales passant sous les trottoirs du pont de Clichy, et l'autre partie, la plus importante, vers l'usine de Colombes, en franchissant la Seine au moyen d'un siphon et traversant la boucle de Gennevilliers en conduite libre.

Les pompes de Colombes relèvent une seconde fois les eaux et les refoulent dans des conduites forcées, traversant la Seine à Argenteuil au moyen d'un pont métallique ; ces conduites se prolongent jusqu'à un point haut, situé à la cote 60, assez élevé pour dominer toute la vallée de la Seine jusqu'à Mantes, et où reprend un aqueduc libre qui se développe sur la rive droite en passant par Cormeilles, la Frette, Herblay, Conflans, traversant en siphon la dépression de Chennevières et la vallée de l'Oise, et se continuant vers Triel par un long souterrain de 5 kilomètres sous les hauteurs de l'Hautie ; cet aqueduc doit se prolonger ultérieurement sur la rive gauche de la Seine, après l'avoir franchie près de Triel, vers les plaines d'alluvions des Mureaux et d'Epone.

L'émissaire général est capable de porter un débit de 9,75 m³ à la seconde, c'est-à-dire beaucoup plus que le débit actuel des collecteurs parisiens.

Il mesure de Clichy à Triel une longueur totale de 28 kilomètres ; sur ce parcours, il se trouve dominer près de 8 000 hectares de terres irrigables.

Pour assurer une sécurité absolue, réduire les dépenses d'entretien et conserver le plus longtemps possible l'eau à l'abri de la fermentation sous l'action des microbes anaérobies, on a limité strictement l'emploi des conduites forcées aux sections où elles s'imposent ; on les a d'ailleurs enveloppées dans des galeries au voisinage des centres habités.

La pente de l'aqueduc dans les parties où l'eau coule librement est de 0,50 m. par kilomètre. Sa section, partout circulaire, varie dans ses dimensions suivant les conditions du profil en long ; en

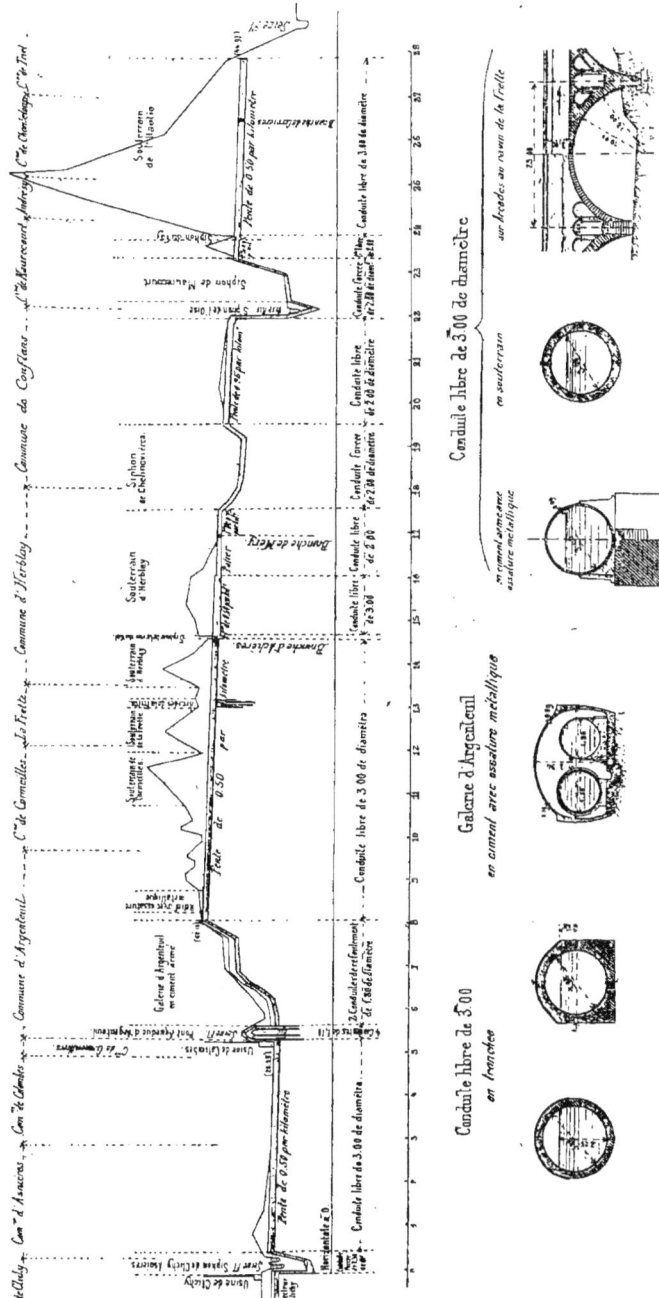

Profil en long de l'émissaire général des eaux d'égout. Coupes principales.

conduite libre, l'aqueduc a uniformément 3 m. de diamètre intérieur, l'eau pouvant s'élever aux trois quarts de la hauteur de la section ; en conduite forcée, il se compose tantôt d'un tuyau de 2,30 m. de diamètre, au départ de Clichy pour la traversée sous la Seine, tantôt de 4 conduites de 1,10 m. de diamètre sur le pont-aqueduc d'Argenteuil au départ de l'usine de Colombes, tantôt de deux conduites de 1,80 m. de diamètre intérieur à la suite du pont pour le refoulement de l'usine de Colombes jusqu'au point haut sur le plateau d'Argenteuil, tantôt enfin d'une conduite forcée unique de 2 m. de diamètre à la traversée du vallon de Chennevières et de la vallée de l'Oise.

Pour des raisons d'ordre stratégique, le Génie militaire a exigé que, sur le plateau de Conflans, la conduite libre de 3 m. soit remplacée par deux conduites de 2 m. de diamètre ; une seule a été établie pour le moment et suffira probablement longtemps. Dans ces parties, la pente a été portée à 0,95 m. par kilomètre, de manière à retrouver le même débit.

L'émissaire général détache des branches secondaires alimentant les divers champs d'irrigation.

C'est d'abord, sur la gauche, à l'hectomètre 144 + 22 m., la *branche du parc agricole d'Achères*, qui descend au Val d'Herblay, traverse la Seine en siphon et aboutit au réseau de distribution ; elle se compose de deux conduites forcées de 1 m. de diamètre chacune.

Puis, plus loin, à l'hectomètre 168 + 46 m. se détache, à droite, la *branche de Méry*, conduite libre circulaire de 2 m. de diamètre et de 0,60 m. de pente, qui aboutit à l'usine de relais de Pierrelaye, après avoir détaché elle-même, sur la gauche, une branche dite « des Courlins », de même diamètre et de 1,60 m. de pente par kilomètre.

Enfin, la presqu'île des Carrières, où se trouve le domaine municipal des Grésillons, est alimentée par l'extrémité de l'émissaire général, provisoirement arrêté à Triel, et par la *branche* de *Carrières* qui s'en détache sur la gauche du souterrain de l'Hautie à la hauteur de Chanteloup. La branche de Carrières mesure 2 m. de diamètre intérieur et présente une pente de 0,15 m. par kilomètre.

2. Usines. — Le système élévatoire des eaux de l'émissaire général comporte deux usines principales : l'*usine de Clichy* et l'*usine de Colombes*; en dédoublant ainsi l'usine élévatoire, on a

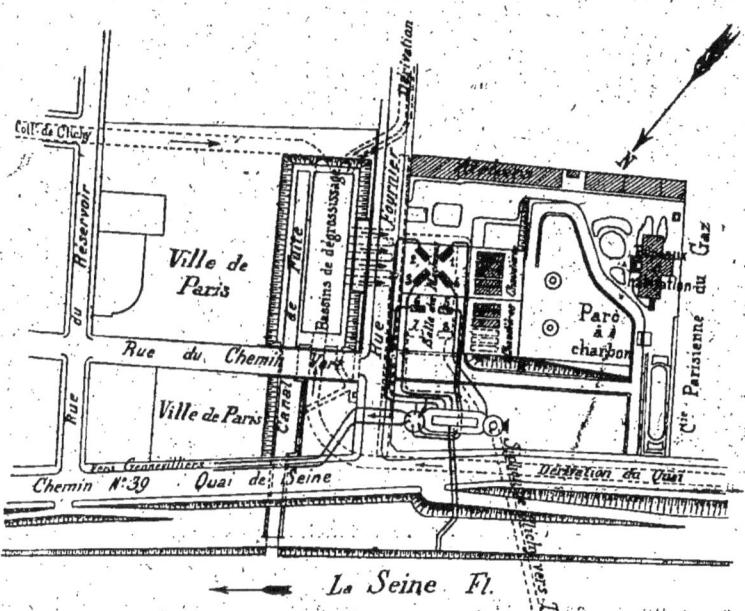

Usine de Clichy. (Plan.)

évité les hautes pressions et leurs dangers dans la traversée de la presqu'île de Gennevilliers.

CLICHY. — L'installation mécanique de l'usine de Clichy comprend 4 machines horizontales, système Farcot, pouvant fournir chacune une force de 250 chevaux en eau montée, plus 2 et bientôt 4 machines à triple expansion provenant de la société des Forges et Chantiers de la Méditerranée, pouvant fournir cha-

Usine de Clichy. (Vue intérieure partielle.)

cune une force de 130 chevaux en eau montée ; chacune de ces machines actionne une pompe centrifuge.

Chacun des moteurs Farcot est horizontal, à 4 tiroirs et à condensation, distribution genre Corliss et détente variable. Il actionne l'arbre de la pompe placé verticalement : le disque de cette pompe et tout l'équipage est supporté par des disques en acier et en bronze formant pivot, à la partie supérieure de l'arcade du bâti, sans support inférieur.

Elle peut débiter 2 000 à 2 500 litres par seconde, à la vitesse de 110 à 115 tours de la machine, en refoulant sur Colombes à 5 ou 6 m. de hauteur.

Les moteurs Farcot sont alimentés par cinq générateurs semi-tubulaires de 210 m² de surface de chauffe chacun et timbrés à 6,5 k.

Les moteurs des Forges et Chantiers sont à triple expansion, à quatre tiroirs, à condensation et à détente fixe.

Les pompes centrifuges des deux premières machines peuvent élever 780 litres par seconde, à une hauteur manométrique moyenne de 10,50 m., en refoulant sur Gennevilliers.

Celles des deux nouvelles, en voie de montage, refouleront chacune 1 100 litres par seconde dans la direction de Colombes.

Les moteurs sont alimentés par trois chaudières de mêmes dimensions que les précédentes, mais timbrées à 11,25 kg.; deux autres semblables vont y être adjointes.

COLOMBES. — L'usine de Colombes comprendra deux corps de bâtiments pour les machines et les chaudières : l'un est complet et en service ; l'autre en construction.

Dans le premier, l'installation générale comprend 12 groupes élévatoires comportant chacun un moteur monocylindrique, à longue détente et fermeture brusque de l'admission de vapeur, commandant directement une pompe double horizontale du type Girard, à pistons-plongeurs et clapets multiples, et 20 générateurs de vapeur.

Les moteurs et les pompes sont disposés dans une vaste salle de 106 m. de longueur sur 35 m. de largeur ; l'usine est en état de refouler 6 800 litres par seconde à plus de 40 m. de hauteur.

Une fraction de cet ensemble, comprenant 4 groupes élévatoires et 8 chaudières, fut mise en service en 1895, lors de la construction de l'aqueduc d'Achères ; l'installation en avait été faite par la maison Farcot.

Les moteurs sont horizontaux, à 4 tiroirs et à condensation. Primitivement installés à l'usine de Clichy à des époques succes-

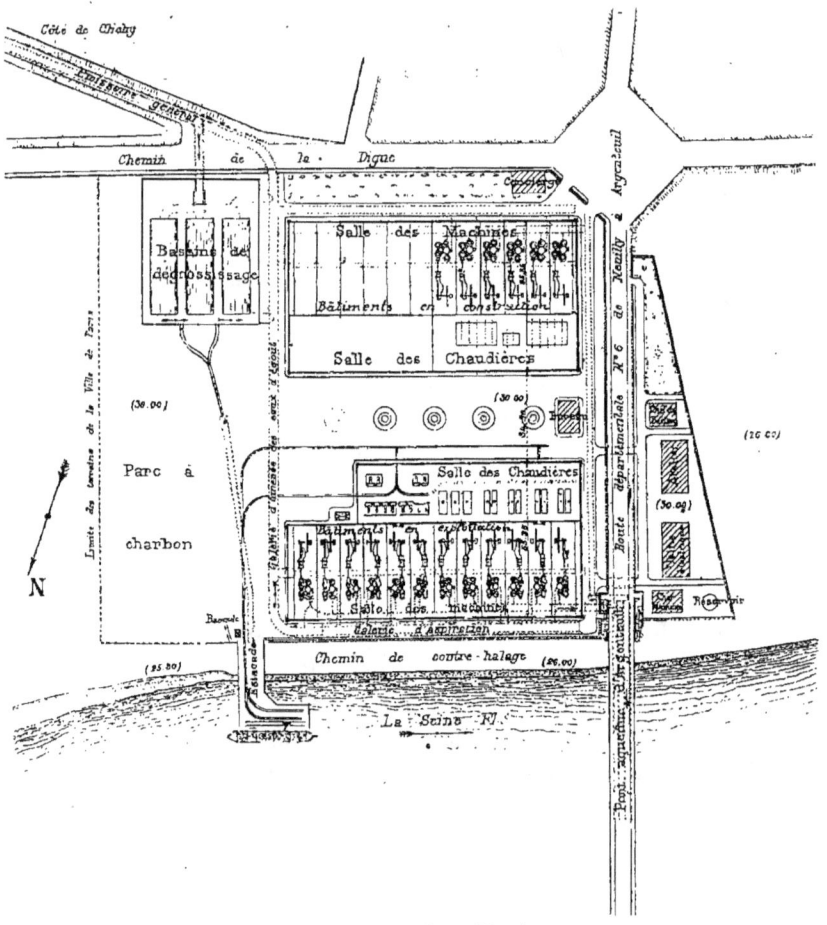

Usine de Colombes. (Plan.)

sives, ils représentent, par suite de cette circonstance, les différents types de distribution de vapeur à 4 tiroirs créés par la maison Farcot depuis 1870. La puissance de chacun d'eux est d'environ 300 chevaux.

Les pompes, du système Farcot, se composent chacune de deux corps de pompe placés en regard l'un de l'autre et sur le prolon-

Usine de Colombes. (Vue d'ensemble.)

gement de l'axe du cylindre à vapeur, dont l'ensemble forme une pompe à double effet, dans laquelle se meut un piston-plongeur unique, directement attelé dans le prolongement de la tige du piston-moteur.

Le nombre de tours par minute varie de 35 à 28 tours, la vitesse de 35 tours correspondant à un débit de 500 litres par seconde de sorte que chaque groupe élévatoire peut refouler par 24 heures, à la hauteur manométrque de 42 m., un volume d'eau de 43 200 m³, soit, pour les 4 groupes, 172 800 m³ par jour.

Les 8 chaudières, qui fournissent la vapeur aux moteurs préci-

Usine de Colombes. (Vue intérieure de la salle des machines.)

tés, sont couplées deux à deux et appartiennent au système Farcot, à deux corps superposés, dont l'un tubulaire.

Elles présentent une surface de chauffe totale de 1 350 m², et peuvent fournir ensemble, en marche normale, un poids de vapeur d'eau de 288 000 kg. par 24 heures.

L'autre fraction a été mise en service en 1898. Elle comprend 8 groupes élévatoires de disposition analogue fournis et installés par la Compagnie de Fives-Lille, mais chacun d'eux en marche normale peut fournir 600 litres par seconde, soit environ

CHAMPS D'ÉPURATION

50 000 m³ d'eau d'égout par 24 heures ; les 8 groupes fonctionnant ensemble refouleraient 400 000 m³ par jour.

Les chaudières, toutes semblables et au nombre de 12, sont du type semi-multitubulaire, système Niclausse, à foyer extérieur ; elles présentent une surface totale de chauffe de 1 721,52 m².

Usine de Colombes. (Vue intérieure d'un bassin de dégrossissage des eaux d'égout.)

Avant de pénétrer dans la galerie d'aspiration des machines, à Clichy comme à Colombes, les eaux s'étalent dans des bassins, dits *de dégrossissage*, où sont arrêtés :

1° Les corps flottants, fumiers, paille, etc., au moyen de grilles parcourues par des râteaux automatiques ;

2° Les sables et les vases qui se déposent dans les bassins et y sont puisés au moyen de dragues à mâchoires, supportées par des ponts roulants, lesquelles déposent leur contenu soit dans des wagons, soit dans des bateaux appropriés ; le tout est mû électriquement.

PIERRELAYE. — L'usine de Pierrelaye est destinée au relève-

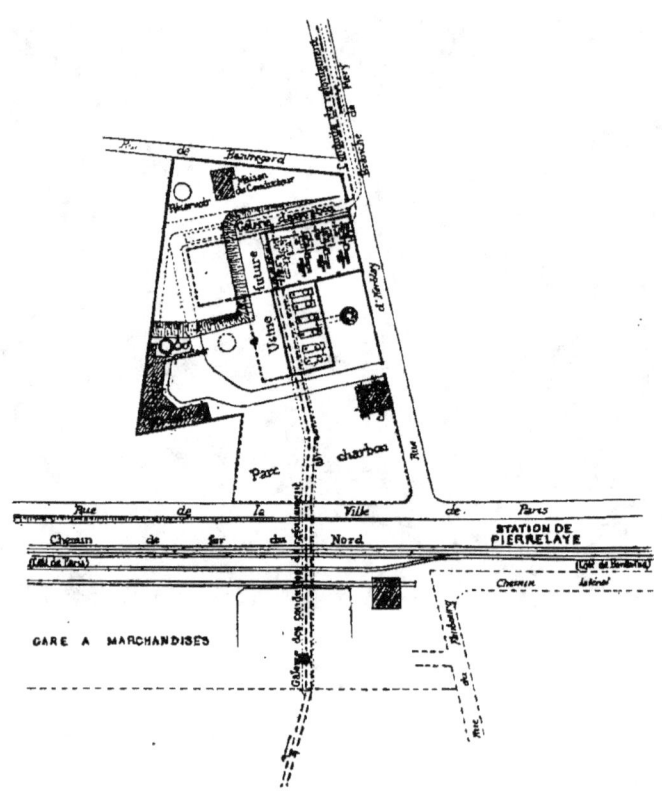

Usine de Pierrelaye. (Plan général.)

ment d'une partie des eaux d'égout dérivées de l'émissaire général au moyen de la *branche de Méry*, et nécessaires à l'irrigation de 1 200 hectares environ de terrains situés dans la région de Méry-Pierrelaye. Ces terrains comprennent, notamment, le domaine municipal de Méry-sur-Oise.

Actuellement, l'installation mécanique de l'usine comprend

Usine de Pierrelaye. (Vue d'ensemble.)

3 groupes de machines et pompes élévatoires. La vapeur nécessaire au fonctionnement des moteurs est fournie par 4 chaudières du type tubulaire à foyer intérieur, avec réchauffeur. Une quatrième machine et deux nouvelles chaudières sont en construction.

L'ensemble des appareils est établi pour assurer, en marche normale, l'élévation de 1 200 litres d'eau par seconde, soit 100 000 m³ par 24 heures, à des hauteurs variant de 25 à 35 m.

Les moteurs sont du type Corliss, à 4 tiroirs monocylindriques et horizontaux avec enveloppe de vapeur ; ils actionnent directement les pompes.

Les pompes sont à piston plongeur ; elles sont contituées par deux corps de pompe à simple effet fonctionnant alternativement à l'aspiration et au refoulement, et munis chacun de 38 clapets du type Corliss (disques à ressorts) à l'aspiration et de 40 au refoulement.

Les générateurs sont du type tubulaire ordinaire à foyer intérieur, avec retours de flamme et réchauffeur.

Le haut dosage hydrotimétrique des eaux de la nappe souterraine et son peu de puissance n'ont pas permis de recourir à son emploi pour l'alimentation des générateurs, aussi utilise-t-on pour cela, de même que pour la condensation, l'eau d'égout à laquelle on fait subir au préalable un traitement épuratoire sommaire.

3. Ouvrages divers de l'émissaire général. — GALERIES LIBRES. —
Le tableau ci-dessous résume les longueurs de galeries libres exécutées en tranchée ou en souterrain.

DIAMÈTRE	TRANCHÉE	SOUTERRAIN	ENSEMBLE
3 mètres	7 169^m,22	9 548^m,70	16 717^m,92
2 —	3 158^m,57	1 334^m,70	4 493^m,27
Totaux	10 327,^{m}79	10 883^m,40	21 211^m,19

L'aqueduc libre, en maçonnerie au mortier de ciment de Portland, de 3 m. de diamètre intérieur, a été construit en tranchée depuis Clichy jusqu'à Colombes ; il en a été de même pour celui de 2 m. de diamètre intérieur sur le plateau de Conflans.

En plusieurs points, l'aqueduc libre émerge du sol ; d'abord, sur quelques mètres de hauteur, sur le plateau d'Argenteuil et sur celui de Conflans et alors le ciment armé remplace la maçonnerie sous une enveloppe de terre gazonnée, puis, à une hauteur plus grande, à la traversée du ravin de la Frette, où il passe sur 4 arcades en maçonnerie de moellons, de 20 m. d'ouverture, qui supportent, par l'intermédiaire de tympans élégis, la cuvette circulaire de l'aqueduc rendue parfaitement étanche par un revêtement intérieur en ciment armé avec lame de plomb.

Arcades de la Frette.

L'émissaire a été construit en maçonnerie de béton de ciment dosé à 400 kg. de ciment dans les longs souterrains

```
De Cormeilles . . . . . . . . . . . . . . .  1 378 m.
De la Frette . . . . . . . . . . . . . . . .  1 019
D'Herblay . . . . . . . . . . . . . . . . .  2 945
De l'Hautie . . . . . . . . . . . . . . . .  5 200
```

Ce dernier, de beaucoup le plus important, mérite une mention spéciale : long de 5 km. et de section circulaire avec 3 m. de diamètre sur la plus grande partie de sa longueur, il a été foré en dix-huit mois, malgré l'obligation de passer à 100 m. de profondeur au-dessous du sommet de l'Hautie, grâce à l'emploi de l'électricité qui a permis d'actionner à distance tous les appareils des divers chantiers, malaxeurs à mortier, compresseur d'air pour la locomotive Mekarski, ventilateurs, etc.

Siphons. — Les siphons au nombre de cinq, constituent une des originalités de l'émissaire par suite de la variété de leur mode de construction et de la diversité des circonstances dans lesquelles ils ont été établis ; leur longueur totale est de 7650 m., alors que l'émissaire mesure 28 km.

1° *Siphon de Clichy.* — Le premier de ces ouvrages, établi pour la traversée de la Seine au sortir de l'usine de Clichy, passe à 16 m. environ au-dessous du niveau du fleuve. Entièrement en fonte avec revêtement intérieur en maçonnerie, il se compose d'un puits circulaire de 3,50 m. de diamètre et de 24 m. de profondeur, et d'une galerie, également circulaire, de 2,30 m. de diamètre intérieur et de 463 m. de longueur. En plan, le tracé comporte deux grands alignements droits raccordés par une courbe de 100 m. de rayon ; en profil, il présente d'abord une partie presque horizontale établie sous les trois bras et les deux îles de la Seine, puis une longue rampe au moyen de laquelle il regagne le niveau du sol sur l'autre rive.

Il a été construit entièrement à l'air comprimé par la méthode du bouclier, dont M. Berlier a fait là une première application en France, et qui a été appliquée immédiatement après à Paris au siphon de la Concorde.

2° *Siphon d'Argenteuil.* — Le siphon d'Argenteuil est cons-

Galerie d'Argenteuil, chantier de construction. (Vue extérieure.)

Galerie d'Argenteuil, chantier de construction. (Vue intérieure.)

titué pour le refoulement de l'usine de Colombes au moyen :
1° De 4 conduites en acier de 1,10 m. avec joints Gibault au

Pont aqueduc d'Argenteuil.

caoutchouc de 249,13 m. de longueur, posées entre les arcs d'un pont métallique en acier servant à la fois de pont-route et de pont-aqueduc.

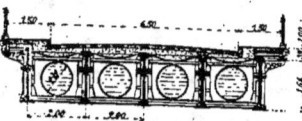

Pont aqueduc d'Argenteuil.
(Coupe à la clé.)

2° De deux conduites de 1,80 m. de diamètre intérieur, l'une entièrement en acier, l'autre, partie en acier, partie en ciment armé, sur 2 433 m. de longueur.

Le pont-aqueduc placé à égale distance des ponts-routes d'Argenteuil et de Bezons, fournit une communication nouvelle et très utile aux populations des deux rives ; il a reçu à cet effet les dispositifs nécessaires pour servir au passage d'une voie publique, avec une chaussée de 6,50 m. de largeur, bordée de trottoirs de 1,50 m. Il n'a pas moins de 250 m. de longueur et comporte sur le fleuve trois travées en arc à doubles articulations, une travée médiane de 70 m. d'ouverture et deux travées latérales de 67 m.

Les piles et les culées ont été fondées à l'air comprimé.

Les deux conduites de 1,80 m. sont renfermées dans une galerie elliptique de 5,16 m. d'ouverture et de 3,40 m. de hauteur sous clef, dont la voûte et les piédroits ont été établis sur un type nouveau, à la fois élégant et économique, par application de l'emploi combiné de l'acier et du ciment. La carcasse métallique est composée d'aciers ronds transversaux de 16 millimètres de diamètre et d'aciers ronds longitudinaux de 8 millimètres

CHAMPS D'ÉPURATION

formant quadrillage de 0,11 de côté ; elle est noyée dans du mortier de ciment de Portland d'une épaisseur de 8 centimètres, non compris un enduit intérieur d'un centimètre.

3° *Siphon d'Herblay.* — La branche d'Achères, qui se détache de l'émissaire à Herblay, est tout entière en siphon. Les eaux

Siphon d'Herblay.

coulent d'abord dans deux conduites en fonte de 1 mètre de diamètre intérieur, renfermées dans une galerie elliptique en béton de ciment de 2,30 m. de hauteur et 3,40 m. de largeur, qui a été entièrement construite en souterrain sur une longueur de 463,50 m., sans apporter aucune gêne à la circulation locale.

Les deux conduites de 1 mètre passent ensuite sous la Seine et y constituent le siphon d'Herblay proprement dit, qui est du type employé au siphon de l'Alma. Il se compose, comme ce dernier, de deux conduites en tôle rivée de 1 mètre de diamètre intérieur qui ont été jumelées et descendues d'un seul coup en moins de trois jours au fond du lit de la rivière, dans une rigole draguée d'avance pour les recevoir, et où on les a enveloppées ensuite de béton.

4° *Siphon de Chennevières*. — A la traversée d'une large dépres-

Siphon de Chennevières.

sion du plateau de Conflans, voisine du hameau de Chennevières, l'émissaire général a dû être mis en siphon sur une longueur de 2 km. et est constitué en ce point par une conduite de 2 m. de diamètre intérieur en ciment armé hourdé dans la fouille.

L'armature est composée de ceintures ou anneaux en fer à ⊥, de 4 génératrices en fer à ⊔ et d'un treillis à mailles rectangulaires formé de fers ronds.

Le mortier de ciment de Portland du hourdis est au dosage de 600 kg.; un enduit intérieur de 0,01 m. à dosage plus riche concourt à l'étanchéité.

La pression maxima dans ce siphon au point le plus bas ne dépasse pas 13 m.

5° *Siphon de la vallée de l'Oise.* — La traversée de la vallée de l'Oise, assez large et assez profonde, s'opère au moyen de deux siphons se faisant suite : le premier, comprenant la partie sous la rivière, constitue le *Siphon de l'Oise* proprement dit ; le second, dénommé *Siphon de Maurecourt*, est établi à petite profondeur au-dessous du sol.

La construction du premier a été réalisée par une nouvelle application du système déjà si avantageusement employé pour le siphon de Clichy et pour le siphon du pont de la Concorde à Paris.

Il comporte en profil un puits vertical de 25 m. de profondeur et une galerie de 276,42 m. de longueur développée, présentant une section libre intérieure de 2 m. de diamètre et passant à 15 m. environ au-dessous du niveau de l'Oise.

La galerie est constituée par une enveloppe annulaire ou armature en tôle d'acier de 0,005 mm. d'épaisseur formée par l'assemblage successif d'anneaux de 0,50 m. de largeur, divisés en 4 segments égaux au moyen de joints en feutre goudronné ; à l'intérieur on a exécuté une maçonnerie en béton de 0,25 m. d'épaisseur y compris l'enduit de 0,01 ; à l'extérieur, un enduit ou chape de 5 à 6 centimètres d'épaisseur moyenne protège l'armature contre l'oxydation.

Le second est constitué sur 1 022 m. de longueur par une conduite de 2 m. de diamètre en fonte frettée. Chaque tuyau, de 4 m. de long et pesant 4 500 kgs. comporte cinq frettes obtenues par enroulement de fils d'acier entre deux nervures venues de fonte.

4. Champs d'épuration. — La distribution des eaux d'irrigation s'opère d'après les mêmes principes dans les quatre champs d'épuration.

Gennevilliers. — Dans la plaine de Gennevilliers, le réseau de distribution comprend :

1° Des conduites maîtresses en maçonnerie ou en béton de 1,25 m. à 1 m. de diamètre et un réseau de conduites de 0,60 à 0,45 de diamètre, représentant ensemble une longueur de 55 km.

2° Des branches fermées par des clapets à vis, au nombre de 817, qui distribuent l'eau à la surface du sol.

Les terrains à irriguer sont disposés par raies et billons, de manière que l'eau d'égout coule dans les raies et rigoles, imbibe la couche arable et baigne les racines des plantes, sans couvrir le sol ni toucher les tiges et les feuilles ; c'est le système d'irrigation dit « par infiltration ».

Le drainage est destiné à recueillir les eaux qui se sont infiltrées à travers le sol et à empêcher l'élévation de la nappe souterraine, en lui donnant de distance en distance une issue vers la Seine à travers les alluvions limoneuses peu perméables qui entourent les graviers anciens utilisés comme filtre. Il se compose de tuyaux perforés en béton de 0,30 et 0,45 de diamètre, placés à 4 m. de profondeur environ au-dessous du sol, de manière à recevoir les eaux épurées. La longueur totale des drains est de 12 km.

Grâce au réseau de drainage, la nappe souterraine reste à un niveau peu élevé. La pureté des eaux de cette nappe, frappante au seul coup d'œil à la sortie des drains en Seine, est constamment vérifiée par les analyses.

Le poisson y vit parfaitement ainsi qu'on peut le constater

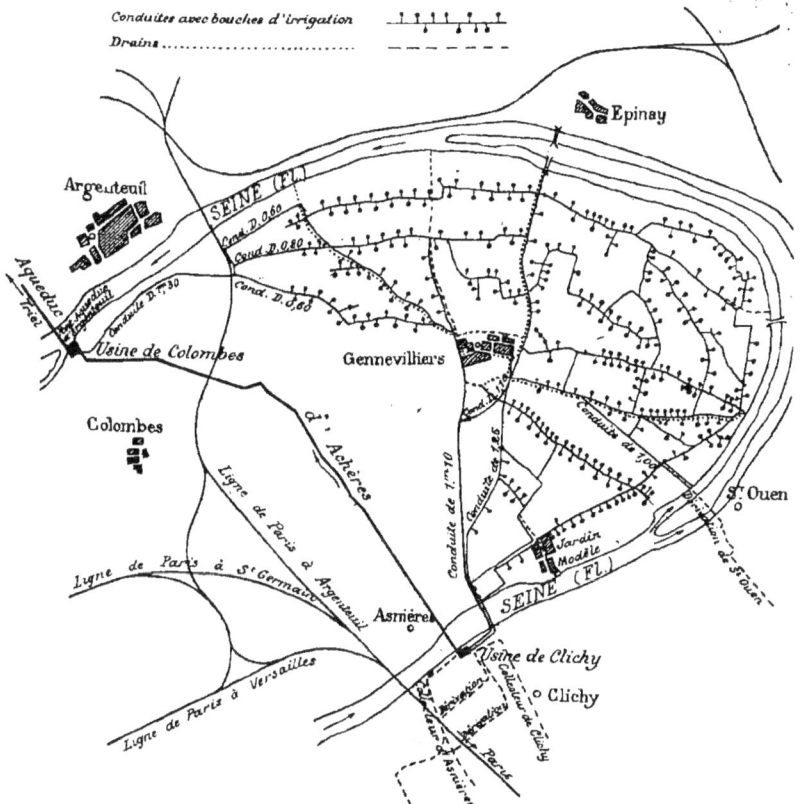

Presqu'île de Gennevilliers. Plan de la canalisation et du drainage.

dans la petite rivière du jardin de la Ville, à Asnières, où coulent les eaux du drain des Grésillons avant de déboucher en Seine.

La surface irriguée a subi une progression croissante ; partie de 50 hectares en 1872, elle atteignait 295 hectares en 1876 ; 450 en 1880 ; 616 en 1884 ; 715 en 1889 ; elle est actuellement de 900 hectares. Cet accroissement témoigne suffisamment du succès de l'opération, car à Gennevilliers, l'usage de l'eau est absolument libre ; aucun cultivateur n'est obligé d'en prendre ; chacun peut en consommer autant qu'il lui convient. La Ville n'a pas de terres, elle n'a que des clients ; elle n'en trouverait pas si la culture à l'eau d'égout réussissait mal ou n'était pas lucrative.

PARC AGRICOLE D'ACHÈRES. — C'est l'extrémité du siphon d'Herblay qui marque le point de départ du réseau de distribution des eaux d'égout sur le domaine municipal désigné sous le nom de *Parc agricole d'Achères*.

Ce réseau comprend des conduites en ciment armé, de 1,10 m., 1 m., 0,80 m., 0,60 m., 0,40 m. et 0,30 m. de diamètre intérieur, constituées par des tuyaux en acier et ciment avec tube intérieur en tôle d'acier mince, calculés pour supporter une pression de 40 m. en service normal.

L'ensemble des terrains présentant la forme d'une longue bande de 10 km. de longueur sur 1 km. de largeur, on a donné au réseau de distribution une disposition qui rappelle la forme d'une arête de poisson ; les conduites principales occupent la ligne médiane de cette longue bande et les conduites transversales, espacées de 400 m. en moyenne et sensiblement perpendiculaires aux conduites longitudinales, portent l'eau de chaque côté de cette ligne médiane jusqu'aux limites du domaine.

La surface totale a, d'ailleurs, été partagée en quatre zones distinctes, ou secteurs d'irrigations, pouvant être isolées chacune de la distribution générale au moyen de robinets-vannes de manière à faciliter et la réparation des conduites et la répartition des eaux.

Les conduites secondaires transversales de 0,40 m. et de

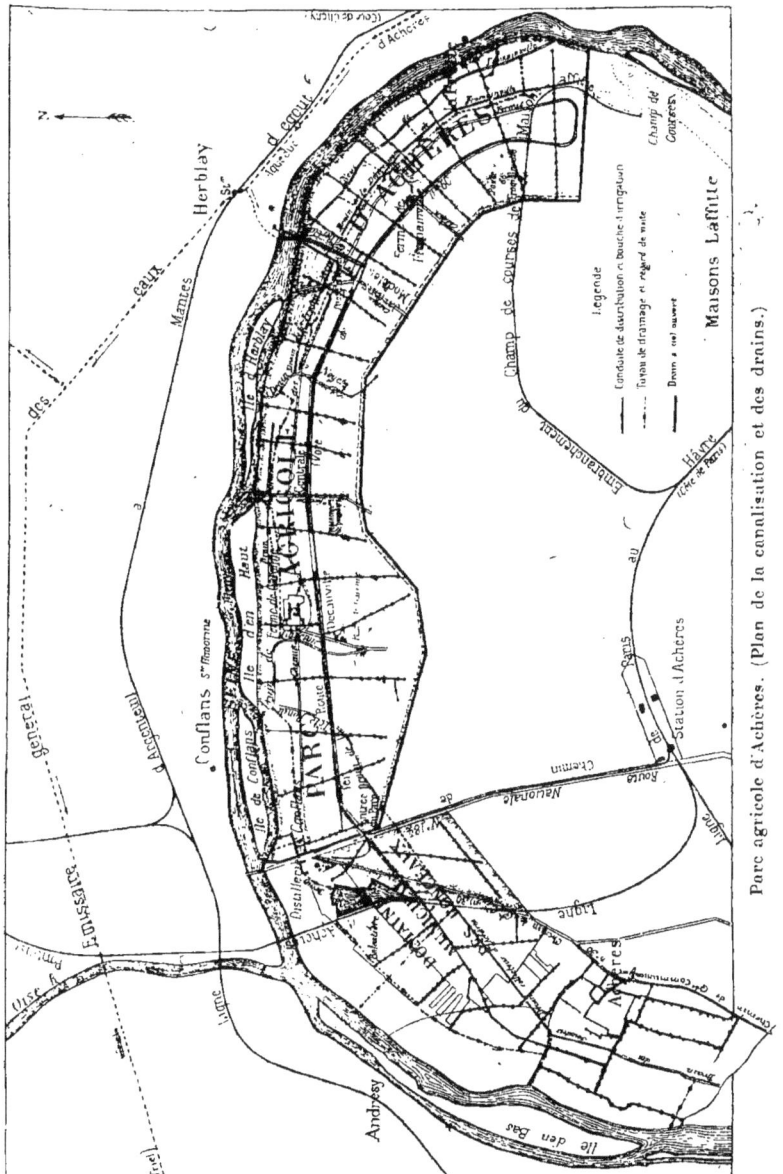

Parc agricole d'Achères. (Plan de la canalisation et des drains.)

0,30 m. sont munies de distance en distance, aux points choisis pour la distribution des eaux, de tubulures de 0,30 m. de diamètre portant le branchement et la *bouche d'irrigation* qui est l'organe principal de la distribution. C'est un clapet à vis extrêmement simple dont la forme est étudiée pour s'opposer aux projections de l'eau et la rabattre dans la cuvette de distribution qui entoure chacune des bouches. Quelques-unes de ces bouches maintenues sur

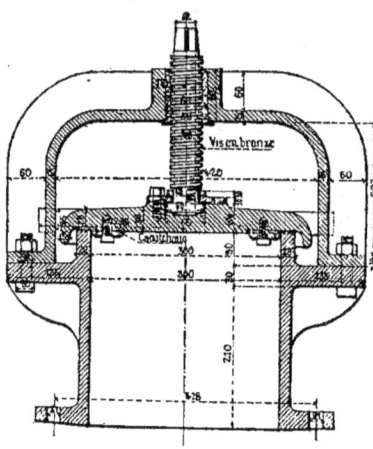

Bouche d'irrigation.

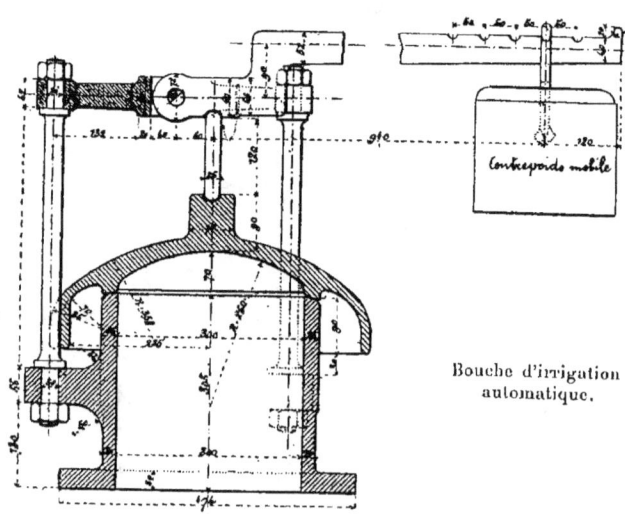

Bouche d'irrigation automatique.

leurs sièges par des poids convenablement réglés, s'ouvrent

automatiquement en cas de surpression et constituent ainsi une sorte de soupape de sûreté.

La longueur totale du réseau des conduites de distribution est de 33 794 m. On y compte 292 bouches d'irrigation dont 21 automatiques ; leur espacement sur les conduites secondaires est

Drain des Noyers et abri de cantonnier.

de 75 à 100 m. ; la surface desservie par une bouche de distribution est en moyenne de 3,40 h.

Dans le champ d'épuration d'Achères, comme dans celui de Gennevilliers, les irrigations déterminent bientôt un relèvement de la nappe souterraine auquel on a dû s'opposer au moyen d'un *drainage* approprié.

Ce drainage comprend des rigoles ou *drains* à ciel ouvert, parmi lesquels ceux d'Herblay, des Noyers, de Garenne, ont été disposés en partie pour l'agrément de la propriété et ont reçu l'aspect décoratif de rivières anglaises, avec lacs et îlots artificiels, rocailles, petites cascades, passerelles.

Il est complété par quelques drains couverts qui sont constitués par des files de tuyaux posés parallèlement à la Seine, à la limite

Drain d'Herblay.

des terrains d'alluvions limoneux et des sables, et forment pour ainsi dire la ceinture des terrains perméables. Ces drains, en tuyaux de 0,40 m. de diamètre intérieur, sont placés à une distance moyenne d'environ 200 m. de la rive gauche de la Seine, avec laquelle ils communiquent par des drains transversaux d'un diamètre un peu plus grand (0,45 m.); ils sont toujours placés à une profondeur minimum de 2 m. et recouverts de terre. Les tuyaux, d'une épaisseur de 0,045, sont en béton moulé.

L'ensemble du réseau représente une longueur totale de 13 700 km. de drains en tuyaux

MÉRY-PIERRELAYE. — La région de Méry-Pierrelaye, récemment canalisée, a un périmètre de 22 km. enveloppant une surface totale de 2,150 hect. dans laquelle on peut compter 1,800 hect. susceptibles d'être irrigués dès à présent, y compris le domaine de Méry-sur-Oise, appartenant à la ville de Paris, qui a une surface de 520 hect.

L'installation s'étend sur tout le territoire de la commune de Pierrelaye et sur une partie du territoire des communes de Méry-sur-Oise, Saint-Ouen-l'Aumône, Frépillon et Bessancourt.

Sur une partie des terrains situés vers Saint-Ouen-l'Aumône, et où l'altitude du sol est en contre-bas de l'altitude du plan d'eau dans la « Branche de Méry », les eaux d'égout sont distribuées par simple gravitation. Cette « zone basse » est commandée par la « Branche des Courlins » et comprend une surface d'environ 600 hect.

Tout le reste de la région est alimenté par l'usine de Pierrelaye et divisé en trois zones de refoulement distinctes desservies chacune par une conduite de refoulement en fonte.

La conduite de refoulement desservant la « zone supérieure » a 4 000 m. de longueur, comprenant 2 350 m. de conduite en fonte de 1,10 m. de diamètre et 1 650 de conduite de 1 m. de diamètre. Celle desservant la « zone moyenne » a 3 000 m. de longueur et 1,10 m. de diamètre. Enfin, celle qui dessert la « zone d'Herblay » n'a que 250 m. de longueur et 1,10 de diamètre.

Ces conduites de refoulement ainsi que la « Branche des Courlins » alimentent un réseau de conduites de distribution en ciment armé de 2 m. à 0,30 m. de diamètre dont le développement atteint 72 km. et qui dessert 980 bouches.

La sécurité du refoulement est obtenue au moyen :

1° De 8 bouches automatiques.

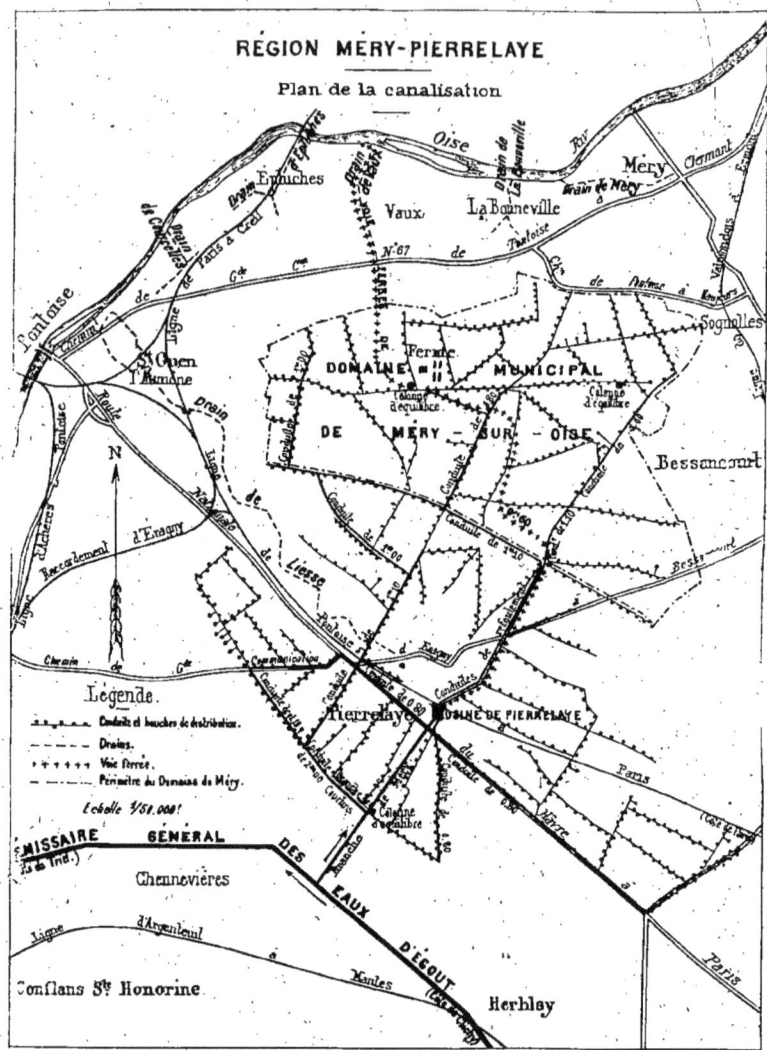

Région Méry-Pierrelaye. (Plan de la canalisation.)

2° De 3 colonnes de déversement — 1 par zone de refoulement

— formées de 2 tuyaux concentriques, en ciment armé, dont l'extrémité supérieure se trouve à l'altitude du maximum d'élévation de l'eau dans la zone correspondante ; si le refoulement atteint ce maximum, l'eau, qui a monté dans la colonne par le tuyau intérieur, se déverse par le tuyau extérieur dans la zone inférieure.

Par suite de la disposition géologique particulière des terrains de la région de Méry-Pierrelaye, qui n'ont pas l'homogénéité de ceux de Gennevilliers ou d'Achères et où les sables moyens ou de Beauchamp alternent avec les marnes du calcaire grossier recouvertes par le limon des plateaux, on n'a pu exécuter les travaux de drainage avant le commencement des irrigations ; la grande épaisseur et l'irrégularité de la masse perméable qu'ont à traverser les eaux d'infiltration ne permettaient évidemment pas de déterminer par avance la direction de leurs cheminements souterrains et il fallait attendre qu'on connût le régime qui allait s'établir pour fixer l'emplacement des drains. On est à peu près fixé maintenant sur ce régime et on exécute un ensemble de travaux destinés à conduire à l'Oise les eaux épurées de la nappe. Cet ensemble comprend 2 collecteurs principaux à ciel ouvert, établis dans les vallées de Liesse et de Vaux qui pénètrent dans le plateau, et des drains en tuyaux pour l'assainissement des villages d'Épluches, de Courcelles, de Bonneville et de Méry établis sur le bord de la rivière. De plus, la nature imperméable des terrains bordant les collecteurs de Liesse et de Vaux, nécessite l'établissement d'un réseau de drains analogues à ceux de la Brie, de petits diamètres, placés à faible distance du sol, et destinés à canaliser les eaux pour les ramener dans les collecteurs.

Carrières-Triel. — La presqu'île de Carrières comporte 950 hect. de terrains irrigables, dont 100 seulement appartiennent à la ville de Paris et constituent le domaine des Grésillons, dans lequel une ferme a été récemment construite.

La canalisation de distribution est en tuyaux de ciment armé, système A. Bonna. De Chanteloup, part une conduite de 1,25 m.

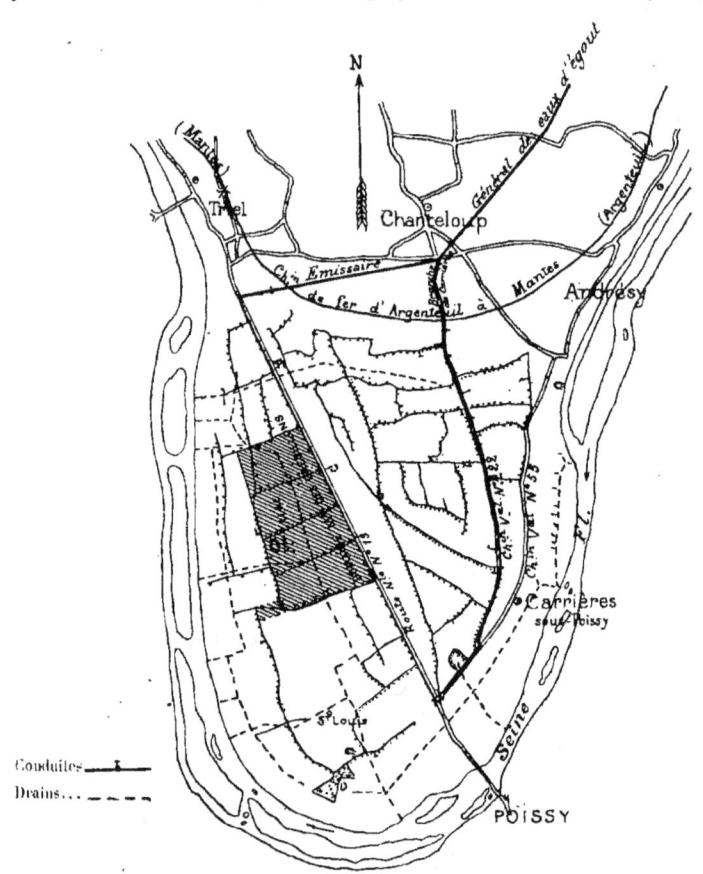

Presqu'île de Carrières. (Plan de la canalisation et du drainage.)

et de Triel une conduite de 1 m. qui desservent la partie haute et la partie basse de la plaine, et se ramifient en conduites de 0,80 m., 0,60 m., 0,40 m. et 0,30 de diamètre. La longueur totale du réseau de distribution est de 46 282 m.

L'eau est distribuée par 650 bouches ordinaires et 22 bouches automatiques.

Afin de faciliter et régulariser la distribution, la canalisation est divisée en 5 secteurs indépendants.

Des drainages établis dans les parties basses de la plaine, entourent la presqu'île comme d'une ceinture, tandis que quelques autres, perpendiculaires aux premiers, pénètrent plus avant dans les terres.

Ces drains sont généralement formés de tuyaux de 0,60 m. 0,50 m. et 0,40 m. en béton moulé ; certaines parties cependant sont constituées par des fossés à ciel ouvert et quelques autres par des aqueducs étanches.

CHAPITRE X

CANAUX DE NAVIGATION

1. Canal de l'Ourcq. — En créant le *canal de l'Ourcq* pour l'alimentation de Paris, Napoléon avait songé à en faire une artère navigable qu'un prolongement ultérieur vers Saint-Quentin mettrait en relation avec la région du nord et qui ne tarderait pas à réaliser une communication directe entre Paris et Anvers. Cette idée grandiose vient seulement d'être reprise, et jusqu'à ce que l'étude en cours aboutisse, le canal disposé en impasse, avec une section exceptionnellement petite, ne saurait avoir que le trafic purement local et très modeste qu'il dessert aujourd'hui.

Il se compose de deux parties distinctes :

1° La *rivière d'Ourcq canalisée* sur 11 200 m. de longueur entre le Port aux Perches et le barrage déversoir de Mareuil ;

2° Le *canal* proprement dit, sur 96 km. environ, qui s'étend de ce point au bassin de la Villette.

A la longueur totale de 107 km., en nombre rond, correspond une dénivellation de 15,25 m. qui est rachetée en partie par la pente des biefs réglée de 0,0625 m. à 0,12366 m. par km., en partie par les chutes de 10 écluses, dont 5 échelonnées sur la rivière et 5 groupées sur la partie intermédiaire du canal. Les premières ont 0,90 m. à 1,80 m. de chute, un sas unique de 63 m. de longueur, 6,90 m. de largeur au plafond et 3 m. de profondeur ; elles sont limitées par des talus perreyés inclinés au tiers. Les secondes ont des chutes de 0,60 m. à 0,70 et deux sas

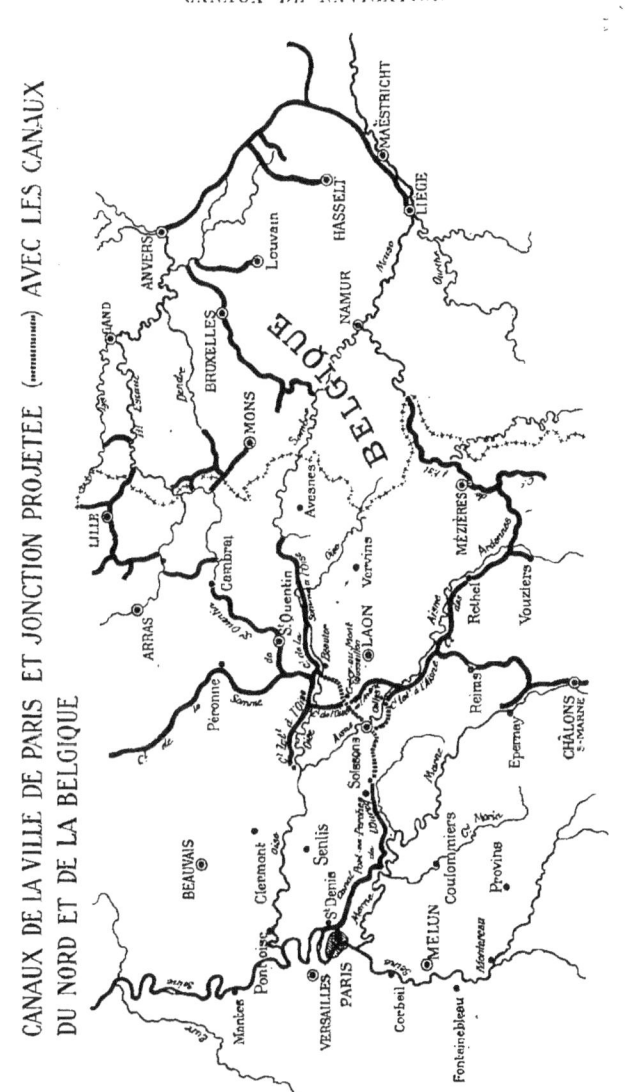

accolés entre bajoyers verticaux, de 58,80 m. de longueur et 3,20 de largeur.

La largeur de la cunette est de 5 m. au plafond et 10 m. en moyenne à la ligne de flottaison, sauf à partir de Pantin où elle a été élargie en 1891-1895, et portée depuis 13 jusqu'à 25 m. Sur les rives règnent uniformément des chemins de halage et de contre-halage, de 3 m. de largeur, complantés d'arbres. On compte sur toute la longueur 79 ponts qui présentent une hauteur libre minima de 3,50 au-dessus du plan d'eau.

L'eau amenée au bassin de la Villette, et qui provient, soit de la rivière d'Ourcq et des autres cours d'eau interceptés par le canal, soit des usines élévatoires d'Isles les Meldeuses et de Tribardou, est répartie entre l'alimentation du service public à Paris et celle des besoins de la navigation sur les canaux Saint-Denis et Saint-Martin : le surplus est déversé, s'il y a lieu, en Seine ou dans les égouts. Le tableau suivant donne la répartition moyenne des cinq dernières années.

	CUBE D'EAU EMPLOYÉ			CUBE D'EAU DÉVERSÉ		CUBE TOTAL
	A la navigation.		A l'alimentation de Paris.			
	Canal St-Denis	Canal St-Martin		En égout.	En Seine.	
Cubes moyens par année (a)	6 767 047	18 230 765	48 602 757	4 505 466	12 544 576	90 561 691
Cubes moyens par jour $\frac{a}{365}$	18 539	49 956	133 159	12 343	34 468	248 268
Cubes minimum par jour (b)	3 436	10 762	76 082	»	»	135 910
Cubes maximum par jour (c)	38 742	103 040	181 438	46 879	105 941	355 35.
Moyennes $\frac{b+c}{2}$	29 089	59 151	136 759	25 396	53 195	245 53.

2. Bassin de la Villette. — Le *Bassin de la Villette*, où vient aboutir le canal de l'Ourcq, et qui sert de réservoir de distribution pour les eaux de ce canal destinées au service public dans

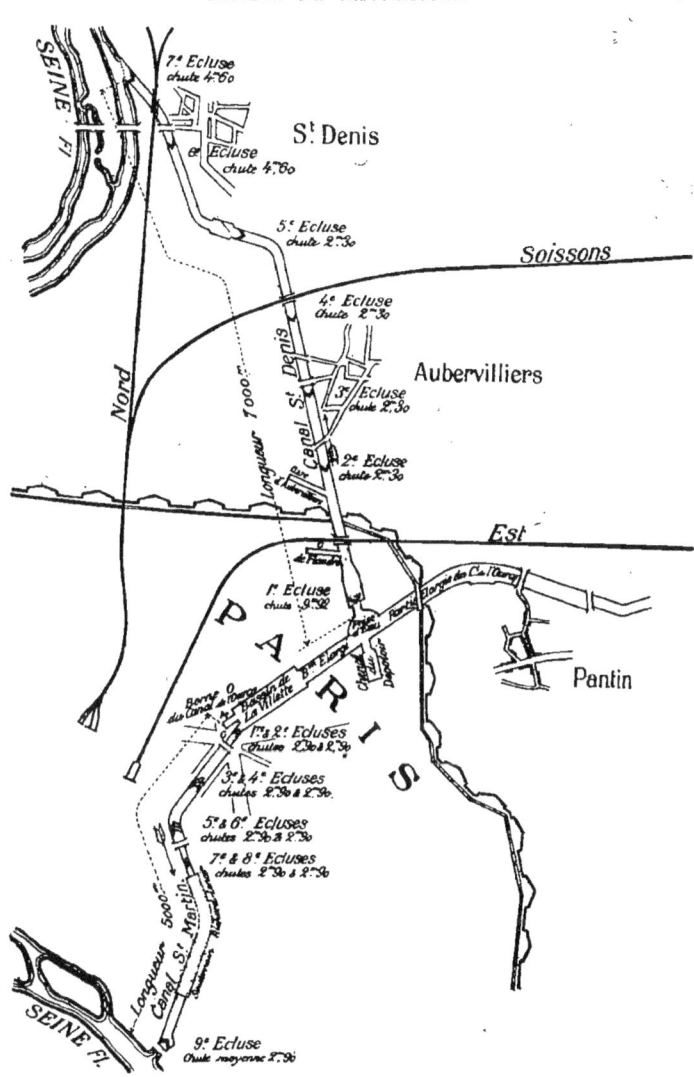

Plan général du bassin de la Villette et des canaux Saint-Denis et Saint-Martin.

Paris, est en même temps le point de départ des deux canaux

Saint-Denis et Saint-Martin et le bief supérieur du canal à point de partage dont ils forment les deux versants. C'est, en outre, un port intérieur d'une importance considérable puisque son trafic le place au sixième rang parmi les grands ports français, immédiatement après Marseille, le Havre, Dunkerque, Bordeaux et Rouen.

Ce bassin qui a une longueur totale de 1 500 mètres, est divisé par le pont-levant de la rue de Crimée en deux parties de longueur à peu près égale mais de largeur très différente (70 et 30 mètres), désignées sous les noms de *grand bassin* entre le pont-levant et la première écluse du canal Saint-Martin, et *bassin élargi* entre le même pont et la *gare circulaire*, où s'ouvre la première écluse du canal Saint-Denis. De part et d'autre du grand bassin se trouvent des magasins, construits en 1879 avec des charpentes en fer provenant de l'Exposition de 1878, et qui sont compris entre la voie charretière de 8 mètres de largeur réservée le long des quais et une voie publique parallèle : ils appartiennent à la Ville de Paris. Le long du bassin élargi une berge de 6 mètres de largeur règne de part et d'autre entre le mur de quai et la voie publique qui le dessert.

Le tirant d'eau actuel est de 3,20 m. : il n'a été obtenu que par une série de travaux d'approfondissement et d'amélioration dont la dépense s'est élevée à 6 000 000 francs. Le pont-levant de la rue de Crimée, compris parmi les travaux d'amélioration, a remplacé un ancien pont-tournant : il a une portée totale de 18 mètres, et une largeur de 7,80 ; son poids qui est de 85 tonnes, est équilibré à 5 tonnes près par quatre contrepoids qui se déplacent dans des puits en maçonnerie de sorte qu'il peut être élevé de 4,60 m. en cinquante à quatre-vingts secondes, sans effort trop considérable, par les pistons de deux appareils hydrauliques qui utilisent la pression de l'eau dans les conduites de la distribution.

Il y a en outre sur le grand bassin, au droit de la rue de la

Moselle, une passerelle pour piétons qui forme un arc métallique de 86 mètres de portée et laisse en son milieu une hauteur libre de 11,80 m. pour le passage des bateaux, qui peuvent en conséquence évoluer dans toute l'étendue du port sans abattre leurs mâts.

3. Canal Saint-Denis. — Le *canal Saint-Denis*, qui relie l'extrémité amont du bassin de la Villette à la Seine, près de Saint Denis, à l'aval de la traversée de Paris, rachète une différence de niveau de 28,34 m. sur une longueur totale de 6 650 mètres.

Il comptait autrefois 12 écluses, de 2,20 m. à 2,50 de chute, dont 4 isolées et 8 groupées deux à deux. Depuis la transformation à laquelle on a procédé à partir de 1881 pour mettre le canal en rapport avec les nouvelles conditions de navigabilité de la basse Seine, le nombre en a été ramené à 7 : une écluse unique de 9,92 m. de chute a remplacé les deux premiers groupes ; aux quatre écluses isolées ont été substituées des écluses nouvelles de chute sensiblement équivalente ; et deux

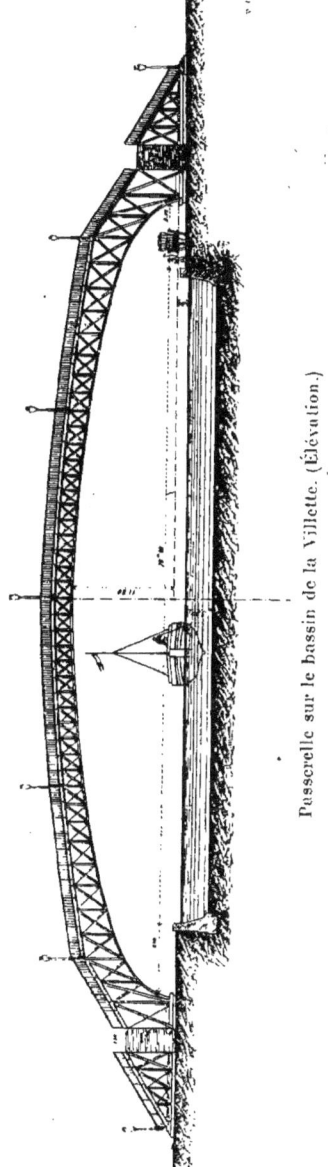

Passerelle sur le bassin de la Villette. (Élévation.)

écluses de 4,30 m. et 4,50 de chute ont été établies en remplacement des deux groupes extrêmes.

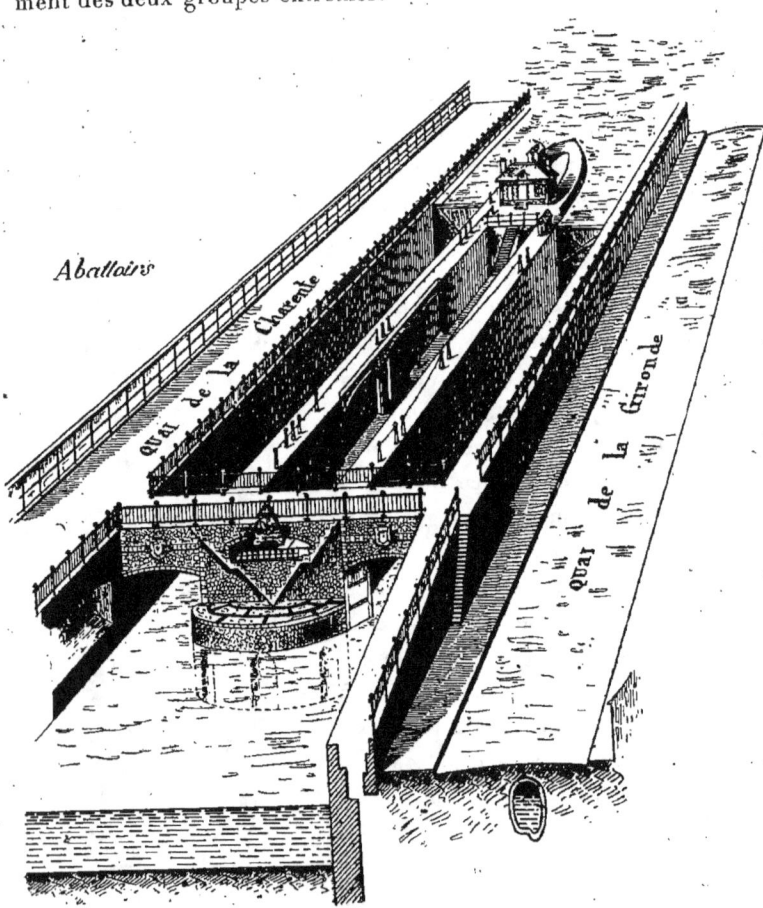

Vue de l'écluse de 9m92 de chute.

La cunette présente une largeur de 25 mètres en moyenne, et 30 mètres à la ligne de flottaison ; elle est bordée tantôt de murs de quai, tantôt de perrés ; le tirant d'eau y est uniformément de 3,20 m. et tous les ponts fixes, au nombre de 14, laissent au-dessus du plan d'eau une hauteur minimum de 5,25 m. sous clé. Les deux rives du canal sont bordées de plantations sur presque toute la longueur; le chemin de halage a 6 mètres de largeur.

Le canal Saint-Denis étant appelé à recevoir deux catégories principales de bateaux de dimensions très différentes, d'une part les péniches du Nord dont le gabarit est limité par les types d'écluses des canaux de la région, d'autre part les bateaux de la basse Seine beaucoup plus grands et qui peuvent être augmentés encore, on a lors de la construction des nouvelles écluses constitué chacune d'elles avec deux sas de grandeur appropriée aux besoins des deux batelleries, tant pour faciliter et activer la circulation que pour diminuer la consommation d'eau. Les deux sas ne sont séparés que par un bajoyer sur lequel on a réuni tous les appareils de remplissage et de vidange des sas ainsi que ceux de manœuvre des portes de manière à laisser les chemins de halage entièrement libres; cette disposition a eu pour conséquence l'emploi de portes à vantail unique qui ont été construites en fer avec bordage en bois. Dans le bajoyer central sont pratiquées quatre galeries; une supérieure communiquant avec le bief amont; deux inférieures en rapport avec les deux sas, et une galerie de décharge débouchant dans le bief aval : elles sont commandées par deux vannes cylindriques basses du système Fontaine. Les manœuvres des vannes s'exécutent à bras d'homme au moyen d'un simple cric; celles des portes sont commandées mécaniquement par une turbine qu'actionne la chute de l'écluse et qui met en mouvement un arbre longitudinal sur lequel on peut embrayer les arcs dentés fixés aux vantaux.

La première écluse dont la hauteur tout à fait exceptionnelle, qui n'a pas été encore atteinte ailleurs, était motivée par la nécessité d'une reconstruction complète en pleine exploitation sur un espace restreint, mérite pour ce motif une mention à

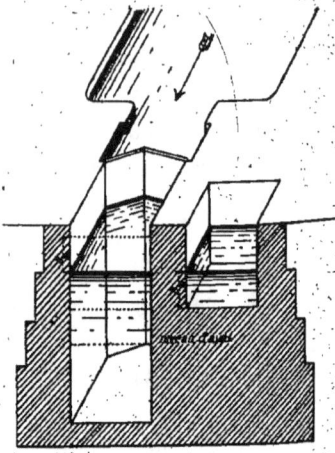

Le sas au niveau du bief d'amont.
Le bassin d'épargne vide.

Le tiers du sas vidé dans le bassin d'épargne.

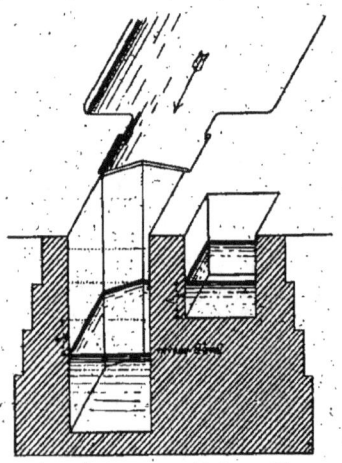

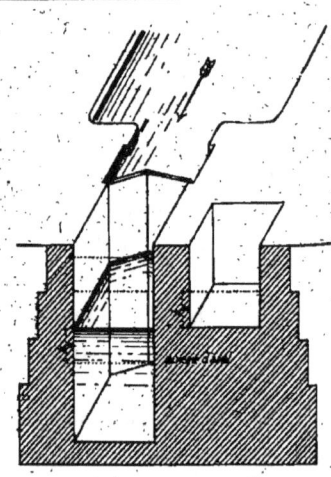

Les deux autres tiers du sas vidés dans le bief d'aval, le sas est au niveau d'aval.

Le bassin vidé dans le sas qui est remonté de ⅓. Pour revenir à la position N° 1 on remplit avec le bief d'amont.

Coupes schématiques de la grande écluse montrant le fonctionnement du bassin d'épargne.

part. Les deux sas y sont séparés par un massif central composé de deux bajoyers portant les appareils de manœuvre entre lesquels sont logés deux *réservoirs d'épargne*, à ciel ouvert, qui permettent d'économiser à chaque éclusée un tiers du volume d'eau, et qui à cet effet ont reçu une superficie égale à celle des sas correspondants et un radier établi aux 2/3 de la hauteur de chute. La porte aval, à vantail unique, présente cette particularité que sa hauteur est réduite à 5,25 m. au-dessus du plan d'eau, ce qui a été rendu possible par l'établissement d'un pont en maçonnerie supérieur contre lequel elle vient battre.

Le temps employé pour la manœuvre des portes (ouverture et fermeture) n'est que d'une demi minute pour les 6 écluses de dimensions courantes ; elle est d'une minute pour l'écluse de 9,92 m. Quant à la durée des remplissages et des vidanges, elle est donnée par le tableau ci-après :

	SURFACE	DURÉE	
		Emplissage.	Vidange.
Écluse de 2m,50 de chute. — Grand sas.	450 m2	4′ 39″	5′ 16″
— Petit sas .	220	3′ 44″	3′ 58″
Écluse de 4m,50 de chute. — Grand sas.	580	6′ 46″	8′ 14″
— Petit sas .	220	3′ 29″	3′ 14″
Écluse de 9m,92 de chute. — Grand sas.	480	9′ 10″	8′ 30″

L'ensemble des travaux de transformation, qui ont occasionné une dépense de 14 000 000 de francs, partagée entre le département de la Seine et la Ville de Paris (y compris 6 000 000 pour le bassin de la Villette), fait honneur à M. l'Inspecteur général Humblot, décédé en 1899, qui en a dirigé l'exécution et en mémoire de qui le Syndicat de la batellerie a spontanément voulu placer sur l'écluse de 9,92 m. un bronze commémoratif.

4. Canal Saint-Martin. — De son origine à l'extrémité aval du bassin de la Villette à son débouché en Seine en face du Jardin des Plantes, le *canal Saint-Martin* mesure 4 550 mètres en nombre rond, dont 2 700 à ciel ouvert et 1 850 sous voûte ; et sur cette longueur il rachète une différence de niveau de 24,56 m. au moyen de 9 écluses de 1,86 m. à 2,95 m. de chute, dont quatre sont groupées deux par deux.

La largeur au plafond de la cunette est de 27 mètres dans la

Vue du terre-plein des 5e et 6e écluses.

partie à ciel ouvert ; elle est réduite à 16,10 m. sous la voûte du boulevard Richard-Lenoir, entreprise en 1861 en même temps que l'abaissement du canal, et à 8 mètres seulement sur une longueur de 179 mètres sous la voûte plus ancienne de la place de la Bastille ; au sortir du souterrain elle augmente brusquement jusqu'à 70 mètres, pour se rétrécir ensuite aux environs de 40 mètres, en formant la *gare de l'Arsenal*.

Sur toute sa longueur cette cunette est bordée de quais verticaux : les berges, pavées sur presque toute leur longueur, ont en général 5 mètres de large, avec une bande libre de 1 mètre formant banquette de halage ou contre-halage portée à 1,75 m, dans la partie voûtée ; au bassin de Pantin les berges s'élargissent à 20,60 m. dont 12 mètres sont réservés comme port public.

Le tirant d'eau normal est de 2 mètres seulement. Les écluses ont 7,80 m. de largeur et 42 mètres de longueur. C'est dire que le canal est ouvert au matériel de batellerie qui circule sur la plupart des canaux français, mais non aux bateaux plus grands de la basse Seine qui sont obligés de rebrousser chemin lorsqu'ils sont parvenus jusqu'à la Villette par le canal Saint-Denis.

Le plafond primitif des deux premiers biefs de ce canal était établi sur le gypse et bétonné : des infiltrations d'eau ayant dissous le gypse, de nombreux effondrements se sont produits, et il a fallu remplacer le radier en béton par un autre en maçonnerie formé de voûtes d'arêtes portées par des piliers en maçonnerie descendus à 14 mètres de profondeur sur le calcaire grossier. Les murs de quai des deux biefs et les 2e 3e et 4e écluses ont dû être repris en sous-œuvre et consolidés de la même manière, ainsi que les ponts des rues Louis-Blanc et des Écluses.

Quatre ponts fixes, un pont tournant et 6 passerelles desservent une active circulation entre les quartiers séparés par le canal.

TROISIÈME PARTIE

FONCTIONNEMENT DES SERVICES. EXPLOITATION ET ENTRETIEN

CHAPITRE PREMIER

EAUX

1. Dérivations. — Le service des *aqueducs* ou des *dérivations* est chargé de la surveillance constante des sources captées et de celle des 530 kilomètres d'aqueducs qui en amènent les eaux à Paris jusqu'au débouché dans les réservoirs de distribution.

Placés sous les ordres de l'ingénieur qui réside à Paris, ses agents, qui portent la dénomination de *cantonniers des aqueducs*, au nombre de 90, procèdent sous la direction de 6 conducteurs et 2 piqueurs, chargés des circonscriptions, aux jaugeages périodiques du débit des diverses sources, aux manœuvres destinées à réaliser le plein des aqueducs, à toutes les opérations d'entretien des ouvrages, etc. Ils prêtent leurs concours lors des prélèvements d'échantillons pour les analyses, signalent les incidents ou accidents qui peuvent se présenter, surveillent les travaux de réparation s'il y a lieu. Ceux qui ont la garde des captages ont la consigne formelle de mettre immédiatement en décharge les sources dès qu'elles viennent à se troubler et d'en aviser par télégramme le service central ; toute interruption de service donne lieu également à l'envoi d'un avis télégraphique : l'eau mettant de trente à quarante-huit heures à parcourir la distance des sources aux réservoirs cet avis permet, dans la plupart des cas, de prendre les mesures utiles avant la cessation de l'écoulement. L'accident le plus fréquent résulte de la rupture d'un tuyau sur le parcours des siphons : en ce cas, le siphon étant généralement double, on isole la file de tuyaux avariée ; on fait passer le plus d'eau possible par l'autre en mettant le surplus en décharge ; et l'on entame de suite la réparation en se servant des pièces approvisionnées d'avance à proximité et en travaillant jour et nuit pour hâter le rétablissement du service normal.

L'exploitation des usines élévatoires des aqueducs de la Vanne et du Loing rentre dans les attributions de ce service, qui dispose pour cet objet d'un personnel de 44 mécaniciens, chauffeurs aides, etc. Dans la vallée de la Vanne, les usines hydrauliques sont mises successivement en marche à mesure que les sources hautes diminuent de débit, de manière à tenir l'aqueduc plein au moyen d'un appoint emprunté aux sources basses; on n'a recours qu'en dernier lieu aux machines à vapeur de Laforge et de Maillot.

Les dépenses de ce service se sont élevées en 1899 pour l'entretien et l'exploitation des aqueducs de la Dhuis, de la Vanne et de l'Avre (422 kilomètres), non compris celui du Loing qui était encore en construction, à la somme de 344 781 fr. 59 soit 817 fr. 02 par kilomètre. A quoi s'ajoute une somme de 83 940 fr. 76 pour frais d'élévation des sources basses et d'entretien des usines de la vallée de la Vanne.

Les travaux de grosses réparations qui nécessitent l'ouverture de crédits spéciaux sont effectués sous la direction et la surveillance du personnel normal d'entretien.

2. Machines élévatoires et réservoirs. — La section des machines et réservoirs, confiée à un inspecteur ayant rang d'ingénieur ordinaire, est chargée de l'exploitation et de l'entretien de toutes les usines du service des eaux comprises dans Paris et le département de la Seine, des conduites ascensionnelles correspondantes et des établissements de filtrage de Saint-Maur et d'Ivry, ainsi que de l'entretien de tous les réservoirs de distribution ; à cet ensemble déjà considérable, puisqu'il comporte un budget normal de 1 697 000 francs et un personnel de 26 agents et 250 ouvriers, viennent s'ajouter les travaux de grosses réparations et d'amélioration, ainsi que les travaux neufs qui se poursuivent presque sans interruption par suite du développement continu de la distribution.

Afin que le chef du service puisse être constamment au courant de la situation et tienne bien en main toutes les parties de ce vaste ensemble, il est logé à proximité de son bureau, qui est relié par un réseau télégraphique spécial à tous les établissements principaux et en particulier aux bureaux des chefs de circonscription, tous logés dans les dépendances des usines. Chaque matin, régulièrement, il reçoit par cette voie le relevé du travail de la veille, et, à toute heure du jour et de la nuit, il est immédiatement averti des incidents qui viennent à se produire en un point quelconque; il peut de même transmettre ses instructions et ses ordres. Il dispose d'ailleurs d'une voiture pour se transporter immédiatement aux endroits où sa présence peut être utile.

Constamment en relation avec le service de la distribution, auquel il est relié par télégraphe spécial et par téléphone direct, il est avisé immédiatement des besoins du service public et prend en conséquence les mesures nécessaires pour y satisfaire utilement au moyen des machines disponibles.

La consommation de charbon est contrôlée par des bulletins de marche quotidiens qui relatent les poids employés. La réception des charbons est faite à l'arrivée par des préposés spéciaux au pesage, des expériences sur échantillons dans un établissement spécial permettent de vérifier la qualité des livraisons faites par l'entrepreneur des fournitures qui sont généralement adjugées tous les trois ans. Les générateurs sont visités périodiquement dans chaque usine par un agent désigné à cet effet dans une circonscription voisine, et les résultats de la visite consignés tant dans un registre *ad hoc* que sur une feuille transmise à l'administration. Les machines sont revues au moins une fois par an et successivement, durant les périodes de moindre consommation, puis remises en état par les ouvriers de l'usine, qui disposent à cet effet d'un petit atelier de réparation ou par les ouvriers détachés de l'*atelier central* où l'on travaille les pièces importantes.

Dans chaque usine réside un chef-mécanicien responsable qui a sous ses ordres des conducteurs de machines ou machinistes et des chauffeurs, tous commissionnés par le service des mines. Plusieurs établissements sont groupés par circonscription de conducteur, et chaque chef de circonscription a son bureau et son logement dans les annexes du plus important de ces établissements. De la sorte l'exploitation est constamment et efficacement contrôlée.

La surveillance de la marche intermittente des bassins filtrants est rattachée à celle des usines auxquelles ces bassins sont juxtaposés : elle donne lieu à quelques manœuvres de vannes et surtout au nettoyage périodique des bassins par raclage de la surface du sable, puis à la revivification du sable sali par des lavages systématiques en vue d'un nouvel emploi. Des échantillons d'eau sont régulièrement prélevés durant les périodes de fonctionnement en vue des analyses faites par les soins de l'Observatoire municipal de Montsouris.

Il a été fait à Saint-Maur des essais en grand de stérilisation des eaux filtrées par l'ozone (procédé Tindal). Le service des machines est chargé de suivre tous essais de ce genre, de même que toutes expériences sur les nouveaux appareils de contrôle, de fumivorité, et autres qui paraissent intéressantes pour le service ou sont demandées par l'administration.

L'entretien des engins mécaniques se fait d'autant plus aisément que la marche des machines n'est pas continue l'année entière, car les besoins du service sont moindres dans la saison froide, où non seulement la consommation se restreint, mais où les eaux de source surabondantes, non employées par le service privé, servent d'appoint dans le service public : il en résulte que la puissance utilisée dans les usines atteint à peine la moitié de la puissance nominale.

L'entretien des bâtiments ne présente aucune particularité, mais celui des réservoirs appelle une mention spéciale au sujet de la réparation des fissures de dilatation qui en sont l'objet principal ; ces fissures, inévitables dans les maçonneries de grandes dimensions, en laissant passer l'eau ne tarderaient pas à déterminer des pertes fâcheuses et des dégradations menaçantes pour la conservation des ouvrages, si l'on ne prenait soin de les obturer au moyen d'application de bandelettes de caoutchouc minces collées à la benzine sur les lèvres de la fissure préalablement régularisées et soigneusement asséchées, puis protégées par un enduit de ciment. Imaginé et mis en usage par l'ingénieur en chef Couche, le procédé qui vient d'être indiqué n'a cessé de donner d'excellents résultats, mais il comporte des opérations délicates qui ne réussissent qu'entre les mains d'ouvriers consciencieux et exercés.

Au service des machines et réservoirs sont rattachés :

Le *laboratoire d'essai des compteurs*, où les nouveaux systèmes subissent de longues épreuves avant d'être autorisés, d'abord à titre provisoire, ensuite à titre définitif et où les fabricants qui ne sont pas autorisés à faire opérer le poinçonnage à leurs usines, sont tenus de faire vérifier et poinçonner tous les appareils des systèmes autorisés avant leur mise en service.

Le *dépôt des locomobiles et pompes* et en général de tout le matériel d'épuisement appartenant à la Ville et employé sur les divers chantiers de travaux.

La dépense totale du service (entretien et exploitation) s'est répartie en 1899 de la matière suivante :

Personnel ouvrier	745 705,24 fr.
Fournitures : charbons, graisses, huiles, etc.	798 060,49
Entretien des usines, frais généraux, redevances, etc.	151 917,59
Atelier central	49 415,13
Entretien des réservoirs	41 131,16

Le prix du cheval utilisé en travail effectif ressort pour l'année à 684 francs en moyenne pour les machines à vapeur et à 151 francs pour les machines hydrauliques. Les premières consomment moyennement 1,50 k. de charbon tout venant du Nord par cheval-heure utile. Le prix du mètre cube d'eau élevée aux réservoirs est en moyenne de 0,0176 pour les usines à vapeur et de 0,0044 pour l'usine hydraulique. Le prix de 1 000 m^3 d'eau élevés à 1 m. de hauteur est, pour les machines hydrauliques de 0,074, pour les machines à vapeur de 0,289, en moyenne, non compris l'intérêt et l'amortissement des dépenses de premier établissement.

Le salaire moyen des ouvriers des usines dont la journée normale est de dix heures, mais qui travaillent habituellement douze heures, le travail continu étant fait par voie de roulement entre deux équipes, ressort dans ces conditions y compris tous les suppléments, repos payé, congés, maladie etc., à 2 600 francs pour l'année ; celui des ouvriers d'état attachés à l'atelier central, dont la journée est limitée à dix heures, est de 2 300 francs.

3. Distribution. — C'est également un inspecteur, ayant rang d'ingénieur ordinaire et assisté d'un inspecteur-adjoint, qui est placé à la tête de la distribution générale des eaux du service privé et du service public.

Ses attributions comprennent d'abord toutes les manœuvres relatives au fonctionnement des réservoirs et des canalisations, en vue de satisfaire à chaque instant aux besoins essentiellement variables de la consommation, qui ne se révèlent que par les oscillations du plan d'eau dans les réservoirs et les indications manométriques dans les postes d'observations ou sur les appareils placés en certains points de la voie publique.

Elles comprennent en outre : la surveillance et l'entretien de la canalisation, les petites et grosses réparations, la vérification du bon fonctionnement, l'entretien et les réparations de tous les appareils publics (sauf dans les promenades où ils dépendent ainsi que la canalisation du service spécial), le contrôle des travaux d'embranchement exécutés par la Compagnie générale des Eaux pour le service des maisons, le relevé des consommations dans les établissements publics, la vérification des compteurs à domicile, les rapports avec le service des sapeurs-pompiers.

L'Inspecteur de la distribution des Eaux dispose à cet effet d'un personnel de 44 agents, 122 fontainiers et 32 vérificateurs de compteurs. Sauf les vérificateurs de compteurs, qui forment sous les ordres d'un conducteur unique 7 équipes volantes en état de visiter et de soumettre aux épreuves réglementaires chaque année un cinquième des compteurs en service, tout le reste du personnel est réparti en 18 groupes d'arrondissement à la tête desquels sont placés des conducteurs ou des piqueurs, tous logés dans des immeubles connus du public et reliés par un réseau télégraphique spécial au bureau central, où une permanence est organisée, afin d'assurer la communication constante de jour et de nuit, et qui est aussi en relations directes avec l'état-major des pompiers. Neuf conducteurs chefs de circonscription sont chargés directement du service d'un groupe d'arrondissement et, en outre, par l'intermédiaire d'un sous-chef de circonscription placé sous leurs ordres, de l'un des groupes contigus.

Tantôt les fontainiers se tiennent au poste annexé à chaque bureau de chef ou sous-chef de circonscription, prêts à exécuter les ordres reçus ou à se rendre d'urgence sur les points signalés, tantôt ils sont en tournée pour vérifier le bon fonctionnement des appareils que les trois entrepreneurs, adjudicataires de l'entretien, sont tenus chacun dans son lot de manœuvrer à intervalles réguliers pour s'assurer de leur bon état de fonctionnement, tantôt en manœuvres sur tels ou tels points de la canalisation pour arrêts d'eau ou remises en service, tantôt en surveillance sur les chantiers d'entretien, de réparation, de pose de conduites, etc... Un certain nombre d'entre eux sont logés dans les dépendances des réservoirs et remplissent les fonctions de gardes bassins, relevant les hauteurs d'eau, manœuvrant les bondes de prise, de distribution, etc. ; parmi les autres, quelques-uns sont également logés dans des immeubles dépendant du service, généralement au voisinage immédiat de la demeure du chef ou sous-chef de circonscription, afin de se trouver même la nuit à sa disposition.

L'entretien des canalisations est fait à forfait par les trois entrepreneurs de fontainerie, dont le marché est renouvelé par adjudication tous les trois ans : ce forfait, établi à raison de 0,08 francs par an et par mètre courant de canalisations de tous diamètre, (robinets compris), 9 à 40 francs pour les divers appareils publics de distribution, 120 francs pour les fontaines monumentales, sauf déduction du rabais consenti, comprend toutes les manœuvres, les visites, nettoyages, peintures et réparations, sauf le goudronnage des conduites en égout, qui se fait en régie, et la fourniture des pièces de fonte de plus de 0,60 m. de diamètre, qui sont prises au dépôt de la Ville. Ces mêmes entrepreneurs sont chargés, sur série de prix passibles du rabais de l'adjudication, de tous les travaux neufs de fontainerie dont le montant est inférieur à 40,000 francs, sauf les fournitures de fontes et de robinets-vannes.

Les dépenses d'entretien, de surveillance et de manœuvre du matériel de la distribution se sont élevées pour 1899 à la somme de 1 042 619,64 francs sur laquelle une partie, soit 228,64 fr., a servi à couvrir les frais d'entretien des réservoirs et divers menus travaux confiés au service des machines ou aux sections de la Voie publique, et le reste a été dépensé par l'inspection de la distribution des eaux, conformément à la répartition suivante :

Personnel ouvrier	352 499, 99 fr.
Entretien à forfait	450 828, 21
Travaux divers à l'entreprise	100 737, 73
Travaux et fournitures en régie	93 332, 07

ce qui correspond environ à un salaire moyen de 2,400 francs par an pour chaque fontainier et à une dépense de 0,0045 francs par mètre cube d'eau.

Les appareils publics de puisage d'eau de source et les fontaines d'ornement, qui se trouvent sur la voie publique, relèvent uniquement du service de la distribution. Il n'en est pas de même des appareils de lavage et d'arrosage, dont ce service a l'entretien, mais qui sont manœuvrés sans son intervention par les cantonniers du service de la voie publique et des plantations d'alignement, auxquels il est d'ailleurs recommandé d'éviter le gaspillage et les écoulements inutilement prolongés ; des *cols de cygne*, qui se raccordent sur ces bouches, servent aux puisages temporaires pour les chantiers de travaux. Les bouches d'incendie sont manœuvrées par les pompiers, qui procèdent à des vérifications périodiques, par petits groupes, toujours accompagnés d'un fontainier, ayant de la sorte une connaissance parfaite de ces appareils constamment sous pression. Les pompiers n'ont pas besoin de l'intervention des agents du service des eaux en cas de sinistre ; lors des grands incendies seulement l'état-major des pompiers avise par téléphone le bureau central de la distribution et un fontainier se rend immédiatement sur les lieux ; le chef ou le sous-chef de circonscription s'y transporte souvent aussi, afin de prêter son concours en cas de besoin, s'il se produit par exemple une fausse manœuvre, ou un grippement accidentel des bouches d'incendie.

Dans les promenades, parcs et squares municipaux, qui dépendent d'un service distinct, la pose et l'entretien des canalisations et appareils échappent entièrement aux agents de la distribution des eaux. Du moins tous les jardins municipaux, à l'intérieur de l'enceinte, sont-ils pourvus d'eau de source, que les promeneurs peuvent puiser à de petites fontaines-buvettes d'un type spécial, munies de gobelets comme les fontaines Wallace de la voie publique.

4. Régie intéressée. — Il résulte de ce qui précède que le service municipal dispose seul de l'alimentation et de la distribution. L'intervention de la Compagnie générale des Eaux, chargée depuis 1860 de la *régie intéressée*, ne porte donc pas sur l'exploitation technique qui est entièrement entre les mains de l'administration. La régie s'occupe exclusivement de la vente de l'eau aux particuliers : elle est pour la Ville une sorte d'agent commercial, chargé des rapports avec les consommateurs et de la perception des produits, et rémunéré par l'allocation d'une prime sur ces produits. Cette prime est fixée par le traité du 11 juillet 1860 et la convention modificative du 26 décembre 1867 à :

25 p. 100 pour les recettes au-dessous de 6 000 000 fr.
20 p. 100 pour les 7e, 8e et 9e millions.
15 p. 100 pour les 10e et 11e.
10 p. 100 pour le 12e.
5 p. 100 au delà.

Les produits dépassant actuellement 17 000 000 fr. par an, la prime ne s'élève plus que dans la proportion de 5 p. 100 sur les plus-values de la recette. Elle a été de 1 867 750 fr. pour l'année 1899.

La vente de l'eau de source est régie par le règlement du 8 août 1894. Elle est faite exclusivement au compteur, et au prix uniforme de 0,35 fr. le mètre cube. Exception est faite seulement pour le cas où cette eau est employée à la production de la force motrice, au fonctionnement des ascenseurs en particulier, qui a été l'objet de vives critiques parce qu'on l'a considéré comme un fâcheux gaspillage de l'eau destinée à la consommation privée. Le prix de l'eau ainsi utilisée a été en conséquence majoré; en le portant à 0,60 fr. le mètre cube, on a déterminé, comme on y avait compté, une diminution très sensible de cet élément de la consommation, la force motrice pouvant être désormais obtenue plus économiquement au moyen de l'électricité ou de l'air comprimé. En outre, des diminutions de prix sont accordées aux maisons dont la valeur matricielle est inférieure à 400 fr., ou même atteint de 400 à 800 fr., si l'on y compte plusieurs logements dont un en location (réduction de moitié), ainsi qu'aux immeubles où les loyers des locaux habitables sont inférieurs à 800 fr. (abonnements à forfait de 3 à 20 fr. par an et par logement) pour une consommation ne dépassant pas 20 m^3 par personne.

Le tarif des eaux d'Ourcq et de rivière exclusivement réservées aux besoins industriels, et au service des écuries et remises, cours et jardins et qui ne sont délivrées soit à la jauge, soit au compteur, qu'aux immeubles déjà alimentés en eau de source, n'a pas été modifié depuis le 20 mars 1880. Le prix de l'eau est de 60 fr. par an pour chaque mètre cube jusqu'à 5 m^3 par jour ; de 50 fr. de 5 à 10 m^3 ; de 40 fr. de 10 à 20 m^3 ; de 35 fr., de 20 à 80 m^3 ; de 30 fr., de 80 à 120 m^3 et de 25 fr. au delà de 120 m^3 ; il est abaissé pour les bains et lavoirs à 35 fr. au delà de 20 m^3 ; à 30 fr. au delà de 40, et à 25 fr. au delà de 60 m^3.

Les travaux d'embranchement sur la conduite publique sont exécutés et réparés par les soins de la Compagnie générale des Eaux d'après un tarif déterminé, aux frais du concessionnaire qui, par contre, peut faire exécuter par les ouvriers de son choix les travaux de distribution intérieure. Chaque branchement doit être pourvu d'un *robinet de prise* sur la conduite publique et d'un *robinet d'arrêt* à l'entrée de l'immeuble. Les *compteurs* sont à la charge des concessionnaires qui peuvent les choisir parmi les systèmes approuvés ; ils doivent être vérifiés et poinçonnés par l'Administration. La Compagnie est tenue de les fournir en location et de les entretenir suivant tarif lorsqu'on lui en fait la demande.

CHAPITRE II

ÉGOUTS

1. Mode de curage. — Le *curage* des égouts est effectué entièrement en régie, au moyen d'un outillage approprié, par des ouvriers permanents, appelés *cantonniers des égouts*, qui sont embrigadés par équipes sous la direction de *chefs cantonniers* et de *surveillants*; plusieurs équipes sont groupées en *ateliers* à la tête de chacun desquels se trouve un piqueur. Enfin les ateliers, au nombre de 35, sont répartis entre sept circonscriptions, confiées à des conducteurs, qui sont placés sous les ordres directs de l'inspecteur des égouts. Le personnel ouvrier du curage comprenait au 31 décembre 1899 :

    35 Surveillants ;
    121 Chefs cantonniers ;
    614 Cantonniers ;
    174 Auxiliaires et stagiaires ;

en tout 944 hommes, dont le salaire moyen, compris tous accessoires s'est élevé à 2 211 995,54 fr. La journée de huit heures a été introduite dans ce service au cours de l'année 1899.

Des *chambres de réunion* avec vestiaires, lavabos, cabinets d'aisances, sont disposées généralement en sous-sol, aux points où ces ouvriers viennent prendre leur travail : ils y trouvent leurs grandes bottes de cuir, leurs vêtements de toile imperméable, les lanternes et le petit outillage dont ils ont besoin.

Dans les égouts élémentaires, les *fumiers* ou matières légères qui flottent à la surface de l'eau, et les *vases* constituées par les particules qui s'y mettent facilement en suspension et ne se déposent qu'en cas de ralentissement de la vitesse, sont entraînés automatiquement par l'effet des *chasses* en eau de rivière qui sont produites à tous les points hauts une ou deux fois par jour. Lorsque ces matières parviennent aux collecteurs secondaires elles y trouvent un courant constamment animé d'une vitesse suffisante pour en déterminer l'entraînement, de sorte que les équipes chargées du curage n'ont point à s'en préoccuper.

Tout leur effort porte sur les *sables*, matières lourdes provenant principalement de l'usure des chaussées, qui se déposent sur le fond et s'y maintiennent tant que la vitesse de l'eau n'atteint pas environ 1,50 m. par seconde, limite rarement atteinte dans les diverses parties du réseau.

Dans les petits égouts, les cantonniers passent deux ou trois fois par semaine et poussent les amas de sable au moyen de rabots jusqu'au collecteur secondaire le plus voisin : cette manœuvre est facilitée par l'emploi de l'eau emmagasinée pour les chasses et que des vannettes à main permettent d'utiliser ; elle est remplacée parfois par l'emploi de vannes mobiles formant retenue qu'on pose à la main ou qui sont portées par des brouettes.

Dans les collecteurs de tous ordres, l'entraînement des sables est partout obtenu par l'emploi de *vannes mobiles*, portées tantôt par des wagons, tantôt par des bateaux, jusqu'à la chambre à sable la plus voisine, où se fait l'extraction soit au seau, soit à la drague ; les sables extraits sont chargés, soit en tombereau soit ou en bateau suivant les cas, pour être transportés aux décharges. Dans les siphons la boule en bois produit un effet analogue. Les sables qui échappent à ces manœuvres et parviennent jusqu'aux collecteurs généraux sont poussés par le même procédé jusqu'au bassin de dégrossissage de Clichy, où ils sont également extraits à la drague et chargés en bateau.

On parvient de la sorte à tenir les cunettes des égouts en bon état et à rendre l'écoulement régulier, moyennant une dépense qui ne laisse pas d'être assez élevée, puisqu'elle n'a pas atteint en

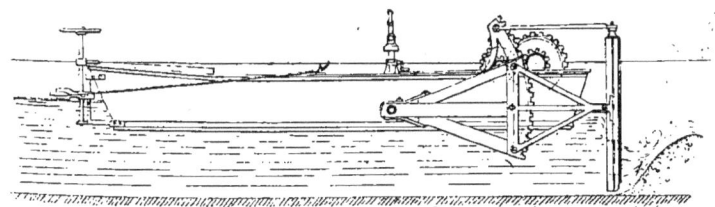

Bateau-vanne.

1899 moins de 2 291,67 fr. par kilomètre d'égout. Tous les efforts du service tendent à restreindre cette dépense ou tout au moins à en limiter la progression par le développement constant et le perfectionnement de l'outillage.

Une des plus lourdes charges du curage est la tenue en état de propreté des *branchements particuliers* ouverts du côté de l'égout, où ces eaux s'étalent en temps de pluie et

Wagon-vanne.

laissent des dépôts exposés à la fermentation : le nouveau type, rendu obligatoire par la réglementation actuelle (arrêté du 16 juillet 1895), est au contraire muré à l'égout et à l'abri de cet inconvénient ; il dispense les propriétaires du paiement de la *taxe de curage* à laquelle étaient assujettis les branchements du type ancien.

2. Outillage. — L'emploi des *appareils de chasse* dans les égouts élémentaires est relativement récent ; il a été introduit par Alfred Durand-Claye à partir de 1882, et s'est rapidement développé, on compte aujourd'hui près de 3 500 réservoirs de chasse. Chacun d'eux se compose d'une chambre établie latéralement à l'égout ou formée dans l'égout même par la construction de deux murettes, et où l'eau arrive par un robinet jaugé constamment ouvert : lorsque le plan d'eau y parvient à un niveau déterminé, un *appareil à siphon*, dérivé du type inventé par Rogers Field, s'amorce et détermine tout à coup un écoulement rapide de la

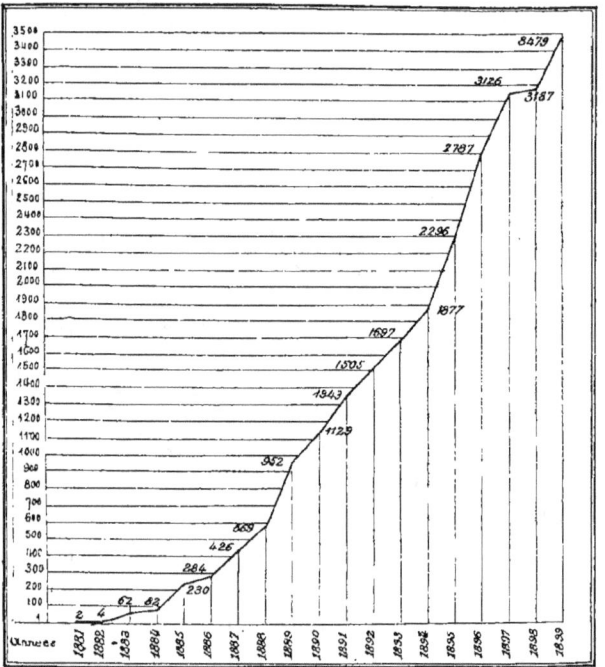

Graphique indiquant la progression des réservoirs de chasse de 1881 à 1899.

masse d'eau emmagasinée, qui balaie la cuvette sur une longueur nécessairement variable suivant le volume de la chasse et la pente de l'égout. L'amorçage est la partie délicate du fonctionnement de l'appareil ; dans les types les plus répandus (Geneste et Herscher ou Aimond) il est produit par la détente brusque de l'air comprimé sous la cloche formant siphon. Après la chasse il reste encore dans la chambre une tranche d'eau que les égoutiers peuvent faire écouler en ouvrant une vannette à main disposée à cet effet et qui leur sert dans leurs opérations de curage.

La vanne mobile pour l'entraînement des sables remonte à Belgrand qui a fait construire les types de *wagons-vannes* et de

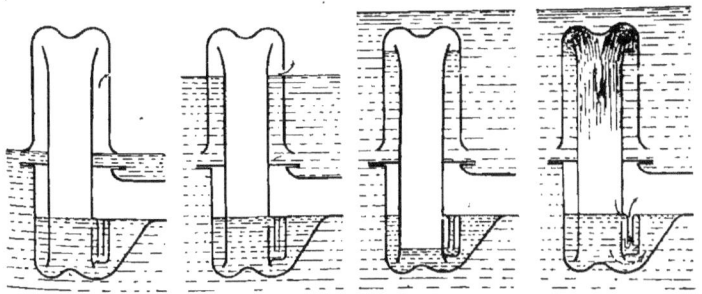

Phases d'amorçage de l'appareil Geneste et Herscher.

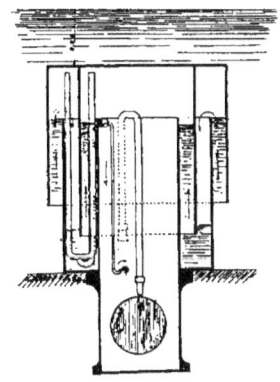

Appareil Aimond.

bateaux-vannes, encore en usage aujourd'hui. Le premier est employé dans les collecteurs secondaires et circule sur les rails en cornières formant arêtes des banquettes latérales : la marche est automatique et les ouvriers qui accompagnent l'engin n'ont qu'à relever ou abaisser plus ou moins la vanne suivant les cas, écarter les obstacles qu'elle peut rencontrer, garer et amarrer l'appareil en temps d'orage, etc. Le bateau vanne remplit le même office et comporte les mêmes manœuvres dans les collecteurs à cunette de 2,20 m. de largeur et au-dessus.

Dans les chambres à sable l'extraction se fait encore souvent à la main, comme un terrassement ordinaire; les seaux ou bennes sont portés au regard le plus voisin et remontés au jour au moyen d'une corde : un câble en acier tendu dans l'égout est employé depuis quelques années à faciliter le déplacement horizontal des bennes, et l'on vient de mettre en essai une grue à vapeur montée sur chariot mobile pour en opérer le montage et le chargement; quand les chambres s'ouvrent sur un bas port, on charge de sable des wagonnets qui vont se décharger sans montage dans un bateau. Récemment, et après diverses tentatives plus ou moins heureuses, on a mis en service avec succès une drague à mâchoire mue par l'eau de la distribution, et qui permettrait d'enlever les sables sous l'eau, de sorte qu'on pourrait remplacer les chambres doubles par de simples fosses pratiquées sur le parcours des cunettes en des points convenablement choisis.

3. Visites publiques. — Depuis l'Exposition de 1867, des visites publiques sont organisées chaque quinzaine, en été, dans une partie des collecteurs parisiens et elles n'ont pas cessé depuis lors de rencontrer dans le public un vif succès de curiosité.

Ces visites se faisaient primitivement entre les places du Châtelet et de la Madeleine, partie dans des wagons spéciaux circulant sur les rails des collecteurs Sébastopol et Rivoli, partie dans des bateaux-vannes aménagés pour la circonstance dans le collecteur d'Asnières sous la rue Royale. Deux groupes de 100 visiteurs partaient des points extrêmes et se croisaient Place de la Concorde, et comme on faisait jusqu'à trois départs par après-midi, 600 personnes pouvaient être invitées chaque fois.

La construction de la ligne métropolitaine de la rue de Rivoli, en amenant la démolition du collecteur qui en occupait l'axe, a déterminé un changement complet d'itinéraire. Les visites se font désormais entre les Arts et Métiers (rue Saint-Martin) et le quai du Louvre ; les wagons circulent entre la rue Saint-Martin et le Châtelet par les collecteurs du Centre et Sébastopol, des bateaux vont du Châtelet au Louvre ou vice-versa. La traction, qui était faite à bras autrefois, s'opère aujourd'hui par l'électricité ; les gares extrêmes et médianes sont brillamment illuminées à la lumière électrique ; de nombreuses plaques indicatrices renseignent les visiteurs sur le parcours, sur la nature des diverses canalisations, etc., si bien que ce voyage souterrain, de trois quarts d'heure environ, est une surprise qui ne va pas sans agrément pour la plupart de ceux qui y sont admis.

4. Atmosphère des égouts. — Les visites publiques sont la meilleure preuve de la respirabilité de l'atmosphère des égouts parisiens et du peu d'odeur qu'on y rencontre. Ces égouts sont, en effet, largement ventilés par les nombreuses bouches librement ouvertes, qui les mettent en relation directe avec l'atmosphère, et un courant d'air s'y produit généralement dans le sens de l'écoulement de l'eau ; d'ailleurs, l'eau est assez rapidement évacuée pour qu'il ne s'y produise qu'un léger commencement de fermentation, et l'on n'y trouve pas d'effluves ammoniacales mais seulement une odeur fade *sui generis* parfaitement supportable. Les matière organiques, d'origine animale, les papiers mêmes disparaissent rapidement dans l'eau par un travail de liquéfaction auquel président sans doute certains microbes, de sorte que l'eau elle-même n'a pas l'aspect répugnant auquel on pourrait s'attendre.

Les analyses de l'air des égouts, régulièrement opérées par l'Observatoire municipal, y décèlent seulement une quantité d'acide carbonique et d'ammoniaque un peu supérieure à la teneur de l'atmosphère de la rue ; quant aux bactéries, elles y sont régulièrement en nombre sensiblement moindre, ce qu'on explique par l'humidité permanente des parois, où les germes restent adhérents, et l'on constate qu'elles sont de même nature que celles des voies publiques, nettement distinctes de celles contenues en très grand nombre dans l'eau d'égout.

Il n'y a donc pas à s'étonner de ce fait, déjà constaté en 1824 par Parent Duchâtelet, que les ouvriers appelés à travailler tous les jours en égout ne sont pas plus frappés par les épidémies que ceux des autres professions : la fièvre typhoïde, le choléra, dont la propagation par les déjections est certaine, ne les atteignent pas spécialement. Et, bien que l'atmosphère, surchargée d'humidité, soit manifestement défavorable pour les organes de la respiration, le tribut qu'ils paient aux maladies de la poitrine ne dépasse pas la moyenne ordinaire chez les hommes du même âge. On ne relève ni invalidité, ni mortalité exceptionnelle chez les égoutiers ; l'uniformité de température compense sans doute en partie les inconvénients du travail auquel ils sont astreints dans ce milieu spécial.

5. Entretien. — Malgré la faible épaisseur donnée à la maçonnerie des égouts, elle résiste, en général, très bien aux efforts que doivent produire soit les terres meubles d'un sol tant de fois remanié, soit en raison de l'énorme circulation que les voûtes sont appelées à supporter. L'effort de l'entretien, qui est également confié à l'inspecteur des égouts et à ses conducteurs chefs de circonscription, porte sur les enduits qui s'usent par places, surtout lorsqu'ils sont exposés à des déversements d'eaux acidulées que les prohibitions réglementaires et une surveillance assidue ne parviennent pas toujours à empêcher. La dépense, trop restreinte, il est vrai, car elle ne permet pas d'appliquer toujours la méthode du point à temps, ne dépasse guère 80 000 francs par an soit à peine 0,05 p. 100 du capital de premier établissement.

Un *atelier de réparation* spécial, établi à la Villette, est chargé de l'entretien de l'outillage mécanique, vannes, bateaux, wagons, etc. Peu à peu, il a été mis en état de perfectionner cet outillage, et bien des engins actuellement en service y ont été construits et même créés de toutes pièces. Le *magasin central* est réuni à l'atelier, sous les ordres d'un même chef de circonscription. On y reçoit les outils à main, les diverses pièces de l'équipement et entre autres les bottes dont la fabrication est particulièrement difficile, les huiles à brûler, etc.

Le service des égouts est, en outre, appelé à faire tous les travaux de grosses réparations, de transformations, d'améliorations, qui ont pris une importance considérable depuis qu'il a fallu adapter le réseau à la généralisation de l'écoulement direct, et aussi par suite de l'établissement des voies ferrées souterraines soit en prolongement des grandes lignes, soit pour le Métropolitain.

CHAPITRE III

ÉPURATION ET UTILISATION AGRICOLE DES EAUX D'ÉGOUT

1. Usines et émissaires. — L'élévation des eaux d'égout et leur adduction jusqu'aux champs d'épuration sont confiées à l'inspecteur des irrigations, qui, de son bureau de Clichy, dirige ce service, à l'aide d'un réseau téléphonique spécial, qui le relie aux chefs de circonscription, logés sur les points importants, aux usines de Colombes et de Pierrelaye en particulier. C'est lui qui assure le fonctionnement des usines élévatoires, la répartition des eaux suivant les besoins entre les divers champs d'épuration ; il est chargé en outre de l'entretien des ouvrages et du contrôle des irrigations de la plaine de Gennevilliers.

Il dispose à cet effet de 32 agents et 372 ouvriers.

Des équipes spéciales sont chargées des bassins de dégrossissage de Clichy et de Colombes. Le premier est pourvu d'une double série d'engins mécaniques destinés à l'extraction des fumiers et des sables : les fumiers, après avoir traversé le bassin profond où aboutissent les collecteurs et où se déposent les sables, sont arrêtés dans les galeries, conduisant l'eau à l'aspiration des pompes par des grilles inclinées à fers plats, entre lesquels passent les griffes de râteaux automatiques mus par l'électricité, qui les recueillent, les soulèvent et les déversent dans un transporteur mécanique, chargé de les porter à la décharge dans le bateau amarré pour les recevoir. Une drague à mâchoire, commandée par la vapeur, et portée par un pont roulant au-dessus du bassin de dépôt, saisit les sables, les élève, et les charge directement en bateau. Ce sont des dragues analogues, mais commandées électriquement, qui fonctionnent aux bassins de Colombes et servent à charger les dépôts légers qu'on y recueille dans des wagonnets, qui roulent sur une voie ferrée jusqu'à l'appontement où ils sont déversés en bateau.

Le service continu des usines se partage dans les vingt-quatre heures entre deux équipes dont les hommes sont assujettis à un roulement régulier : le travail de nuit est moins chargé que celui de jour parce que le volume d'eau diminue et les irrigations nocturnes sont limitées aux domaines municipaux. Les règles pour la fourniture et la réception des charbons sont les mêmes qu'au service des Eaux. L'éclairage des usines est fait à l'électricité ; à Colombes, on emploie en outre le courant électrique à la commande de divers engins mécaniques, drague, pompe élévatoire, grue de déchargement, tracteur mécanique, etc. Des cabinets de douches sont mis dans les usines à la disposition des ouvriers. La dépense d'élévation d'un mètre cube d'eau revient à 0,00355 fr. à Clichy, à 0,0094 fr. à Colombes et à 0,0104 fr. à Pierrelaye.

Les émissaires ne comportent qu'une surveillance et quelques opérations de curage, dont la plus importante est le passage de la boule démontable et lestée de 2 m. de diamètre, qui assure le nettoyage du siphon de Clichy, et qui, après l'avoir franchi, continue sa route jusqu'à Colombes, poussant devant elle les matières qui vont se déposer dans les bassins de dégrossissage de cette usine. Au delà de Colombes, l'eau ne contient plus de matières qui tendent à se déposer à la vitesse normale de l'écoulement.

Le même service veille à l'entretien et accomplit les travaux de réparation des divers ouvrages.

2. Champs d'épuration. — Les champs d'épuration qui peuvent recevoir actuellement les eaux d'égout représentent une superficie totale d'environ 5 000 hectares ainsi répartie :

Gennevilliers	900
Parc agricole d'Achères	1 000
Méry-Pierrelaye	2 150
Carrières-Triel	950
Total	5 000

La dose à laquelle l'eau doit y être employée en vertu des actes déclaratifs d'utilité publique est limitée à 40 000 m³ par hectare et par an, ce qui correspond à une nappe d'eau de 0,011 m. d'épaisseur répandue chaque jour sur toute l'étendue des terres irriguées. L'eau n'y est pas distribuée d'ailleurs d'une manière continue, car l'irrigation intermittente est au contraire une des conditions essentielles du bon fonctionnement du système : le débit de chaque jour est concentré sur une fraction seulement de la surface totale, le lendemain sur une autre, puis sur une troisième, et ainsi de suite, de manière qu'il n'y ait jamais à un moment donné plus d'un quart de la surface qui soit soumis à l'épandage et que l'on ne revienne au même point que tous les quatre ou cinq jours.

La distribution est faite en régie par des équipes de cantonniers, au nombre de 102, qui sont chargés de la manœuvre des bouches, de la surveillance, du nettoyage périodique, et de l'entretien des canalisations et des drains. Leurs salaires sont moyennement de 2 050 fr. par an et le prix de revient de la distribution de l'eau avec les travaux accessoires, s'élève à 0,0019 fr. par mètre cube en moyenne.

3. **Exploitation agricole.** — Au point de vue du régime de la culture, les champs d'épuration se divisent en deux catégories :

1° Les *domaines municipaux* qui comprennent les 1 000 hectares du parc agricole d'Achères, 520 hectares à Méry, et 90 hectares dans la presqu'île de Carrières, soit au total 1 600 hectares en nombre rond, où le système d'exploitation choisi est l'affermage ;

2° Les *cultures libres* qui comprennent les 900 hectares de Gennevilliers, 850 hectares à Carrières et tout le surplus des terres que peuvent atteindre les irrigations de Méry.

L'eau est délivrée aux cultivateurs libres quand et comme ils le désirent ; et ils en prennent normalement beaucoup plus en été qu'en hiver et presque jamais la nuit. Il en résulte que les domaines municipaux, astreints à recevoir le surplus, se trouvent dans des conditions moins favorables, qu'il faut les irriguer la nuit, y faire beaucoup de limonages en hiver et restreindre les arrosages en été. C'est une raison ajoutée à d'autres pour y pratiquer de préférence la grande culture, tandis que sur les terrains des particuliers c'est la petite et en particulier la culture maraîchère qui est le mode d'exploitation le plus répandu : les prairies temporaires ou permanentes, la betterave, la pomme de terre, paraissent spécialement indiquées dans les domaines municipaux.

L'exploitation des cultures irriguées, commencée à Gennevilliers en 1868 dans le jardin modèle de la Ville, a progressé dans la plaine, lentement d'abord, plus rapidement ensuite ; les cultivateurs, instruits peu à peu par l'expérience, sont arrivés à diriger leurs travaux d'une manière à la fois satisfaisante et rémunératrice ; le parc agricole d'Achères, dont l'aménagement a commencé seulement en 1894, et a été poursuivi avec un esprit persévérant et des moyens en rapport avec l'importance du but à atteindre, n'est pas encore parvenu cependant à l'état normal ; à plus forte raison en est-il de même à Carrières-sous-Poissy où les irrigations sont déjà très développées et couvrent presque toute la surface disponible, mais où la culture est encore dans la première période de tâtonnement ; il y a encore plus à faire à Méry Pierrelaye où les terrains sont d'une autre nature, les reliefs beaucoup plus accentués, les drains plus difficiles à tracer et à exécuter et où il faudra vraisemblablement plus de temps pour réaliser sur tout le territoire irrigable une exploitation culturale appropriée.

Les diagrammes ci-dessous donnent quelques renseignements

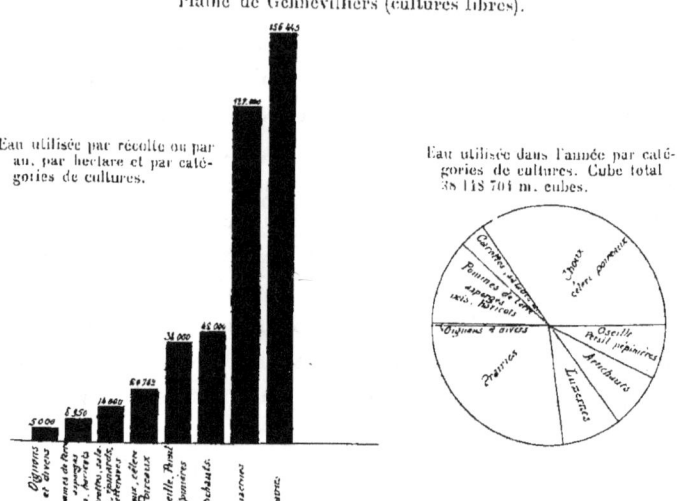

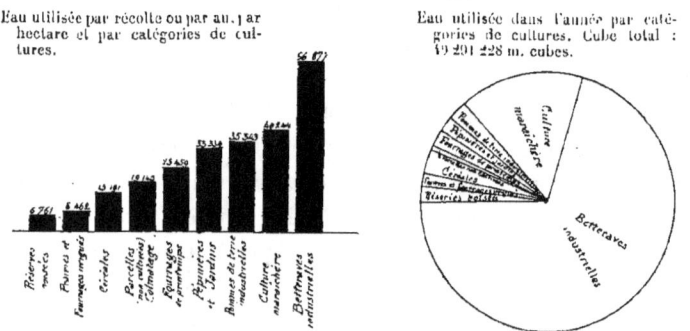

sur les cultures pratiquées en 1898 à Gennevilliers d'une part, et à Achères de l'autre : ils font ressortir d'après les relevés de M. Vincey, professeur départemental d'agriculture de la Seine, dont le concours est acquis pour la partie culturale au service de l'Assainissement, la grande divergence entre les deux cas, résultant de modes d'exploitation tout différents et l'extrême variété des volumes d'eau utilisés suivant les cultures.

La Ville possède dans le parc agricole d'Achères deux groupes de bâtiments d'exploitation assez importants, les fermes de Fromainville et de Garenne, elle en a construit aux Grésillons et à Méry et se propose de développer les uns et les autres suivant les besoins. Des cabanes-abris ont été réparties sur l'étendue des domaines municipaux, pour servir de refuge aux cantonniers en cas de mauvais temps ; et, vers le centre du parc agricole, on vient d'édifier un bâtiment d'administration.

Un chemin de fer à voie de 0,60 m. parcourt ce parc dans toute sa longueur et le relie à la gare d'Achères; il est utilisé en été pour l'organisation des visites publiques qui ont lieu chaque dimanche ; de nombreux promeneurs viennent se rendre compte des effets de l'épuration agricole, s'arrêtent dans les jardins d'agrément aménagés au voisinage des drains à ciel ouvert et ne manquent pas de déguster l'eau limpide et fraîche qui s'y déverse. Une voie ferrée analogue traverse en diagonale le domaine de Méry en rattachant la ferme d'une part à la rivière d'Oise, de l'autre à la gare de Pierrelaye. En outre l'embranchement à voie normale qui dessert le champ de courses de Maisons-Laffitte et emprunte le parc agricole d'Achères sur une partie de son parcours, forme une sorte d'embranchement qu'on pourrait utiliser pour les transports vers la gare de Maisons.

Une distillerie pour la fabrication de l'alcool, édifiée sur un terrain qui lui appartient au voisinage du pont de Conflans, par le fermier du parc agricole d'Achères, sert au traitement des récoltes de betteraves ou de grains provenant du domaine municipal.

CHAPITRE IV

ASSAINISSEMENT DES HABITATIONS OU TRAVAUX SANITAIRES

1. Écoulement obligatoire à l'égout. — L'obligation d'écouler à l'égout toutes les eaux usées des maisons résulte, d'une part, du décret-loi du 26 mars 1852 qui oblige les propriétaires riverains des voies pourvues d'égout à y relier leurs immeubles par des *branchements*, de l'autre de la loi du 10 juillet 1894 qui les contraint d'y écouler les matières liquides et solides des cabinets d'aisances aussi bien que les eaux pluviales et ménagères.

DÉCRET-LOI DE 1852. — L'application du décret de 1852 est actuellement réglementée par l'arrêté préfectoral du 16 juillet 1895 qui fixe le type des branchements et leur mode d'exécution. Quand la voie pourvue d'égout est classée en 1re catégorie, le branchement est obligatoirement une galerie maçonnée de 1,80 m. de hauteur sur 0,90 d'ouverture aux naissances, fermée du côté de l'égout par un mur pignon et en libre communication avec l'intérieur de l'immeuble, dans laquelle vient se placer le tuyau général d'évacuation qui traverse le mur pignon et pénètre dans l'égout au niveau de la banquette, la conduite d'alimentation d'eau et son compteur, une seconde conduite d'eau et un second compteur s'il y a en outre une concession d'eau de rivière, le câble téléphonique s'il y a lieu, etc. Si la voie est de 2e catégorie, le branchement est exécuté dans les mêmes conditions ou peut-être remplacé par un simple tuyau en fonte, suivant que l'immeuble correspondant a un revenu matriciel supérieur ou inférieur à 3 000 francs : dans ce dernier cas, la conduite d'eau ne pouvant trouver place dans le branchement doit être placée en fourreau. Chaque propriétaire lorsqu'il a fait la demande et obtenu l'autorisation de construire son branchement, peut le faire exécuter par un entrepreneur de son choix sous le contrôle des Ingénieurs, sauf le cas où, à la suite de la construction d'un égout neuf, tous les branchements correspondants s'exécutent par voie d'ensemble et où l'on a recours à l'adjudication : dans ce dernier cas, s'il y a résistance de la part des intéressés, il est passé outre à l'exécution d'office.

Loi du 10 juillet 1894. — L'obligation inscrite dans la loi de 1894 s'applique sans difficulté aux maisons qui sont édifiées en bordure des voies pourvues d'égout et désignées à cet effet par arrêtés du Préfet de la Seine, où les propriétaires, très conscients des avantages hygiéniques du système de l'écoulement direct, qu'apprécie fort la grande masse des locataires, ne demandent qu'à établir les canalisations intérieures et les appareils d'évacuation en vue de l'application de ce système, dit du « tout à l'égout ».

C'est l'extension aux maisons anciennes qui rencontre quelque résistance, soit à cause de la dépense des travaux de transformation, soit par crainte d'une consommation d'eau beaucoup plus considérable. L'administration s'est du moins efforcée de rendre cette transformation le moins onéreuse possible en tolérant la conservation d'une grande partie des installations existantes ; et, le droit lui ayant été dénié par le Conseil d'État de prescrire les dispositions de détail des canalisations et des appareils, elle n'a pu valablement, dans le dernier arrêté relatif à cet objet, en date du 24 décembre 1897, qu'indiquer le but à atteindre, — évacuation rapide et immédiate, interception de toute communication entre l'atmosphère de l'égout et celle des logements — et demander un plan des travaux. Elle s'efforce du moins, par des renseignements multipliés, par des conseils officieux, de guider les constructeurs et de vulgariser la notion des moyens les plus économiques et les plus sûrs de parvenir au résultat cherché, canalisations de petit diamètre, siphons à plongée suffisante, chasses efficaces, etc...

2. Application de la taxe annuelle de vidange. — Une taxe annuelle de vidange est appliquée, en vertu de la loi du 10 juillet 1894, aux immeubles qui pratiquent l'écoulement direct à l'égout de la totalité des eaux usées, ou, pour employer la locution courante, le « tout à l'égout ».

Cette taxe, qui varie suivant une progression croissante, d'après la valeur des immeubles, est fixée à :

10 fr. par an pour un immeuble d'un revenu imposé inférieur à				500 fr.
30	—	—	—	de 500 à 1 499 »
60	—	—	—	de 1 500 à 2 999 »
80	—	—	—	de 3 000 à 5 999 »
100	—	—	—	de 6 000 à 9 999 »
150	—	—	—	de 10 000 à 19 999 »
200	—	—	—	de 20 000 à 29 999 »
350	—	—	—	de 30 000 à 39 999 »
500	—	—	—	de 40 000 à 49 999 »
750	—	—	—	de 50 000 à 69 999 »
1 000	—	—	—	de 70 000 à 99 999 »
1 500	—	—	—	de 100 000 et au-dessus.

Une redevance fixe de 50 francs par chute la remplace pour les immeubles exonérés à un titre quelconque de la contribution foncière.

La taxe est exigible chaque année, en une seule fois, à partir du 1er janvier qui suit la mise en service des nouveaux ouvrages d'évacuation. Elle est perçue comme en matière de contributions directes.

3. Dispositions transitoires. — Il existe encore un certain nombre de rues, qui vont en diminuant tous les ans, où il n'y a pas d'égout public : là naturellement le nouveau système d'évacuation n'est pas applicable, et il faut non seulement y tolérer le maintien des installations anciennes, mais encore l'établissement de canalisations et d'appareils des systèmes désormais condamnés, fosses fixes, tonneaux mobiles etc... L'administration, de concert au reste avec les propriétaires eux mêmes, s'efforce du moins de réduire le plus possible les installations nouvelles de ce genre, soit par l'extension progressive du réseau des galeries souterraines, soit par l'établissement de tronçons d'égout en participation avec les intéressés, un crédit suffisant étant inscrit à cet effet au budget de chaque exercice.

La *taxe de curage* imposée précédemment aux propriétaires des branchements qui, ouverts du côté de l'égout, étaient salis périodiquement par l'invasion des eaux d'averse, disparaît au fur et à mesure que les anciens branchements sont murés à l'égout et mis ainsi à l'abri de cette invasion d'eaux souillées et des dépôts vaseux qui en étaient la conséquence. Le montant en diminue peu à peu et doit disparaître totalement en 1905, à l'expiration du délai de dix ans accordé aux intéressés pour la transformation complète.

La *vidange* est encore largement pratiquée, vidange des fosses fixes durant la nuit au moyen de tonnes métalliques dans lesquelles le vide est fait par des machines à vapeur, enlèvement durant le jour des tonneaux mobiles au moyen de baquets et des tinettes filtrantes dans des voitures fermées : ce service, rigoureusement surveillé par les agents de l'administration, s'opère, il faut le reconnaître, dans les conditions les plus convenables. Les tinettes filtrantes, qui laissent écouler les matières liquides à l'égout, donnent lieu à la perception d'une redevance fixée à 30 francs par chute.

La majeure partie des produits de la vidange est transportée par les entrepreneurs hors Paris dans des établissements industriels, pour y être traités par diverses méthodes et transformés en engrais, soit par les tonnes, haquets et voitures qui en font la collecte, soit au moyen de bateaux-citernes où on les transborde sur les ports de la Seine ou des canaux. Une très faible fraction, moins d'un dixième, est portée au Dépotoir municipal; il est perçu à l'entrée de cet établissement une redevance de 0,60 fr. par mètre cube de matières, qui couvre à peu près les frais de réception et de refoulement par machines à vapeur dans la conduite spéciale qui aboutit en tête de la dérivation de Saint-Ouen; là les matières se noient dans un volume d'eau considérable, dont elles augmentent légèrement la richesse organique, et qui va se distribuer dans la plaine de Gennevilliers ou gagne l'usine de Colombes pour y être refoulé vers les autres champs d'épuration, où il est employé totalement en irrigations agricoles.

4. Instruction des affaires. — Statistique. — Collections. — L'Inspecteur des Travaux sanitaires, qui centralise le service, a un représentant dans chacun des 20 arrondissements de Paris, sauf dans les quatre premiers qui vu leur peu d'étendue sont groupés entre eux; le public trouve donc non seulement au bureau central, mais encore dans ces bureaux locaux, placés le plus souvent dans des établissements publics municipaux, tous les renseignements nécessaires. Ce sont les agents des arrondissements qui sont chargés de l'instruction des demandes, de la préparation des renseignements, du relevé de la disposition des lieux; ils sont chargés de recevoir les propriétaires et autres intéressés, de leur donner toutes les indications utiles; ils suivent les travaux intérieurs, guident les constructeurs par leurs conseils officieux, font le récolement après achèvement des travaux, procèdent à la vérification de l'étanchéité des canalisations, recueillent les bases de l'assiette de la taxe, etc.

Au bureau central, un dossier est ouvert à chaque immeuble, et l'ensemble de ces dossiers forme une collection considérable, classée dans un ordre parfait par rues et par numéros, de telle sorte qu'on peut retrouver à tout moment avec la plus grande facilité et en un temps extrêmement court celui dont on a besoin : il renferme le plan de la maison et des canalisations intérieures, les copies des demandes, les instructions successives, les autorisations accordées etc., en un mot l'historique sanitaire complet de l'immeuble.

La même organisation, appliquée au système de la vidange, permet d'en suivre de très près les opérations : chaque fosse, chaque appareil, a aussi son histoire ; on sait combien de fois il a été vidé, quel volume de matières il a recueilli, etc.

Enfin les chiffres relatifs à la perception des taxes sont inscrits sur des registres spéciaux disposés de telle sorte que chaque jour on connaît exactement le montant total des redevances pour écoulement direct, tinettes filtrantes, ou curage de branchements.

La statistique est donc tenue à jour dans des conditions de régularité absolue.

En outre, et dans un but de vulgarisation, un *dépôt des collections* a été installé dans les dépendances du Dépotoir, et des cartes libéralement distribuées permettent à tous ceux qui s'intéressent aux questions d'assainissement d'y faire une visite instructive. On y trouve les tableaux, diagrammes, modèles, spécimens d'appareils qui ont figuré aux diverses expositions. A côté se trouve l'atelier d'essai pour l'expérimentation des nouveaux types d'appareils, cuvettes, réservoirs de chasse, élévateurs de tous genres, etc... l'épreuve des tuyaux en grès, en fonte, des joints de diverses espèces, etc..., un petit laboratoire pour des analyses sommaires.

5. Travaux de canalisation intérieure dans les établissements publics. — Le service des travaux sanitaires, bien qu'il ne soit pas régulièrement chargé des installations intérieures dans les établissements municipaux (écoles, collèges, asiles, postes d'octroi, etc.), est presque toujours appelé à y concourir, soit en y émettant un avis sur les projets dressés par les architectes, soit même en étudiant les projets et faisant exécuter les travaux. Il en est ainsi en particulier pour la plupart des grands établissements dépendant de l'administration générale de l'Assistance publique, établissements de création récente, comme l'hôpital Boucicaut, l'hôpital d'enfants de la rue Carpeaux, etc., établissements anciens où des travaux de transformation s'imposaient, tels que la Salpêtrière, les hôpitaux Beaujon, Tenon, Saint-Antoine, Saint-Louis, l'hospice de Brévannes, etc.

Par extension, il a été chargé aussi de travaux dans un certain nombre de grands établissements départementaux, tels que la maison de répression de Nanterre, les asiles d'aliénés de Ville-Évrard et de Vaucluse, l'asile de Villers-Cotterets, etc. A Nanterre, à Ville-Évrard en particulier, il a eu à réorganiser complètement la distribution d'eau, transformer le système d'évacuation des eaux usées, à créer l'épuration agricole, qui a donné dans l'un et dans l'autre cas des résultats remarquablement satisfaisants. Les cultures pratiquées dans les champs irrigués à l'eau d'égout, par des pensionnaires des établissements mêmes sous la direction d'un jardinier, donnent des produits rémunérateurs qui sont consommés dans la maison.

Plus d'un grand établissement de l'État a eu recours également aux avis et au concours effectif du service municipal des travaux sanitaires ; on citera l'Institut, la Monnaie, la Chambre des Députés, etc.

CHAPITRE V

CANAUX DE NAVIGATION

1. Travaux d'entretien. — L'entretien des canaux s'effectue sous la direction de l'ingénieur placé à la tête de cette partie du service, qui dispose pour cet objet d'un certain nombre de conducteurs ou piqueurs, chefs de circonscription, résidant à Paris, Trilbardou, Meaux, Lizy-sur-Ourcq et la Ferté Milon, avec lesquels il communique par un réseau téléphonique spécial.

En dehors de l'exploitation des usines élévatoires et de la bonne tenue des ouvrages d'art, écluses, portes, ponts, passerelles, vannages, déversoirs, etc., l'entretien du canal de l'Ourcq appelle une surveillance incessante, à cause soit de la difficulté avec laquelle on parvient à maintenir l'étanchéité de la cuvette dans les parties en terrain perméable ou en remblai, soit de la poussée très rapide des herbes dans la saison chaude, soit enfin de la nécessité de maintenir la berge à pic jusqu'à 0,30 m. à 0,40 m. sous l'eau pour avoir la largeur nécessaire au croisement des bateaux. Le faucardement des herbes, qui se faisait autrefois à la main, s'opère depuis plusieurs années dans des conditions plus rapides et plus économiques au moyen de *machines faucardeuses*, à lames en ciseau traînantes, dont le type est dû à M. le conducteur Rabault. Les revêtements des berges en planches maintenues par des piquets, et les réparations de la chemise imperméable de la cuvette, s'opèrent, ainsi que les dragages sans interruption de la navigation : on a créé en effet un outillage spécial, une drague notamment de forme particulière, puis une *bâche-batardeau*, susceptible de se déplacer par flottaison, et qui, échouée dans l'axe de la voie navigable, permet d'y maintenir le passage des bateaux, tout en facilitant le travail par épuisement dans deux enceintes latérales.

Au bassin de la Villette et sur les canaux Saint-Denis et Saint-Martin, ce sont surtout les ouvrages d'art, très nombreux et très importants, qui appellent tous les efforts de l'entretien ; on a, de temps à autre, à y opérer des dragages : en outre, il a fallu à plus d'une reprise, y faire des réparations très sérieuses en raison de la mauvaise qualité du sol, composé, en grande partie, de bancs de gypse soluble dans l'eau et, par suite, très exposé à des corrosions par voie de dissolution lente ; au canal Saint-Martin on a dû reprendre en sous-œuvre les murs de quai, plusieurs écluses, ainsi que le radier en béton des biefs supérieurs et en descendre les nouvelles fondations jusqu'au calcaire grossier à une profondeur moyenne de 14 mètres en contrebas du plafond.

2. Mode d'exploitation. — Sauf dans sa partie élargie entre Paris et Pantin, où la grande batellerie peut accéder, le canal de l'Ourcq n'est fréquenté, en raison de sa petite section, que par des bateaux spéciaux, dits *flûtes*, de 28,50 m. de longueur et 3,05 m. de largeur, portant de 65 à 75 tonnes en moyenne. Mais la vitesse du courant, qui est de 0,30 m. à 0,40 m. par seconde, permet aux bateaux de suivre le fil de l'eau à la descente sans frais de traction ; et comme ils remontent presque toujours à vide, ces frais restent très faibles à la remonte, de sorte que les transports s'effectuent fort économiquement par cette voie, malgré les droits perçus par la ville de Paris. La durée moyenne d'un voyage dans un sens ou dans l'autre est de quatre jours, soit environ 25 kilomètres par jour. La Société Fournier et Cie, dont le siège est à Meaux, a organisé sur ce canal un service régulier et quotidien qui transporte surtout des produits agricoles et alimentaires. Le gros du trafic est fourni par les bois de la forêt de Villers-Cotterets, les pierres de taille et les moellons de la vallée de l'Ourcq et le plâtre à partir de Villeparisis.

Le canal Saint-Denis reçoit des bateaux de types variés dont les deux tiers environ font le service du Havre et de Rouen sur Paris et un tiers proviennent des voies navigables du Nord; il a aussi un trafic local très important qui dessert surtout les usines d'Aubervilliers; plusieurs compagnies, qui ont organisé sur ce canal des services accélérés avec départ quotidien, ont leur point d'attache au bassin de la Villette. La navigation est d'ailleurs beaucoup plus active à la remonte qu'à la descente. La durée du parcours est de 6,40 h. en service accéléré et s'abaisse à 3,30 h. pour les vapeurs s'il n'y a pas d'encombrement aux écluses.

Sur le canal Saint-Martin il y a également des services accélérés avec départs quotidiens, dont quelques-uns ont leur point d'attache au bassin de l'Arsenal, où il y a en outre un petit courant de navigation à vapeur. La durée ordinaire du parcours est de 6 à 10 heures.

Le personnel de surveillance et de contrôle comprend, outre les *cantonniers* chargés de l'entretien et les *éclusiers* à qui est confiée la manœuvre des sas et des portes, des *surveillants de navigation*; un bureau central est d'ailleurs établi près de l'extrémité sud-ouest du bassin de la Villette, où toutes les opérations sont relevées et contrôlées et où se fait la perception des *droits de navigation*.

3. Droits de navigation. — En effet les bateaux qui empruntent les canaux de le ville de Paris sont assujettis à des péages, dont le montant doit être adressé au *bureau des canaux*, où est organisée à cet effet une caisse spéciale; les sommes qui sont encaissées de la sorte sont reversées ensuite à la caisse municipale à l'Hôtel de Ville.

Sur le canal de l'Ourcq le tarif en vigueur est tout récent puisqu'il remonte seulement au 1ᵉʳ septembre 1898 ; les bases de perception, notablement réduites par rapport à celles appliquées avant cette date, varient avec la nature des marchandises, le tonnage et la distance parcourue. Des droits spéciaux sont perçus sur les bateaux qui fréquentent la partie élargie entre la Villette et Pantin ; et des prix forfaitaires sont appliqués tant aux bateaux effectuant de grands parcours qu'à ceux qui transitent du canal de l'Ourcq en Seine.

Les tarifs appliqués sur les canaux Saint-Denis et Saint-Martin sont plus anciens et n'ont pas encore été mis en harmonie avec celui qui régit actuellement le canal de l'Ourcq. Il ont pour bases le tonnage transporté et le nombre d'écluses passées.

4. Systèmes de traction. — Comme on l'a vu plus haut, les frais de traction sont très faibles sur le canal de l'Ourcq : les bateaux pleins descendent au fil de l'eau, et il suffit d'un cheval pour les remonter à vide. Le halage est d'ailleurs entièrement libre.

Il n'en est pas de même pour les deux autres canaux, où la traction est organisée de manière toute différente : sur le canal Saint-Denis le halage s'effectue au moyen de bêtes de trait ; sur partie du canal Saint-Martin il y a un touage à vapeur.

Bien que la location des animaux de trait pour le halage soit libre sur le canal Saint-Denis, il existe néanmoins une entreprise concessionnaire de la Ville qui jouit de certains avantages spéciaux, tels que la jouissance d'écuries au voisinage des écluses et la facilité de faire opérer la perception des frais de halage au bureau des canaux, moyennant quoi elle est soumise à un tarif maximum fixé par l'Administration et frappé du rabais de l'adjudication, qui règle nécessairement les rapports entre les mariniers et les fournisseurs de bêtes de trait.

Sur le canal Saint-Martin, entre le bassin de la Villette et le pont du Temple, le halage s'effectue à col d'homme. Le touage ne commence qu'au pont du Temple et s'étend sur toute la longueur de la partie voûtée jusqu'au bassin de l'Arsenal ; installé dans un but de sécurité publique il est obligatoire sauf pour les bateaux à vapeur. Les bateaux toueurs et la chaîne noyée appartiennent à la ville de Paris qui perçoit en conséquence un droit spécial de traction.

5. Produits divers. — Outre la recette provenant des droits de navigation et du touage, les canaux municipaux fournissent encore divers produits qui peuvent être classés en trois catégories :

Fruits naturels (herbages, arbres, droits de pêche, etc.), *locations industrielles* (stationnement de bateaux-lavoirs, prises d'eau etc.), *locations temporaires* (terrains, magasins, maisons, etc.).

Dans la première catégorie, l'article le plus important est la *vente des arbres* : les magnifiques peupliers d'alignement, qui bordent le canal de l'Ourcq sur ses deux rives, donnent lieu à des coupes dont l'adjudication se fait régulièrement chaque année dans des conditions assez avantageuses.

Autrefois la *location des chutes d'eau* figurait dans la seconde pour une somme relativement importante ; mais, depuis le rachat, on a supprimé la plupart de ces sortes de concessions à cause de la gêne qui en résultait pour la navigation et il n'en subsiste plus que deux aujourd'hui. Par contre le développement de l'industrie aux abords des canaux a donné lieu à une nouvelle source de revenus, les industriels ayant obtenu l'autorisation de puiser dans ces canaux l'eau nécessaire à la condensation de la vapeur de leurs machines, à la double condition d'y renvoyer l'eau condensée et de payer une redevance de 2,55 francs par an pour chaque mètre cube employé par jour.

Dans la troisième catégorie rentrent l'utilisation des magasins construits sur les deux rives du bassin de la Villette, le montant des droits spéciaux perçus pour dépôt de marchandises avant l'embarquement ou après le débarquement sur les ports ou terrains appartenant à l'Administration, le loyer des emplacements concédés aux compagnies de navigation, le prix de certaines tolérances d'accès ou de passage, etc.

QUATRIÈME PARTIE
RÉSULTATS TECHNIQUES ET FINANCIERS

CHAPITRE PREMIER
DISTRIBUTION D'EAU

1. Résultats généraux. — Il appert des renseignements détaillés contenus dans les chapitres qui précèdent que la distribution d'eau de Paris se présente dans des conditions assurément satisfaisantes.

Au point de vue de la quantité totale disponible, il suffit de faire ressortir que la consommation moyenne s'est élevée en 1899 à 228 litres par tête et par jour et qu'elle a pu atteindre en été jusqu'à 291 litres sans excéder les ressources disponibles, pour être en droit de conclure qu'elle se place au nombre des plus abondamment pourvues. Parmi les villes de premier ordre en Europe, il n'en est aucune, sauf Rome, qui distribue l'eau aussi libéralement à ses habitants : la consommation à Londres ne dépasse guère 160 litres, à Berlin, à Vienne, 80, à Bruxelles, 100.

Grâce à la double alimentation, à l'emploi des eaux de rivière pour les besoins des voies publiques et des usines, à celui des eaux de source pour ceux de l'habitation, on est parvenu dans une région où les eaux météoriques sont relativement peu abondantes, et sans faire de parcours trop considérables, à pourvoir abondamment le service public et industriel tout en assurant au service privé des eaux de qualité supérieure, d'une limpidité parfaite, d'une fraîcheur inaltérable, et ne laissant, sous la réserve d'une surveillance minutieuse des bassins sourciers, rien à désirer au point de vue de la pureté. Aucune autre ville n'a un service public aussi développé, ce qui n'a pas peu contribué à la bonne tenue de ses voies de circulation, au bel aspect de ses promenades, et l'on compte celles qui fournissent aux consommateurs une eau potable aussi salubre et aussi fraîche.

La répartition des eaux par zones et par étages, la canalisation maillée des divers réseaux, assure partout, et sauf de très rares exceptions, des pressions constantes qui restent toujours modérées tout en desservant aisément les étages des maisons et le service d'incendie par jet direct.

Propriétaire de ses eaux, maîtresse de la distribution, la ville de Paris a le très grand avantage de pouvoir fournir plus largement qu'aucune autre ses services publics sans qu'il en résulte, en réalité, de charge pour la population ; et, si par contre, les concessionnaires, propriétaires ou industriels, supportent la totalité des frais occasionnés pour la distribution tout entière, si les prix de cette vente de l'eau sont parfois taxés de quelque exagération, il n'en est pas moins permis de faire observer que l'ensemble des recettes brutes correspondantes n'atteint pas 7 francs par tête et par an, ce qui est un chiffre relativement modeste, bien souvent dépassé ailleurs et pour des services incontestablement inférieurs.

2. Traits distinctifs. — Une des particularités de la distribution d'eau parisienne consiste dans ce fait que les concessionnaires, pouvant faire varier à leur gré une consommation mesurée mais nullement limitée par le compteur, le volume employé à certaines époques de l'année dépasse la moyenne dans une proportion très considérable. Le gaspillage qui se produit alors dans le service privé s'explique par la fraîcheur de l'eau de source : chacun ayant observé qu'en écoulant le volume emmagasiné dans les canalisations de la maison et qui s'y est échauffé, on pouvait se procurer l'eau constamment fraîche amenée par les conduites publiques, n'hésite pas à établir des écoulements prolongés et parfois continus, non seulement pour obtenir un breuvage plus agréable, mais aussi dans la pensée de rafraîchir l'atmosphère des appartements.

Il en résulte, durant les périodes de grandes chaleurs, une grosse difficulté pour le service, qui se trouve appelé à faire face à une demande considérablement accrue, dans un moment où ses ressources, sans être tombées au plus bas, ce qui ne se produit qu'à l'automne, tendent déjà cependant à baisser rapidement.

De là cet emploi tout spécial des bassins filtrants qui n'a d'autre objet que de fournir au service privé l'appoint qui lui est nécessaire chaque été durant les périodes de grandes chaleurs. Grâce à l'addition récente de ces établissements, dont le fonctionnement a lieu par intermittence et n'est que de courte durée, on a, d'une part, répondu à un desideratum de l'autorité militaire en assurant la fourniture d'eau salubre dans Paris pour le cas de siège, et de l'autre, supprimé définitivement le recours jusque là obligé à l'eau de rivière brute dans les moments critiques de la saison estivale. C'est là un progrès très important à noter au point de vue de l'hygiène, et il convient de faire ressortir que, pour répondre d'avance aux critiques possibles à cet égard, l'on n'a pas hésité à s'imposer le sacrifice de l'établissement de conduites spéciales d'eau filtrée réservées à cette alimentation temporaire et de courte durée, sans utilité le reste de l'année, pour éviter de faire passer, même exceptionnellement, l'eau de boisson dans les canalisations que parcourt en temps ordinaire l'eau de rivière brute destinée au service public.

L'eau filtrée, ainsi fournie aux consommateurs à certains jours, est aussi limpide, aussi salubre que les eaux de source qui constituent l'alimentation normale ; sa seule infériorité est la température plus élevée à laquelle elle parvient aux robinets des habitations. Elle est, en conséquence, considérée comme équivalente et délivrée sans avis préalable lorsque le besoin s'en fait sentir.

3. **Objections courantes.** — Malgré les constatations favorables dont il vient d'être l'objet, le service des eaux de Paris n'en est

pas moins exposé à des critiques diverses qui prennent de temps à autre un caractère d'acuité tel que sa réputation s'en ressent et que l'opinion publique s'en émeut.

Sans parler des assertions erronées, basées sur l'ignorance des progrès accomplis, des prétendus mélanges d'eau de Seine, par exemple, ou des substitutions clandestines, qui n'existent que dans l'imagination de quelques-uns et que le service considère comme une falsification coupable rendue d'ailleurs impossible par la disposition même des appareils, sans parler des accusations intéressées, des articles si fréquents qui dissimulent mal une réclame pour quelque procédé de filtrage domestique ou pour certaine eau minérale « de table », on examinera les objections courantes qui sont devenues de véritables clichés incessamment reproduits, afin d'y répondre sans ambages.

Le volume dont on dispose est insuffisant, dit-on, et le sera toujours, tant que l'administration municipale ne renoncera pas à son système de « petits paquets » et ne se décidera pas à résoudre la question d'un seul coup en recourant à une solution grandiose, comme l'adduction des eaux du lac de Genève ou de celui de Neuchâtel. En tenant ce langage on fait, d'une part, bon marché des considérations de dépense et des complications internationales, de l'autre on se montre injuste envers le système qui a su donner à la population parisienne près de 300 litres d'eau par tête dont plus d'un tiers en eau potable d'excellente qualité, système susceptible d'extension, qui, en divisant les prises d'eau et les ouvrages, divise aussi les risques, met le service à l'abri contre les interruptions complètes par accident ou faits de guerre et permet l'échelonnement des travaux et des frais d'établissement.

Il est vrai que l'on s'attaque aussi à la qualité de l'eau de source, qui proviendrait, au moins en partie de « fausses sources » ou de « sources vauclusiennes » imparfaitement protégées contre les contaminations, qui auraient été mal captées, mal défendues sur le parcours, etc. Mais, jusqu'à présent, on ne propose rien de mieux à ce point de vue et l'on est forcé de reconnaître qu'en préconisant l'eau de source, en la faisant préférer aux eaux de rivière, Belgrand a rendu un signalé service à la population parisienne, puisqu'il en est résulté une diminution notable de la mortalité générale et plus notable encore de la mortalité zymotique ; on oublie que les quantités d'eau énormes, nécessaires à une agglomération comme la capitale de la France, ne sauraient être empruntées qu'à des sources extrêmement abondantes, telles qu'on en trouve seulement dans les terrains fissurés ; que, malgré les progrès de la géologie, on n'a pas encore découvert dans le bassin parisien de nappes souterraines continues d'une abondance suffisante ni indiqué des procédés sûrs de captage de ces nappes ; on exagère à plaisir les inconvénients des crues passagères auxquelles les sources sont exposées à la suite des grandes pluies d'hiver, et l'on ne tient pas compte de leur remarquable constance de composition, de leur faible teneur en matière organique et en bactéries pendant tout le reste de l'année ; on exagère aussi singulièrement les dangers extérieurs de contamination, qu'une surveillance bien organisée et des mesures préventives, que faciliterait singulièrement l'établissement d'un périmètre légal de protection, pourraient écarter d'une manière presque absolue.

Par une contradiction piquante et qu'explique d'ailleurs la faveur très méritée que l'eau de source a trouvée malgré tout auprès de la population parisienne, on crie, d'autre part, au gaspillage, en reprochant amèrement à l'administration de laisser employer cette eau à des usages pour lesquels elle n'est pas indispensable, et l'on réclame avec insistance la double canalisation dans les maisons. Là encore l'exagération est manifeste, puisque l'eau de source est réservée aux usages domestiques, et que, sur le volume d'eau total consommé dans Paris, plus de la moitié, près des deux tiers pourrait-on dire, provient du canal de l'Ourcq, de la Seine et de la Marne ; en outre, ne vaudrait-il pas mieux dans les logements habités n'introduire qu'une eau, l'eau potable, afin d'éviter toute possibilité de mélange ou d'erreur, d'écarter toute suspicion ? Dès à présent, d'ailleurs, on a mis bon ordre, par la surélévation du prix, à l'emploi de l'eau de source pour la production de force motrice ; dès à présent aussi, les consommateurs alimentés en eau de source doivent prendre une deuxième concession en eau de rivière pour les cours, jardins, écuries et remises, etc., et, sauf dans la zone qui reçoit l'eau d'Ourcq à basse pression, rien n'empêche les propriétaires d'approvisionner l'eau de rivière aux heures où la pression est suffisante pour l'employer au lavage des cabinets d'aisances.

Certaines personnes voient un danger sérieux dans l'appoint fourni temporairement en eau filtrée, malgré les analyses qui montrent cette eau plus pauvre en germes que l'eau de source, malgré les constatations faites dans toutes les villes alimentées en eau filtrée et dans la banlieue immédiate de Paris elle-même, où l'introduction du filtrage a provoqué une amélioration sensible de l'état sanitaire.

D'autres signalent avec amertume qu'un petit nombre de maisons, sises au voisinage immédiat des réservoirs ou vers les limites des diverses zones, éprouvent quelque difficulté dans l'alimentation des étages supérieurs. Quelle est donc la ville, quel est le service de distribution absolument à l'abri d'inconvénients de ce genre ? Il n'en est guère où ces inconvénients soient plus rares et plus circonscrits qu'à Paris. Empêchera-t-on jamais les faiblesses momentanées de pression dans les quartiers élevés aux heures ou aux jours de consommation maxima ? Dans les maisons à étages superposés desservies par des colonnes montantes, peut-on garantir les étages supérieurs contre les prises abusives aux étages inférieurs et les baisses de pression qui en résultent ?

Beaucoup enfin se plaignent du régime des concessions qui, dans les maisons de rapport, fait de l'eau une charge imposée au propriétaire, que ce dernier répartit arbitrairement sur ses locataires ; et l'on réclame, en conséquence, la concession directe au consommateur que contrôlerait ce qu'on appelle le *compteur divisionnaire*. L'avantage qu'on pense obtenir par là ne serait-il pas bien souvent compensé et au-delà par la dépense de location et d'entretien de cet appareil, bien plus coûteux et délicat que le compteur à gaz, par la provision qu'on ne manquera pas d'exiger comme font les compagnies d'éclairage, par les frais supplémentaires de relevé et de quittance, etc. ?

4. **Produit de la vente de l'eau.** — Quoi qu'il en soit, l'augmentation très considérable de consommation qui s'est produite dans les dernières années et à laquelle le service a pu satisfaire, témoigne hautement et de la faveur que trouvent auprès du public les eaux distribuées et de l'efficacité des moyens employés pour tenir l'approvisionnement à la hauteur de besoins incessamment croissants.

Cette augmentation a pour corollaire une progression rapide des recettes.

Le produit brut, qui n'était que de 8 666 772,74 fr. en 1878, et de 12 087 663,03 fr. en 1889, s'est élevé en 1899 à 19 140 001,53 fr.

Il se compose de deux ordres différents de recettes, qui proviennent les unes de la régie directe des établissements publics, les autres de la Compagnie générale des Eaux, régisseur intéressé, pour les concessions particulières. En voici la décomposition :

I. — Régie directe

Recettes d'ordre :	Abonnements en eau de rivière. . .	516 610, 85 fr.
(*établis^ts munic^x*)	Concessions d'eau de source. . . .	489 050, 82 »
	Excédents au compteur	262 259, 69 »
Recettes effectives :	Abonnements en eau de rivière. . .	191 610, 00 »
(*établis^ts publics.*)	Concessions d'eau de source. . . .	345 187, 32 »
	Excédents au compteur	190 643, 94 »
	Tubes pneumatiques	8 465, 70 »
	Agents logés.	13 771, 78 »

II. — Compagnie générale des Eaux

Rivière (Ourcq compris)	Abonnements	3 589 985, 37 »
Source —	Concessions	13 532 416, 06 »
	Total	19 140 001, 53 fr.

5. Dépenses annuelles. — La prime correspondante payée à la Compagnie s'est élevée en 1899 à la somme de 1 867 750 fr.

Si d'ailleurs on totalise les dépenses d'entretien de l'outillage, et les frais d'exploitation des usines et des bassins filtrants, ceux de la surveillance de la distribution, etc., on arrive à un total d'environ 5 301 000 fr. qui se décompose comme suit :

Dérivations :

Aqueduc de la Vanne, entretien	91 400	
usines élévatoires	83 908	
Aqueduc de la Dhuis	117 600	
Aqueduc de l'Avre	50 100	
Personnel ouvrier	151 554,72	
		494 554,72

Usines élévatoires :

Personnel ouvrier	772 626,97	
Charbon, graisses, huiles, etc	798 060,49	
Entretien des bâtiments et du matériel	329 714,67	
		1 900 402,13

Réservoirs 11 163,78

Distribution :

Personnel ouvrier	285 992,30	
Entretien à forfait de la canalisation	450 828,21	
Travaux divers	128 296,23	
Vérification technique des compteurs	165 757,02	
		1 030 873,76

Prime à la Compagnie générale des Eaux (service des abonnements, relevé des compteurs, etc.)		1 864 000,00
Total général		5 300 994,39

non compris les dépenses du personnel des bureaux et des circonscriptions qui s'élèvent environ à 535 000 fr. en nombre rond.

6. Revenu net. — En déduisant du montant des recettes (19 140 000 fr.), qui constitue le produit brut de la distribution d'eau, celui des frais annuels, tels qu'ils viennent d'être indiqués savoir : avec les dépenses de personnel, 5 836 000 fr., on trouve que le produit net s'élève à 13 304 000 fr.

Pour un capital engagé de quelque 300 millions de francs, cela représente un revenu effectif de 4,4 p. 100, ce qui n'est assurément pas excessif car il ne fait que couvrir l'intérêt et l'amortissement du capital emprunté à diverses époques et dans des conditions variables, en général supérieures au taux actuel.

En résumé, l'établissement de la distribution d'eau de Paris représente un capital de 115 fr. environ par habitant, les frais annuels d'entretien et d'exploitation, y compris le personnel de direction, s'élèvent à 2 fr. 25 par tête, le produit brut correspondant à 7 fr. environ ; et ce produit, qui est fourni entièrement par les consommateurs, proportionnellement au service rendu, couvre à peu près exactement les frais annuels et ceux du service des emprunts correspondants. Le seul bénéfice effectif que procure à la Ville sa distribution d'eau est la gratuité du service public.

CHAPITRE II

RÉSEAU D'ÉGOUTS

1. Physionomie spéciale des égouts parisiens. — Le réseau des égouts de Paris, unique, alors que la canalisation d'eau est double, est le seul probablement au monde qui soit entièrement constitué au moyen de galeries partout accessibles et visitables, servant en même temps qu'à l'évacuation des eaux usées, au passage de nombreuses canalisations souterraines.

Il en résulte qu'on peut à juste titre le considérer plutôt comme un ensemble de *voies souterraines*, dont l'écoulement des eaux n'est en réalité qu'une utilisation particielle, et qui est appelé à rendre, et rend en effet, en dehors de sa fonction essentielle, d'importants et inappréciables services.

En communication directe avec l'extérieur par des bouches de grande dimension, largement et librement ouvertes dans l'atmosphère, il bénéficie d'une *aération naturelle* qui y maintient l'air à l'état respirable et supprime absolument tous les dangers que présente ailleurs la formation dans les égouts de gaz malodorants ou délétères.

D'autre part, et en raison de la très grande section des galeries élémentaires, il absorbe avec facilité toutes les eaux d'orage, quel qu'en soit le volume, et a supprimé d'une manière absolue en temps d'averse les inondations de la voie publique, auxquelles la plupart des villes restent généralement exposées dans les points bas.

Enfin, grâce à la facilité avec laquelle on s'y débarrasse de toutes les matières qui encombrent ou salissent les chaussées des rues, il a grandement contribué, et depuis bien longtemps, à cette remarquable tenue de la voie publique, qui fait honneur à l'édilité parisienne et qui frappe dès l'abord tous les étrangers.

Par contre, l'entraînement des matières solides par l'énorme masse d'eau qui circule dans les égouts parisiens, et qui, à certains jours, atteint sans pluie jusqu'à 700 000 et 800 000 m^3, a pour conséquence des sujétions toutes particulières. De là cet outillage varié, cette légion d'ouvriers constamment occupés au curage ; de là l'obligation où l'on s'est trouvé de multiplier les réservoirs de chasse, aujourd'hui au nombre de 3 479 et qui consomment en vingt-quatre heures au moins 35 000 m^3 d'eau de rivière empruntée à la distribution du service public, celle d'organiser l'extraction de masses de sable atteignant jusqu'à 28 000 m^3 par an, et de quantités considérables de fumiers, dont on n'a pu jusqu'à présent trouver l'utilisation et qu'il faut à grands frais transporter aux décharges.

2. Critiques diverses. — Frappées précisément de ces sujétions inconnues ailleurs, quelques personnes ont vivement critiqué le système ; et, bien souvent, on a reproché aux collecteurs parisiens de présenter des pentes insuffisantes, qui, en y provoquant les dépôts, seraient la cause d'inconvénients fâcheux au point de vue de l'hygiène.

C'est là une accusation injuste, car si l'on compare les collecteurs parisiens à ceux de toutes les grandes villes d'Europe, on est frappé précisément de ce fait que, partout les pentes adoptées sont extrêmement voisines les unes des autres, ce qui s'explique sans doute par le relief assez peu prononcé du sol dans presque toutes ces villes ; à Paris, les pentes sont plus élevées qu'à Berlin, elles le sont autant qu'à Londres, à Rome, à Budapest, à Bruxelles, etc..., et dans toutes ces villes, si l'on avait voulu comme à Paris, débarrasser rapidement la voie publique des détritus solides provenant de l'usure des chaussées, on aurait aussi des dépôts de sable dans les égouts, on se serait aussi condamné à des extractions continues et inévitables. La vitesse d'entraînement des matières fermentescibles des eaux souillées est aussi grande ici que dans les réseaux disposés pour le curage automatique, ainsi que l'a démontré à certains jours le passage des confetti parvenant sur les champs d'épuration moins de huit heures après le premier balayage sur les boulevards ; et les sables extraits sont tellement délavés par le courant qu'ils ne contiennent presque plus aucune matière organique putrescible et n'ont absolument aucune valeur comme engrais.

On a voulu voir aussi un danger dans la communication directe de l'atmosphère des égouts avec l'air extérieur par les bouches sous trottoirs, alors, tout au contraire, que l'aération ainsi obtenue s'oppose énergiquement à la formation des gaz nuisibles qu'on observe dans la plupart des autres réseaux, et supprime par là même une des difficultés que rencontre dans bien des cas l'assainissement des habitations. Ceux qui formulent cette objection oublient d'ailleurs qu'il n'est pas possible de supprimer les communications entre l'atmosphère et les égouts appelés à recevoir les eaux météoriques, et que, là où l'on fait usage de bouches à occlusion hydraulique, il faut par ailleurs établir des *prises d'air* spéciales dans des regards sous chaussée, ou des *cheminées d'aérage* accolées aux maisons riveraines.

Il est vrai que les partisans des « systèmes séparés » vont plus loin et demandent qu'on réserve les égouts actuels à l'écoulement des eaux pluviales qui se déverseraient en Seine, et que, pour les eaux ménagères et les eaux vannes, on établisse de toutes pièces des *canalisations spéciales*, sortes de vases clos où les liquides fermentescibles seraient mis en mouvement par aspiration ou compression et qui les conduiraient seuls sur les champs d'épuration. Ce serait là une transformation complète du système adopté, qui entraînerait naturellement d'énormes dépenses et que ne justifieraient guère les enseignements de la pratique, puisque pas une grande ville jusqu'à présent n'a fait d'application générale des systèmes séparés que la Commission technique de l'assainissement de Paris a repoussés en 1883, après une étude approfondie, et qui, préconisés depuis vingt ans par certains hygiénistes, n'en sont pas moins restés plutôt à l'état de procédés théoriques ou n'ont été employés que dans un très petit nombre de cas tout particuliers et dans des agglomérations de très faible importance, alors que Londres, Berlin, Bruxelles, Rome, Budapest, etc., etc., s'en tiennent au système unitaire, alors que les congrès internationaux d'hygiène n'ont cessé d'en proclamer l'incontestable supériorité.

3. **Produit brut des redevances.** — La construction des égouts, qui donne lieu souvent dans les villes à une imposition spéciale sur les immeubles riverains, s'est faite à Paris aux frais de la Caisse municipale et a été payée en conséquence par l'ensemble des contribuables.

Le curage des branchements particuliers, qui incombe aux riverains, a seul pendant longtemps fait l'objet d'une redevance, dont le caractère est celui d'un simple abonnement pour service rendu. La recette faite de ce chef par la Ville, proportionnelle à la longueur des galeries, diminue sensiblement chaque année, depuis que l'arrêté du 16 juillet 1895 a rendu obligatoire la fermeture des branchements du côté de l'égout, supprimé par suite l'invasion des eaux d'égout dans ces galeries et rendu tout curage inutile : les nouveaux branchements étant établis sur le type actuellement réglementaire et les anciens se transformant peu à peu, le produit des abonnements au curage va en baissant. Il a été de 483 000 fr. en 1899.

Il y a également chaque année une diminution sur le produit des redevances perçues pour écoulement à l'égout des liquides provenant des *tinettes filtrantes* en vertu des arrêtés des 2 juillet 1867 et 20 novembre 1887, à raison de 30 francs par chute, en conséquence du remplacement du système diviseur par le tout à l'égout devenu obligatoire depuis la loi du 10 juillet 1894. Ce produit, après avoir atteint jusqu'à 1 042 440 francs par an, est tombé à 814 260 francs en 1899.

Par contre la *taxe de vidange*, instituée par la loi précitée et qui frappe les écoulements directs à l'égout des matières solides et liquides provenant des cabinets d'aisances, va en augmentant tous les ans, moins rapidement qu'on ne l'avait supposé d'abord à cause de la résistance des propriétaires qui opposent jusqu'à présent la force d'inertie aux injonctions administratives, mais néanmoins suivant une progression sûre et qui ne tardera sans doute pas à s'accélérer. Le produit de cette taxe atteignait au 31 décembre 1899, pour 1 6852 maisons sur 80 000 environ, la somme de 2 381 370 francs.

En totalisant les trois éléments de recettes on arrive à une somme globale de 3 678 630 francs, qui constitue actuellement le produit brut du réseau des égouts. Malgré la diminution des deux premiers éléments de recettes, appelés à disparaître à mesure que le troisième s'accroît, il y a une augmentation constante d'année en année, et l'on prévoit que, le jour où la généralisation du nouveau régime sera un fait accompli, ce produit brut atteindra au bas mot 7 000 000 francs. C'est moins de 1 fr. p. 100 du revenu global de la propriété bâtie à Paris, qui représente plus de 800 000 000 francs et moins de 3 francs par habitant. La vidange telle qu'elle a été pratiquée jusqu'ici, si l'on tient compte des prix perçus par les entrepreneurs et de tous les frais accessoires, comportait une dépense sensiblement plus élevée, de sorte que le nouveau régime réalise plutôt de ce chef, et sauf une majoration relativement limitée de la consommation d'eau, une diminution des charges de la propriété en même temps qu'il procure une amélioration hygiénique considérable et incontestée.

4. Dépenses d'entretien et de curage. — Les salaires payés en 1899 au personnel ouvrier attaché au service du curage des égouts s'est élevé, y compris les frais de maladie, en chiffre rond, à la somme de . . . . 2 212 000 fr.

Le matériel représente une dépense de. . . 302 000 »

qui se répartit de la manière suivante :

Bottes	110 000 fr.
Éclairage	33 000 »
Fournitures diverses	101 500 »
Ateliers.	57 500 »
Total égal	302 000 fr.

L'extraction des sables et des fumiers n'a pas coûté moins de . . . . 317 090 fr.

Quant à l'entretien, depuis longtemps doté d'une manière insuffisante et qui ne suffirait pas dans ces conditions à maintenir le réseau en état, s'il n'y était pourvu par ailleurs, grâce aux travaux d'amélioration et de transformation en cours depuis plusieurs années en vue de l'adaptation à l'écoulement direct ou par suite des remaniements imposés par l'établissement des voies ferrées souterraines, il n'a employé qu'une somme de. . . 133 500 fr.

soit à peine 0,09 p. 100 du capital de premier établissement.

En ajoutant au total des articles qui viennent d'être énumérés, soit . . . . 2 964 500 fr.

les frais du personnel de direction et de surveillance qui s'élèvent approximativement à . . . 188 000 fr.

on trouve pour l'ensemble des dépenses annuelles afférentes aux égouts le chiffre de . . . . . 3 152 500 fr.

qui correspond à $\dfrac{3\,152\,000 \text{ fr.}}{1\,093 \text{ k.} \times 2\,600\,000 \text{ hab.}} = 0{,}011$ fr. par kilomètre d'égout public et par habitant.

BECHMANN. — Eaux de Paris.

5. Capital engagé. — On admet que le réseau tout entier représente un capital d'environ 140 millions de francs correspondant à une dépense relativement faible de 54 francs par habitant.

Il résulte des indications qui précèdent que ce capital ne produit qu'un léger revenu, puisque les dépenses annuelles d'entretien et de curage s'élevant à 3 152 500 francs environ sont sensiblement égales au montant des recettes brutes, qui est de 3 678 630 francs.

Il constituerait donc presque une charge pour le budget municipal, si l'on ne comptait sur l'élévation prochaine de la taxe de vidange en raison de l'extension du nouveau régime de l'écoulement direct. Lorsque le produit de cette taxe approchera du chiffre de 7 000 000 francs, auquel on estime qu'il devra s'élever un jour, et en admettant qu'alors le montant des dépenses annuelles n'ait pas augmenté sensiblement, le revenu net ne sera encore que de 3 847 500 francs soit 2,75 fr. p. 100 du capital susmentionné. C'est évidemment beaucoup moins que le montant des frais d'amortissement des emprunts successivement contractés en vue de l'exécution des ouvrages, de sorte que la propriété bâtie ne se trouvera supporter qu'en partie les dépenses réellement faites par la Ville et qu'une notable fraction de ces dépenses restera en fait à la charge du budget, c'est-à-dire de la masse des contribuables.

CHAPITRE III

ÉPURATION DES EAUX D'ÉGOUT

1. Effets de l'épuration par le sol. — Le traitement des eaux d'égout par le sol en culture a permis de réaliser dans tous les champs qui y sont affectés pour le service de Paris une épuration parfaite.

Aussi bien à Pierrelaye-Méry ou Carrières-sous-Poissy, qu'à Achères ou à Gennevilliers, l'eau épurée est débarrassée entièrement de l'azote organique ou ammoniacal qu'elle contenait en très notable quantité et qui est nitrifié de la manière la plus complète ; la matière organique est réduite à la proportion admise dans les eaux potables de qualité supérieure ; et le nombre des bactéries se tient à des chiffres très peu différents de ceux qu'on rencontre dans les eaux de source distribuées au service privé dans Paris. C'est un résultat trop constant et trop bien démontré pour ne pas désarmer en fin de compte l'opposition violente qui renaît à chaque phase de la marche en avant et qui ne saurait manquer de disparaître avec l'achèvement des travaux complémentaires et l'extension progressive des cultures libres irriguées.

Au bout de quelques mois à peine il apparaissait aussi complet, aussi net, aussi absolu pour le plateau de Méry-Pierrelaye, où le sous-sol est en partie formé par une couche épaisse de calcaire perméable, que dans le parc agricole d'Achères ou la plaine de Gennevilliers, où on le trouve entièrement constitué par des sables et graviers d'alluvion. A Gennevilliers on le suit depuis trente ans par des analyses régulières et l'on n'a pas cessé un instant d'en constater la continuité, en hiver aussi bien qu'en été, sans défaillance, sans incident d'aucune sorte : la population s'en montre satisfaite et s'alimente volontiers aux puits descendus dans les graviers, qui servent à recueillir l'eau de la nappe, en majeure partie composée d'eau d'égout épurée. Aucun symptôme ne permet de supposer qu'il en sera autrement dans les autres champs d'épuration, et, lorsqu'on parle de contamination des puits à Méry ou à Carrières, on va tout à fait à l'encontre des faits constatés.

La qualité de l'eau épurée ne laisse absolument rien à désirer et il n'est aucune autre localité où elle ait atteint le même degré de perfection.

Quant à la quantité qui est recueillie par les drainages à larges mailles auxquels on a eu recours et par l'intermédiaire desquels l'eau épurée se rend à la rivière, on trouve régulièrement qu'elle varie entre un tiers et un cinquième seulement des eaux d'égout employées en irrigations, malgré l'appoint des eaux météoriques. L'évaporation par le sol et par les plantes est donc énorme sur les champs irrigués.

Le volume employé en irrigations s'est élevé en 1899 jusqu'à 700 000 mètres cubes par vingt-quatre heures à certains jours d'été, où l'on fait une consommation d'eau exceptionnelle dans Paris : il paraît devoir se tenir normalement entre 500 000 et 600 000 mètres cubes par jour.

2. Conséquences de l'opération. Assainissement de la Seine. — Il n'apparaît pas d'ailleurs que les abords des champs d'épuration aient eu à souffrir, comme on l'avait craint, de ce voisinage.

Le territoire de Gennevilliers, où l'irrigation à l'eau d'égout a commencé en 1868 et se trouve pratiquée sur une grande échelle depuis vingt ans, lui doit assurément sa prospérité actuelle : la terre, maigre et desséchée, de bien peu de valeur autrefois, y est très recherchée aujourd'hui et le prix en a quintuplé ; la population y a doublé pour le moins. Et, loin que la salubrité y ait souffert, la commune de Gennevilliers compte parmi celles où le chiffre de la mortalité est le plus faible dans le département de la Seine; on n'y a constaté aucune maladie particulière, la fièvre typhoïde n'y sévit pas plus qu'ailleurs et on n'y connaît point la fièvre paludéenne.

Le parc agricole d'Achères a pris depuis 1895 un aspect luxuriant, qui contraste singulièrement avec celui que présentait naguère ce territoire naturellement sec et infertile, le nombre des travailleurs y a considérablement augmenté et la salubrité y est satisfaisante.

Sans aucun doute les mêmes conséquences favorables seront constatées à Pierrelaye, à Méry, à Carrières-sous-Poissy, quand la culture irriguée y aura pris son allure normale.

Quant à la Seine, dont la Ville de Paris a entendu réaliser l'assainissement en procédant à l'épuration intégrale de ses eaux d'égout, on ne peut contester que l'état s'en soit rapidement amélioré dans ces dernières années. Le poisson qui avait disparu en plus d'un point est partout signalé de nouveau par les pêcheurs ; l'eau s'est clarifiée sensiblement, les bancs de dépôts vaseux ont diminué et il suffira du passage de quelques crues pour en faire disparaître les dernières traces.

3. Résultats culturaux. — Depuis qu'elle est irriguée à l'eau d'égout, la plaine de Gennevilliers, qui ne donnait antérieurement que de maigres récoltes de seigle ou de pommes de terre, est devenue un centre important de productions maraîchères qui concourt pour une large part à l'approvisionnement des Halles : grâce à la fraîcheur que l'eau d'égout y maintient en été, on y obtient même durant les saisons les plus sèches, dans des conditions très rémunératrices, les pois, les haricots, les épinards, les salades, les fraises, etc…, grâce à la température relativement élevée de cette même eau en hiver, on évite les conséquences de la gelée sur les artichauts, on arrache sans peine les oignons ; les asperges, les plantes médicinales, les plantes à parfums, les arbres fruitiers, les pépinières, réussissent bien, et l'on fait avec succès aussi la culture des prairies temporaires ou permanentes. Le produit brut moyen par hectare dépasse 2 500 francs. Toutes ces cultures n'ont évidemment pas les mêmes exigences : il en est qui demandent beaucoup d'eau en tout temps comme les prairies, d'autres qui n'en réclament qu'à des époques déterminées, d'autres enfin qui n'en veulent qu'un peu comme les pommes de terre, les oignons, etc… Mais la variété même de ces cultures, auxquelles on associe des limonages fertilisants en hiver, permet d'arriver par le seul jeu des concurrences à l'établissement d'une moyenne de consommation par hectare qui s'écarte peu de la dose autorisée par la loi.

Dans les champs d'épuration plus éloignés de Paris, où la main-d'œuvre est d'ailleurs rare, la culture maraîchère ne présente évidemment pas les mêmes avantages : il est probable cependant qu'elle sera pratiquée de préférence par les petits propriétaires, à cause du très grand morcellement de la terre, mais on lui préférera dans les domaines étendus, comme le font déjà les fermiers des domaines municipaux, la grande culture, et en particulier les betteraves et les prairies. La production du lait en abondance, à proximité d'un marché pour ainsi dire indéfini, semble particulièrement indiquée, et M. Vincey, professeur départemental d'agriculture de la Seine, la recommande de toutes ses forces ; un aménagement dans cet ordre d'idées est commencé sur le domaine de Méry. La betterave est cultivée sur plusieurs centaines d'hectares au parc agricole d'Achères par le concessionnaire de la Ville, qui a édifié au voisinage du pont de Conflans une *distillerie* pour y traiter ses récoltes et y produit de grandes quantités d'alcool industriel d'excellente qualité.

4. Objections diverses. — On entend couramment faire contre le système de l'épuration des eaux d'égout par le sol des objections, qui ont été maintes fois réfutées, que les faits se sont chargés de démentir et qui n'en reparaissent pas moins toujours les mêmes. Il n'est peut-être pas inutile de les passer ici en revue et d'y répondre une fois de plus.

Tout d'abord la surface affectée à l'épuration serait tout à fait insuffisante, la dose légale très exagérée et par suite le colmatage au refus probable dans un avenir très prochain. L'expérience de Gennevilliers qui remonte à plus de trente ans déjà, a fait justice de ces assertions pessimistes : les terres, qui n'ont cessé d'y être soumises à l'irrigation, continuent à s'y montrer aussi absorbantes qu'au premier jour et les résultats de l'épuration et de la culture y restent au moins aussi satisfaisants. Le sol d'alluvion s'y montre particulièrement apte à l'usage auquel on l'a consacré et donne régulièrement des résultats supérieurs à tout ce qui a été obtenu ailleurs. Or le sol présente exactement la même constitution dans tous les caps de la Seine, Achères, Carrières-sous-Poissy, qu'on a déjà aménagés pour l'irrigation, comme ceux plus éloignés vers lesquels on doit l'étendre dans l'avenir. Les expériences scientifiques de la station d'études de Lawrence (Massachusets) ont d'ailleurs démontré que l'épuration peut être obtenue sur un sol de ce genre à des doses cinq fois, dix fois plus considérables avec la même perfection et la même sécurité.

On se rejette alors sur la constitution très différente du sous-sol du plateau de Pierrelaye-Méry, pour critiquer amèrement l'extension des irrigations, sinon sur les sables moyens qui y affleurent, tout au moins sur les limons qui recouvrent le calcaire grossier : cette objection, qui pouvait avoir quelque valeur *a priori*, n'est plus soutenable aujourd'hui puisque les eaux de drainage de cette région se montrent partout aussi parfaitement épurées que celles qui ont traversé les alluvions anciennes de la Seine.

On ajoute, en se plaçant au point de vue purement agricole, qu'à la dose autorisée on fait sur les terres irriguées une consommation de principes fertilisants très supérieure à ce que les plantes récoltées utilisent en fait et qu'il y a là une perte de richesse, un gaspillage déplorable. C'est oublier quelque peu que la Ville n'a qu'un devoir, celui d'épurer ses eaux et qu'elle s'en acquitte de la manière la plus satisfaisante. Il n'y aurait aucun avantage au point de vue de la salubrité et de l'hygiène à faire les irrigations à une dose moindre, cela est certain, pourquoi donc l'administration municipale s'imposerait-elle des dépenses beaucoup plus lourdes si elles doivent être inutiles? et, si c'est un avantage agricole, un bénéfice de culture que l'on invoque, n'appartient-il pas plutôt aux intéressés, propriétaires et agriculteurs de le rechercher, d'autant plus que l'administration municipale ne manquerait certes pas de s'y prêter bien volontiers?

En temps ordinaire, dit-on, tout se passe bien, il est vrai. Mais qu'adviendra-t-il en temps de gelée? L'irrigation devenant alors impossible l'épuration ne sera-t-elle pas suspendue? Ceux qui formulent cette objection oublient que l'eau d'égout a précisément la propriété de conserver une température très supérieure à $0°$: n'ayant jamais à faire à la surface du sol qu'un très faible parcours, elle n'a pas le temps de se refroidir, bien plus elle réchauffe la terre et l'empêche de geler, elle se glisse sous la neige en la faisant fondre partiellement... et le fait a été observé partout, tant à Gennevilliers où M. l'ingénieur Launay a fait à ce sujet des observations précises durant l'hiver exceptionnellement rigoureux de 189-495, que dans les champs d'épuration de Berlin, où le climat plus rude et les périodes de gelée plus longues n'ont jamais causé de difficultés d'exploitation ni d'interruption de service.

5. Organisation et résultats du contrôle. — La loi du 4 avril 1889, qui a autorisé la création du parc agricole d'Achères et donné pour la première fois une consécration légale au système d'épuration des eaux d'égout de Paris par irrigations sur le sol perméable, a en même temps organisé un système de surveillance par l'intermédiaire d'une Commission permanente de contrôle composée de cinq experts nommés par les ministres de l'agriculture et des finances; le comité consultatif d'hygiène publique de France et les conseils généraux de la Seine et de Seine-et-Oise.

Depuis lors on a inséré dans tous les actes déclaratifs d'utilité publique relatifs aux autres champs d'épuration, décret du 23 février 1895 (Gennevilliers), du 11 avril 1896 (Pierrelaye, Méry et Carrières-Triel), du 30 mars 1899 (Achères), une disposition analogue. Et, dès à présent, trois Commissions de contrôle, dont la composition offre à l'encontre de la ville de Paris les garanties les plus sérieuses, fonctionnent d'une manière régulière et présentent tous les six mois, comme elles y sont tenues, un rapport, qui est inséré au *Journal officiel*.

La collection de ces rapports, qui reconnaissent uniformément que la Ville se conforme aux prescriptions imposées ou s'efforce d'y rentrer par des travaux appropriés, lorsque par exception certaines circonstances de force majeure l'ont amenée à s'en écarter, est le meilleur témoignage de l'inanité des objections qui ont été précédemment exposées, et des résultats constamment satisfaisants de l'opération considérable et délicate que le service municipal poursuit avec persévérance depuis tant d'années pour le plus grand profit de la salubrité publique.

6. Dépenses et produits. — Cette opération lui a imposé des sacrifices considérables et à peu près sans compensation, puisque la dépense de premier établissement s'est élevée déjà à plus de 45 millions de fr., ce qui correspond à une annuité d'au moins 1 500 000 fr., et que les frais d'exploitation atteignent par an, pour l'élévation des eaux, la distribution sur les champs irrigués, l'entretien des ouvrages, etc., et y compris le personnel de direction, une somme d'environ 1,875,000 fr., tandis que les produits ne comprennent que le prix des fermages des domaines municipaux, à peine quelques loyers minimes, et la vente du peu de légumes qu'on récolte dans les jardins modèles de Gennevilliers et d'Achères.

Tout au plus peut-on espérer que les domaines municipaux en viendront, lorsque l'aménagement sera plus avancé et le fonctionnement devenu normal, à couvrir approximativement les frais annuels de la distribution de l'eau et de l'entretien spécial, comme il arrive actuellement pour ceux de la ville de Berlin. La délivrance gratuite de l'eau à la culture libre, telle qu'on la pratique à Gennevilliers, à Pierrelaye, à Carrières-sous-Poissy, constituera toujours une charge, à moins qu'un jour la demande ne vienne à dépasser l'offre, et que le progrès des irrigations à l'eau d'égout ne détermine une concurrence qui fera dès lors attribuer cette eau au plus offrant.

En admettant qu'alors l'exploitation proprement dite de l'ensemble des champs d'épuration parvienne à couvrir ses frais, la Ville devra quand même continuer à supporter l'annuité correspondant au capital de premier établissement et les frais annuels d'élévation de l'eau et d'entretien des ouvrages. C'est une charge fort lourde, qui ira constamment en croissant, et qu'elle a résolument assumée dans le seul intérêt de la salubrité publique dans la vallée de la Seine à l'aval de son propre territoire; elle mériterait qu'on lui en sût gré.

CHAPITRE IV

TRAVAUX SANITAIRES

1. Progrès de l'écoulement direct. — Dans toutes les villes où l'on a tenté la transformation du régime de la vidange, et l'établissement d'un système perfectionné d'évacuation des eaux usées, on a constaté qu'une réforme de cette importance exige un temps assez long ; on compte qu'elle a demandé près de vingt-cinq ans à Londres ; il n'y a donc pas lieu de se montrer surpris qu'après six années écoulées, depuis la loi du 10 juillet 1894, 18 000 maisons seulement sur 80 000 environ pratiquent l'écoulement direct à l'égout des matières liquides et solides des cabinets d'aisances, autrement dit le *tout à l'égout*.

Du moins peut-on dire que le système a, d'ores et déjà, fait ses preuves et conquis droit de cité. Les craintes qu'il avait fait naître se sont dissipées, de même que les préventions dont il était l'objet et les prédictions sinistres qu'on lui opposait à l'origine. Il a désormais la préférence marquée du grand public qui en apprécie hautement les avantages et recherche dans tous les quartiers les maisons où il est appliqué.

Les propriétaires le savent si bien qu'il ne s'édifie pas un bâtiment neuf à usage d'habitation dans les rues où le nouveau régime n'est pas encore obligatoire, sans que le constructeur s'ingénie de toutes manières pour parvenir à réaliser immédiatement ou à préparer pour un avenir très prochain l'application du nouveau mode de vidange ; on va même, pour en obtenir l'autorisation, jusqu'à supporter des dépenses relativement élevées, telles que la participation à la construction du tronçon d'égout qui fait défaut, par exemple. Ce n'est, en réalité, que pour les maisons anciennes où l'on cherche à éviter ou ajourner le plus possible des transformations un peu coûteuses, et dont on exagère d'ailleurs volontiers l'importance, que la réforme rencontre une résistance sérieuse. Elle se heurte aussi dans les *voies privées*, à la difficulté d'organiser une entente parmi les intéressés pour l'établissement des ouvrages communs d'évacuation qui doivent aboutir à l'égout public le plus voisin.

Le délai accordé aux propriétaires pour la transformation dans les maisons anciennes, n'est d'ailleurs pas encore expiré, même pour les rues qui ont été désignées dès le début pour la première application du nouveau régime ; l'obligation n'a donc pas encore fonctionné en réalité. Il n'est pas douteux que le jour où les sanctions qu'elle comporte viendront à être appliquées, avec les tempéraments convenables d'ailleurs, qui sont, en pareil cas, dans les traditions de l'administration municipale, la résistance ne s'évanouisse et ne fasse place, au contraire, à un empressement tel que les entrepreneurs auront peut-être quelque peine à satisfaire simultanément à la multitude des demandes.

2. Situation transitoire. — Quoi qu'il en soit, les anciens systèmes d'évacuation des eaux-vannes et des matières de vidange n'ont jusqu'à présent décru qu'avec une certaine lenteur. Au 31 décembre 1899, on comptait encore dans Paris 54 668 fosses fixes, 27 142 tinettes filtrantes et 12 996 tonneaux mobiles contre 63 437 fosses fixes, 34 718 tinettes filtrantes et 16 103 tonneaux mobiles à la fin de 1894. Les opérations de la vidange continuent donc à s'y effectuer provisoirement comme par le passé, et même presque sans diminution trop sensible, l'emploi d'une quantité d'eau de plus en plus grande dans les cabinets d'aisances venant à peu près compenser les suppressions résultant des transformations opérées dans un certain nombre de maisons anciennes.

Les tinettes filtrantes sont appelées à disparaître les premières, parce qu'elles n'existent qu'en vertu d'autorisations précaires accordées par l'administration en application des arrêtés du 2 juillet 1867 et du 20 novembre 1887, et que le retrait de ces autorisations, toujours révocables, à la fin du délai accordé pour la transformation, met les intéressés dans la nécessité absolue de s'exécuter, ce qui leur est d'ailleurs relativement facile parce que les travaux correspondants sont notablement moins importants dans les maisons où le système diviseur a depuis longtemps permis l'introduction de l'eau en abondance, que dans celles où le maintien de la fosse fixe a fait continuer la « guerre à l'eau » qui a été durant tant d'années une source incessante de difficultés entre propriétaires et locataires.

L'industrie de la vidange, encore très prospère, n'a plus cependant en perspective qu'une diminution plus ou moins rapide ; aussi la concurrence y fait-elle défaut, et l'entreprise la plus importante, celle de la Compagnie Fresne, s'est-elle constituée une sorte de monopole de fait qui pèse lourdement sur le public. Cette Compagnie ayant, en divers points de la périphérie et en dehors de l'enceinte, des dépotoirs particuliers et des usines pour le traitement des matières, il est devenu possible de fermer l'usine municipale de Bondy qui ne traitait plus guère, en dernier lieu, que 700 mètres cubes de matières par jour sur les 3 000 environ qu'on extrait quotidiennement des fosses parisiennes. Le dépotoir municipal de la Villette, qui est la garantie de la liberté de la vidange, a dû rester ouvert ; mais les droits perçus à l'entrée ont été relevés, de telle sorte que la Compagnie Fresne n'a plus intérêt à y amener qu'une très faible partie des matières dont elle fait la collecte, celle qui provient de la région immédiatement environnante, et les machines du dépotoir refoulent chaque nuit le volume apporté, réduit à 200 mètres cubes environ, dans la masse d'eau d'égout que la dérivation de Saint-

Ouen porte vers les champs irrigués. Ce dernier vestige d'un régime ancien, condamné et en voie de disparition, ne durera sans doute pas longtemps.

3. Difficultés de la transformation dans les maisons anciennes. —
Les difficultés auxquelles s'est heurtée l'introduction du tout à l'égout dans les maisons anciennes sont à la fois d'ordre technique et d'ordre légal.

Les premières consistent principalement dans les défectuosités des anciens appareils et des anciennes canalisations qui ne répondent en aucune façon aux exigences de l'hygiène moderne : conduits de trop larges sections, que des chasses, même abondantes, ne sauraient laver efficacement ; orifices d'évacuation dépourvus d'occlusions hermétiques et laissant pénétrer les gaz viciés dans l'intérieur des appartements ; appareils sans effets d'eau ; absence même, parfois, de toute distribution d'eau aux étages, etc.... Parmi les défectuosités, il en est une qui doit forcément et toujours disparaître, c'est le manque d'eau, puisque le fonctionnement certain d'un effet d'eau pour le lavage des cuvettes des cabinets d'aisances est la condition primordiale, la base essentielle du nouveau système d'évacuation ; mais, pour toutes les autres, on a cru devoir user de la plus large tolérance, et l'on n'a jamais demandé le remplacement des canalisations de gros diamètre qui entraînerait des travaux difficiles et coûteux ; l'on a, d'autre part, admis le maintien des appareils de cabinets d'aisances à valves, pourvu qu'ils fussent munis d'effets d'eau alimentés automatiquement et à la condition de placer, au bas de la chute correspondante, un réservoir de chasse assurant l'entraînement des corps solides de toute nature qu'on a conservé la déplorable habitude de jeter par ces orifices, réduisant de la sorte à peu de chose dans beaucoup de maisons, les travaux réellement indispensables.

Les secondes ont donné lieu à des débats retentissants devant le Conseil d'État, qui, par deux fois, a prononcé l'annulation d'arrêtés pris par M. le Préfet de la Seine pour l'application de la loi du 10 juillet 1894. La doctrine que les arrêts du Conseil d'État ont fait prévaloir, limite, en matière de salubrité publique, les pouvoirs du Préfet de la Seine, qui intervient ici comme maire de Paris, à l'indication du but à atteindre : entraînement rapide des matières, protection de l'atmosphère des appartements, etc., mais lui dénie la faculté de prescrire les dispositifs de détail, tels que les diamètres-limites des conduits, la nature de l'occlusion hermétique (siphon hydraulique), etc… Le nouvel arrêté, pris conformément à cette doctrine le 24 décembre 1897, a été confirmé par le Conseil d'État, malgré un nouveau pourvoi de la Chambre syndicale des propriétaires, et demeure en conséquence la base de la nouvelle réglementation. Les prescriptions, nécessairement fort vagues, qu'il a édictées ne sauraient plus guider utilement les propriétaires dans les travaux qui leur incombent, comme l'administration avait tenté de le faire dans leur propre intérêt par l'arrêté annulé du 8 août 1894 : on y supplée par des conseils sans aucun caractère obligatoire, que les agents du service municipal sont chargés de donner aux intéressés, en leur fournissant tous les renseignements qui peuvent leur être utiles et qui ont le plus souvent pour objet et pour résultat de restreindre les frais effectifs de la transformation.

CHAPITRE V

CANAUX

1. Importance du trafic. — Les trois canaux de la ville de Paris desservent un trafic considérable, qui se chiffre annuellement par un mouvement de plus de 3 500 000 tonnes.

Le moins important, celui de l'Ourcq, malgré sa section exiguë et sa disposition en impasse, y figure à lui seul pour 650 000 tonnes. Ce trafic est principalement alimenté à la descente par des matériaux de construction qui se rencontrent en abondance sur le parcours du canal : pierres de taille et moellons de la vallée de l'Ourcq, plâtre entre Villeparisis et Romainville, bois de la forêt de Villers-Cotterets. Beaucoup de bateaux remontent vides ; cependant le mouvement dans ce sens augmente depuis quelques années au voisinage de Paris, et au delà on transporte des fumiers et engrais, des houilles, des pétroles, etc...

Le canal Saint-Denis, creusé surtout en vue d'amener à la Villette les marchandises apportées par la Seine et les voies navigables du Nord, remplit aujourd'hui un rôle beaucoup plus étendu. Outre les entrées dans Paris et les sorties qui représentent 800 000 tonnes, il se fait dans la banlieue, et par les trois ports importants de Saint-Denis, Aubervilliers et la gare d'Aubervilliers, un grand mouvement de marchandises atteignant jusqu'à 1 100 000 tonnes, soit un total de 1 900 000 tonnes. La partie la plus importante du trafic est fournie par les transports de vidange d'une part et de l'autre par les arrivages de charbons du nord de la France, de la Belgique et de l'Angleterre. La navigation est d'ailleurs beaucoup plus active à la remonte qu'à la descente.

Le mouvement général du canal Saint-Martin est inférieur à celui du canal Saint-Denis ; mais le trafic local est supérieur, ce qui s'explique par ce fait que tous les biefs du canal Saint-Martin sont des ports importants. Il y passe environ 1 100 000 tonnes par an, dont 300 000 en transit. Ce trafic porte surtout sur les matériaux de construction et les vidanges ; et là encore la navigation est beaucoup plus active à la remonte qu'à la descente.

L'activité de la navigation est surtout liée au développement de la construction dans Paris, en raison de l'influence des plâtres et autres matériaux qui proviennent du canal de l'Ourcq. Comme la construction varie beaucoup d'une année à l'autre, le trafic des canaux est lui-même fort variable. Il faut reconnaître cependant qu'il va en croissant lentement, et dépasse aujourd'hui d'un tiers environ ce qu'il était il y a trente ans.

2. Produits des droits de navigation et recettes diverses. — La recette annuelle des canaux n'a pas augmenté dans la même proportion, parce que la concurrence des autres voies de transport a provoqué des réductions de tarif d'une certaine importance sur les *droits de navigation* perçus par la ville de Paris, et qui représentent moyennement par an 870 000 fr.

A cet élément principal de revenu viennent s'ajouter :

1° *Les fruits naturels*, parmi lesquels figurent en première ligne les ventes d'arbres, car les magnifiques peupliers d'alignement qui bordent les deux rives du canal sont soumis à des coupes annuelles régulières qui donnent moyennement 45 à 60 000 fr. ;

2° *Les locations industrielles*, qu'on peut évaluer à 25 000 fr. et qui comprennent la jouissance de deux chutes d'eau, puis les redevances perçues sur les prises d'eau destinées à la condensation de la vapeur dans les usines et qui sont taxées, sous condition formelle de restitution de l'eau après usage, à raison de 2 fr. 55 par an pour chaque mètre cube prélevé quotidiennement ;

3° *Les locations* ou *droits de dépôts*, payés pour occupation des terre-pleins des ports, utilisation des magasins couverts de la Villette, jouissance de terrains appartenant à la Ville, etc... puis les redevances imposées à titre conservatoire tout au moins sur tolérances, passages, vues, droits de pêche, etc... soit plus de 200 000 fr. environ, de sorte que le total s'élève à plus de 1 150 000 fr.

3. **Revenu.** — En regard de la recette annuelle il faut placer les dépenses d'entretien, d'exploitation, et de grosses réparations, qui peuvent être comptées moyennement pour 700 000 fr. par an, laissant seulement un produit net d'environ 450 000 fr.

Ce produit net ne suffit pas à couvrir le montant des annuités de rachat qui atteint 720 000 fr. dont 180 000 fr. pour le canal Saint-Martin et 540 000 fr. pour les canaux de l'Ourcq et Saint-Denis : le déficit ressort à 270 000 fr. Pour l'expliquer, il faut rappeler que les droits de navigation sur le canal de l'Ourcq ont été réduits d'un cinquième environ, et que plusieurs usines, autrefois louées pour une cinquantaine de mille francs, ont été supprimées.

Mais, les annuités prenant fin le 1er janvier 1912, les canaux deviendront alors une source de revenus effectifs.

Il convient de faire observer d'ailleurs que, dans le calcul du produit net tel qu'il vient d'être présenté, on n'a pas fait figurer la valeur de l'eau amenée par le canal de l'Ourcq et distribuée dans Paris, non plus que la rémunération des dépenses de construction supportées directement par la ville de Paris avant la concession ou après le rachat. Or, si l'on considère ces dernières comme virtuellement amorties, on doit reconnaître que la fourniture de 150 000 m³ d'eau par jour, même à la basse pression qui résulte de l'altitude du bassin de la Villette, représente pour la Ville une valeur considérable qui justifie amplement les sacrifices consentis et constitue le véritable bénéfice de l'opération.

APPENDICE

AVENIR DU SERVICE. EXTENSIONS ÉVENTUELLES

1. Alimentation d'eau. — Personne ne se fait l'illusion de croire que l'outillage du Service des Eaux soit dès à présent parvenu à tout son développement et puisse désormais demeurer stationnaire : loin de là, en présence de la consommation rapidement croissante des dernières années qui se traduit d'ailleurs par d'importants excédents de recettes, il est manifeste que, pour se tenir à la hauteur des besoins, il va falloir entreprendre à très bref délai de nouveaux et importants travaux en vue d'une augmentation considérable et très prochaine du volume disponible. Les plus-values sont là au reste pour en couvrir la dépense.

Dès 1896, M. l'inspecteur général Humblot traçait le programme qu'il conviendrait d'aborder immédiatement après l'Exposition Universelle de 1900 en vue de satisfaire aux exigences du service jusqu'en 1930, et il n'évaluait pas à moins de 120 millions de francs la dépense correspondante. La progression qui s'est produite depuis lors, beaucoup plus marquée assurément qu'il ne l'avait admise, semble appeler un effort plus considérable encore si l'on veut embrasser un avenir suffisamment étendu.

La Commission technique des Eaux, nommée en 1897 par M. le Préfet de la Seine pour l'étude des questions relatives aux nouvelles amenées d'eau, a d'ailleurs reconnu que le problème peut être pratiquement résolu sans renoncer au système actuel de la double distribution, sans aller chercher vers la frontière ou au delà l'eau des lacs de la Suisse, et qu'il suffira d'une part, soit de compléter l'alimentation des aqueducs de la Dhuis, de l'Avre et du Loing, soit d'y adjoindre un ou plusieurs aqueducs complémentaires dans un rayon de 250 kilomètres, de l'autre, d'augmenter le débit des prises en rivière ou la pression des eaux du service public. Et déjà, le Conseil municipal a sanctionné dans cet ordre d'idées l'acquisition de sources nouvelles dans la région de l'Avre, des recherches dans celles de la Dhuis et du Loing, et un avant-projet de relèvement des eaux d'Ourcq dans Paris destiné à les faire parvenir aux étages des maisons comme celles de Seine et de Marne afin de s'en servir pour assurer le service des cabinets d'aisances. Il reste à obtenir les autorisations et à créer les ressources nécessaires pour entrer sans retard dans la voie de la réalisation.

L'alimentation normale assurée de la sorte, on aurait soin de pourvoir aux besoins exceptionnels de la saison chaude tant par une augmentation des établissements filtrants de Saint-Maur et d'Ivry, pour lesquels on dispose déjà de terrains étendus, que par une notable augmentation de la capacité des réservoirs d'eau potable.

Le doublement du réservoir de Villejuif depuis longtemps préparé, la création de quelques autres bassins d'approvisionnement, l'établissement de machines élévatoires complémentaires, l'achèvement et le renforcement du réseau de la distribution, le développement rationnel des appareils publics, la généralisation définitive des compteurs, sont autant d'opérations secondaires qu'il conviendrait de mener de front avec celles précédemment énumérées, en donnant aux unes et aux autres une ampleur que justifie l'importance constatée du rôle de l'eau dans l'hygiène de la Cité.

En organisant un service efficace de surveillance et de protection des eaux du service privé, en supprimant les dernières connexions désormais inutiles qu'on a jusqu'alors conservées néanmoins en nombre restreint entre les deux réseaux, en continuant les expériences entreprises sur les procédés de stérilisation pour en faire au besoin des applications plus ou moins étendues, on dissipera les appréhensions exagérées et fâcheuses qui subsistent encore dans l'opinion sur la qualité de nos eaux potables.

Il nous restera en outre à prévoir l'extension de la distribution d'eau parisienne au delà de l'enceinte des fortifications, extension inévitable le jour où disparaîtra cet obstacle à la fusion de Paris et de sa banlieue immédiate, et où l'on verra se former ainsi un « plus grand Paris » avec une population tout à coup largement accrue, avec des exigences nouvelles justifiées.

2. Égouts et collecteurs. — Il y a beaucoup moins à faire en ce qui concerne le réseau des égouts, dont l'achèvement était compris dans le programme de la loi de 1894 et se poursuit au moyen des fonds de l'emprunt spécial autorisé par la même loi. Quand ces fonds seront épuisés — et cela ne tardera guère — les égouts élémentaires se trouveront au complet à bien peu de chose près dans les voies publiques : il n'en manque plus guère dès à présent que 80 km. environ ; c'est l'affaire de deux ou trois ans, après quoi il ne restera plus à pourvoir que certaines rues incomplètement ouvertes, ou celles nouvellement percées pour mettre en valeur les surfaces non encore atteintes par les constructions.

Mais les droits de l'administration s'arrêtent actuellement à l'entrée des voies privées, très répandues à Paris, et où s'entasse, dans des conditions souvent déplorables, une population nombreuse ; les maisons riveraines de ces voies, en grande partie dépourvues de conduits souterrains pour l'évacuation des eaux usées, échappent jusqu'à présent pour la plupart à l'obligation édictée par le décret-loi du 26 mars 1852 complété par la loi du 10 juillet 1894. Il y a là une lacune des plus fâcheuses pour la salubrité, qu'il importe de combler au plus tôt par des dispositions législatives nouvelles, dont la nécessité saute aux yeux. Une clause spéciale figure à cet effet dans le projet de loi sur la santé publique actuellement soumis aux délibérations du Sénat. Si cette loi importante, depuis longtemps en préparation, ne devait pas aboutir à bref délai, il conviendrait peut-être d'en détacher ladite clause et d'en obtenir le vote préalable par une loi d'intérêt local, qui ne saurait semble-t-il soulever aucune difficulté.

Les grandes sections données aux égouts élémentaires ont entre autres avantages celui de se prêter aux augmentations du volume des eaux usées qui seront la conséquence du développement de la consommation d'eau. Il n'en est pas de même tout à fait pour les collecteurs dont la capacité est relativement limitée et qu'il faudra sans doute compléter au moins sur certains points pour faire face aux besoins de l'avenir. D'ores et déjà on a reconnu la nécessité de doubler vers l'amont le collecteur des Coteaux, de prolonger le collecteur de Clichy jusqu'à la rencontre du collecteur Saint-Honoré, etc. Ces opérations semblent devoir être hâtées d'ailleurs par l'exécution des lignes métropolitaines, qui, dans leur trajet souterrain, rencontrent en plus d'un point les grandes artères du réseau d'évacuation des eaux souillées et provoqueront d'importants remaniements.

Quoi qu'il en soit, la dépense à faire pour l'extension et le parachèvement des égouts et collecteurs dans Paris doit être considérée comme relativement faible : le gros œuvre est terminé, il n'y a plus qu'à y faire des additions tout à fait secondaires.

L'exploitation et le curage du réseau qui s'effectuent déjà dans des conditions très satisfaisantes, semblent néanmoins susceptibles d'améliorations notables, grâce à la voie nouvelle dans laquelle on est entré récemment et qui consiste à développer de toutes manières l'emploi des engins mécaniques et des commandes électriques, à l'effet de réduire les manœuvres pénibles, de faciliter et de rendre plus rapides l'entraînement et l'extraction des sables. Il y aurait aussi des progrès à faire dans le mode d'éclairage, qui, malgré bien des essais, en est resté à la lampe primitive à flamme nue avec alimentation à l'huile de colza et qui appellerait certainement d'utiles modifications. Mais ce sont là des améliorations de détail que la pratique saura réaliser ; elles ne provoqueront sans doute que des dépenses insignifiantes d'établissement et devront amener par ailleurs, sur les frais annuels, des économies assez sensibles pour compenser les autres causes d'augmentation.

3. Épuration totale de l'efflux urbain. — Les travaux en cours — agrandissement des usines de Clichy et de Colombes, canalisation de la plaine d'Achères — vont permettre de supprimer définitivement, dès l'an prochain, les déversements relativement peu considérables d'eau d'égout en Seine qu'aux heures de grand débit des collecteurs, les machines sont encore impuissantes à empêcher entièrement, et l'on peut compter, de manière certaine, qu'en 1901 la faible fraction du volume total de l'efflux urbain qui échappe encore à l'épuration en temps sec, y sera soumise comme le reste.

D'autre part, le développement normal des irrigations dans le domaine de Méry et sur le plateau de Pierrelaye, l'augmentation de puissance de l'usine de relais et les extensions possibles du réseau de distribution dans cette région, permettront probablement de mettre la surface des terres affectées à l'épuration en rapport avec le volume d'eau à y employer, de telle sorte que la dose légale ne soit pas dépassée, même sans attendre l'effet du prolongement de l'émissaire général au delà de Triel, dans la direction d'Epône, qui est compris au programme consacré et doté par la loi du 10 juillet 1894, et dont les études définitives sur le terrain s'effectuent en ce moment même ; les travaux ne tarderont pas à être entrepris sur le reliquat des fonds de l'emprunt spécial autorisé par ladite loi.

Si, dans l'avenir, tout cet ensemble ne suffisait pas à cause de l'augmentation continue du volume des eaux à épurer, la pente est ménagée de telle sorte qu'on pourrait, sans nouvelle élévation mécanique, prolonger encore l'émissaire et porter les irrigations dans la vallée de la Seine au delà de Mantes, sur de nouvelles grèves d'alluvions parfaitement appropriées à l'épuration agricole. Il est permis d'espérer au reste que le retour certain de l'opinion, les progrès de la culture irriguée, la cessation complète des inconvénients momentanés du relèvement des nappes souterraines, à la suite de compléments de drainages, et peut-être aussi l'amélioration du rendement épuratoire des terres par l'introduction des procédés de traitement bactériens préconisés depuis peu en Angleterre, auront pour effet d'augmenter l'efficacité des champs d'épuration ouverts ou à ouvrir, de manière à rejeter dans les futurs contingents, comme une réserve lointaine, ce prolongement éventuel.

En conséquence, et de même que pour l'assainissement intérieur, on peut dire que le gros œuvre est terminé ou va l'être et que les sacrifices complémentaires à entrevoir sont relativement limités.

4. Assainissement des habitations. — La généralisation du « tout à l'égout » qui est désormais la base de l'assainissement intérieur des habitations, n'est plus évidemment qu'une question de temps.

Au 31 décembre 1900 — avant que l'obligation ait effectivement fonctionné — 20 000 maisons, plus du quart des habitations parisiennes, se trouveront soumises au nouveau régime. Il est évident que le mouvement, déjà bien prononcé, ira s'accélérant à partir de cette date, puisque les délais arrivent à expiration pour un grand nombre de rues, que dès lors les atermoiements ne sont plus de saison, que les mesures coercitives vont devenir applicables : elles seront sans doute à peine nécessaires en fait, car la faveur que trouve le nouveau système auprès du public suffit pour l'imposer aux propriétaires ; leur intérêt bien entendu amènera les plus hésitants à s'exécuter.

Ce n'est pas à dire que la réforme ne rencontrera plus de difficultés dans l'application et qu'il n'y ait pas à prévoir certaines décisions à prendre en vue de lever telle ou telle d'entre elles. On a mentionné plus haut les voies privées par exemple, pour lesquelles une disposition législative nouvelle paraît indispensable : un cas analogue se présente pour les immeubles enclavés qui tiennent de la loi un droit de passage sur les immeubles contigus, mais non une servitude d'écoulement ; là encore il faudra faire appel à l'intervention du législateur. Un autre obstacle a été depuis longtemps prévu et envisagé par le conseil municipal, c'est l'impossibilité matérielle où se trouveront certains propriétaires de supporter en une fois les dépenses quelque peu importantes de transformation : dès 1892, le conseil y a pourvu au moins en théorie, puisqu'il a voté pour ce cas spécial le principe d'avances à faire par la Ville et remboursables par annuités ; il reste à organiser ce système de prêts pour lequel on pourrait avec avantage prendre comme type ce qui s'est fait en 1856-1858 pour favoriser le drainage agricole.

Tout cela est relativement facile, et il n'y a plus à redouter d'opposition intransigeante et passionnée, comme celle qui s'est produite au début de l'opération et dont on n'a eu raison, malgré tous les mérites de la solution préconisée, qu'après d'interminables discussions et une instruction qui a duré de longues années. La cause est gagnée devant l'opinion, le grand public saura la faire triompher.

5. Canaux. — Les conditions de navigabilité des canaux Saint-Denis et Saint-Martin les mettent en harmonie avec le réseau français de navigation intérieure et il ne paraît pas qu'il y ait à prévoir de travaux importants de ce côté.

Mais le port de la Villette est manifestement insuffisant pour le trafic qu'il dessert et qui est appelé à augmenter tous les jours. La Chambre de commerce s'en est préoccupée : elle réclame de nouveaux bassins, un développement de quais plus considérable, des terre-pleins plus étendus, une forme de radoub pour la réparation des bateaux, etc. Déjà même un programme de travaux a été mis à l'étude et il est probable qu'il ne s'écoulera pas longtemps avant qu'on n'en aborde la réalisation.

D'autre part, l'utilité d'une deuxième ligne de navigation intérieure entre Paris et le bassin du Nord est depuis bien longtemps reconnue, et, parmi les solutions du problème, il n'en est guère qui se présente dans des conditions aussi satisfaisantes que l'élargissement du canal de l'Ourcq et son prolongement vers Soissons et Saint-Quentin, où il viendrait ainsi se souder aux principales artères du réseau existant. Récemment le Ministère des Travaux Publics a prescrit une étude approfondie de cette solution, la Ville s'y est à son tour prêtée avec empressement, les intéressés s'y montrent également très favorables : on peut donc entrevoir, pour un avenir assez prochain, l'arrivée des charbons du Nord à la Villette par une voie nouvelle plus directe, plus économique, qui ne contribuera pas peu à précipiter l'accroissement du trafic et rendra plus nécessaire que jamais l'agrandissement du port.

ANNEXES

SOMMAIRE

LISTE DU PERSONNEL. 369

EAUX

		Pages.
4 septembre 1807.	Décret organique sur l'Administration des Eaux de Paris.	371
11 juillet 1860.	Traité entre la ville de Paris et la Compagnie générale des Eaux.	373
30 novembre 1860.	Règlement sur les abonnements aux eaux par attachements	379
27 janvier 1865.	Tarif de vente d'eau dans les fontaines marchandes.	380
26 décembre 1867.	Convention modificative du traité de 1860. . . .	381
3 novembre 1869.	Tarifs pour usages spéciaux servis par attachements.	385
20 mars 1880.	Traité avec la Compagnie générale des Eaux. .	386
22 juillet 1880.	Règlement sur les abonnements d'eaux de rivière.	394
15 octobre 1880	Arrêté réglementaire sur les compteurs d'eau. .	403
8 août 1894.	Règlement sur les abonnements d'eaux de source.	408

Modèles de polices d'abonnement aux eaux

{ Usages industriels 421
Source. Usages domestiques ou assimilés. . . . 423
— Engins mécaniques 425
— Demi-tarif pour usages domestiques ou assimilés. 427
— Abonnement forfaitaire. 429

CANAUX

19 mai 1802.	Loi autorisant l'ouverture du canal de l'Ourcq. .	430
13 août 1802.	Arrêté relatif aux travaux de dérivation de la rivière d'Ourcq.	431
19 avril 1818.	Traité de concession.	432
5 août 1821.	Loi autorisant l'exécution du canal Saint-Martin.	439
9 juillet 1861.	Traité pour le rachat du canal Saint-Martin . . .	440

SOMMAIRE

Pages.

11 avril 1866.	Décrets d'autorisation de prises d'eau dans la rivière de Marne.	444
20 juin 1876.	Acte de rachat des canaux de l'Ourcq et de Saint-Denis.	452

DÉRIVATIONS

4 mars 1862.	Décret déclaratif d'utilité publique de la dérivation des sources de la Dhuis	458
19 décembre 1866.	Décret déclaratif d'utilité publique de la dérivation des sources de la vallée de la Vanne.	459
5 juillet 1890.	Loi déclarative d'utilité publique de la dérivation des sources de la Vigne et de Verneuil	461
21 juillet 1897.	Loi déclarative d'utilité publique de la dérivation des sources du Loing et du Lunain	462

TRAVAUX SANITAIRES

24 septembre 1819.	Ordonnance royale déterminant le mode de construction des fosses d'aisances à Paris.	465
2 juillet 1867.	Arrêté réglementaire pour l'écoulement des eaux-vannes à l'égout.	469
18 juillet 1883.	Résolutions de la commissions technique de l'assainissement de Paris et résumé des travaux de la Commission	473
10 juillet 1894.	Loi relative à l'assainissement de Paris et de la Seine.	486
24 décembre 1897.	Arrêté concernant l'écoulement direct à l'égout.	488
	Conseils pour l'application de l'écoulement direct à l'égout.	490

ÉGOUTS

26 mars 1852.	Décret. Évacuation à l'égout des eaux pluviales et ménagères.	494
19 décembre 1854.	Arrêté ordonnant les branchements en maçonnerie.	494
16 juillet 1895.	Arrêté réglementant la construction et l'entretien des branchements d'égout.	496

ASSAINISSEMENT DE LA SEINE

4 avril 1889.	Loi sur l'assainissement de la Seine. Convention.	501
10 juillet 1894.	Loi relative à l'assainissement de Paris et de la Seine.	486

		Pages.
23 février 1895.	Décret relatif aux irrigations à l'eau d'égout de la plaine de Gennevilliers.	502
11 avril 1896.	Décret déclaratif d'utilité publique du prolongement de l'émissaire général des eaux d'égout vers Méry et Triel.	505
30 mars 1899.	Décret déclarant d'utilité publique les travaux de la plaine d'Achères.	507

LISTE DU PERSONNEL

PRÉFECTURE DU DÉPARTEMENT DE LA SEINE

M. J. de SELVES, G. O. ✻,
PRÉFET

SERVICES ADMINISTRATIFS

M. DEFRANCE (G.-L.), O. ✻, Directeur administratif de la Voie publique et des Eaux et Égouts.

M. MENANT (A.) ✻, Directeur des Affaires municipales.

SERVICE TECHNIQUE DES EAUX
ET DE L'ASSAINISSEMENT

M. BECHMANN (G.-E.) O. ✻, Ingénieur en chef des Ponts et Chaussées de 1re classe, **Chef du Service.**

SERVICE RÉSERVÉ
(SOUS LES ORDRES DIRECTS DU CHEF DU SERVICE)
EAUX, CANAUX, DÉRIVATIONS, TRAVAUX SANITAIRES

MM.

MOUROT (E.-E.) ✻, Inspecteur administratif.
MESNAGER (A.-C.-M.), Ingénieur des Ponts et Chaussées de 2e classe, chargé du *Service des Canaux*.

BECHMANN. — Eaux de Paris.

GESLAIN (F.-M.), Ingénieur des Ponts et Chaussées de 2ᵉ classe, chargé du *Service des Dérivations*.
BOUTILLIER (E.), ✸, Sous-Ingénieur des Ponts et Chaussées, Inspecteur de la *Distribution des Eaux*.
MÉKER (F.), ✸, Sous-Ingénieur des Ponts et Chaussées, Inspecteur des *Machines et Réservoirs*.
MASSON (L.-A.) ✸, Sous-Ingénieur des Ponts et Chaussées, Inspecteur des *Travaux sanitaires*.
LOCHERER (A.-J.-J.), Ingénieur de 1re classe.
MATHIEU (E.), Ingénieur de 1re classe.
POLLET (F.-E.), Sous-Ingénieur, Inspecteur.
BRIOTET (E.), Ingénieur de 2ᵉ classe.
HÉNAULT (L.-E.), Ingénieur de 3ᵉ classe.
BRET (E.), Ingénieur de 2ᵉ classe.
BARATTE (P.-E.-A.-F.), Ingénieur de 1re classe.
PELLÉ (C.), Ingénieur de 2ᵉ classe.

} Chargés des 8 sections du service général dans Paris. } Pour la pose des conduites d'eau.

SERVICE SPÉCIAL DES ADDUCTIONS D'EAU
ET D'ÉTUDE DE DÉRIVATIONS NOUVELLES

BABINET (J.-A.) ✸, Ingénieur en chef des Ponts et Chaussées de 2ᵉ classe.
HUET (J. T.), Ingénieur des Ponts et Chaussées de 2ᵉ classe.
GESLAIN, (F.-M.), Ingénieur des Ponts et Chaussées, déjà nommé.
BARATTE (P.-E.-A.-F.), Ingénieur des Ponts et Chaussées, déjà nommé.

SERVICE DE L'ASSAINISSEMENT

LAUNAY (F.) ✸, Ingénieur en chef des Ponts et Chaussées de 2ᵉ classe.
LŒWY (A.), Ingénieur des Ponts et Chaussées de 3ᵉ classe, chargé des *Travaux neufs d'assainissement de la Seine*.
MASSON, Sous-Ingénieur des Ponts et Chaussées, déjà nommé, *Inspecteur des Égouts*.
DUTOIT (A.) ✸, Sous-Ingénieur des Ponts et Chaussées, *Inspecteur des Irrigations*.
Les huit Ingénieurs et Inspecteurs du service de la Voie publique, ci-dessus nommés, pour la *Construction des Égouts*.

EAUX

Décret organique sur l'administration des Eaux de Paris.

4 septembre 1807.

Napoléon, Empereur des Français, etc.,
Sur le rapport de notre Ministre de l'Intérieur,
Notre Conseil d'État entendu,

Avons décrété et décrétons ce qui suit :

Article premier. — Les eaux des pompes à feu de Chaillot et du Gros-Caillou, celles des pompes hydrauliques de Notre-Dame et de la Samaritaine, des Prés Saint-Gervais, Rungis et Arcueil, et celles du canal de l'Ourcq, seront réunies en une seule administration.

Art. 2. — Cette administration sera exercée par le Préfet de la Seine, sous la surveillance du conseiller d'État directeur général des Ponts et Chaussées, et l'autorité du Ministre de l'Intérieur.

Art. 3. — Tous les travaux dépendant de cette administration seront projetés, proposés, autorisés et exécutés dans les formes usitées pour les travaux des Ponts et Chaussées. La comptabilité des travaux sera aussi exécutée dans les mêmes formes.

Art. 4. — A cet effet, il sera établi, sous le titre de *Directeur des Ponts et Chaussées*, un ingénieur en chef qui aura la direction générale tant des travaux du canal de l'Ourcq que de ceux relatifs, soit à la distribution des eaux de ce canal, soit à celle des eaux des pompes à feu et autres mentionnées en l'article 1er du présent décret.

Art. 5. — L'ingénieur directeur aura sous ses ordres immédiats deux ingénieurs en chef et des ingénieurs ordinaires qui seront chargés, savoir :

L'un des ingénieurs en chef, de tous les travaux du canal de l'Ourcq, depuis la prise d'eau jusqu'au bassin de la Villette ;

L'autre, de tous les travaux relatifs à la distribution, tant des eaux de ce canal que de toutes les autres, dans l'intérieur de Paris.

Un ingénieur ordinaire sera chargé de la conduite et du travail des pompes à vapeur depuis la prise d'eau dans la Seine jusqu'à la sortie des bassins. Il sera établi le nombre nécessaire de conducteurs, piqueurs et agents de service.

Art. 6. — Pour une première fois, les agents de l'administration actuelle des Eaux de Paris pourront nous être présentés pour être par nous nommés Ingénieurs des Ponts et Chaussées, et ce par exception aux règlements subsistants, auxquels il sera dérogé à cet effet.

Art. 7. — Toutes les dépenses relatives à l'administration des Eaux de Paris seront à la charge de cette Ville.

Ces dépenses seront proposées pour chaque année, dans un budget particulier qui sera joint au budget général de la commune.

Art. 8. — Avant le 1er décembre prochain, l'Ingénieur Directeur présentera un projet général de distribution dans l'intérieur de Paris, tant des eaux à provenir du canal que de toutes les autres déjà existantes.

Art. 9. — Ce projet indiquera généralement les points de placement des fontaines, conduites et regards à établir dans les divers quartiers de Paris, et spécialement le devis des établissements de ce genre à former dans les quartiers de Saint-Denis et des Halles, et qui devront s'y commencer dès l'année prochaine.

Art. 10. — Ces divers projets seront soumis à notre Ministre de l'Intérieur, et les projets généraux arrêtés par nous.

Art. 11. — Les dispositions de notre décret du 6 prairial an XI contraires à l'exécution des présentes sont rapportées.

Art. 12. — Notre Ministre de l'Intérieur est chargé de l'exécution du présent décret.

Signé : NAPOLÉON.

Par l'Empereur :

Le Ministre Secrétaire d'État,

Signé : HUGUES B. MARET.

ANNEXES

Traité conclu entre la Ville de Paris et la Compagnie générale des Eaux, pour la distribution de l'eau dans les territoires récemment annexés à cette ville.

11 juillet 1860.

Entre les soussignés,

M. le baron Georges-Eugène Haussmann, Sénateur, Grand-Officier de l'Ordre impérial de la Légion d'honneur, Préfet du département de la Seine, stipulant au nom de la Ville de Paris, en vertu d'une délibération du Conseil municipal de ladite Ville en date du 8 juin 1860, et dont extrait est annexé aux présentes,

D'une part ;

Et 1° M. le comte Henri Siméon, Sénateur, Commandeur de l'Ordre impérial de la Légion d'honneur, demeurant à Paris, quai d'Orsay, n° 23 ;

2° M. le baron Paul de Richemont, Sénateur, Officier de l'Ordre impérial de la Légion d'honneur, demeurant à Paris, rue d'Amsterdam, n° 82, Président et Vice-Président du Conseil d'administration de la Compagnie générale des Eaux, société anonyme autorisée par décret impérial en date du 14 décembre 1853, et dont le siège est à Paris, rue Saint-Arnaud, n° 8 ;

Agissant collectivement en vertu d'une délibération, en date du 10 juillet courant, par laquelle le Conseil d'administration leur a délégué spécialement, en conformité de l'article 33 des statuts, les pouvoirs qu'il tenait des actionnaires, régulièrement réunis en assemblée générale extraordinaire, ainsi qu'il résulte du procès-verbal de délibération en date du 9 juillet courant, contenant approbation du traité ci-après transcrit, et mentionnant que les pouvoirs nécessaires pour le rendre définitif sont donnés au Conseil d'administration ;

Les procès-verbaux des délibérations précitées du Conseil d'administration et de l'assemblée générale des actionnaires, délivrés conformément aux articles 29 et 49 des statuts, sont annexés aux présentes,

D'autre part,

A été convenu ce qui suit :

ARTICLE PREMIER. — La Compagnie générale des Eaux cède en toute propriété, et francs et libres de toutes dettes, charges et hypothèques, à la Ville de Paris, qui accepte, les terrains, bâtiments, machines, conduites, réservoirs et matériel de toute sorte, qu'elle possède dans le département de la Seine, et dont le détail est indiqué dans l'état ci-annexé.

Art. 2. — La Compagnie renonce aux effets des traités passés entre elle ou ses auteurs et les communes du département de la Seine récemment annexées à la Ville de Paris.

Elle substitue la Ville de Paris dans tous les droits résultant des traités passés avec les communes demeurées, en totalité ou en partie, en dehors de l'enceinte des fortifications, à la charge par la Ville de remplir, pour l'avenir, toutes les obligations de ces traités.

Art. 3. — La Compagnie s'interdit formellement la faculté de traiter en son nom personnel, et dans son seul intérêt, avec une des communes du département de la Seine pour des fournitures et distributions d'eau.

Elle devra racheter à ses frais toutes les concessions d'eau faites gratuitement aux particuliers dans toutes les communes qu'elle dessert aujourd'hui.

Art. 4. — Les stipulations qui précèdent auront leur effet à partir du 1er janvier 1861.

Art. 5. — Pour prix de ces stipulations, la Ville de Paris payera à la Compagnie générale des Eaux une annuité d'un million cent soixante mille francs pendant cinquante années, qui commenceront à courir du 1er janvier 1861.

Art. 6. — La Ville de Paris confère à la Compagnie, aux clauses et conditions ci-après exprimées, la régie intéressée de ses eaux de toute provenance, qui sont actuellement disponibles ou qui le seront pendant la même période de cinquante années, pour le service des concessions particulières, tant dans le nouveau Paris que dans les communes demeurées, en totalité ou en partie, en dehors de l'enceinte des fortifications.

Art. 7. — La Ville de Paris prendra seule et sans qu'elle ait, sous aucun prétexte, à en rendre compte à la Compagnie, les mesures qu'elle jugera les meilleures pour continuer et améliorer l'approvisionnement de Paris et de la banlieue en eau propre aux usages publics et domestiques.

Elle entretiendra et complètera, ainsi qu'elle le jugera le plus convenable, les canaux, machines élévatoires, réservoirs, conduites principales et autres ouvrages nécessaires à la distribution des eaux, et elle en supportera seule les frais.

Art. 8. — La Ville aura toute liberté d'affecter aux services publics et aux concessions faites ou à faire aux établissements départementaux, municipaux ou hospitaliers, telle quantité d'eau qu'elle déterminera.

L'Administration municipale sera seule juge du classement d'un établissement dans une des trois catégories qui viennent d'être indiquées, et la Compagnie ne sera pas recevable à discuter sa décision.

La Ville continuera à livrer gratuitement aux établissements de l'État les quantités d'eau fixées ou à fixer d'après l'arrêt du Conseil d'État, en date du 24 juin 1858.

Art. 9. — Le service de la régie intéressée conférée à la Compagnie ne comprend que les quantités d'eau qui excéderont journellement les besoins des services publics et autres, énumérés dans l'article qui précède.

Art. 10. — La Ville mettra gratuitement à la disposition de la Compagnie les locaux actuellement affectés aux fontaines marchandes, ou tels autres qu'elle destinerait à cet usage, dans le cas du déplacement des bureaux existants ou de la création, reconnue nécessaire, de nouvelles fontaines marchandes.

Mais il est bien entendu qu'en cas de suppression pure et simple de quelques-unes de ces fontaines, ou même de la totalité, si plus tard cette mesure était jugée opportune par l'Administration municipale, la Compagnie ne pourra exercer contre la Ville aucun recours ou demande d'indemnité de ce chef.

Art. 11. — La Compagnie devra pourvoir au placement de l'eau mise à sa disposition par la Ville à cet effet, elle s'occupera de la recherche et de la conclusion des abonnements; elle traitera avec les habitants et les industriels compris dans l'enceinte de Paris, d'après le tarif ci-annexé, lequel, arrêté d'accord entre la Ville et la Compagnie, ne pourra être également modifié que d'un commun accord.

Toutefois, il est convenu, dès aujourd'hui, que, du moment où la Ville aura amené de nouvelles eaux à Paris, le prix du mètre cube d'eau de toute origine, autre que celle provenant du canal de l'Ourcq, sera porté à 0 fr. 40 c. par jour, soit 144 francs par an.

Art. 12. — Les tarifs actuellement en vigueur continueront à être appliqués dans les communes situées en dehors des fortifications.

Art. 13. — Les conventions à intervenir entre la Compagnie et les abonnés seront rédigées conformément au modèle de police et au règlement ci-annexés, lesquels ont été arrêtés par l'Administration municipale, la Compagnie entendue.

ART. 14. — La prise d'eau sur la conduite publique, et la pose du branchement jusqu'au robinet d'arrêt inclusivement (bouche à clef comprise), seront faites sous la surveillance des agents de la Ville, et par son entrepreneur, aux frais de la Compagnie.

ART. 15. — La Compagnie sera chargée de la continuation des travaux de branchement depuis la bouche à clef jusque dans l'intérieur des habitations. Les frais de réfection de pavage, de trottoirs et de réparations de dégâts de toute espèce sont à la charge de la Compagnie, depuis la conduite publique jusqu'à la propriété privée ; il est entendu d'ailleurs que, pour l'ouverture de toute tranchée, elle devra se pourvoir des autorisations nécessaires et se conformer à tous les règlements faits ou à faire, sur ce sujet, par l'Administration municipale.

La Compagnie sera responsable envers les abonnés de toute interruption de service provenant du fait des travaux ci-dessus.

Elle n'encourra aucune responsabilité à raison des interruptions de service provenant d'un manque d'eau dans les conduites publiques.

ART. 16. — La Compagnie donnera suite aux réclamations des abonnés en ce qui la concerne, et transmettra, sans délai, à la Ville, toutes celles auxquelles il ne pourra être fait droit que par les agents de l'Administration municipale.

ART. 17. — La Compagnie transmettra à l'ingénieur en chef chargé du contrôle un double des traités passés avec les abonnés.

Un état trimestriel des abonnements sera dressé par la Compagnie et approuvé par le Préfet.

Les quantités d'eau livrées par attachement seront inscrites sur un livre spécial, dont un extrait, adressé à l'ingénieur en chef chargé du contrôle, formera un état supplémentaire, qui devra être également soumis à l'approbation du Préfet.

Ces états, lorsqu'ils auront été approuvés par le Préfet, formeront titre contre la Compagnie, qui sera comptable des sommes inscrites, et devra faire les poursuites et diligences nécessaires pour obtenir le recouvrement des sommes dues.

ART. 18. — La Compagnie sera chargée de toutes les opérations de recette ; elle devra verser chaque semaine, à la Caisse municipale, les sommes qu'elle aura encaissées.

Elle tiendra, pour la régie intéressée résultant du présent traité, une comptabilité distincte, complètement indépendante de celle de ses autres entreprises.

Art. 19. — La Compagnie sera chargée de la direction du service de la vente de l'eau aux fontaines marchandes. Les receveurs de ces fontaines seront nommés par le Préfet. Ils seront placés sous la surveillance de la Compagnie et révoqués sur sa demande.

Art. 20. — Les décomptes à établir en exécution des articles 17 et 18 seront présentés par la Compagnie, pour chaque trimestre, dans la première quinzaine du trimestre suivant.

Art. 21. — Un règlement définitif de compte entre la Ville et la Compagnie, comprenant la prime accordée à la Compagnie par l'article 23, sera arrêté chaque année au 15 février, pour la clôture de l'exercice précédent.

Art. 22. — Sur le produit des recettes, la Ville payera, mois par mois et à terme échu, à la Compagnie : 1° l'annuité de un million cent soixante mille francs (1 160 000 fr.), stipulée en l'article 5 ; 2° une somme de trois cent cinquante mille francs pour frais de régie, fixés à forfait.

Art. 23. — Lorsque la recette totale effectuée par la Compagnie dépassera annuellement trois millions six cent mille francs (3 600 000 fr.), il sera alloué par la Ville à la Compagnie, à titre de prime, un quart des sommes excédant ce chiffre.

Art. 24. — Si l'administration municipale amène à Paris de nouvelles eaux, en considération de l'élèvement du tarif prévu à l'article 11 et de la bonification qui en résultera dans le montant de la prime stipulée ci-dessus en faveur de la Compagnie, l'annuité de trois cent cinquante mille francs, dont il est question à l'article 22, sera réduite à cent quarante mille francs, un an après l'application du nouveau tarif à toutes les eaux autres que celles de l'Ourcq.

Art. 25. — Les frais et droits de toute espèce auxquels donneront lieu les stipulations des articles 1, 2, 4, 5, du premier paragraphe de l'article 3 seront supportés par la Ville ; les autres seront à la charge de la Compagnie.

Art. 26. — En cas d'inexécution totale ou partielle des clauses du présent traité, la déchéance pure et simple de la régie intéressée pourra être encourue par la Compagnie. Elle sera prononcée contre elle, un mois après un acte de mise en demeure resté sans effet, par un arrêté du Préfet, contre lequel elle aura la faculté de se pourvoir dans les formes du droit.

La déchéance sera encourue de plein droit par la Compagnie en cas de dissolution, faillite ou déconfiture.

Dans l'un ou l'autre cas, la Ville aura droit à titre de dommages-intérêts, au montant d'une des annuités fixées à l'article 5, soit un million cent soixante mille francs (1 160 000 fr.).

L'application des dispositions qui précèdent ne pourra jamais, de clause expresse, entraîner l'annulation de la cession et des stipulations contenues dans les articles 1, 2, 3, 4 et 5.

Art. 27. — Dans le cas où, par des motifs de service qui ne pourront jamais être discutés par la Compagnie, la Ville jugerait à propos de supprimer la régie intéressée, elle aura la faculté de le faire à partir du 1er janvier 1870, en prévenant la Compagnie un an au moins à l'avance.

L'époque de la suppression devra toujours coïncider avec la clôture d'un exercice.

La Compagnie aura droit, pour chacune des années de régie dont elle se trouvera ainsi privée, à une indemnité égale à la prime réglée à son profit, en exécution de l'article 23 ci-dessus, pour la dernière année de la régie qui sera révolue au moment où la résolution de la Ville lui sera notifiée, déduction faite de vingt pour cent de frais de régie.

Cette indemnité lui sera payée indépendamment de l'indemnité de un million cent soixante mille francs, stipulée à l'article 5.

Art. 28. — La date du commencement de la mise à exécution du traité est réservée jusqu'à l'époque où il pourra devenir définitif. Cette date coïncidera nécessairement avec l'origine d'un exercice.

Art. 29 et dernier. — Le présent traité, dont le texte a été adopté par le Conseil municipal, le 8 juin 1860, ne sera définitif qu'après avoir été revêtu de l'approbation de l'autorité supérieure.

Fait en double à Paris, le 11 juillet 1860.

Signé à la minute :

G.-E. Haussmann.
Siméon.
Bon Paul de Richemont.

Le présent traité a été délibéré et adopté par le Conseil d'État, dans sa séance du 27 septembre 1860.

Signé à la minute :

Le Conseiller d'Etat Rapporteur,
GOMEL.

Le Président du Conseil d'État,
J. BAROCHE.

Le Maître des Requêtes,
remplissant les fonctions de Secrétaire général du Conseil d'État,
FOUQUIER.

Vu pour être annexé au décret du 2 octobre 1860, enregistré sous le n° 2565.

Le Ministre de l'Intérieur,

Signé : BILLAULT.

ATTACHEMENTS

Règlement sur abonnement aux eaux.

30 novembre 1860.

. . . .

ART. 2. — Le mode de délivrance des eaux sera déterminé par la Compagnie des Eaux selon les circonstances spéciales au service qu'il s'agira d'établir : il aura lieu d'après un des systèmes suivants :
2° Par attachement.

Tarifs pour usages spéciaux servis par attachements.
Le Sénateur, Préfet du département de la Seine, etc.
. . . .

Arrête :

Article premier. — Les tarifs spéciaux ci-après seront appliqués à partir du 1ᵉʳ janvier 1870.

DÉSIGNATION ET MODE DE FOURNITURE	PRIX du mètre cube d'eau de toute provenance.
2º Travaux de maçonnerie et nettoyage des façades de maisons à Paris et *extra-muros* à l'exclusion de tout autre usage. Livraison par attachement . . .	0 fr. 33

FONTAINES MARCHANDES

Tarif de la vente de l'eau dans les fontaines marchandes.
27 janvier 1865.

Le Sénateur, Préfet du département de la Seine, etc.

. . . .

Arrête :

Article premier. — A compter du 1ᵉʳ février 1865, le prix de la vente de l'eau dans toutes les fontaines marchandes de Paris est fixé à raison de dix centimes par hectolitre comme il suit :

CAPACITÉ DES TONNEAUX	PRIX
	fr. c.
De toute quantité inférieure à 1 hectolitre 50 litres.	0,10
De 1 hectolitre 50 litres à 2 hectolitres exclusivement	0,15
De 2 hectolitres à 2 hectolitres 50 litres exclusivement	0,20
De 2 hectolitres 50 litres à 3 hectolitres exclusivement	0,25

Art. 2. — Le prix de puisage est maintenu à un centime par seau.

Convention modificative du traité de 1860.

26 décembre 1867.

Entre les soussignés,

M. le baron Georges-Eugène Haussman, Sénateur, Grand'Croix de l'Ordre impérial de la Légion d'honneur, Préfet du département de la Seine, stipulant au nom de la Ville de Paris, en vertu d'une délibération du Conseil municipal de ladite Ville, en date du 28 juin 1867, approuvée par arrêt préfectoral du 19 juillet suivant, desquels délibération et arrêté d'expéditions sont annexées aux présentes.

D'une part :

Et 1° M. le baron Paul de Richemont, Sénateur, Commandeur de l'Ordre impérial de la Légion d'honneur, demeurant à Paris, rue d'Amsterdam, n° 82 ;

2° M. Casimir de Rostang, Commandeur de l'Ordre impérial de la Légion d'honneur, demeurant à Paris, rue Monsigny, n° 6,

Le premier, Vice-Président, le second, membre du Conseil d'administration de la Compagnie générale des Eaux, Société anonyme autorisée par décret impérial, en date du 14 décembre 1853, et dont le siège est à Paris, rue Saint-Arnaud, n° 8 ;

Agissant collectivement en vertu d'une délibération en date du 27 novembre 1867, par laquelle le Conseil d'administration leur a délégué spécialement, en conformité de l'article 33 des statuts, les pouvoirs qu'il tenait des actionnaires régulièrement réunis en assemblée, ainsi qu'il résulte du procès-verbal de la délibération en date du 27 avril 1867, contenant approbation de la convention ci-après transcrite, et mentionnant que les pouvoirs nécessaires pour la rendre définitive sont donnés au Conseil d'administration. Les procès-verbaux des délibérations précitées du Conseil d'administration et de l'Assemblée générale des actionnaires, délivrés conformément aux articles 29 et 49 des statuts, sont annexés aux présentes,

D'autre part ;

Vu le traité conclu le 11 juillet 1860, entre la Ville de Paris et la Compagnie générale des Eaux, relativement à la régie intéressée des eaux disponibles pour le service des concessions particulières tant dans le nouveau Paris que dans les communes demeurées, en totalité ou en partie, en dehors de l'enceinte des fortifications, ledit traité approuvé par décret impérial du 2 octobre suivant ;

Vu spécialement les articles suivants :

« Art. 3, § 1er. — La Compagnie s'interdit formellement la faculté
« de traiter en son nom personnel, et dans son seul intérêt, avec une
« des communes du département de la Seine, pour les fournitures ou
« les distributions d'eau.

« Art. 11. — La Compagnie devra pourvoir au placement de l'eau
« mise à sa disposition par la Ville ; à cet effet, elle s'occupera de la
« recherche et de la conclusion des abonnements ; elle traitera avec les
« habitants et les industriels compris dans l'enceinte de Paris, d'après
« le tarif ci-annexé, lequel, arrêté d'accord entre la Ville et la Compa-
« gnie, ne pourra être également modifié que d'un commun accord.

« Toutefois, il est convenu dès aujourd'hui que, du moment où la
« Ville aura amené de nouvelles eaux à Paris, le prix du mètre cube
« d'eau de toute origine, autre que celle provenant du canal de l'Ourcq
« sera porté à 40 c., soit 144 fr. par an.

« Art. 22. — Sur le produit des recettes, la Ville payera, mois par
« mois et à terme échu, à la Compagnie : 1° l'annuité de un million cent
« soixante mille francs (1 160 000 fr.) stipulée en l'article 5 ; 2° une somme
« de trois cent cinquante mille francs (350 000 fr.) pour frais de régie
« fixés à forfait.

« Art. 23. — Lorsque la recette totale effectuée par la Compagnie
« dépassera annuellemennt trois millions six cent mille francs
« (3 600 000 fr.), il sera alloué par la Ville à la Compagnie, à titre de
« prime, un quart des sommes excédant ce chiffre.

« Art. 24. — Si l'Administration municipale amène à Paris de nou-
« velles eaux, en considération de l'élévation du tarif prévu à l'article 11
« et de la bonification qui en résultera dans le montant de la prime sti-
« pulée ci-dessus en faveur de la Compagnie, l'annuité de trois cent cin-
« quante mille francs, dont il est question à l'article 22, sera réduite à
« cent quarante mille francs, un an après l'application du nouveau tarif
« à toutes les eaux autres que celles de l'Ourcq.

« Art. 27. — Dans le cas où, par des motifs de service qui ne pour-
« ront jamais être discutés par la Compagnie, la Ville jugerait à propos
« de supprimer la régie intéressée, elle aura la faculté de le faire, à par-
« tir du 1er janvier 1870, en prévenant la Compagnie un an au moins à
« l'avance.

« L'époque de la suppression devra toujours coïncider avec la clôture
« d'un exercice.

« La Compagnie aura droit, pour chacune des années de régie dont
« elle se trouvera ainsi privée, à une indemnité égale à la prime réglée
« à son profit, en exécution de l'article 23 ci-dessus, pour la dernière
« année de la régie qui sera révolue au moment où la résolution de la
« Ville lui sera notifiée, déduction faite de vingt pour cent de frais de
« régie.

« Cette indemnité lui sera payée indépendamment de l'annuité de
« un million cent soixante mille francs, stipulée en l'article 5. »

Il a été dit et convenu ce qui suit :

L'article 27 ci-dessus visé du traité existant, reconnaît à la Ville de Paris le droit de supprimer la régie intéressée, à partir du 1er janvier 1870, en prévenant la Compagnie un an environ à l'avance et sous la condition d'une indemnité au profit de la Compagnie.

La Ville ayant annoncé à la Compagnie l'intention d'user du droit qui lui est ouvert par ledit article 27, la Compagnie a proposé et la Ville a accepté le maintien du traité, moyennant les modifications arrêtées et convenues entre les parties contractantes, comme il va être dit :

Art. 1er — Le § 2 de l'article 11 dudit traité est supprimé.

Art. 2. — L'article 23 est modifié ainsi qu'il suit :

Lorsque la recette totale effectuée par la Compagnie dépassera annuellement 3 600 000 fr., il sera alloué à la Compagnie, sur les sommes excédant ce chiffre de recettes, une prime réglée, savoir :

De 3 600 000 fr. à 6 millions inclusivement, à raison de   25 p. 100.
Sur les 7e, 8e et 9e millions . . . .   20 —
Sur les 10e et 11e millions . . . .   15 —
Sur le 12e million . . . .   10 —
Sur les recettes supérieures à 12 millions . . . . . .   5 —

Art. 3. — L'article 24 est supprimé.

Art. 4. — L'article 22 est modifié de la manière suivante :

Sur le produit des recettes, la Ville payera à la Compagnie, mois par mois et à terme échu : 1° l'annuité de onze cent soixante mille francs (1 160 000 fr.), stipulée en l'article 5 ; 2° pour frais de régie, une somme de trois cent cinquante mille francs (350 000 fr.), se réduisant de cinquante mille francs (50 000 fr.) chaque année, à compter du 1er janvier 1868, de manière à disparaître complètement le 31 décembre 1873.

Art. 5. — L'article 27 est supprimé et remplacé par la rédaction suivante :

La Compagnie générale des Eaux restera chargée de la régie stipulée par le traité du 11 juillet 1860, modifié ainsi qu'il vient d'être dit, jusqu'au 1er janvier 1911.

Art. 6. — Le § 1er de l'article 3 est remplacé par le suivant :

La Compagnie aura la faculté de traiter directement et pour son compte pour des distributions et fournitures d'eau en dehors de la distribution de la Ville de Paris, avec celles des communes du département de la Seine que la Ville déclarerait expressément renoncer à desservir par elle-même.

Art. 7. — Toutes les autres stipulations du traité du 11 juillet 1860 sont maintenues.

Art. 8. — Les frais de timbre et d'enregistrement de la présente convention seront à la charge de la Compagnie générale des Eaux.

Fait double à Paris, le 26 décembre 1867.

Signé à la minute :

G.-E. Haussmann.
Bon Paul de Richemont.
De Rostang.

Les soussignés déclarent que la prime annuelle à payer par la Ville de Paris, d'après le nouveau tarif des remises, peut être évaluée en moyenne à trois cent vingt-cinq mille francs.

Signé : Bon Paul de Richemont.
De Rostang.

En marge est écrit : Enregistré à Paris, bureau des actes administratifs, le 15 janvier mil huit cent soixante-huit, f° 96 r° c°s 1ro, 2° et suivantes. Reçu deux francs et trente centimes pour décime et demi, sous la réserve et sauf le payement de droits supplémentaires, à partir du jour où les payements de remises, faits en vertu du nouvel acte, dépasseraient le prix collectif de quinze millions cinquante mille francs.

Signé : Roquet.

Tarifs pour usages spéciaux servis par attachements. — Abonnements à jauges variables. — Modification du tarif dans quelques communes rurales.

3 novembre 1869.

Le SÉNATEUR, Préfet du département de la Seine, Grand-Croix de l'Ordre impérial de la Légion d'honneur,

Vu le traité conclu le 11 juillet 1860 entre la Ville de Paris et la Compagnie générale des Eaux, art. 6, 11 et 12 ;

Vu le règlement sur les abonnements, en date du 30 novembre suivant, art. 14 des Tarifs.

Vu la délibération du Conseil municipal de Paris, en date du 13 août 1869, contenant vote de tarifs spéciaux pour certaines fournitures par attachement et pour les abonnements à jauges variables, ainsi que la modification du tarif dans quelques communes rurales ;

Vu l'arrêté en date du 21 août même mois, approbatif de cette délibération ;

ARRÊTE :

ARTICLE PREMIER. — Les tarifs spéciaux ci-après seront appliqués, à partir du 1er janvier 1870, savoir :

DÉSIGNATION ET MODE DE FOURNITURE	PRIX du mètre cube d'eau de toute provenance.
	fr. c.
1° Arrosement et empierrement des voies situées extra-muros et entretenues soit par l'État, soit par le département, soit par les communes. — Livraison par attachement.	0,25
2° Travaux de maçonnerie et nettoyage des façades de maisons à Paris et extra-muros, à l'exclusion de tout autre usage. — Livraison par attachement.	0,33
3° Abonnements à jauges variables	Augmentation de 30 p. 100 sur le prix du tarif de l'abonnement [1].

[1] Moyennant cette augmentation, les abonnés de Paris et de la banlieue pourront obtenir durant six mois soit en été, du 1er avril au 1er octobre, soit en hiver du 1er octobre au 1er avril, tout ou partie de la quantité d'eau due pour une année entière.
Les abonnements de 10 mètres cubes et au-dessus, soit intra-muros, soit extra-muros, pourront être servis à jauges variables sans subir cette augmentation.
La fourniture à jauges variables est interdite pour les abonnements à robinet libre.

Art. 2. — Les abonnements d'eau de Seine et de Marne, dans les communes ci-après désignées :

Saint-Mandé,
Vincennes,
Le Pré Saint-Gervais,
Pantin,
Montrouge,
et Gentilly.

Seront, à l'avenir, réglés d'après les bases suivantes :

250 litres (1/4 de mètre cube) 70 fr. ⎫
500 litres (1/2 mètre cube). 100 — ⎬ pour cette fourniture.
De 1.000 litres (1 mètre cube) à . . . ⎫ 160 fr. par chaque
5.000 litres (5 mètres cubes). . . . ⎬ mètre cube.

Au delà de 500 litres, les augmentations de volume ne seront consenties que par quantités indivisibles de 500 litres.

Pour toute fourniture supérieure à 10.000 litres (10 mètres cubes), la Compagnie traite de gré à gré, sans qu'en aucun cas le prix du mètre cube puisse être inférieur à 60 fr. par an.

Art. 3. — Le Directeur des Eaux et des Égouts est chargé de l'exécution du présent arrêté, qui sera inséré au *Recueil des Actes administratifs* et notifié aux maires des communes sus-désignées pour ce qui les concerne, ainsi qu'au Directeur de l'Administration préfectorale et au Directeur de la Compagnie générale des Eaux.

Fait à Paris, le 3 novembre 1869.

Signé : G.-E. Haussmann.

Traité du 20 mars 1880 entre la Ville de Paris et la Compagnie générale des Eaux.

Entre les soussignés :

M. Ferdinand Hérold, Sénateur, chevalier de l'Ordre national de la Légion d'honneur, Préfet du département de la Seine, stipulant au nom de la Ville de Paris, en vertu d'une délibération du Conseil municipal de ladite Ville, en date du 31 janvier 1880, dont expédition est annexée aux présentes,

D'une part ;

Et M. Edward BLOUNT, Président du Conseil d'administration de la Compagnie générale des Eaux, Société anonyme au capital de 20 millions de francs, dont le siège est à Paris, rue d'Anjou-Saint-Honoré, n° 52, M. Blount agissant en vertu d'une délibération, en date du 3 mars 1880, par laquelle le Conseil d'administration l'a délégué spécialement en conformité de l'article 33 des statuts, et sous réserve, s'il y a lieu, de l'approbation de l'Assemblée générale des actionnaires,

D'autre part ;

Vu le traité du 11 juillet 1860, entre la Ville de Paris et la Compagnie générale des Eaux ;

Vu la convention modificative des 28 juin, 19 juillet et 26 novembre 1867 ;

Vu le traité du 29 décembre 1869 ;

Vu le règlement sur les abonnements aux eaux de la Ville de Paris, approuvé le 30 novembre 1860 ;

Il a été convenu ce qui suit :

CHAPITRE PREMIER

TARIF DES TRAVAUX EXÉCUTÉS PAR LA COMPAGNIE AU COMPTE DES ABONNÉS

ARTICLE PREMIER. — Par dérogation à l'article 14 du traité du 11 juillet 1860, la Compagnie sera chargée, à dater du 1er janvier 1881, de l'exécution et de l'entretien des travaux de la prise d'eau aussi bien que du branchement jusqu'à la façade des habitations, sous la surveillance et le contrôle de la Ville de Paris.

ART. 2. — Par dérogation aux stipulations de l'article 8 du règlement annexé au traité du 11 juillet 1860, les travaux mentionnés à l'article précédent seront exécutés, au compte des propriétaires, par la Compagnie des Eaux, aux prix et conditions qui suivent :

Les travaux seront l'objet d'adjudications restreintes en plusieurs lots et d'une durée de cinq ans au plus. La Compagnie recevra pour direction et règlement de ces travaux, à payer par l'abonné, une prime de 2 p. 100.

Les concurrents devront être admis par une Commission composée du Préfet, président, ou de son délégué et de six autres membres désignés trois par l'Administration municipale, trois par la Compagnie.

Toutefois, du 1er janvier 1881 au 1er janvier 1888, les travaux de branchement et de prise d'eau seront exécutés par la Compagnie générale des Eaux, aux prix de la série annexés au traité du 11 juillet 1860, mais frappés d'un rabais de 25 p. 100.

CHAPITRE II

COLONNES MONTANTES ET AGENCEMENTS INTÉRIEURS

Art. 3. — Pendant les trois années 1881, 1882 et 1883 [1], la Compagnie se chargera à ses frais, risques et périls, de l'établissement, soit de colonnes montantes, soit de tous autres agencements, plus économiques, propres à mettre l'eau à la portée de tous les locataires de la maison, qu'elle livrera gratuitement aux propriétaires et qui deviendront leur propriété. Pendant le cours de ces trois années, la Compagnie livrera aussi gratuitement dans les maisons non encore alimentées, aux propriétaires qui en feront la demande, la prise d'eau, le branchement et l'agencement de la distribution intérieure.

Ces propriétaires devront toutefois prendre l'engagement de conserver ces travaux pendant cinq ans au moins.

Art. 4. — Les travaux des colonnes ou agencements seront exécutés par adjudication, comme il est dit au deuxième paragraphe de l'article 2, et les travaux de branchement et de prise d'eau suivant les stipulations des autres paragraphes de cet article. La dépense de ces travaux, faite par la Compagnie et réglée par les Ingénieurs du service municipal, sera remboursée annuellement par la Ville à la Compagnie jusqu'à concurrence des quatre cinquièmes. Il pourra être alloué en outre des primes de 30 francs à chaque personne qui prendra un abonnement sur les colonnes montantes ou autres agencements de distribution intérieure dans l'année de leur exécution. Cette prime sera payée après l'exécution des travaux de distribution chez l'abonné. Elle s'ajoutera au compte

---

[1] Délai prorogé jusqu'au 31 décembre 1886, par arrêté du 14 juin 1884.

des colonnes montantes et agencements de distribution intérieure à partager entre la Ville et la Compagnie.

L'Administration municipale déterminera d'ailleurs, chaque année, le chiffre maximum de la dépense à faire par la Compagnie, aussi bien pour les colonnes ou agencements de distribution intérieure que pour les prises.

La Compagnie percevra, pour frais de direction et de garantie des colonnes montantes ou de tous autres agencements de distribution intérieure à établir gratuitement, une indemnité fixée à 2 p. 100 du montant desdits travaux arrêté comme il vient d'être dit, et après l'application du rabais de l'entreprise.

Art. 4 bis. — Dans le cas où, pendant les années 1881, 1882 et 1883, il conviendrait aux propriétaires d'exécuter eux-mêmes la colonne montante à leurs frais, sous leur responsabilité et par les entrepreneurs de leur choix, il leur sera alloué, à titre de prime, les deux cinquièmes du montant des abonnements nouveaux branchés sur la nouvelle colonne montante, pendant chacune des cinq premières années de l'établissement de cette colonne.

Art. 5. — Les propriétaires auront la faculté de faire entretenir ces conduites soit par la Compagnie au prix du tarif d'entretien, soit par tout autre entrepreneur.

CHAPITRE III

COMPTEURS ET TARIFS D'ABONNEMENTS

Art. 6. — Il est créé un mode nouveau d'abonnement à robinet libre en eau de source applicable seulement aux étages supérieurs et aux rez-de-chaussée habités bourgeoisement pour les maisons pourvues d'une colonne montante ou de tout autre agencement de distribution intérieure.

Ces abonnements, destinés uniquement aux usages domestiques, ne sont pas accordés dans les appartements où s'exerce un commerce ou une industrie quelconque.

Le tarif de ces nouveaux abonnements sera réglementé de la manière suivante :

Un seul robinet établi au-dessus de la pierre d'évier pour un appartement habité par une, deux ou trois personnes. . 16 fr. 20 c. par an.

Pour chaque personne en plus. . . . . 4 fr. » par an,
Pour chaque robinet supplémentaire, que l'abonné voudra placer dans les appartements :
Dans les cabinets d'aisances. . . . . 4 » —
Dans les salles de bains. . . . . 12 » —
Dans les salles de douches . . . . 9 » —
Dans les autres parties du logement . . . . . 6 » —

Les propriétaires qui en feront la demande pourront avoir, aux étages dans lesquels il n'y aurait pas de logement d'une valeur réelle dépassant 500 francs, un robinet libre à chaque étage de palier, posé dans un endroit à leur convenance, ledit robinet ne pouvant servir aux usages industriels. Le prix de ce robinet sera de 16 fr. 20 c. par an.

Art. 7. — En dehors du mode d'abonnement sus-indiqué, l'eau ne sera plus fournie, à dater du 1er janvier 1881, que par des abonnements au compteur ou au robinet de jauge, sauf les exceptions que l'Administration se réserve d'admettre dans un intérêt public, la Compagnie entendue.

Un modèle de chaque système de compteur approuvé par l'Administration, la Compagnie entendue, sera déposé à la Préfecture de la Seine.

Les compteurs seront à la charge des abonnés, qui auront la faculté de les acheter directement parmi les systèmes acceptés et autorisés, comme il est dit au paragraphe précédent, sauf les droits des fabricants brevetés.

Ils ne pourront être mis en service qu'après avoir été vérifiés et poinçonnés par l'Administration.

Ils seront soumis, quant à leur exactitude et à la régularité de leur marche, à toutes les vérifications que l'Administration pourra prescrire, sans préjudice de celles que les abonnés ou la Compagnie voudraient faire effectuer par les voies de droit.

La pose et le plombage des compteurs seront faits par la Compagnie, de même que la fourniture et le scellement de la plate-forme, aux prix fixés sur la police d'abonnement approuvée par l'Administration, mais seulement dans le cas où le compteur serait fourni par la Compagnie en location à l'abonné, comme il est dit à l'article ci-après.

Les abonnés au compteur auront la libre disposition de l'eau comme bon leur semblera, dans les limites de l'usage indiqué dans leur police d'abonnement. Lorsque le compteur sera posé par l'entrepreneur de l'abonné, la pose sera vérifiée par les agents de la Compagnie et contrôlée par l'Administration, conformément aux indications de la police d'abonnement.

Art. 8. — La Compagnie s'engage d'ailleurs à fournir aux abonnés qui le demanderont des compteurs en location qui lui seront payés, y compris l'entretien, d'après le tarif établi par l'Administration, dans la police d'abonnement, après entente avec la Compagnie.

La Compagnie percevra sur les abonnés, en une seule fois et d'avance, l'annuité de location et d'entretien du compteur, d'après le tarif ci-dessus indiqué.

Art. 9. — A dater du 1er janvier 1881, le tarif d'abonnement inséré à l'art. 14 du règlement du 30 novembre 1860, et déjà modifié par l'arrêté préfectoral du 2 mai 1866, sera fixé ainsi qu'il suit pour les abonnements inférieurs à 5 mètres cubes par jour.

QUANTITÉ de la FOURNITURE JOURNALIÈRE	PRIX PAR AN	
	Pour l'eau de l'Ourcq et pour l'eau de rivière sur les voies où l'eau de l'Ourcq ne peut pas être distribuée.	Pour les eaux de source ou de rivière.
	Francs.	Francs.
125 litres (au compteur ou au robinet de jauge accepté par l'Administration)...	»	20
250 — — ...	»	40
500 — — ...	»	60
1 000 — — ...	60	120
1 500 — — ...	90	180
2 000 — — ...	120	240
2 500 — — ...	150	300
3 000 — — ...	180	360
3 500 — — ...	210	420
4 000 — — ...	240	480
4 500 — — ...	270	540
5 000 — — ...	300	600

Il ne sera pas accordé d'abonnement inférieur à mille litres pour les eaux de l'Ourcq et à cent vingt-cinq litres pour les eaux de Seine, de Marne, de sources ou de puits artésiens.

Les eaux de l'Ourcq sont exclusivement réservées, en dehors des services publics, aux besoins industriels et au service des écuries et remises, cours et jardins. Dans les rues où le niveau ne permet pas d'amener les eaux de l'Ourcq, il pourra y être suppléé aux mêmes conditions par des eaux de Seine, de Marne ou autres équivalentes, si l'Administration le juge convenable et si ces immeubles sont d'ailleurs approvisionnés en eau de sources pour les autres usages, de même que si la canalisation des rues le permet.

Art. 10. — Pendant le cours des trois années 1881, 1882 et 1883, le tarif indiqué aux articles 6, 7 et 9 sera seul appliqué aux nouveaux abonnements exclusivement, partout où la double canalisation du service public et du service privé sera établie. Il ne sera plus accordé d'abonnements aux eaux de l'Ourcq que pour les usages ci-dessus spécifiés.

Art. 11. — L'abonnement au compteur sera basé sur un minimum choisi par l'abonné parmi les chiffres prévus au tarif ci-dessus.

Les paiements seront réglés conformément aux indications de la police. Les quantités d'eau constatées par les indications du compteur seront relevées tous les trois mois par les agents de la Compagnie. A la fin du trimestre, il sera établi un compte des quantités d'eau consommées.

L'abonné n'aura aucun supplément à payer si la quantité d'eau accusée par le compteur ne dépasse pas le minimum inscrit sur la police d'après sa déclaration ; mais il n'aura droit à aucune réduction sur ce minimum, quelle que soit sa consommation réelle. Il devra, au contraire, payer les excédents trimestriellement constatés, au mètre cube et au prix de la police d'abonnement.

CHAPITRE IV

DISPOSITIONS DIVERSES

Art. 12. — En cas de désaccord entre la Ville et la Compagnie sur la revision de tarifs prévue par l'article 2 de la présente convention, il sera procédé à la détermination des nouveaux prix par voie d'expertise contradictoire.

Art. 13. — Les frais de timbre et d'enregistrement de la présente convention seront supportés pour quatre cinquièmes par la Ville de Paris, pour le dernier cinquième par la Compagnie des Eaux.

Art. 14. — Les dispositions des traités en vigueur entre la Ville de

Paris et la Compagnie des Eaux, qui ne sont pas modifiées par la présente convention, sont maintenues.

Art. 15. — Une nouvelle police d'abonnement sera établie et soumise à l'approbation du Conseil municipal avant le 1er juillet 1880, de manière à ce que le Conseil municipal ait délibéré avant le 1er janvier 1881, date de l'application des dispositions nouvelles.

Art. 16. — La présente convention ne pourra avoir d'effet qu'après sa ratification par le Conseil d'administration et l'Assemblée générale des actionnaires, pour la Compagnie générale des Eaux, et par le Gouvernement, en ce qui concerne les autorisations nécessaires à la Ville de Paris,

Fait double à Paris, le 20 mars 1880.

Signé : F. Herold.
E. Blount.

Vu à la section de l'Intérieur, le 15 juin 1880.

Le Rapporteur,
Signé : Castagnary.

Vu en Conseil d'État, le 17 juin 1880,
Le Maître des Requêtes,
Secrétaire général du Conseil d'État,

Signé : A. Fouquier.

Les soussignés déclarent que les travaux mentionnés aux articles 3 et 4 de la présente convention feront l'objet d'adjudications publiques en la forme administrative devant le Conseil de Préfecture.

Paris, le 5 août 1880.

Le Sénateur, Préfet de la Seine
Pour le Sénateur, Préfet de la Seine,
  et par délégation :
L'Inspecteur général des Ponts et Chaussées
  Directeur des Travaux,

Signé : Alphand.

Le Directeur
de la Compagnie générale des Eaux,

Signé : Marchant.

Enregistré à Paris, bureau des actes administratifs, par duplicata, le six août 1880, f° 75, verso, case 5. Reçu trois francs soixante-quinze centimes.

Signé : Villette.

EAUX DE RIVIÈRE

Règlement sur les abonnements.

Adopté suivant délibération du Conseil municipal du 22 juillet 1880.

(*Extrait.*)

§ 1. — Modes d'abonnements

ARTICLE PREMIER. — *Forme des abonnements.* — Les abonnements partent des 1er janvier, 1er avril, 1er juillet et 1er octobre de chaque année.

La durée est d'une année pour les abonnements jaugés ou au compteur.

ART. 2. — *Mode de délivrance des eaux.* — Le mode de délivrance des eaux sera appliqué par la Compagnie générale des Eaux selon les circonstances spéciales au service qu'il s'agira d'établir. Il aura lieu d'après l'un des systèmes suivants :

1° Par écoulement constant ou intermittent, régulier ou irrégulier, réglé par un robinet de jauge dont les agents de la Compagnie auront seuls la clef. Dans ce mode de livraison, les eaux seront reçues dans un réservoir dont la hauteur sera indiquée par les agents de la Compagnie et déversées par un robinet muni d'un flotteur.

2° Par estimation et sans jaugeage. Ce mode de distribution n'est applicable d'une manière générale qu'aux eaux de sources ou autres assimilées.

3° Par compteur.

ART. 8. — *Abonnements jaugés ou au compteur.* — L'eau utilisée directement comme force motrice ne sera livrée qu'au moyen d'un abonnement au compteur.

Toutefois les propriétaires des établissements de bains publics qui ne voudront pas s'abonner au compteur, auront la faculté de s'abonner à robinet libre aux conditions suivantes :

L'eau fournie pour les bains sera de l'eau de l'Ourcq, partout où le niveau du sol permet de la distribuer, et les eaux de rivière sur les points inaccessibles à l'eau de l'Ourcq.

Le prix à forfait à payer par ces propriétaires sera calculé sur une moyenne de un bain et demi par jour et par baignoire, affectée tant au service sur place qu'au service à domicile.

Ce prix est fixé pour un bain à 5 centimes.

Les établissements de bains dans lesquels il existera aussi des piscines, des bains de vapeur, des douches, etc., devront avoir, pour cette partie de leur service, une canalisation distincte et un abonnement, soit à la jauge, soit au compteur. Dans le cas où ces services ne seraient pas alimentés par les eaux de la Ville, l'abonnement par estimation ne serait pas applicable à l'établissement.

Les abonnements des lavoirs alimentés, suivant le niveau des eaux, soit en eau d'Ourcq, soit en rivières, seront exclusivement à la jauge ou au compteur, et fixés au prix des abonnements des eaux industrielles indiqués à l'article 24 ci-dessous.

ART. 9. — *Interruption des eaux*. — Les abonnés ne pourront réclamer aucune indemnité pour les interruptions momentanées du service résultant, soit des gelées, des sécheresses et des réparations des conduites, aqueducs ou réservoirs, soit du chômage des machines d'exploitation, soit de toute autre cause analogue.

Dans le cas d'arrêt de l'eau, en totalité ou en partie, l'abonné doit prévenir immédiatement la Compagnie dans un des bureaux établis pour cet usage et dans lesquels sont déposés des registres destinés à inscrire les réclamations.

Toute interruption de service dont la durée excéderait trois jours, à dater du jour où la réclamation de l'abonné aura été inscrite dans l'un des bureaux de la Compagnie, donnera droit, pour cet abonné, à une déduction dans le prix des abonnements, proportionnelle à tout le temps d'interruption de service qui excédera trois jours.

ART. 17. — *Unité de l'Abonnement*. — *Prises d'eau et Robinets*. — Chaque propriété particulière devra avoir un branchement séparé avec prise d'eau distincte sur la voie publique.

L'abonné ne pourra conduire tout ou partie de l'eau à laquelle il a droit dans une propriété qui lui appartiendrait, que dans le cas où celle-ci serait adjacente à la première et aurait une cour commune.

A la fin de l'abonnement les robinets d'arrêt et de jauge faits sur le modèle de la Compagnie seront rendus à l'abonné après que la Compagnie aura changé la tête de ces robinets ; il en sera de même en cas de remplacement d'un de ces robinets.

Art. 18. — *Robinets d'arrêt.* — A l'origine de chaque branchement sera placé sous la voie publique, un robinet d'arrêt sous bouche à clef, dont les agents de la Compagnie auront seuls la clef. Il sera placé de plus un robinet de jauge, en cas d'abonnement jaugé.

Les abonnés pourront faire placer à l'intérieur de leurs habitations un second robinet d'arrêt, à la condition que la clef dont ils feront usage sera différente de celle de la Compagnie.

Il est interdit aux abonnés, sous peine de poursuites judiciaires, de faire usage des clefs du modèle de celles de la Compagnie, ou même de les conserver en dépôt.

Art. 20. — *Frais d'embranchements.* — Les travaux d'embranchement sur la conduite publique seront exécutés et réparés aux frais de l'abonné aux prix fixés par le tarif, par les ouvriers de la Compagnie, savoir :

Jusqu'au réservoir, dans le cas de distribution à la jauge ; jusqu'au compteur, dans les cas d'abonnement au compteur ; jusqu'au mur de face intérieur avec un bout de tuyau en plomb pénétrant de 0 m. 50 c. dans l'intérieur de la propriété, dans le cas d'abonnement à robinet libre.

L'eau sera livrée aussitôt que le mémoire des travaux à la charge de l'abonné aura été soldé.

Les abonnés qui auront un réservoir dans l'intérieur de la propriété, ou un compteur, pourront faire faire les travaux de distribution intérieure, à partir du réservoir ou du compteur, par des ouvriers de leur choix.

Les travaux de pavage, de trottoirs, seront faits par les soins des Ingénieurs du pavé de Paris, aux frais des abonnés, conformément aux dispositions de l'arrêté préfectoral du 29 juillet 1879.

Les abonnés ne pourront s'opposer aux travaux d'entretien et de réparations des tuyaux et robinets établis pour le service de leurs abonnements, lorsqu'ils auront été reconnus nécessaires.

Tout ancien branchement de prise d'eau devra être pourvu, à son point de jonction avec la conduite publique, d'un robinet d'arrêt, à la première réparation ou modification qu'il aura à subir.

Dans le cas de contestation sur la nécessité de ces travaux, la question sera résolue par l'Ingénieur en chef du service municipal, chargé du contrôle du service des eaux.

Les abonnés devront payer le prix de ces travaux, conformément au tarif sus-énoncé, dans le mois qui suivra la notification du mémoire, à peine de fermeture de leur concession, sans préjudice du droit pour la Compagnie d'exercer un recours, s'il y a lieu.

Art. 21. — Dans tous les cas où la prise d'eau, soit d'une concession d'établissement public, soit d'un abonnement privé, sera pratiquée sur une conduite publique posée sous galerie, le tuyau alimentaire devra être placé dans le branchement d'égout desservant l'immeuble. Cette mesure sera appliquée immédiatement si ce branchement existe, sinon aussitôt que l'égout particulier aura été contruit.

Le tuyau devra, pour entrer dans la propriété, pénétrer dans le mur pignon du branchement ou, s'il y a impossibilité, être dévié latéralement sous le trottoir le long de la façade de la propriété. Dans ce cas, il sera contenu dans un fourreau métallique étanche, incliné vers l'égout.

Les travaux prévus aux deux paragraphes ci-dessus seront exécutés, conformément à l'article 20, aux frais de l'abonné, par la Compagnie ou ses entrepreneurs, aux conditions de la série de prix.

Faute de satisfaire à cette prescription, dans le délai de vingt jours, à compter de l'invitation qui aura été signifiée à qui de droit par les soins de l'Ingénieur en chef du service municipal des Eaux, le report sera fait d'office et aux frais de l'abonné.

§ 4. — Compteurs

Art. 22. — *Fourniture et pose des compteurs.* — Les compteurs sont à la charge des abonnés, qui ont la faculté de les acheter parmi les systèmes approuvés par l'Administration, la Compagnie entendue.

Les compteurs ainsi achetés ne pourront être mis en service qu'après avoir été vérifiés et poinçonnés par l'Administration.

Ils seront soumis, quant à l'exactitude et à la régularité de leur marche, à toutes les vérifications que l'Administration et la Compagnie jugeront devoir prescrire.

Les compteurs achetés par les abonnés pourront être posés par leur entrepreneur particulier; mais cette installation, qui sera vérifiée par les agents de la Compagnie, devra être faite conformément aux indications de la police d'abonnement. Le plombage sera fait par les agents de la Compagnie.

Art. 23. — *Compteurs en location.* — La Compagnie fournira aux abonnés qui en feront la demande des compteurs en location du modèle qu'elle choisira parmi ceux approuvés par l'Administration.

Le tarif de location et d'entretien des compteurs est établi sur les bases suivantes :

Prix fixe, par an et par compteur, quel que soit le volume d'eau consommée, 5 francs.

Prix variable s'ajoutant au prix fixe : 15 p. 100 du prix de l'eau consommée pour les quantités inférieures à 1 000 litres.

Au delà et jusqu'à 5 000 litres, 15 p. 100 sur les premiers 1 000 litres et 6 francs par mètre cube supplémentaire de consommation journalière moyenne.

Au-dessus de 5 000 litres, la Compagnie traitera de gré à gré avec les abonnés.

Toutefois, le prix de location et d'entretien ne pourra jamais dépasser 12 p. 100 du prix courant d'acquisition et de pose du modèle des compteurs choisis.

§ 5. — Prix de l'eau

Art. 24. — *Usage de l'eau de l'Ourcq.* — Les eaux de l'Ourcq sont exclusivement réservées, en dehors des services publics, aux besoins industriels et aux services des écuries, remises, cours et jardins.

Dans les rues où le niveau ne permet pas d'amener les eaux de l'Ourcq, il pourra y être suppléé, aux mêmes conditions, par les eaux de Seine, de Marne ou autres équivalentes, si l'Administration le juge convenable et si les immeubles sont d'ailleurs approvisionnés en eaux de sources pour les usages désignés aux articles 3 et 6, de même que si la canalisation le permet.

La Compagnie sera libre de traiter à forfait, sauf approbation de l'Administration en cas de contestation, pour les livraisons d'eau par attachement ou par supplément. Dans ce mode de livraison, les prix de vente devront être au moins égaux à ceux des tarifs.

Art. 25. — *Tarif de l'eau. Tarif pour les abonnements jaugés et au compteur.* — Le prix de l'eau sera déterminé d'après le tarif suivant :

QUANTITÉ de la FOURNITURE JOURNALIÈRE	PRIX PAR AN pour chaque mètre cube.	
	Eaux de l'Ourcq et de rivières pour les usages industriels ou pour le service des écuries, cours et jardins.	Eaux de sources, de rivières et autres, pour les usages domestiques.
	Francs.	Francs.
125 litres par jour..........	»	20
250 —	»	40
500 —	»	60
1 000 —	60	120
1 500 —	90	180
2 000 —	120	240
2 500 —	150	300
3 000 —	180	360
3 500 —	210	420
4 000 —	240	480
4 500 —	270	540
5 000 —	300	600

Au-dessus de 5 mètres cubes et jusqu'à 10 mètres cubes, mais pour les 5 derniers mètres cubes seulement, les prix seront ainsi fixés :

Pour l'eau de l'Ourcq ou équivalentes désignées à l'article 25, 50 fr. par an et par mètre cube.

Pour l'eau de sources, de rivières et autres, 100 francs par an et par mètre cube.

Au-dessus de 10 mètres cubes et jusqu'à 20 mètres cubes, mais pour les dix derniers mètres cubes seulement, les prix seront évalués.

Pour l'eau de l'Ourcq et équivalentes indiquées à l'art. 25, 40 francs par an et par mètre cube ;

Pour l'eau de sources, de rivières ou autres, 80 francs par an et par mètre cube.

Au delà de 20 mètres cubes, mais seulement pour les quantités excédentes, la Compagnie traitera de gré à gré, sans qu'en aucun cas le prix du mètre cube puisse être inférieur pour les eaux de l'Ourcq et ses équivalentes à 25 francs, et à 55 francs, pour les eaux de sources, de rivières et autres.

Ces traités de gré à gré devront d'ailleurs être approuvés par le Préfet de la Seine.

Art. 26. — Il ne sera pas accordé d'abonnement inférieur à 1 000 litres pour les eaux de l'Ourcq ou autres équivalentes et à 125 litres pour les eaux de sources, de rivières et autres. L'abonné ne pourra réclamer de l'eau d'une origine autre que celle existante dans les conduites placées dans le sol de la voie publique où se trouve la propriété pour laquelle il contracte l'abonnement.

Art. 27. — *Payements*. — Le prix de l'abonnement sera payé sur la quittance de la Compagnie, d'avance, aux époques indiquées dans l'engagement du concessionnaire.

L'abonné au compteur devra payer d'avance le montant de son abonnement minimum, tel qu'il est fixé par sa police d'abonnement, pour l'année entière.

Chaque mètre cube d'eau consommée en sus de l'abonnement sera payé au prix fixé par la police d'abonnement.

Le volume d'eau consommée sera relevé dans la première quinzaine de chaque trimestre, contradictoirement avec l'abonné qui devra reconnaître et signer ce relevé. Le supplément de consommation sera dû à la Compagnie par l'abonné dès que le relevé trimestriel constatera que le montant de l'abonnement minimum sera dépassé. Dans le cas où la consommation annuelle n'atteindrait pas le chiffre résultant de la police d'abonnement, le prix minimum fixé à cette police n'en sera pas moins acquis intégralement à la Compagnie.

La consommation journalière ne devra d'ailleurs, dans aucun cas, dépasser quatre fois le volume d'eau de l'abonnement souscrit.

A défaut de payement régulier aux époques ci-dessus indiquées, le service des eaux sera suspendu et l'abonnement pourra être résilié, sans préjudice des poursuites que la Compagnie pourra exercer contre l'abonné.

§ 6. — Dispositions générales

Art. 28. — *Dispositions générales*. — *Responsabilité des abonnés*. — Les abonnés seront responsables envers les tiers de tous les dommages auxquels l'établissement ou l'existence de leurs conduites pourrait donner lieu, sauf leur recours contre qui de droit.

Art. 29. — *Constatation des branchements*. — Lors de la mise en jouissance de chaque abonné, il sera dressé contradictoirement entre l'abonné et la Compagnie, un état des lieux indiquant la nature, la disposition et le diamètre des conduites, savoir :

De la conduite publique au réservoir, dans le cas d'abonnement jaugé ; de la conduite publique au compteur, dans le cas d'abonnement au compteur ; lorsqu'il s'agira d'un abonnement d'appartement, l'état des lieux comprendra en plus la canalisation de distribution intérieure, ainsi que le nombre de l'emplacement des robinets et orifices d'écoulement.

L'abonné ne pourra rien changer aux dispositions primitivement arrêtées, à moins d'en avoir préalablement obtenu l'autorisation de la Compagnie.

Art. 30. — *Interdiction de céder les eaux*. — Il est formellement interdit à tout abonné de laisser embrancher sur sa conduite, soit à l'intérieur, soit à l'extérieur, aucune prise d'eau au profit d'un tiers.

Les eaux de la Ville de Paris étant des eaux publiques, inaliénables et imprescriptibles et ne pouvant faire l'objet d'un commerce, ne sont concédées aux habitants qu'à la condition de n'en disposer que pour leur usage personnel ou celui de leurs locataires ; il est donc interdit à l'abonné de disposer, ni gratuitement, ni à prix d'argent, ni à quelque titre que ce soit, en faveur de tout autre particulier ou intermédiaire, de la totalité ou d'une partie des eaux qui lui sont fournies, d'après sa police d'abonnement, ni même du trop plein de son réservoir.

L'abonné ne pourra non plus augmenter à son profit le volume de son abonnement.

Art. 31. — *Surveillance*. — La distribution d'eau pratiquée dans l'intérieur des propriétés particulières et dans les appartements sera constamment soumise à l'inspection des agents de la Compagnie et de la Ville, sous peine de fermeture de la concession. Ces agents pourront établir aux frais de l'Administration, et sur le branchement de chaque abonné, un compteur qui leur permettra de constater, au besoin, la consommation réelle de l'abonné.

Art. 32. — *Interdiction de rémunération aux agents du service*. — Il est interdit aux abonnés et à tous leurs ayants droit de rémunérer, sous quelque prétexte et sous quelque dénomination que ce puisse être, aucun agent de l'Administration ou de la Compagnie.

Art. 33. — *Infraction à l'usage de l'eau défini à la police*. — Toute infraction dûment constatée aux dispositions du présent règlement, en ce qui concerne l'usage de l'eau tel qu'il est défini à la police d'abonnement, entraînera l'obligation pour l'abonné de payer à titre de dommages-intérêts une indemnité de 300 francs et les causes de cette pénalité devront disparaître dans un délai maximum de quinze jours, sous peine de fermeture de la concession jusqu'à ce que l'abonné ait consenti à se conformer aux dispositions réglementaires, soit en signant une nouvelle police d'abonnement, soit en faisant disparaître les causes de l'infraction ou de la contravention constatée par procès-verbal. Lorsque les eaux concédées pour un usage industriel auront été employées à des usages domestiques, cette infraction entraînera pour les particuliers, outre les pénalités ci-dessus stipulées, l'application du tarif des eaux de sources, de rivières et autres, pour les usages domestiques indiqués à l'article 25.

ART. 34. — *Résiliations*. — Les parties pourront renoncer à la continuation du service des abonnements, en s'avertissant réciproquement d'avance savoir :

Au bout de la première année, de 3 mois en 3 mois, s'il s'agit d'abonnements annuels ;

Au bout du 1er trimestre, de mois en mois, s'il s'agit d'abonnements trimestriels.

Quelle que soit l'époque de l'avertissement, le prix de l'abonnement sera exigible jusqu'à son expiration.

ART. 35. — *Mutations de propriété*. — L'abonnement ne sera pas résilié par le seul fait de la mutation de la propriété ou de l'établissement dans lequel les eaux seront fournies. L'abonné ou ses héritiers seront responsables du prix de l'abonnement jusqu'à ce qu'ils aient accompli la formalité exigée par l'article 34, sans préjudice du recours contre le successeur qui aura joui des eaux.

ART. 36. — *Suppression des appareils de distribution en cas de résiliation*. — Dès la résiliation d'un abonnement et si l'abonné est propriétaire du branchement, la Compagnie devra faire couper et détacher le tuyau de concession près de son point de jonction avec la conduite publique, en conservant toutefois le collier pour maintenir la plaque pleine sur l'orifice de la prise d'eau. Ce travail ainsi que toutes fouilles et tous raccordements seront exécutés d'office et aux frais du propriétaire du branchement, par les soins de la Compagnie générale des Eaux.

A la suite de l'opération effectuée par la Compagnie, le propriétaire du branchement aura la faculté d'enlever les robinets d'arrêt, bouches à clefs et autres agrès de prise et de distribution d'eau, sauf le collier, en se conformant aux prescriptions du paragraphe 3 de l'article 17 ci-dessus.

En tout cas, il restera responsable des conséquences qui pourraient résulter de l'existence des agrès qu'il laisserait, soit à l'intérieur, soit même sous la voie publique.

La Compagnie tiendra attachement de ces dépenses qui lui seront, d'après ses mémoires dûment réglés, remboursées par le propriétaire du branchement, ou, à son défaut, par le nouvel abonné qui déclarera dans la police vouloir profiter de l'ancienne prise d'eau.

La remise en service du branchement n'aura lieu qu'après ce remboursement.

Art. 37. — *Frais d'exécution.* — Les frais de timbre et d'enregistrement des polices seront supportés par les abonnés.

Art. 38. — *Contraventions.* — Les contraventions au présent règlement seront constatées par les agents de la Compagnie, qui en dresseront procès-verbal.

Arrêté réglementaire sur les compteurs d'eau.

15 octobre 1880.

Le Sénateur, Préfet de la Seine,

Vu le traité intervenu, le 29 mars 1880, entre la Ville de Paris et la Compagnie générale des Eaux, ensemble le décret approbatif du 16 juillet suivant :

Vu le Règlement sur les abonnements aux eaux, en date du 25 juillet 1880, ensemble la délibération du Conseil municipal du 22 du même mois et l'Arrêté préfectoral approbatif, en date du 13 août suivant; ledit Règlement portant en son article 22 : « *Les compteurs sont à la charge des abonnés, qui ont la faculté de les acheter parmi les systèmes approuvés par l'Administration, la Compagnie entendue* » ;

Vu le rapport de l'Ingénieur en chef des Eaux (1re Division), en date du 6 octobre 1880 ;

Sur la proposition de l'Inspecteur général des Ponts et Chaussées, Directeur des Travaux de Paris ;

La Compagnie générale des Eaux entendue ;

Arrête :

TITRE PREMIER

CONDITIONS DE PRINCIPE AUXQUELLES DOIVENT SATISFAIRE LES APPAREILS

ARTICLE PREMIER. — Aucun compteur à eau, neuf ou réparé, ne pourra être mis en service à Paris, sans avoir été, au point de vue de son exactitude et de sa bonne confection, vérifié par les agents de l'Administration et revêtu par eux du poinçonnage municipal.

ART. 2. — Ne seront admis au poinçonnage que les compteurs d'un système autorisé à titre définitif ou provisoire.

ART. 3. — Ils devront résister et se maintenir étanches sous une pression intérieure de 15 atmosphères et fonctionner régulièrement et d'une manière continue sous toute pression comprise entre 1 mètre et 7 atmosphères.

ART. 4. — Les compteurs des différents débits devront pouvoir fonctionner régulièrement avec les écoulements suivants :

Ceux d'un débit n'excédant pas 3 000 litres d'eau, avec 2 litres à l'heure.
— — 5 000 — 3 —
— — 10 000 — 4 —
— — 20 000 — 6 —
— — 30 000 — 8 —
— — 60 000 — 12 —
— — 120 000 — 15 —

Par débit d'un compteur, il faut entendre la plus grande quantité d'eau que le compteur puisse fournir à l'heure, d'une manière régulière et permanente, sous une pression de trois atmosphères.

ART. 5. — Néanmoins, pour ces petits débits, et en général pour ceux inférieurs à un litre par minute, débits d'épreuve, qui ne correspondent à aucun puisage usuel, il sera accordé une tolérance en plus ou en moins. Cette tolérance sera de 20 p. 100 jusqu'à un débit de demi-litre par minute, et de 10 p. 100 au-dessus.

ART. 6. — Tout puisage atteignant un litre par minute devra être enregistré à 8 p. 100 près par les compteurs dont le débit, tel qu'il est défini par l'article 4, ne dépasse pas 3 000 litres à l'heure, et la tolérance n'existera qu'en faveur de l'abonné; c'est-à-dire que le débit enregistré ne pourra être inférieur que de 8/100 au débit réel et ne devra en aucun cas lui être supérieur.

Les compteurs capables de débiter plus de 3 000 litres à l'heure ne seront tenus au même degré d'exactitude que pour les écoulements atteignant 2 p. 100 de leur débit.

Art. 7. — Lorsqu'il sera constaté, soit que la tolérance est dépassée au détriment de la Ville, soit, au contraire, qu'il y a un écart au détriment de l'abonné, le compteur sera immédiatement changé.

Mais, ni dans un cas ni dans l'autre, il n'y aura lieu à répétition d'une des parties vis-à-vis de l'autre, chacune d'elles ayant à tout moment le droit de provoquer la vérification du compteur, et par conséquent ne pouvant s'en prendre qu'à elle si elle a laissé se prolonger une erreur à son détriment.

TITRE II

CONDITIONS IMPOSÉES AUX FOURNISSEURS DE COMPTEURS

Art. 8. — Les fabricants qui, sous réserve des droits des inventeurs à l'égard des appareils brevetés, voudront entreprendre la construction, la vente et la location d'un ou plusieurs types de compteurs admis par la Ville, devront produire à la Direction des Travaux de Paris :

1° Un certificat de l'Ingénieur en chef du Service municipal des Eaux, constatant qu'ils ont, dans Paris, un atelier convenablement organisé pour la fabrication effective des compteurs ;

2° Un engagement de soumettre leur fabrication au contrôle permanent des agents du service; de porter leurs appareils à l'atelier municipal d'essai et de poinçonnage; enfin, de satisfaire à toutes les conditions stipulées par les articles ci-après ;

3° Un certificat constatant le versement opéré par eux à la Caisse municipale, d'un cautionnement de 5 000 francs, soit en numéraire, soit en rentes sur l'État ou obligations de la Ville de Paris, au porteur et au cours du jour.

Art. 9. — Chaque appareil devra porter d'une manière très apparente les indications suivantes :

Nom et demeure du fabricant;

Débit à l'heure et sous une pression de 3 atmosphères;

Numéro du compteur et année de sa fabrication.

Art. 10. — Aucun compteur ne pourra être posé qu'après déclaration du fabricant au bureau de l'Ingénieur en chef des Eaux. Cette déclaration, préalablement visée par le Directeur de la Compagnie des Eaux, qui y inscrira le numéro de la police souscrite, devra indiquer si l'appareil est fourni en location ou vendu à l'abonné.

Art. 11. — Dans le cas de location, le fabricant restera responsable du bon fonctionnement du compteur, sans préjudice des responsabilités qui incombent également à l'abonné au terme du règlement.

Lorsqu'un dérangement sera signalé au fournisseur de l'appareil, la réparation, si elle peut avoir lieu sur place, ou, dans le cas contraire, le remplacement du compteur par un autre, devront avoir lieu dans les vingt-quatre heures du signalement.

La Compagnie générale des Eaux et l'Ingénieur en chef du Service municipal des Eaux devront d'ailleurs en être avisés et mis à même de constater contradictoirement, avec l'abonné, que les indications du compteur ne sont pas altérées, ou, en cas de mutation, sont reproduites sur l'appareil nouveau.

Art. 12. — Si, le délai de vingt-quatre heures expiré, la réparation n'est pas faite, l'Administration aura le droit, sans autre formalité, de remplacer d'office l'appareil défectueux par un autre en bon état pris chez le fabricant, ou, en cas de refus de sa part, par un appareil différent acheté ailleurs.

Les dépenses effectuées à cet effet seront recouvrées sur le fabricant d'après état régulièrement approuvé, et, en cas de refus de paiement, prélevées sur le cautionnement.

Art. 13. — Si le compteur est vendu à l'abonné, la responsabilité du fabricant vis-à-vis de l'Administration sera limitée à un an, à partir du jour de la mise en service de l'appareil, constatée par les Agents du Service des Eaux.

Passé ce délai, l'abonné restera seul responsable, vis-à-vis de la Ville, de la marche du compteur.

Art. 14. — Tout compteur enlevé pour réparation ne devra être remis en service qu'après avoir été ramené à zéro et soumis à une nouvelle vérification et à un second poinçonnage.

Art. 15. — D'autre part, les fabricants seront tenus de ne placer qu'à Paris les appareils soumis au poinçonnage de la Ville. Ils devront, dans les quinze jours qui suivront chaque trimestre, fournir à l'Administration un état de situation indiquant où se trouvent les appareils présentés par eux au poinçonnage dans le trimestre précédent.

L'Administration sera libre d'interrompre les épreuves lorsqu'elle jugera suffisant l'écart entre le nombre des appareils poinçonnés et le nombre de ceux mis en service.

Art. 16. — L'autorisation de fournir des compteurs pourra être retirée, par arrêté préfectoral, à tout fabricant qui ne se conformerait pas aux diverses conditions indiquées ci-dessus, ou dont les produits ne feraient pas habituellement un bon usage, ou qui, enfin ne compléterait pas son cautionnement dans le délai d'un mois, lorsque l'application de l'article 12 ou toute autre cause l'auront diminué de mille francs.

TITRE III

DISPOSITIONS TRANSITOIRES

Art. 17. — Les systèmes de compteurs admis jusqu'à nouvel ordre par la Ville de Paris sont les suivants :

Compteurs à 1 cylindre, système Kennedy [1].
— 2 — — Frager.
— 3 — — Desplechin-Mathelin [2].
— 4 — — Samain [3].

Aucun changement ne devra être apporté aux dispositions actuelles de ces appareils, sans l'autorisation du Service des Eaux.

Art. 18 — Les compteurs, de quelque système qu'ils soient, en service à la date du présent arrêté, seront tolérés et pourront être réparés jusqu'à ce qu'ils soient reconnus hors d'état de fonctionner régulièrement.

L'identité de ces compteurs sera constatée par un poinçonnage spécial qui devra rester intact, pour assurer au compteur le bénéfice de cette disposition.

Néanmoins, tout compteur qui laisserait passer 30 litres à l'heure sans enregistrement devra être immédiatement remplacé par un compteur d'un des systèmes indiqués ci-dessus comme admis.

Art. 19. — Parmi les autres systèmes actuellement à l'essai dans les

---

[1] Ce classement, basé sur le nombre de cylindres des appareils, n'implique aucun ordre de priorité en ce qui concerne le mérite des systèmes.

[2] Le concessionnaire du compteur Desplechin-Mathelin a renoncé à l'exploitation de ce compteur, à Paris.

[3] M. Badois a été substitué à la Société des Appareils Samain pour l'exploitation limitée du compteur système Samain par arrêté préfectoral du 26 mai 1884.

ateliers de la Ville ou qui y seront mis, ceux qui seront reconnus satisfaisants, au fur et à mesure que ces essais se compléteront, feront l'objet d'arrêtés ultérieurs d'admission [1].

Réciproquement, ceux des systèmes provisoirement admis contre lesquels la pratique viendrait à prononcer seraient frappés du retrait d'autorisation.

Dans ce cas, la pose ne pourrait en être continuée; mais ceux en service avant le retrait d'autorisation seraient provisoirement conservés dans les conditions et sous les réserves indiquées à l'article 18 ci-dessus.

Art. 20. — L'Inspecteur général des Ponts et Chaussées, Directeur des Travaux de Paris, est chargé de l'exécution du présent arrêté, dont ampliation sera transmise :

1º Au Secrétariat Général (1re Division, 2e Bureau), pour insertion au Recueil des Actes administratifs ;

2º A l'Ingénieur en chef des Eaux (1re Division) ;

3º A la Compagnie générale des Eaux ;

4º Aux fabricants ou propriétaires des systèmes de compteurs Kennedy, Frager, Desplechin-Matelin et Samain.

Fait à Paris, le 15 octobre 1880.

Signé : F. Hérold.

EAUX DE SOURCE

Règlement concernant la concession des eaux de source de la Ville de Paris.

Délibéré par le Conseil municipal de Paris, le 13 juillet 1894, et approuvé par arrêté du Préfet de la Seine le 8 août 1894.

OBJET DU RÈGLEMENT

Article premier. — Les concessions des eaux de source apparte-

---

[1] Des arrêtés préfectoraux subséquents ont en conséquence prononcé l'admission définitive des compteurs :

Système Frost-Tavenet.		le 15 février 1886
— Kern.		le 28 mai 1886.
— Schreiber.		le 3 juillet 1889.
— Frager, modèle 1883.		le 23 octobre 1889.
— — modèle 1883 *bis*		le 8 décembre 1894.
— Samain, modèle 1892		le 2 août 1900.
— Lambert.		—
— Étoile.		—

nant à la Ville de Paris sont assujetties aux engagements et conditions insérés dans le présent règlement.

TITRE PREMIER

FORME DES ENGAGEMENTS

ARTICLE 2. — *Engagements annuels.* — Les eaux sont concédées en vertu d'engagements spéciaux toutes les fois que leur prise doit durer au moins une année.

Ces engagements partent des 1er janvier, 1er avril, 1er juillet, 1er octobre. Ils ne sont contractés que pour un an, mais ils continuent, comme les baux, par tacite reconduction.

ART. 3. — *Engagements temporaires.* — Les concessions d'eau temporaires sont faites à la demande des intéressés, moyennant déclaration de la durée probable et du montant approximatif de la concession.

TITRE II

EMPLOI DES EAUX DE SOURCE

ART. 4. — *Destination.* — Les eaux de source doivent être exclusivement consacrées aux besoins du ménage.

Il est interdit de les affecter aux usages industriels, à l'arrosage des jardins, au lavage des cours, des écuries et remises.

Il n'est fait d'exception que pour les industries touchant à l'alimentation, telles que cafés, débits de vins, brasseries, restaurants, établissements de consommation, fabriques et commerces de produits alimentaires, d'eaux minérales, etc., dans lesquelles les eaux de source devront être employées, ou pour les usages exigeant une permanence ou une importance de pression qui ne pourrait être assurée par les conduites d'eau de rivière.

Les constructeurs futurs devront, à première réquisition par l'Administration, procéder à l'installation d'une conduite d'amenée destinée à l'alimentation en eau de rivière.

ART. 5. — *Substitution des eaux de rivière aux eaux de source.* — Les eaux de source peuvent être remplacées par les eaux de Seine et de Marne quand leur approvisionnement est devenu insuffisant ou que leur distribution est rendue impossible par suite d'un accident imprévu ou d'un empêchement majeur.

TITRE III

MODE DE LIVRAISON DE L'EAU

Art. 6. — *Compteurs.* — L'eau sera prise, aussi bien pour les concessions temporaires que pour les concessions permanentes, par l'intermédiaire des compteurs.

Art. 7. — *Prise sur la canalisation publique.* — Chaque propriété particulière devra avoir un branchement avec prise particulière sur la conduite de la voie publique. Le concessionnaire ne pourra conduire tout ou partie de l'eau à laquelle il a droit dans une propriété lui appartenant, que dans le cas où celle-ci serait adjacente à la première et aurait avec elle une cour commune.

Tout orifice pratiqué sur une conduite pour desservir une concession d'eau de source, donnera lieu à une redevance annuelle de 6 francs à payer par le titulaire de la concession.

En seront exemptés les immeubles jouissant de la réduction de tarif stipulée à l'article 15 ci-après.

Art. 8. — *Robinets d'arrêt.* — Le diamètre de chaque branchement à établir sur la conduite publique, sera déterminé par l'Administration suivant l'importance présumée de la consommation.

A l'origine de chaque branchement, sera placé, sous la voie publique un robinet d'arrêt en égout et sous bouche à clef suivant le cas. Tout ancien branchement qui n'en serait pas pourvu devra l'être aux frais du concessionnaire dès que l'absence de cet appareil aura été constatée.

Un second robinet devra être placé dans l'intérieur et à moins de un mètre en amont du compteur. En outre, sur le tuyau de sortie du compteur, on devra établir une douille à raccord du type admis par l'Administration et un autre robinet d'arrêt afin de permettre l'isolement de l'appareil et la vérification de son fonctionnement.

Les robinets d'arrêt intérieurs ne pourront être manœuvrés qu'au moyen d'une clé d'un modèle différent de celui en usage au Service municipal.

Art. 9. — *Travaux de 1er établissement et d'entretien des branchements.* — Tous les travaux d'embranchement sur la conduite publique seront exécutés et réparés aux frais du concessionnaire par les soins de la Compagnie générale des Eaux, jusqu'au compteur exclusivement.

Le concessionnaire est propriétaire de ces ouvrages dont la conservation et la responsabilité restent à sa charge.

Les réfections de pavage et de trottoirs seront exécutées par les entrepreneurs de la voie publique, aux conditions de leur marché, et les autres travaux seront l'objet d'adjudications restreintes en plusieurs lots d'une durée de cinq ans au plus.

Les concessionnaires ne pourront s'opposer aux travaux d'entretien et de réparation des tuyaux et robinets établis pour le service de leurs engagements, lorsque l'Administration les aura reconnus nécessaires.

Au delà du compteur les concessionnaires pourront faire exécuter les travaux de distribution intérieure par les ouvriers de leur choix.

Art. 10. — *Établissement du branchement.* — Dans tous les cas où la prise d'eau sera pratiquée sur une conduite posée sous galerie, le tuyau alimentaire devra être placé dans le branchement d'égout desservant l'immeuble, ou y être reporté dès que cet ouvrage aura été construit; et ce, aux frais du concessionnaire.

Ce tuyau devra, pour s'introduire dans la propriété, pénétrer dans le mur pignon de l'égout particulier, ou, s'il y a impossibilité, être dévié latéralement sous le trottoir le long de la façade de la propriété.

Dans ce cas, il sera contenu dans un fourreau étanche, en fonte épaisse, incliné vers l'égout particulier, dans lequel il devra déboucher librement. L'extrémité du fourreau, côté des maisons, sera lutée au mur de face.

Dans les circonstances où le propriétaire est dispensé de faire le branchement d'égout, la conduite d'amenée destinée à l'alimentation d'eau pourra être établie en tranchée, mais alors elle devra être mise en fourreau dans les conditions ci-dessus indiquées.

Lorsque la prise d'eau devra se faire sur une conduite posée en terre, les propriétaires auront à désigner sur place le point de pénétration du branchement dans l'immeuble.

Le branchement une fois exécuté, les concessionnaires ne seront plus recevables à réclamer au sujet du point de pénétration.

Lorsqu'une conduite publique primitivement établie en terre sera mise en égout, la prise du concessionnaire devra être reportée sur la nouvelle conduite, à ses frais et d'office, s'il y a lieu, dans un délai de quinze jours, après l'avis donné par l'Administration.

Art. 11. — *Fourniture et pose de compteurs.* — Les compteurs sont à la charge des concessionnaires qui ont la faculté de les choisir parmi les systèmes approuvés par l'Administration. Les compteurs ainsi choisis ne pourront être mis en service qu'après avoir été vérifiés et poinçonnés par l'Administration.

Ils devront toujours être maintenus en état de bon fonctionnement et seront soumis, quant à l'exactitude et à la régularité de leur marche, à toutes les vérifications que l'Administration jugera devoir prescrire.

Les compteurs appartenant aux concessionnaires pourront être posés par leur entrepreneur particulier. Le joint du branchement d'arrivée sera plombé par les soins de l'Administration. Le compteur devra être placé à l'origine de la canalisation intérieure de l'immeuble en un endroit non exposé à la gelée, ou dans l'égout particulier s'il est muré au droit de l'égout public. Il devra toujours être rendu accessible sans difficulté aux agents de l'Administration par l'intérieur de la propriété.

Il est formellement interdit au concessionnaire de faire aucune réparation aux compteurs et d'en changer la position en dehors de la présence d'un agent de la Compagnie ou de l'Administration.

Le diamètre des compteurs devra être en rapport avec l'importance de la consommation.

Art. 12. — *Compteurs en location.* — La Compagnie des Eaux devra, sur la demande de tout titulaire d'une concession, soit lui fournir en location et entretenir les compteurs destinés à déterminer sa consommation d'eau, soit entretenir ceux de ces compteurs qui appartiendront au concessionnaire.

Mais, dans ce dernier cas, elle aura droit d'exiger que préalablement le compteur soit remis à neuf aux frais du concessionnaire et qu'il soit vérifié et repoinçonné par l'Administration.

Les prix annuels de location et d'entretien des compteurs seront fixés conformément au tarif ci-après :

DIAMÈTRE DES ORIFICES des compteurs.	PRIX de location.	PRIX d'entretien.	PRIX de location et d'entretien.
10 millimètres	7	7	14
15 —	9	9	18
20 —	12	10	22
30 —	15	15	30
40 —	22	20	42
60 —	35	30	65
80 —	45	35	80

Les prix ci-dessus seront réduits de moitié pour les compteurs de

10 ou 15 millimètres placés dans les maisons indiquées à l'article 15 ci-après.

Les compteurs pris en location pour des concessions temporaires donneront lieu, pour cette location et pour l'entretien, à une perception de 0 fr. 005 par jour et par millimètre de diamètre.

L'entretien ne comprend pas les frais de réparation motivés par la gelée ou par toute autre cause qui ne serait pas la conséquence de son usage. Ces frais sont à la charge du concessionnaire auquel incombe le soin de prendre les précautions nécessaires pour éviter les accidents dont il s'agit.

TITRE IV

PRIX DE L'EAU

ART. 13. — *Base du tarif des eaux de source.* — La quantité d'eau de source consommée sera payée à raison de trente-cinq centimes (0 fr. 35 c.) par mètre cube d'après les indications du compteur.

Par exception, l'eau de source employée à faire mouvoir des engins mécaniques au moyen de la pression qu'elle possède dans la canalisation publique sera payée à part et à raison de soixante centimes (0 fr. 60 c.) par mètre cube d'eau consommée, conformément aux indications d'un compteur par lequel elle devra passer isolément.

ART. 14. — Dans tout immeuble où les loyers matriciels des locaux habitables ne dépasseront pas 800 francs, le propriétaire pourra contracter pour la totalité desdits locaux un engagement d'eau de source dont le prix sera réglé à forfait ainsi qu'il suit :

6 francs pour les logements au-dessous de 300 fr. ;
9 — de 300 francs à 400 fr. exclusivement ;
14 — de 400 francs à 640 fr. exclusivement ;
20 — de 640 francs à 800 fr. inclusivement ;

Les locaux de commerce et ceux d'habitation ayant avec eux une communication intérieure ne seront pas compris dans l'évaluation des loyers et ne pourront jouir des engagements forfaitaires. Leur alimentation en eaux de source devra être entièrement distincte de celle des autres locaux, et leur consommation mesurée à part au moyen de compteurs, le tout conformément aux dispositions qui seront prescrites par l'Administration.

ART. 15. — Il sera accordé une réduction de prix de moitié sur le tarif énoncé à l'article 13, dans toutes les maisons dont la valeur matricielle ne dépassera pas 400 francs.

La même faveur sera étendue aux maisons d'un revenu supérieur à 400 francs et inférieur à 800 francs, mais à condition qu'elles aient plusieurs logements distincts dont un au moins en location.

Art. 16. — Les dispositions des deux articles précédents ne seront applicables qu'aux consommations ne dépassant pas 20 mètres cubes par an et par chaque personne habitant les immeubles y désignés. Les excédents seront payés à raison de 0,35 fr. le mètre cube.

Le nombre d'habitants qui servira à calculer la partie de la consommation bénéficiant desdits articles sera fixé avant la signature de la police par l'Administration municipale, la Compagnie et les intéressés entendus.

Le nombre d'habitants ainsi arrêté ne pourra être changé ultérieurement que sur la demande de l'une des parties et par suite de modifications survenues dans les constructions de l'immeuble ou dans l'emploi des locaux qu'il renferme. Ce changement n'aura pas d'effet pendant l'année de l'engagement en cours, mais seulement à partir de son renouvellement.

TITRE V

ÉPOQUE DES PAYEMENTS

Art. 17. — *Eau et droit de prise.* — La consommation sera relevée sur les compteurs quatre fois par an, à des intervalles aussi réguliers que possible et son payement sera exigible dans un délai de quinze jours après chacune des constatations.

Au cas où il y aurait impossibilité de reconnaître la quantité d'eau consommée par suite de non enregistrement du compteur ou de toute autre cause, la consommation sera calculée sur la moyenne de la dépense journalière pendant la période correspondante de l'année précédente et, à son défaut sur la moyenne de la dépense journalière pendant l'année en cours.

Les engagements forfaitaires contractés en vertu de l'article 14 seront payés, d'avance et par moitié, au commencement de chaque semestre.

Le montant des fournitures d'eau temporaires est exigible d'avance, eu égard à la durée de la fourniture et à la quantité demandées.

En cas d'excédent de consommation, le paiement en sera effectué immédiatement; il en sera de même en cas de prolongation à la durée de la fourniture.

Le montant du droit de prise sur la canalisation sera payé au commencement de chaque année.

Art. 18. — *Travaux et location de compteurs*. — Dès que les travaux d'embranchement ou d'entretien auront été terminés, le décompte en sera dressé, puis, après acceptation des entrepreneurs, il sera notifié aux intéressés, qui devront en effectuer le payement dans le mois qui suivra.

Les prix de location et d'entretien des compteurs se paieront, d'avance et par moitié au commencement de chaque semestre.

Pour les concessions temporaires, ces prix seront payés en même temps que l'eau concédée.

Art. 19. — *Sanction*. — Pour les engagements nouveaux, l'eau ne sera livrée que quand le montant des travaux de premier établissement, à la charge de l'intéressé, aura été soldé.

A défaut de paiement régulier et dans les délais indiqués, soit pour les travaux d'entretien, soit pour les fournitures d'eau, le service des eaux pourra être suspendu sans préjudice des poursuites qui pourront être exercées contre les débiteurs retardataires.

TITRE VI

RÉSILIATIONS ET MUTATIONS

Art. 20. — *Cas de résiliation*. — Après l'expiration de la première année, chacune des parties peut renoncer à la continuation de l'engagement, à la fin d'un trimestre, en avertissant l'autre à la fin du trimestre précédent. Si le concessionnaire renonce au service de l'eau avant l'expiration de l'engagement, le prix de l'engagement n'en est pas moins exigible jusqu'au terme où il expire. En cas d'arrêt du service d'eau, par suite du défaut de paiement, l'engagement est résilié à dater de la fermeture du branchement.

Art. 21 — *Mutation de propriété*. — L'engagement n'est pas résilié par le décès du concessionnaire ; il se poursuit avec les héritiers.

En cas de vente de l'immeuble desservi, l'engagement est résilié, mais le concessionnaire reste garant du prix de l'eau fournie après la mutation, pendant un délai de six mois après cette mutation, s'il n'a pas prévenu au préalable la Compagnie, sauf son recours contre son successeur qui aura joui des eaux.

Art. 22. — *Conséquence de la résiliation.* — En cas de mutation, les ouvrages de prise d'eau sont transférés au successeur, par le simple effet de la substitution de l'engagement.

Lorsqu'il y a congé ou résiliation emportant cessation du service de l'eau, le branchement est immédiatement détaché de la conduite publique et l'orifice de prise d'eau est fermé avec une plaque pleine.

Cette opération est faite aux frais du concessionnaire qui peut, d'ailleurs, demander l'enlèvement du tuyau de branchement et autres agrès posés sous la voie publique dans le cas où il en aurait la propriété.

Les matériaux provenant de la dépose lui seront remis, à la charge par lui de payer les frais de ce travail, ainsi que ceux des fouilles et raccordements.

Dans le cas où la résiliation aurait pour cause le défaut de paiement des sommes dues par le concessionnaire, celui-ci sera tenu jusqu'à ce qu'il soit complètement libéré, de laisser le branchement à sa place. La ville aura le droit de s'en servir pour mettre l'eau à la disposition d'un nouveau concessionnaire et d'exiger de celui-ci, en échange, les sommes dues par l'ancien concessionnaire, jusqu'à concurrence de la valeur totale dudit branchement.

TITRE VII

CONDITIONS GÉNÉRALES

Art. 23. — *Irresponsabilité de la Ville.* — Les variations de pression, la présence d'air dans les conduites publiques, les arrêts d'eau momentanés, prévus ou imprévus, ne pourront ouvrir en faveur des concessionnaires aucun droit à indemnité ni à aucun recours contre la ville de Paris, notamment en ce qui concerne l'usage de l'eau pour la marche des engins mécaniques, il est formellement stipulé que les concessionnaires devront prendre à leurs risques et périls toutes dispositions nécessaires pour éviter les accidents qui résulteraient des faits indiqués ci-dessus, et supporteront sans réclamations les inconvénients qui en seraient la conséquence.

Il en sera de même pour les interruptions de service résultant soit des gelées, des sécheresses et des réparations de conduites, aqueducs et réservoirs, soit du chômage des machines ou de tout autre cause analogue, ainsi que de la substitution temporaire des eaux de Marne et de Seine à l'eau de source.

Toutefois les concessionnaires auront le droit de signaler ces faits au Bureau des eaux de leur arrondissement dont la situation sera indiquée dans la police, et d'y inscrire leur réclamation sur un registre déposé à cet effet.

Art. 24. — *Responsabilité des concessionnaires.* — Les propriétaires étant libres de disposer leur canalisation intérieure et les appareils desservis par l'eau de la Ville dans les conditions et avec les matériaux qu'ils jugeront convenables sont exclusivement responsables envers les tiers de tous les dommages auxquels l'établissement, l'existence et le fonctionnement de leurs conduites ou appareils pourront donner lieu.

Ils auront également à leur charge les consommations qui proviendraient des fuites visibles ou non, ayant pris naissance sur la canalisation intérieure.

Art. 25. — *Frais de timbre et d'enregistrement.* — Les frais de timbre et d'enregistrement des polices sont supportés par le concessionnaire.

TITRE VIII

MESURES D'ORDRE ET DE POLICE

Art. 26. — *Clefs.* — Il est interdit aux concessionnaires de faire usage des clefs de robinets du modèle de celles de l'Administration ou même de les conserver en dépôt.

Art. 27. — *Surveillance et inspection.* — Le concessionnaire ne pourra rien changer aux dispositions primitivement arrêtées au moment de sa mise en jouissance, à moins d'en avoir préalablement obtenu l'autorisation.

Il ne pourra non plus s'opposer à la visite, au relevé et à la vérification des compteurs.

La distribution d'eau dans l'intérieur des propriétés particulières et dans les appartements sera constamment soumise à l'inspection des agents de la Compagnie et de l'Administration.

Art. 28. — *Interdiction de mise en communication de deux natures d'eau.* — Toute communication entre les canalisations intérieures d'eaux de nature différente est formellement interdite. Si les agents de l'Administration constatent qu'il en a été établi par infraction à cette clause, le service d'eau de rivière sera suspendu d'office jusqu'à ce que la communication ait été supprimée par les soins du concessionnaire, sans préjudice des poursuites auxquelles l'infraction pourra donner lieu.

Art. 29. — *Interdiction de céder les eaux.* — Il est formellement interdit aux concessionnaires de laisser embrancher sur leurs conduites aucune prise d'eau au profit d'un tiers.

Les eaux de la ville de Paris étant des eaux publiques, inaliénables et imprescriptibles, ne pouvant faire l'objet d'aucun commerce, ne sont concédées aux propriétaires qu'à la condition d'en user seulement pour leur usage personnel et celui de leurs locataires : il leur est donc interdit d'en disposer ni gratuitement ni à prix d'argent, en faveur de tout autre particulier ou intermédiaire. Il leur est également interdit d'imposer, sous aucun prétexte, à leurs locataires, pour la fourniture de l'eau une redevance supérieure à celle qu'ils ont eux-mêmes à payer.

Art. 30. — *Interdiction de rémunérer les agents.* — Il est défendu de rémunérer ou de gratifier, sous quelque prétexte et sous quelque dénomination que ce puisse être, aucun agent attaché à la distribution.

Art. 31. — *Sanction.* — Toute infraction aux mesures d'ordre et de police qui précèdent sera constatée par des agents assermentés qui en dresseront procès-verbal. Elle fera ensuite l'objet de poursuites devant les tribunaux compétents. Indépendamment de l'amende encourue, pour contravention aux règlements, les concessionnaires pourront être condamnés à payer à la Ville, à titre de dommages-intérêts, une somme qui est fixée par avance à 300 francs.

TITRE IX

MESURES TRANSITOIRES ET DIVERSES

Art. 32. — *Délai d'application du présent règlement.* — Les dispositions du présent règlement sont appliquées :

1° A tous les engagements nouveaux d'eau de source qui seront contractés après la date de sa publication ;

2° Et successivement à tous les engagements existants, qui devront être renouvelés après congé donné dans les délais permis et fixés par les polices.

Art. 33. — *Établissements publics.* — Le présent règlement est applicable dans toutes ses parties aux établissements publics dépendant des administrations du département de la Seine et de la Ville de Paris et à ceux de l'État, en tant qu'il n'y aura pas été formellement dérogé par des conventions spéciales passées à cet effet.

ART. 34. — *Abrogation des règlements.* — Les règlements antérieurs sur la délivrance des eaux sont abrogés par la mise en exécution du présent règlement dans toutes les dispositions qui lui sont contraires.

Tableau indiquant la consommation moyenne journalière qu'il est prudent de ne pas excéder pour assurer à un compteur en général une longue durée de bon fonctionnement sans réparation.

CALIBRES	POUR CONSOMMATION journalière.	CALIBRES	POUR CONSOMMATION journalière.
0,010 mm.	de 500 à 800 litres	0,040 mm.	de 12 000 à 30 000 litres
0,015 »	de 800 à 1 500 —	0,060 »	de 30 000 à 80 000 —
0,020 »	de 1 500 à 4 000 —	0,080 »	de 80 000 à 200 000 —
0,030 »	de 4 000 à 12 000 —	0,100 »	de 200 000 à 500 000 —

EMPLACEMENT DU TIMBRE

DISTRIBUTION DES EAUX

VILLE DE PARIS

SERVICE DES ABONNEMENTS
AU COMPTEUR

Eau de ....

......mo ARRONDISSEMENT

Rue ....
No ....
Quartier ....
M ....
Quantité ....
Somme annuelle ....

POLICE { No ....
        { Date ......
        { Entrée en jouissance :

PRÉDÉCESSEUR { No ......
             { M ....

BUREAU DES RÉCLAMATIONS
Rue ....

ART. 37 DU RÈGLEMENT

Les frais de timbre et d'enregistrement sont supportés par les abonnés.

COMPAGNIE GÉNÉRALE DES EAUX

SOCIÉTÉ ANONYME, CAPITAL : QUARANTE MILLIONS

52 — rue d'Anjou-Saint-Honoré — 52

POLICE D'ABONNEMENT

POUR LES USAGES INDUSTRIELS

M ....
.... demeurant à
.... rue .... n° ....
demande à la **Compagnie générale des Eaux**, à titre
d'abonnement annuel, dans la propriété dont ....
rue .... n° ....
la quantité de ....
litres d'eau de .... qu' .... déclare ....
devoir être exclusivement employée aux besoins particuliers de
....
....
....

Cette eau sera livrée suivant le mode indiqué au paragraphe 3
de l'article 2 du règlement sur les abonnements, moyennant la
somme annuelle de ....
.... qu' .... s'engage .... à verser
par avance et par semestre à la **Compagnie générale des Eaux**,
à partir du jour de l'entrée en jouissance fixée au premier ....
.... mil huit cent quatre-vingt-........

Si, sur la demande de M .... l'eau est livrée avant la date ci-dessus indiquée, il sera établi un décompte de cette fourniture anticipée, qui sera payé en même temps que la quittance d'abonnement.

La **Compagnie générale des Eaux**, agissant au nom et comme régisseur de la Ville de Paris, fera faire cette fourniture, aux clauses et conditions du règlement dont M ....
.... reconnai............ avoir pris connaissance
et reçu copie, et encore aux conditions imprimées au verso de la
présente police.

Fait double à Paris, le ....
mil huit cent quatre-vingt- ....

L'ABONNÉ,   LE DIRECTEUR DE LA COMPAGNIE,

VU : L'ADMINISTRATEUR DE SERVICE,

L'eau sera livrée au compteur ; en conséquence, il sera établi chez l'abonné un compteur d'un des systèmes admis par la Ville de Paris. Le diamètre de ce compteur sera de...

Ce compteur sera posé et fourni par l'abonné, et à ses frais. L'entretien en sera également fait par l'abonné, et toute réparation signalée par la Compagnie devra être exécutée sans délai, à peine de fermeture de la concession jusqu'à ce que cette réparation soit effectuée.

A l'entrée du compteur, il sera posé aux frais de l'abonné un robinet de sûreté. Le compteur sera posé et maintenu par des vis ou scellements sur une plate-forme fixe et parfaitement horizontale ; ses raccords sur les tuyaux d'arrivée et de sortie de l'eau seront plombés avec l'empreinte du cachet de la Compagnie.

Toute rupture des scellements et des cachets, par le fait de l'abonné ou de ses agents, pourra donner lieu à une action en dommages et intérêts, et à toutes poursuites de droit.

Il est formellement interdit à l'abonné d'apporter aucune modification dans les organes du compteur et de ses accessoires, et dans sa position, sans le concours d'un agent de la Compagnie.

L'abonné devra laisser un libre accès aux agents de la Compagnie dans l'endroit où sera posé le compteur ; tout refus à cet égard sera poursuivi par toutes les voies de droit.

L'emplacement du compteur devra être d'un accès facile et choisi de manière que le chiffre des consommations puisse être exactement relevé.

Tout acte qui aurait pour but d'obtenir l'eau sans le concours de la Compagnie, et en dehors des quantités passant par le compteur, sera poursuivi par toutes les voies de droit.

L'abonné n'aura aucun supplément à payer si la quantité d'eau accusée par le compteur ne dépasse pas le minimum indiqué d'autre part ; mais il n'aura droit à aucune réduction sur ce minimum, quelle que soit sa consommation réelle. Il devra, au contraire, payer les excédents au mètre cube et au prix de la présente police d'abonnement, lorsque le relevé trimestriel du compteur constatera que le montant de la consommation annuelle porté sur la police est dépassé. (Arrêté préfectoral du 12 juin 1884.)

En cas d'entrée en jouissance dans le cours de l'année, le premier exercice sera clos le 31 décembre suivant, et les exercices ultérieurs courront du 1er janvier au 31 décembre.

L'abonné ne sera point recevable dans ses réclamations pour insuffisance d'alimentation, si le volume d'eau accusé au compteur représente au moins celui de l'abonnement souscrit.

Le volume d'eau consommée sera relevé dans la première quinzaine de chaque trimestre contradictoirement avec l'abonné, qui devra reconnaître et signer ce relevé.

En cas d'arrêt du compteur, la consommation pendant la durée de cet arrêt, sera calculée sur la moyenne de la dépense par jour de la même période de l'année précédente.

En cas de détournement des eaux de leur destination telle qu'elle est définie au recto, l'eau sera immédiatement supprimée, et l'abonné poursuivi par toutes les voies de droit pour détournement.

L'ABONNÉ,

Nota. — Le soussigné demande un compteur en location ; en conséquence, la Compagnie fournira et posera ce compteur dont le système sera choisi par elle parmi ceux approuvés par l'Administration.

La location et l'entretien de ce compteur seront payés par l'abonné, soussigné, à la Compagnie, suivant les dispositions de l'article 23 du règlement sur les abonnements, et aussi de l'article 8, § 2, du traité du 20 mars 1880 lequel est ainsi conçu : « La Compagnie percevra sur les abonnés, en une seule fois et d'avance, l'annuité de location et d'entretien du compteur, d'après le tarif ci-dessus indiqué. »

L'entretien ne comprend point les frais de réparations motivés par la gelée. Ces frais resteront à la charge de l'abonné, soussigné, auquel incombe le soin de prendre les précautions nécessaires pour éviter les accidents de cette nature.

L'ABONNÉ,

Emplacement du Timbre	

VILLE DE PARIS
DISTRIBUTION DES EAUX

Service des concessions
d'eau de source
pour usages domestiques

.... Arrondissement

Rue ....
N° ....
Quartier ....
M ....

Prix du m. c. d'eau consommée :
0 fr. 35

Nombre de prises sur la conduite publique :
....

Redevance annuelle :
...... fr.

POLICE { N° ....
Date ....
Entrée en jouissance : ....

PRÉDÉCESSEUR { N° ....
M ....
....

COMPTEUR { N° ....
Diamètre ....
Système ....
en ....
à l'entretien d ....

Bureau des Réclamations
~~~~~~

ART. 25 DU RÈGLEMENT
Les frais de timbre et d'enregistrement des polices sont supportés par le concessionnaire.

COMPAGNIE GÉNÉRALE DES EAUX
SOCIÉTÉ ANONYME — CAPITAL 40.000.000
Siège de la Société : Rue d'Anjou-St-Honoré, 52, Paris

POLICE de CONCESSION D'EAU de SOURCE
Pour les usages domestiques ou assimilés

M ....

.... demeurant à ....
rue .... n° ....
l quel éli domicile dans les lieux à desservir, demande à la
Compagnie générale des Eaux, agissant au nom et comme
Régisseur de la Ville de Paris, dans l'immeuble dont ......
.... rue .... n° ......
une concession d'eau de source qu' déclare devoir être exclusivement employée aux usages domestiques ou autres définis à
l'article 4 du règlement et à l'exception de tout emploi comme
moteur.

Les quantités d'eau consommées seront enregistrées par un
compteur et seront payées à raison de 0 fr. 35 le mètre cube.

La consommation faite entre la date de la mise en service et
celle de l'entrée en jouissance sera comprise dans la première
quittance trimestrielle à établir.

La consommation sera relevée au compteur quatre fois par an,
à des intervalles aussi réguliers que possible, et le paiement en
sera exigible dans un délai de quinze jours après chacune des
constatations.

M .... paie chaque
année, et d'avance, une redevance de .... francs pour
la prise pratiquée sur la conduite publique et desservant la présente concession.

Le compteur sera du diamètre de .... millimètres.
Il ser la propriété de ....
Le concessionnaire paier pour ....
de cet appareil la somme annuelle de .... francs
d'avance et par moitié, au commencement de chaque semestre.

....
....

M ....
.... adhère au règlement sur les concessions
d'eau de source, en date du 8 août 1894, dont déclare avoir pris
connaissance et posséder un exemplaire.

Fait double, à Paris, le
mil huit cent quatre-vingt- ....

LE CONCESSIONNAIRE,   LE DIRECTEUR DE LA COMPAGNIE,

Emplacement du Timbre.

VILLE DE PARIS

DISTRIBUTION DES EAUX

Service des concessions d'eau de source destinée à faire mouvoir des engins mécaniques

.... Arrondissement

Rue ....
N° ....
Quartier ....
M ....

Prix du mètre cube d'eau consommée :
0 fr. 60

Nombre de prises sur la conduite publique :..........

Redevance annuelle ....

POLICE
{ N° ....
{ Date ....
{ Entrée en jouissance ....

PRÉDÉCESSEUR
{ M ....
{ N° ....

COMPTEUR
{ N° ....
{ Diamètre ....
{ Système ....
{ en ....
{ à l'entretien d ....

Bureau des Réclamations :

ART. 25 DU RÈGLEMENT :
Les frais de timbre et d'enregistrement des polices sont supportés par le concessionnaire.

COMPAGNIE GÉNÉRALE DES EAUX

SOCIÉTÉ ANONYME — CAPITAL 40.000.000

Siège de la Société : Rue d'Anjou-St-Honoré, 52, Paris

POLICE DE CONCESSION D'EAU DE SOURCE
destinée à faire mouvoir des engins mécaniques

M ....

.... demeurant à ....
rue .... n° ....
l quel éli domicile dans les lieux à desservir, demande à la **Compagnie générale des Eaux**, agissant au nom et comme **Régisseur de la Ville de Paris**, *dans l'immeuble dont* ....
.... rue .... n° ....
une concession d'eau de source qu' déclare devoir être exclusivement employée à faire mouvoir ....
Les quantités d'eau consommées seront enregistrées par ....
compteur par le quel elles devront passer isolément. Elles seront payées à raison de 0 fr. 60 le mètre cube.
La consommation faite entre la date de la mise en service et celle de l'entrée en jouissance sera comprise dans la première quittance trimestrielle à établir.
La consommation sera relevée au compteur quatre fois par an, à des intervalles aussi réguliers que possible, et le paiement en sera exigible dans un délai de quinze jours après chacune des constatations.
M .... *paiera chaque année, et d'avance,* une redevance de .... *francs pour* l *prise pratiquée sur la conduite publique et desservant la présente concession.*
Le compteur ser du diamètre de .... millimètres.
Il ser la propriété de ....
Le Concessionnaire paier pour
de cet appareil la somme annuelle de .... d'avance
et par moitié au commencement de chaque semestre.

M .... *adhère au règlement sur les concessions d'eau de source, en date du 8 Août 1894, dont il déclar avoir pris connaissance et posséder un exemplaire.*

Fait double, à Paris, le ....

LE CONCESSIONNAIRE,   LE DIRECTEUR DE LA COMPAGNIE,

Emplacement du timbre.

VILLE DE PARIS

DISTRIBUTION DES EAUX

Service des Abonnements d'eau de source à demi tarif pour usages domestiques

.... Arrondissement

Rue ....
N° ....
Quartier ....

ombre d'habitants dans l'immeuble ....
ombre de Logements ....

Prix du mètre cube d'eau consommé :
jusqu'à .... par an 0 f. 175
au delà du maximum 0 f. 35

ombre de prises sur la conduite publique ....

| N° ....
| Date ....
| Entrée en jouissance ....

| N° ....
| M ....

| N° ....
| Diamètre ....
| Système ....
| en ....
| à l'entretien d ....

ureau des Réclamations

ART. 23 DU RÈGLEMENT.

Les frais de timbre et d'enre-trement des polices, sont sup-rtés par le concessionnaire.

COMPAGNIE GÉNÉRALE DES EAUX

SOCIÉTÉ ANONYME, CAPITAL : Quarante Millions

Siège de la Société : **Rue d'Anjou-St-Honoré, 52, Paris**

POLICE D'ABONNEMENT D'EAU DE SOURCE A DEMI-TARIF POUR LES USAGES DOMESTIQUES OU ASSIMILÉS

(ART. 15 DU RÈGLEMENT)

M ....

demeurant à ....
rue .... n° .... l ....
quel .... éli .... domicile dans les lieux à desservir, demande .... à la **Compagnie générale des Eaux**, agissant au nom et comme **Régisseur de la Ville de Paris**, dans l'immeuble dont ....
.... rue .... n° ....
une concession d'eau de source qu'il .... déclare .... devoir être exclusivement employée aux usages domestiques ou autres, définis à l'article 4 du Règlement et à l'exception de tout emploi comme moteur.

M .... ayant déclaré que le revenu matriciel de l'immeuble désigné est de .... et qu'il contient .... logement ....; les quantités d'eau consommée, lesquelles devront être enregistrées par un compteur, seront payées à raison de 0 fr. 175 le mètre cube jusqu'à concurrence d'un maximum de .... par an.

Au delà de cette limite, les quantités consommées seront payées à raison de 0 fr. 35 le mètre cube.

Le maximum de consommation ci-dessus indiqué a été calculé à raison de 20^{m3} par personne habitant l'immeuble, le nombre de ces personnes a été fixé à .... par l'Administration Municipale ainsi que le reconnaissent le .... contractant .... et la **Compagnie générale des Eaux.**

Pour la première année, le maximum de consommation bénéficiant du demi-tarif sera appliqué au prorata du nombre de jours écoulés depuis la date de mise en service, jusqu'au 31 décembre.

Si la consommation d .... contractant .... n'atteignait pas au bout de l'année le maximum déterminé ci-dessus, le manque à consommer ne pourrait être reporté sur l'année suivante.

La consommation faite entre la date de la mise en service et celle de l'entrée en jouissance sera comprise dans la première quittance trimestrielle à établir.

La consommation sera relevée au compteur quatre fois par an, à des intervalles aussi réguliers que possible et le paiement en sera exigible dans les quinze jours après chacune des constatations.

Le .... compteur .... ser .... du diamètre de .... millimètres.

Il .... ser .... la propriété de ....

Le .... concessionnaire .... , M ....
paier .... pour .... de cet appareil, la somme annuelle de ....
.... d'avance et par moitié au commencement de chaque semestre.

M .... adhère au règlement sur les concessions d'eau de source en date du 8 Août 1894, dont .... déclare .... avoir pris connaissance et posséder un exemplaire.

Fait double à Paris, le ....

LE CONCESSIONNAIRE,   LE DIRECTEUR DE LA COMPAGNIE,

COMPAGNIE GÉNÉRALE DES EAUX
SOCIÉTÉ ANONYME. — CAPITAL: 40.000.000
Siège de la Société : Rue d'Anjou-St-Honoré, 52, Paris

POLICE D'ABONNEMENT FORFAITAIRE D'EAU DE SOURCE
pour les usages domestiques ou assimilés
(Article 14 du Règlement)

M ....

demeurant à ....
rue .... n° .... l .quel ..... éli ..... domicile
dans les lieux à desservir, demande à la **Compagnie générale des Eaux**, agissant au nom et comme Régisseur de la Ville de Paris, dans l'immeuble dont .... rue ....
.... n° .... un abonnement d'eau de source qu' ....
déclare............ devoir être exclusivement employée aux usages domestiques ou autres définis à l'article 4 du règlement et à l'exception de tout emploi comme moteur.

Cet abonnement est applicable à la totalité des locaux habitables, compris dans cet immeuble et composés ainsi qu'il suit, suivant la déclaration du contractant.

Logements de loyer matriciel au-dessous de 300 francs.
    —   —   —   300 à 400 exclusivement.
    —   —   —   400 à 640
    —   —   —   640 à 800 inclusivement.

Le prix total de cet abonnement est fixé conformément à l'art. 14 du règlement

Les quantités d'eau consommée seront enregistrées par un compteur. Toutes les consommations dépassant par an .... seront payées à raison de 0 fr. 35 le mètre cube.

Le maximum de consommation ci-dessus a été calculé à raison de 20 mètres cubes par personne habitant les susdits locaux, le nombre de ces personnes ayant été fixé à .... par l'Administration Municipale ainsi que le reconnaissent le .... contractant .... et la **Compagnie générale des Eaux**.

Pour la première année, le maximum de consommation allouée à forfait sera calculé à partir de la date d'entrée en jouissance de la police à raison de 5 mètres cubes par trimestre et par personne habitant les susdits locaux.

Toute quantité à laquelle le forfait donne droit et qui ne sera pas consommée dans une année ne pourra être reportée sur l'exercice suivant.

M .... paier ....
d'avance et par semestre le montant de .... abonnement à forfait.

Si, sur la demande d .... contractant l'eau est livrée avant la date du commencement de l'abonnement, la consommation faite entre le jour de la mise en service et celui de l'entrée en jouissance sera payée à raison de 0 fr. 35 et comprise dans la première quittance trimestrielle.

La consommation sera relevée au compteur, quatre fois par an à des intervalles aussi réguliers que possible, et, le paiement des excédents sur le volume concédé à forfait sera exigible dans un délai de quinze jours après chacune des constatations.

M .... paier ....
chaque année et d'avance une redevance de .... francs, pour ....
prise .... pratiquée .... sur la conduite publique et desservant la présente concession.

Le .... compteur ...... ser ...... du diamètre de .... millimètres.
Il ...... ser ...... la propriété de ....
Le ...... concessionnaire ......, M .... paier .... pour ....
de ce ...... appareil ...... la somme annuelle de .... d'avance, et par moitié, au commencement de chaque semestre.

M .... adhère .... au règlement sur les concessions d'eau de source en date du 8 août 1894 dont il .....
déclare .... avoir pris connaissance et posséder un exemplaire.

Fait double à Paris, le ....

LE CONCESSIONNAIRE,   LE DIRECTEUR DE LA COMPAGNIE,

CANAUX

Loi qui autorise l'ouverture d'un canal de dérivation de la rivière d'Ourcq.

29 floréal an X (19 mai 1802).

Au Nom du Peuple Français,

BONAPARTE, Premier Consul de la République,

Proclame loi de la République le décret suivant, rendu par le Corps législatif du 29 floréal an X, conformément à la proposition faite par le Gouvernement le 27 du même mois, communiquée au Tribunat le même jour.

DÉCRET

Article premier. — Il sera ouvert un canal de dérivation de la rivière d'Ourcq; elle sera amenée à Paris à un bassin près de La Villette.

Art. 2. — Il sera ouvert un canal de dérivation qui partira de la Seine au-dessous du bastion de l'Arsenal, se rendra dans les bassins de partage de La Villette et continuera par Saint-Denis, la vallée de Montmorency, et aboutira à la rivière d'Oise, près Pontoise.

Art. 3. — Les terrains appartenant à des particuliers et nécessaires à la construction seront acquis de gré à gré ou à dire d'expert.

Collationné à l'original, par nous, Président et Secrétaires du Corps législatif, à Paris, le 29 floréal an X de la République Française. Signé, etc.

Soit la présente loi, revêtue du Sceau de l'État, insérée au *Bulletin des Lois*, inscrite dans les registres des autorités judiciaires et administratives, et le Ministre de la Justice chargé d'en surveiller la publication, à Paris, le 9 prairial an X de la République.

Signé : BONAPARTE.
Premier Consul.

Contresigné : *Le Secrétaire d'Etat :*
Signé : HUGUES-B. MARET.

Et scellé du sceau de l'Etat.
VU :
Le Ministre de la Justice :
Signé : ABRIAL.

Arrêté des Consuls, relatif aux travaux de dérivation de la rivière d'Ourcq.

Paris, le 25 thermidor an X (13 août 1802).

LES CONSULS DE LA RÉPUBLIQUE,

Sur le rapport du Ministre de l'Intérieur, arrêtent :

ARTICLE PREMIER. — Les travaux relatifs à la dérivation de la rivière d'Ourcq, ordonnés par la loi du 29 floréal an X, seront commencés le 1er vendémiaire an XI, et dirigés de manière que les eaux soient arrivées à La Villette à la fin de l'an XIII.

ART. 2. — Les fonds nécessaires à l'exécution de la dérivation de l'Ourcq seront prélevés sur les produits de l'octroi établi aux entrées de la ville de Paris.

ART. 3. — A compter du présent arrêté, il sera perçu aux entrées de Paris un droit additionnel sur les vins de un franc vingt centimes par hectolitre ; cette perception cessera au dernier jour complémentaire de l'an XXI.

ART. 4. — Les produits de ce droit additionnel seront uniquement affectés au payement des dépenses occasionnées par les travaux de la dérivation de la rivière d'Ourcq, jusqu'au bassin qui sera pratiqué à La Villette, à ceux de la distribution de ses eaux, et à ceux de la construction des différentes fontaines et réservoirs qui seront jugés nécessaires.

Art. 5. — Le Préfet du département de la Seine est chargé de l'administration générale des travaux, même pour la partie du canal de dérivation, qui seront situés hors du département de la Seine.

Art. 6. — Le Préfet remettra chaque année au Conseil général du département un compte particulier des produits du droit additionnel sur les vins et des dépenses auxquelles ces produits auront été employés. Ce compte, après avoir été arrêté, sera soumis au Ministre de l'Intérieur.

Art. 7. — Les travaux seront exécutés par les Ingénieurs des Ponts et Chaussées, d'après les plans et devis ci-joints.

Art. 8. — Le Ministre de l'Intérieur est chargé de l'exécution du présent arrêté qui sera annexé au *Bulletin des Lois*.

Le Premier Consul,

Signé : BONAPARTE.

Par le Premier Consul :
Le Secrétaire d'État,
Signé : HUGUES-B. MARET.

Traité de concession.

1° TEXTE DU TRAITÉ

19 avril 1818.

Entre M. Gilbert-Joseph-Gaspard, comte Chabrol de Volvic, Conseiller d'État, Préfet du département de la Seine, agissant pour la ville de Paris, d'une part ;

Et MM. Antoine, comte de Saint-Didier, demeurant à Paris, rue du Faubourg-Saint-Honoré, n° 114 ;

Et Jacques-Claude-Roman Vassal, banquier à Paris, y demeurant, rue du Faubourg-Poissonnière, n° 2 ;

Agissant tant en leurs noms personnels que pour la Compagnie qu'ils se proposent de former pour raison du traité ci-après ;

Tous deux, d'autre part ;

Il a été convenu ce qui suit :

ARTICLE PREMIER. — La Compagnie s'engage à exécuter à ses frais, risques et périls, et au profit de la ville de Paris, d'ici au 1ᵉʳ janvier 1823, tous les travaux et ouvrages d'art nécessaires pour la confection du canal de Saint-Denis, ordonné par la loi du 29 floréal an X.

Elle sera tenue de se conformer, dans l'exécution des ouvrages, aux plans et projets généraux qui ont été approuvés.

Elle exécutera tous les travaux d'art qui sont indiqués dans le tableau n° 1ᵉʳ, extrait du rapport fait le 1ᵉʳ mars 1816, par une commission spéciale d'Ingénieurs des Ponts et Chaussées.

Art. 2. — Tous les terrains compris sur les plans approuvés pour être occupés par le canal de Saint-Denis et ses chemins de halage, seront mis à la disposition de la Compagnie par la Ville et à ses frais, savoir : ceux déjà acquis sur la première réquisition de la Compagnie, et ceux restant à acquérir à mesure des besoins de ses travaux.

Les indemnités à payer pour occupation temporaire ou détérioration de terrains et pour tous dommages causés par l'effet des travaux, seront à la charge de la Compagnie.

Art. 3. — Pour indemniser la Compagnie des dépenses qu'elle s'engage à faire par les deux articles précédents et sous la condition qu'elle en remplira toutes les obligations, la ville de Paris lui concède la jouissance dudit canal pendant l'espace de quatre-vingt-dix-neuf ans, à partir du 1ᵉʳ janvier 1823.

La Compagnie jouira exclusivement des droits de navigation et de stationnement qui seront établis sur le canal de Saint-Denis et le bassin de La Villette, depuis le port de La Briche à Saint-Denis, jusques et y compris ledit bassin.

La Compagnie percevra ces droits de navigation et de stationnement à son profit, conformément au tarif ci-annexé n° 2.

Elle jouira également du cours d'eau de ce canal, et en disposera à son profit pour l'entretien des usines qu'elle pourra établir, aux conditions stipulées dans les articles suivants.

La Compagnie sera tenue d'entretenir, à ses frais, pendant tout le temps de sa concession, ledit canal de Saint-Denis, et d'y faire toutes les réparations et améliorations, de quelque nature qu'elles soient.

Art. 4. — Sur le volume d'eau qui sera amené au bassin de La Villette, la ville de Paris se réserve en jouissance jusqu'à concurrence de quatre mille pouces, qu'elle pourra prendre au fur et à mesure de ses besoins et dans toutes les saisons de l'année, pour les employer au service des fontaines publiques et de toute autre espèce de distributions dans l'intérieur de Paris.

Bechmann. — Eaux de Paris.

Tout le surplus de ces eaux restera à la disposition de la Compagnie pour alimenter la navigation et les usines du canal de Saint-Denis ; et ce, jusqu'à la confection du canal de Saint-Martin, pour lequel il est réservé par la ville de Paris moitié de ce surplus.

Cependant si, à cette dernière époque, le volume d'eau qui restera après le prélèvement des quatre mille pouces réservés par la Ville, ne s'élevait pas à quinze cents pouces d'eau pour chacun des deux canaux, celui de Saint-Denis aura droit au quart du volume total des eaux amenées audit bassin.

L'effet de cette dernière disposition ne pourra être réclamé par la Compagnie, lorsqu'il aura été prouvé que le canal aura fourni sept mille pouces en temps d'étiage d'une année commune.

Art. 5. — La Compagnie devra affecter au moins six cents pouces desdites eaux qui resteront à sa disposition pour la navigation du canal de Saint-Denis : l'excédant de ces six cents pouces d'eau pourra seul être employé au cours d'eau des usines.

Art. 6. — L'Administration s'engage à continuer après l'expiration de la concession le service des cours d'eau qui auront été établis pour l'entretien des usines, à la condition que les propriétaires de ces usines payeront à la ville de Paris, pour la jouissance desdits cours d'eau, un prix de location qui sera fixé alors à l'amiable ou par une expertise contradictoire, expertise qui sera renouvelée à chaque période de vingt-cinq ans.

Art. 7. — Il est entendu que les bâtiments des usines, les magasins et toutes dépendances établis sur des terrains autres que ceux qui seront achetés par la ville de Paris, resteront à perpétuité la propriété de la Compagnie ou de ses ayants droit.

Art. 8. — La Compagnie aura seule le droit d'établir, sur les rives dudit canal, des gares et ports de décharge pour l'entrepôt des marchandises de toute nature.

Art. 9. — La Compagnie exploitera à son profit les plantations du canal de Saint-Denis, conformément aux règlements qui régissent la coupe des arbres du domaine public ; elle remplacera tous ceux qui auront péri ou qu'elle aura coupés, et elle ne pourra plus en abattre après la quatre-vingtième année de sa concession.

Art. 10. — En considération des conditions qui précèdent, et pour en assurer l'exécution, la Compagnie s'engage à terminer, à ses risques et périls, tous les ouvrages restant à faire pour l'achèvement du canal de dérivation de l'Ourcq, depuis la prise d'eau à Mareuil, jusques et y compris le bassin de la Villette, moyennant la somme de sept millions cinq cent mille francs à titre de forfait ; laquelle somme sera payée dans les termes et de la manière indiqués dans les art. 13, 16, et 17 du présent traité.

La Compagnie sera tenue d'exécuter tous les travaux et ouvrages d'art indiqués dans le tableau n° 3, extrait du rapport de la Commission des Ponts et Chaussées.

Elle devra se conformer, dans l'exécution des travaux, au plan qui a été approuvé, n° 5.

Art. 11. — Les terrains à acquérir pour l'achèvement du canal de l'Ourcq, et les indemnités de dépossession seulement, seront payés par la ville de Paris.

Les indemnités pour occupation temporaire ou détérioration de terrains et pour tous dommages causés par l'effet des travaux, seront à la charge de la Compagnie.

Art. 12. — Les travaux à faire pour l'achèvement du canal de l'Ourcq, seront commencés, au plus tard, au 1er janvier 1819, et devront être exécutés d'ici au 1er janvier 1823.

Ces travaux seront divisés en quatre sections, savoir :

La première comprendra les travaux à faire depuis Claye jusqu'à Paris, et depuis la prise d'eau de la Thérouenne jusqu'aux carrières de Poincy ;

La deuxième, depuis les carrières de Poincy jusqu'à Charmentray ;

La troisième, depuis Charmentray jusqu'à Claye, et depuis la Thérouenne jusqu'au village de Vernelle ;

La quatrième, depuis Vernelle jusqu'à la prise de la rivière d'Ourcq.

Art. 13. — La somme de sept millions cinq cent mille francs, convenue pour le prix de ces travaux, sera aussi divisée en quatre portions égales, qui seront respectivement et successivement applicables, d'année en année, à chacune des sections ci-dessus.

Ces portions seront elles-mêmes subdivisées chacune en quatre payements égaux, exigibles de trois mois en trois mois, et dont le premier sera effectué à l'époque où le quart des travaux de la première section sera exécuté.

Les trois premiers payements de chaque section auront lieu, à titre de délivrance acompte, dans le cours de l'année correspondante à l'exécution des travaux, après qu'il aura été constaté que l'avancement de ces travaux est dans une proportion suffisante.

Quant au dernier payement pour solde d'une section, il ne sera fait.

qu'après la réception des travaux de cette section et lorsque les eaux y auront été introduites.

Néanmoins, si les travaux compris dans l'une des sections n'étaient pas entièrement achevés à l'époque de la réception, on admettra, en compensation des ouvrages restant à y faire, les travaux équivalents qui auraient été exécutés par anticipation sur l'une des autres sections.

Art. 14. — La Compagnie s'engage à entretenir à ses frais le canal de l'Ourcq, depuis Mareuil jusques et y compris le bassin de la Villette, à compter du jour où elle commencera ses travaux et jusqu'à l'expiration de la concession ci-après.

Cet entretien comprend toutes les réparations et les améliorations, de quelque nature qu'elles soient.

Art. 15. — Pour raison des obligations que contracte la Compagnie par l'article précédent, la ville de Paris lui cède la jouissance pendant quatre-vingt-dix-neuf ans, à dater du 1er janvier 1823, des droits de navigation à établir sur le canal de l'Ourcq et de tous autres produits en dépendant.

La Compagnie se conformera, pour l'exploitation et l'entretien des arbres, à ce qui a été prescrit, relativement à ceux du canal de Saint-Denis, par l'article 9 du présent traité.

Les droits de navigations du canal de l'Ourcq seront perçus au profit de la Compagnie, conformément au tarif ci-joint, n° 4.

Art. 17. — Les sept millions cinq cent mille francs, prix convenu pour les travaux du canal de l'Ourcq, seront payés, savoir :

Cinq cent mille francs en argent,

Et sept millions en bons de la Ville, qui, à cet effet, seront déposés à la Caisse municipale, pour être mis successivement en émission au fur et à mesure de l'exigibilité des payements.

Ces bons ne pourront, sous aucun prétexte, être appliqués à un autre emploi, et porteront la mention de leur affectation spéciale, conformément à l'article suivant ; ils produiront des intérêts sur le pied de sept et demi pour cent, payables de trimestre en trimestre, mais à partir seulement des époques successives de leur émission.

Art. 17. — L'amortissement de ces bons commencera, à dater de l'année 1823, et s'opérera, conformément au tableau n° 6, au moyen d'un fonds annuel qui sera pris, par privilège, sur les produits spéciaux du droit additionnel à l'octroi, destiné pour la confection du canal de l'Ourcq, lequel droit sera exclusivement affecté à cet objet, jusqu'à l'acquittement total desdits bons en capital et intérêts.

CONDITIONS GÉNÉRALES

Art. 18. — Après l'achèvement du canal de l'Ourcq et du canal de Saint-Denis, il sera dressé un état descriptif des ponts, aqueducs, écluses et autres ouvrages d'art établis actuellement ou qui devront l'être, conformément aux conditions du présent traité et aux tableaux n°s 1 et 3.

Cet état, dûment arrêté, en double expédition, sera ajouté aux annexes du présent traité, pour servir au récolement qui sera fait, conformément à l'article suivant, lorsque la ville de Paris rentrera en jouissance desdits canaux.

Art. 19. — A l'époque de l'expiration de sa concession, la Compagnie sera obligée de remettre à la ville de Paris, en bon état d'entretien, les canaux de Saint-Denis, de l'Ourcq et le bassin de La Villette, les ouvrages d'art qui seront indiqués dans l'état descriptif dont il est parlé dans l'article précédent, les quais, chemins de halage, ports, gares, talus, plantations et toutes dépendances de ces canaux.

La ville de Paris rentrera immédiatement dans la jouissance des droits de navigation, de stationnement, de location des cours d'eau employés aux usines, enfin de tous les droits quelconques qui se trouveront alors établis et dont la perception lui sera rendue.

Art. 20. — Faute par la Compagnie d'exécuter les travaux et les diverses obligations par elle contractées dans le présent traité, elle encourra la déchéance ; et, dans ce cas, tous les ouvrages construits ou en exécution, les approvisionnements, matériaux et équipages, ainsi que le cautionnement ci-après stipulé, ou la portion qui resterait encore en dépôt, deviendront la propriété de la ville de Paris, sans qu'il y ait lieu à aucun recours de la part de la Compagnie, ni de celle des intéressés, privilégiés et autres ayants droit.

La présente stipulation n'est pas applicable au cas où la cause de l'interruption ou de la non-confection des travaux proviendrait de force majeure.

Art. 21. — La Compagnie s'oblige à fournir un cautionnement de la valeur d'un million en immeubles, ou de cinquante mille francs de rentes de la Ville, pour garantie de l'exécution des travaux qui font l'objet du présent traité.

Le dépôt de ce cautionnement devra être effectué avant la confection des coupons de l'emprunt.

Il ne pourra être rendu qu'après que la Compagnie aura exécuté, sur le canal de Saint-Denis, des travaux qui s'élèveront à une somme égale, et progressivement.

Art. 22. — Il y aura, auprès de l'Administration de la Préfecture de la Seine, un Commissaire spécial pris parmi les Inspecteurs généraux des Ponts et Chaussées.

Ce commissaire sera chargé de donner son avis à M. le Préfet sur toutes les demandes et propositions de la Compagnie tendant à l'exécution la plus prompte de toutes les dispositions du présent traité, comme aussi de suivre et de surveiller l'exécution des travaux des deux canaux, et particulièrement de constater l'avancement de ceux du canal de l'Ourcq aux époques des payements.

La Compagnie ne pourra faire aucune modification aux projets approuvés, tant en ce qui concerne le tracé des canaux, que l'exécution des travaux et ouvrages d'art, sans en avoir référé au Préfet du département de la Seine, et sans en avoir obtenu préalablement l'autorisation formelle.

Art. 23. — La Compagnie s'engage à présenter, dans le délai d'une année, à partir de ce jour, une soumission accompagnée d'un projet pour la confection du canal de Saint-Martin, à l'effet de passer, après examen, et s'il y a lieu, un nouveau traité pour cet objet.

Art. 24. — Attendu la nature du présent traité, il ne pourra recevoir d'exécution qu'après qu'il aura été soumis à la délibération du Conseil municipal de la ville de Paris, et à la sanction législative dans la session actuelle des Chambres.

Fait double à Paris, en l'hôtel de la Préfecture, le 19 avril 1818.

Signé : le comte ANTOINE DE SAINT-DIDIER, R. VASSAL, le comte CHABROL.

Enregistré à Paris, le 29 juillet 1818, folio 170 v°, c. 3 et suivantes. Reçu deux francs vingt centimes, y compris le double droit et le décime par franc.

Il n'a été perçu que le droit fixe, conformément à l'article 3 de la loi du 20 mai dernier, insérée au *Bulletin des Lois* sous le n° 219. Signé : *Pacalin*.

Loi autorisant l'exécution du canal Saint-Martin par un traité avec concession.

5 août 1821.

Louis, par la grâce de Dieu, Roi de France et de Navarre, à tous, présents et à venir, salut.

Nous avons proposé, les chambres ont adopté,

Nous avons ordonné et ordonnons ce qui suit :

Article premier. — La ville de Paris est autorisée, conformément à la délibération du Conseil municipal du 7 juin 1821, à créer 400 000 francs de rentes et à les négocier, avec publicité et concurrence, dans la proportion des besoins, pour acquitter :

1º La valeur des propriétés à acquérir sur la ligne du canal Saint-Martin ;

2º Le prix des travaux nécessaires à l'ouverture et à la confection de ce canal.

Art. 2. — Chaque année il sera porté au budget de la ville de Paris et prélevé sur les revenus, outre les arrérages des rentes, un fonds annuel d'amortissement de 200 000 francs au moins, pour être affecté au remboursement tant desdits 400 000 francs de rentes que de celles précédemment créées en vertu de l'ordonnance royale du 13 septembre 1815. Ce fonds d'amortissement s'accroîtra des arrérages des rentes rachetées.

Art. 3. — Le traité à conclure pour l'exécution des travaux du canal Saint-Martin sera fait sous l'approbation du Gouvernement, avec publicité et concurrence, et pourra contenir la concession dudit canal pour une durée de quatre-vingt-dix-neuf ans au plus.

Art. 4. — Le tarif des droits de navigation et de stationnement établi par la loi du 20 mai 1818 sur le canal Saint-Denis sera applicable au canal Saint-Martin.

Art. 5. — Il ne sera perçu qu'un droit fixe de 1 franc pour l'enregistrement soit du traité et de ses annexes, soit des actes de cautionnement relatifs à la construction du canal Saint-Martin.

Donné en notre château de Saint-Cloud, le cinquième jour du mois d'août de l'an de grâce 1821 et de notre règne le vingt-septième.

par le roi : *Signé :* Louis

Le Ministre secrétaire d'État au département de l'Intérieur.

Signé : Siméon

Traité entre la ville de Paris et la Compagnie du canal Saint-Martin, pour la reprise par la Ville de la concession du canal.

9 juillet 1861.

Entre les soussignés,

M. le baron Georges-Eugène HAUSSMANN, Sénateur de l'Empire, Grand-Officier de l'Ordre impérial de la Légion d'honneur, Préfet du département de la Seine.

Stipulant au nom de la ville de Paris, en vertu de deux délibérations du Conseil municipal de ladite Ville, en date du 31 août 1860 et du 19 avril 1861, approuvées par arrêté préfectoral en date du 27 avril 1861, desquels délibérations et arrêté des extraits sont annexés aux présentes,

D'une part;

Et 1° M. Alexis Vavin, notaire honoraire, ancien député, demeurant à Paris, rue du Regard, n° 3;

2° M. Frédéric-Adolphe Marcuard, banquier, demeurant à Paris quai d'Orsay, n° 11;

3° M. Antoine-Louis-Cristophe-Raugrave Dupin, membre de l'Ordre impérial de la Légion d'honneur, demeurant à Paris, rue de Laval, n° 21 *bis*, Président et membre du Conseil d'administration, et secrétaire général de la Compagnie du canal Saint-Martin, société civile et particulière formée suivant acte sous signatures privées, en date du 31 août 1830, déposé pour minute chez M⁰ Casimir Noël, notaire à Paris, par acte du 14 avril 1831, et contenant les statuts régissant ladite Société, lesquels ont été modifiés par un premier acte reçu par ledit M⁰ Noël et son collègue, notaires à Paris, le 15 janvier 1833, puis par un second acte passé devant M⁰ Du Boys et son collègue, notaires à Paris, le 3 mars 1860;

Cette Société ayant pour objet l'exploitation de la concession faite pour quatre-vingt-dix-neuf années à partir du 1ᵉʳ janvier 1823 jusqu'au 1ᵉʳ janvier 1922, de l'entreprise du canal Saint-Martin, aux termes d'un procès-verbal dressé à la Préfecture du département de la Seine, le 12 novembre 1821, confirmé par ordonnance royale en date du 11 décembre suivant.

MM. Vavin, Marcuard et Dupin, susnommés, agissant conjointement en vertu d'une délibération en date du 22 décembre 1860, par laquelle le Conseil d'administration, usant de la faculté qui lui a été conférée par la délibération de l'assemblée générale des actionnaires, en date du 23 octobre 1860, a délégué ses pouvoir pour régler, conformément aux dispositions de cette dernière délibération et contradictoirement avec l'Administration municipale de Paris, l'indemnité due à la Compagnie pour la dépossession des droits de jouissance concédés par le traité du 12 novembre 1821 précité.

Des extraits de délibération de l'assemblée générale des actionnaires du 23 octobre 1860 et du Conseil d'administration en date du 22 décembre suivant sont annexés aux présentes.

D'autre part ;

Il a été dit et convenu ce qui suit :

L'exécution des travaux projetés dans le but d'abaisser le plan d'eau du canal Saint-Martin et de couvrir cette voie navigable par une voûte continue, depuis l'entrepôt des Marais jusqu'à la place de la Bastille, déclarée d'utilité publique par un décret impérial en date du 30 avril 1859, a été commencée le 1er novembre suivant.

La réalisation de ce projet a eu pour résultat d'interrompre complètement, depuis lors, le service de l'exploitation sur la partie du canal où s'exécutent les nouveaux ouvrages, et d'amoindrir considérablement les produits de la navigation sur le reste du parcours ; elle aura pour conséquence de déprécier d'une manière notable et permanente la voie navigable, à raison de la gêne que doit nécessairement entraîner la substitution sur près de 2 kilomètres, d'une voûte continue à un bief à ciel ouvert. La Compagnie concessionnaire, après avoir demandé pour le dommage résultant du chômage et de la perte du revenu, tant momentané que durable, une indemnité de 3 millions de francs, finit par faire des offres de cession totale de ses droits et d'abandon de jouissance pour tout le temps restant à courir depuis le 1er novembre 1859 jusqu'au 1er janvier 1922. Dans cette dernière combinaison, l'indemnité allouée devait se diviser en deux parts, ayant chacune un mode de payement spécial indiqué par l'objet même auquel elle s'applique : une part couvrant les pertes du chômage actuel et la diminution des produits futurs ; une autre part formant le prix du droit de jouissance sur l'immeuble déprécié.

Par suite de ces propositions et conformément à l'article 14 de la loi du 3 mai 1841 il est intervenu, le 13 octobre dernier, un jugement du tribunal civil de première instance de la Seine, qui a donné acte à M. le Préfet de la Seine du consentement de la Compagnie à la dépossession totale de ses droits de jouissance sur l'ensemble du canal Saint-Martin et des immeubles en dépendant.

Pour régler l'indemnité due à la Compagnie, les soussignés agissant comme il est dit ci-dessus, savoir :

M. le Préfet, comme autorisé par deux délibérations du Conseil municipal de Paris, du 31 août 1860 et du 18 avril 1861, approuvé par un arrêté préfectoral en date du 27 avril 1861, et MM. Vavin, Marcuard et Dupin, stipulant au nom de la Compagnie, en vertu des pouvoirs à eux conférés par les délibérations susvisées du 23 octobre et du 22 décembre 1860.

Ont arrêté les conventions suivantes :

ARTICLE PREMIER. — La Compagnie concessionnaire, réitérant et complétant, autant que de besoin, le consentement dont il a été donné acte par le jugement du 13 octobre 1860 précité et en exécution dudit jugement, déclare renoncer, en faveur de la ville de Paris, au bénéfice du traité du 12 novembre 1821, et, par suite, abandonner à la Ville, sans aucune exception ni réserve, tous les ouvrages, constructions et maisons éclusières, pontonnières ou autres dépendant de l'exploitation du canal Saint-Martin, soit que lesdits ouvrages se trouvent sur les rives du canal, soit qu'ils aient été établis sur des terrains autres que ceux qui ont été fournis par la ville de Paris, et enfin, généralement, tous les droits mobiliers et immobiliers appartenant à la Compagnie du canal Saint-Martin.

En attendant les procès-verbaux de récolement et de remise à dresser conformément à l'article 7 ci-après, il est renvoyé, pour plus amples détails, à l'état descriptif des maisons éclusières dépendant de l'exploitation et à l'état des locations, documents produits par la Compagnie et annexés à titre de renseignements provisoires.

ART. 2. — L'effet du jugement précité remonte au 1er novembre 1859, époque à laquelle la ville de Paris est entrée de fait en jouissance par la mise en exécution des travaux.

ART. 3. — L'indemnité due à la Compagnie pour la cession de ses droits ci-dessus énoncés et l'abandon de la jouissance restant à courir en vertu du traité du 12 novembre 1821 est et demeure fixée ainsi qu'il suit.

La Ville payera à la Compagnie concessionnaire une somme totale de un million trois cent trente-huit mille huit cent francs, représentant : 1° la perte causée par le chômage partiel du canal, occasionné par l'exécution des travaux de la Ville ; 2° la dépréciation permanente que subira, par suite de la même opération, le produit de la voie navigable. Ce payement sera réalisé dans les dix jours de la signature du présent traité.

Pour prix de l'abandon de tous les droits de la Compagnie pendant la période restant à courir depuis le 1er janvier 1861 jusqu'au 1er janvier 1922, sur le canal, tel qu'il demeurera déprécié par les ouvrages nouvellement effectués et sur ses dépendances, la Ville servira à la Compagnie soixante et une annuités de cent quatre-vingt mille francs chacune, représentant en moyenne les produits amoindris qui pourront être réalisés.

Art. 4. — Les annuités de 180 000 francs chacune, stipulées dans le dernier paragraphe de l'article 3, seront payées, savoir : la première, le 16 janvier 1862, à la Compagnie directement, et les soixante autres, le 16 janvier des années ultérieures, entre les mains des porteurs des bons de liquidation qui seront émis par la Compagnie jusqu'à concurrence du montant de chacune de ces annuités, conformément au modèle ci-annexé.

Ces bons, détachés d'un registre à souche, seront contrôlés par un délégué de M. le Préfet, dont le visa, accompagné d'un timbre sec, aura pour but de constater que le total des sommes dont la Compagnie aura disposé sur la Ville, pour chacune des soixante échéances, reste dans la limite du chiffre de 180 000 francs, montant de l'annuité correspondante.

Les bons qui n'auraient pas été représentés dans les cinq années de leur échéance seront prescrits de plein droit, par application de l'article 2277 du Code Napoléon.

Art. 5. — Il ne sera rien payé à la Compagnie pour intérêts de la somme de 1 338 800 francs qui lui devait être versée le 1er novembre 1860, aux termes de la délibération du 31 août 1860 ci-dessus visée ; elle ne touchera non plus aucune indemnité de jouissance pour les deux mois écoulés depuis ledit jour 1er novembre 1860 jusqu'au 1er janvier 1861, point de départ des soixante et une annuités qui lui sont attribuées.

Par compensation, ladite Compagnie n'aura rien à remettre à la Ville, à raison des recettes effectuées dans l'exploitation du canal, depuis le

1ᵉʳ novembre 1860 jusqu'au jour de la remise dudit service à la Ville.

Art. 6. — La Compagnie du canal Saint-Martin restera chargée du règlement de toutes les indemnités réclamées pour les dommages de toute nature survenus antérieurement au 1ᵉʳ novembre 1859 pour la partie du canal où les travaux s'exécutent.

Pour le surplus du parcours, la responsabilité de la Compagnie ne cessera que par le fait de la remise effective du canal à la Ville, sauf, bien entendu, en ce qui concerne les préjudices qui seraient le résultat des travaux de la Ville.

Art. 7. — Dans les dix jours de la signature du présent traité, il sera procédé à la remise effective du canal entre les mains des agents de l'Administration de la Ville.

Procès-verbal contradictoire en sera dressé par les représentants des parties.

Les divers titres et documents concernant le canal seront remis en même temps à la Ville.

Art. 8. — Les frais et droits de toute nature résultant du présent traité resteront à la charge de la Ville.

Fait double entre les parties, le 9 juillet 1861.

Approuvé l'écriture :
Signé : Vavin,
Marcuard,
Dupin.

Approuvé l'écriture :
Signé : G.-E. Haussmann.

Enregistré gratis, à Paris, le 9 juillet 1861, fº 2, rº, c. 8.

Signé : Badereau.

Le présent traité a été déposé pour minute chez Mᵉ Du Boys, notaire à Paris, le 16 août 1861.

Prises d'eau dans la rivière de Marne.

DÉCRETS D'AUTORISATION

1º *Prise d'eau au barrage d'Isles-les-Meldeuses (Seine-et-Marne).*

11 avril 1866.

Napoléon, par la grâce de Dieu et la volonté nationale, Empereur des Français,

A tous présents et à venir, salut.

Sur le rapport de notre Ministre Secrétaire d'État au département de l'agriculture, du commerce et des travaux publics :

Vu la demande présentée par le Préfet de la Seine, au nom de la ville de Paris, à l'effet d'obtenir :

1° La concession d'un volume d'eau de 300 à 500 litres par seconde à prendre dans la Marne, au barrage d'Isles-les-Meldeuses, commune de Congis, département de Seine-et-Marne, pour augmenter à l'étiage le produit du canal de l'Ourcq et les moyens d'alimentation des fontaines publiques de Paris et des canaux Saint-Denis et Saint-Martin ;

2° L'autorisation de se servir de la chute créée par le barrage pour mettre en mouvement la machine qui élèverait dans le canal le volume d'eau concédé ;

Vu l'avant-projet présenté pour l'établissement de la machine et de la conduite destinée à élever les eaux et à les amener dans le canal ;

Vu les pièces de l'enquête à laquelle cet avant-projet a été soumis dans l'arrondissement de Meaux, conformément à l'ordonnance réglementaire du 18 février 1834, et notamment l'avis de la Commission d'enquête en date du 10 avril 1865 ;

Vu les pièces de l'enquête *de commodo et incommodo* qui a été ouverte au sujet de la prise d'eau dans la commune de Congis pour le département de Seine-et-Marne, dans celle de Neuilly-sur-Marne pour le département de Seine-et-Oise, qui a été publiée et affichée dans les communes intéressées ;

Vu les pièces de l'enquête ouverte dans le département de la Seine, et notamment l'avis de la Commission d'enquête en date du 7 février 1866 ;

Vu les rapports des Ingénieurs, en date des 30 novembre, 8 décembre 1864, 6-8 février 1865 et 17 février 1866 ;

Vu l'avis du Conseil général des Ponts et Chaussées, en date du 14 août 1865 ;

Vu la loi du 3 mai 1841 ;

Notre Conseil d'État entendu.

AVONS DÉCRÉTÉ ET DÉCRÉTONS CE QUI SUIT :

ARTICLE PREMIER. — La ville de Paris est autorisée : 1° à prendre dans la rivière de Marne, au barrage d'Isles-les-Meldeuses, un volume d'eau de 500 litres au plus par seconde, qui sera versé dans la partie du canal de l'Ourcq, voisine de la prise d'eau; 2° à utiliser la chute créée par le barrage pour mettre en mouvement la machine qui servira à élever ce volume d'eau dans le canal.

Cette autorisation est accordée aux conditions suivantes :

ART. 2. — La jouissance du volume d'eau concédé et de la force motrice du barrage sera entièrement subordonnée aux besoins de la navigation de la Marne : elle pourra être réduite ou même momentanément suspendue, si ces besoins l'exigent, sans que la Ville puisse élever aucune réclamation ; la même préférence est réservée à la prise d'eau faite aujourd'hui dans la Marne pour le service de la ville de Meaux, mais pour la quantité d'eau seulement dont elle a actuellement la jouissance.

ART. 3 — La machine destinée à élever les eaux dérivées sera placée sur la rive droite du petit bras de la Marne, de manière à ne pas anticiper sur la largeur de ce bras, en travers duquel il sera établi un barrage fixe arasé à la hauteur nécessaire pour la navigation.

Les eaux seront amenées à la machine au moyen d'une dérivation spéciale ouverte sur la rive droite en dehors du lit de la rivière, et en tête de laquelle il sera construit un vannage de prise d'eau.

La ville de Paris se conformera d'ailleurs, pour l'emplacement de la machine, les dispositions et dimensions du barrage fixe et du vannage de la prise d'eau, au projet qu'elle devra soumettre à l'approbation de notre Ministre de l'agriculture, du commerce et des travaux publics.

ART. 4. — La manœuvre du vannage de prise d'eau sera faite sous la surveillance des agents de la navigation de la Marne, qui auront au besoin le droit de l'effectuer eux-mêmes. Elle sera réglée de manière que la machine n'élève ou ne consomme que les eaux qui ne seraient pas nécessaires à ce service et au service de la ville de Meaux, dans la proportion indiquée en l'article 2, et que le volume d'eau élevé n'excède dans aucun cas le maximum fixé à l'article 1er ci-dessus. La machine sera dans tous les cas arrêtée dès que les eaux descendront en amont du barrage, au-dessous du niveau fixé pour la navigation.

Il est expressément interdit aux agents de la Ville de s'immiscer en rien, sans un ordre de l'Administration, dans les manœuvres relatives au service de la navigation.

ART. 5. — Les travaux ayant pour objet d'élever et de conduire dans le canal de l'Ourcq les eaux dérivées sont déclarés d'utilité publique. La ville de Paris est, en conséquence, autorisée à acquérir, en se conformant aux titres II et suivants de la loi du 3 mai 1841, les terrains nécessaires à leur exécution.

Art. 6. — Les travaux à faire dans le lit de la rivière seront exécutés sous le contrôle et sous la surveillance de l'Administration.

Ils devront être terminés dans le délai de deux ans, à dater de la notification du présent décret.

Après leur achèvement, l'ingénieur de la navigation de la Marne rédigera, en présence de l'autorité locale et du délégué de la ville de Paris, un procès-verbal de récolement desdits travaux. S'ils sont exécutés conformément aux dispositions prescrites, ce procès-verbal sera dressé en trois expéditions. L'une de ces expéditions sera déposée aux archives de la Préfecture du département de Seine-et-Marne, la seconde sera remise à la ville de Paris, et la troisième adressée à notre Ministre de l'agriculture, du commerce et des travaux publics.

Art. 7. — Les ouvrages en lit de rivière seront entretenus constamment en bon état, aux frais et par les soins de la ville de Paris, qui devra déférer, sans délai, aux réquisitions qui lui seront faites à cet égard par l'Administration.

Art. 8. — Le volume d'eau concédé par l'article 1er servira d'abord à assurer autant que possible, en toute saison, à chacun des canaux Saint-Denis et Saint-Martin, tant en eaux anciennes qu'en eau nouvelle, le volume de quinze cents pouces d'eau que les traités des 19 avril 1818 et 12 novembre 1821 leur ont attribué en temps ordinaire. Le surplus sera ajouté au volume d'eau que la ville de Paris s'est réservé par les mêmes traités et par les conventions additionnelles du 1er février 1841.

Le complément fourni en eau nouvelle aux deux canaux sera exclusivement affecté aux besoins de la navigation. Il ne pourra, dans aucun cas, excéder le produit de la machine, et cessera d'être fourni lorsque, par une cause quelconque, celle-ci sera en chômage.

Toutefois, les dispositions du présent décret ne pourront, en aucun cas, créer aux concessionnaires ou à leurs ayants droit plus de droits qu'ils n'en tiennent des traités antérieurs.

Art. 9. — Les droits des tiers sont et demeureront expressément réservés.

Art. 10. — La ville de Paris sera tenue de payer à la caisse du receveur des contributions indirectes, tant pour le volume d'eau dérivé de la Marne que pour l'usage de la force motrice créée par le barrage, une redevance annuelle d'un franc.

Art. 11. — Faute par la ville de Paris de se conformer aux conditions qui lui sont imposées, l'Administration se réserve, suivant les circonstances, de prononcer sa déchéance ou de mettre son usine en chômage. Elle prendra, dans tous les cas, les mesures nécessaires pour faire disparaître aux frais de la Ville, en ce qui concerne la voie navigable, tout dommage provenant de son fait, sans préjudice de l'application, s'il y a lieu, des dispositions pénales relatives aux contraventions en matière de grande voirie.

Il en sera de même dans le cas où, après s'être conformée aux dispositions prescrites, la Ville formerait quelque entreprise nouvelle sur la rivière ou changerait l'état des lieux sans y être préalablement autorisée.

Dans tous les cas, la redevance stipulée à l'article 10 sera due à partir du jour fixé pour l'achèvement des travaux jusqu'au jour où la révocation de la présente autorisation aura été notifiée à la Ville.

Art. 12. — Si, à quelque époque que ce soit, l'Administration reconnaît nécessaire de prendre, dans l'intérêt de la navigation, des dispositions qui privent d'une manière temporaire ou définitive la ville de Paris de tout ou partie des avantages à elle concédés, la Ville n'aura droit à aucune indemnité et pourra seulement réclamer la remise de tout ou partie de la redevance qui lui est imposée.

Si ces dispositions doivent avoir pour résultat de modifier d'une manière définitive les conditions du présent décret, elles ne pourront être prises qu'après l'accomplissement de formalités semblables à celles qui ont précédé ledit décret.

Art. 13. — Notre Ministre Secrétaire d'État au département de l'agriculture, du commerce et des travaux publics, et notre Ministre Secrétaire d'État au département des finances, sont chargés, chacun en ce qui le concerne, de l'exécution du présent décret.

Fait au palais des Tuileries, le 11 avril 1866.

NAPOLÉON.

Par l'Empereur :
Le Ministre Secrétaire d'État au département de l'Agriculture, du Commerce et des Travaux publics,

Signé : ARMAND BÉHIC.

POUR AMPLIATION :
Le Conseiller d'État, Secrétaire général,

DE BOUREUILLE.

ANNEXES 449

2° *Prise d'eau au moulin de Trilbardou (Seine-et-Marne).*

11 avril 1866.

NAPOLÉON, par la grâce de Dieu et la volonté nationale, EMPEREUR DES FRANÇAIS,

A tous présents et à venir, salut.

Sur le rapport de notre Ministre Secrétaire d'État au département de l'agriculture, du commerce et des travaux publics ;

Vu la demande présentée au nom de la ville de Paris, à l'effet d'obtenir l'autorisation de prendre dans la Marne, au moulin de Trilbardou, situé dans la commune de ce nom, département de Seine-et-Marne, et appartenant à la Ville, un volume d'eau de cinq cents litres par seconde, qui serait refoulé au moyen de machines hydrauliques et à vapeur, dans la partie adjacente du canal de l'Ourcq, pour augmenter le débit de ce canal et les moyens d'alimentation des fontaines publiques de Paris et des canaux Saint-Denis et Saint-Martin ;

Vu les pièces de l'enquête ouverte sur cette demande dans les départements de Seine-et-Marne, de Seine-et-Oise et de la Seine, conformément à l'ordonnance réglementaire du 18 février 1834 ;

Vu notre décret de ce jour qui autorise l'établissement d'une prise d'eau semblable sur la même rivière au barrage d'Isles-les-Meldeuses ;

Vu notre décret du 16 avril 1862, portant règlement du moulin de Trilbardou ;

Vu les rapports des Ingénieurs en date des 1-9 août, 10-14 août, 16-23 août 1865 ;

Vu l'avis du Conseil général des Ponts et Chaussées du 9 octobre 1865 ;

Vu la loi du 3 mai 1841 ;

Notre Conseil d'État entendu.

AVONS DÉCRÉTÉ ET DÉCRÉTONS CE QUI SUIT :

ARTICLE PREMIER. — La ville de Paris est autorisée à prendre dans la Marne, au moulin de Trilbardou, un volume d'eau de cinq cents litres au plus par seconde, qui sera élevé, tant au moyen de la force motrice du moulin qu'à l'aide d'un moulin à vapeur dans la partie du canal de l'Ourcq voisine de l'usine.

Cette autorisation est accordée aux conditions suivantes :

ART. 2. — La jouissance du volume d'eau concédé sera entièrement subordonnée aux besoins de la navigation de la Marne ; elle pourra être réduite ou même momentanément suspendue, si ces besoins l'exigent, sans que la Ville puisse élever aucune réclamation.

Art. 3. — La ville de Paris demeure soumise, en ce qui concerne le régime hydraulique du moulin de Trilbardou, à toutes les dispositions du décret du 16 avril 1862, portant règlement de cette usine.

Art. 4. — La manœuvre de la prise d'eau sera faite sous la surveillance des agents de la navigation de la Marne qui auront, au besoin, le droit de l'effectuer eux-mêmes. Elle sera réglée de manière que les machines n'élèvent ou ne consomment que les eaux qui ne seraient pas nécessaires à ce service, et que le volume d'eau élevé n'excède jamais le maximum fixé à l'article premier ci-dessus.

Les machines seront, dans tous les cas, arrêtées dès que les eaux descendront en amont du barrage au-dessous du niveau légal de la retenue du moulin, tel qu'il est fixé par l'article 2 du décret précité du 16 avril 1862.

Art. 5. — La prise d'eau concédée par le présent décret est déclarée d'utilité publique.

Art. 6. — Le volume d'eau concédé par l'article premier servira d'abord à assurer, autant que possible, en toute saison, à chacun des canaux Saint-Denis et Saint-Martin, tant en eaux anciennes qu'en eau nouvelle, le volume de quinze cents pouces (1,500 p.) d'eau que les traités des 19 avril 1818 et 12 novembre 1821 leur ont attribué en temps ordinaire : le surplus sera ajouté au volume d'eau que la ville de Paris s'est réservé par les mêmes traités et par les conventions additionnelles du 1er février 1841.

Le complément fourni en eau nouvelle aux deux canaux sera exclusivement affecté aux besoins de la navigation ; il ne pourra, dans aucun cas, excéder le produit de la machine et cessera d'être fourni lorsque, par une cause quelconque, celle-ci sera en chômage.

Toutefois, les dispositions du présent décret ne pourront, en aucun cas, créer aux concessionnaires ou à leurs ayants droit plus de droits qu'ils n'en tiennent des traités antérieurs.

Art. 7. — La ville de Paris sera tenue de payer à la caisse du receveur des contributions indirectes, pour la nouvelle concession qui lui est faite, une redevance annuelle d'un franc.

Art. 8. — Faute par le ville de Paris de se conformer aux conditions qui sont imposées, l'Administration se réserve, suivant les circonstances, de prononcer sa déchéance ou de mettre son usine en chômage. Elle prendra dans tous les cas les mesures nécessaires pour faire disparaître, aux frais de la ville de Paris, en ce qui concerne la voie navigable, tout dommage provenant de son fait, sans préjudice de l'application, s'il y a lieu, des dispositions pénales relatives aux contraventions en matière de grande voirie ; il en sera de même dans le cas où, après s'être conformée aux dispositions prescrites, la Ville formerait quelque entreprise nouvelle sur la rivière, on changerait l'état des lieux sans y être préalablement autorisée.

Dans tous les cas, la redevance stipulée à l'article 7 sera due à partir du jour fixé pour l'achèvement des travaux, jusqu'au jour où la révocation de la présente autorisation aura été notifiée à la Ville.

Art. 9. — Les droits des tiers sont et demeurent expressément réservés.

Art. 10. — Si, à quelque époque que ce soit, l'Administration reconnaît nécessaire de prendre, dans l'intérêt de la navigation, des dispositions qui privent d'une manière temporaire ou définitive la ville de Paris de tout ou partie des avantages à elle concédés, la Ville n'aura droit à aucune indemnité et pourra seulement réclamer la remise de tout ou partie de la redevance qui lui est imposée.

Si ces dispositions doivent avoir pour résultat de modifier d'une manière définitive les conditions du présent décret, elles ne pourront être prises qu'après l'accomplissement de formalités semblables à celles qui ont précédé ledit décret.

Art. 11. — Notre Ministre de l'agriculture, du commerce et des travaux publics, et notre Ministre des finances sont chargés, chacun en ce qui le concerne, de l'exécution du présent décret.

Fait au palais des Tuileries, le 11 avril 1866.

Signé : Napoléon.

Par l'Empereur :
Le Ministre Secrétaire d'État au département de l'Agriculture, du Commerce et des Travaux publics,
Signé : Armand Béhic.

pour ampliation :
Le Conseiller d'État, Secrétaire général,
De Boureuille.

Acte de rachat des canaux de l'Ourcq et de Saint-Denis.

TEXTE DU TRAITÉ

Par devant Mᵉ Gustave-Frédéric Mahot Delaquerantonnais et Mᵉ Louis-Ernest Segond, notaires à Paris, soussignés,

Ont comparu :

M. Émile-Gustave-Ferdinand Duval, Préfet du département de la Seine, officier de la Légion d'honneur, demeurant à Paris, au palais du Luxembourg.

Agissant en sa dite qualité de Préfet de la Seine, au nom de la Ville de Paris, en exécution de deux délibérations du Conseil municipal de cette ville en date des trente et un mai mil huit cent soixante-quinze et vingt et un mars mil huit cent soixante-seize, et d'un arrêté approbatif de cette dernière délibération par lui pris en Conseil de préfecture, le dix-neuf juin présent mois.

Ampliations desquelles délibérations et arrêté délivrées par M. le Secrétaire général de la Préfecture de la Seine, sont demeurées ci-annexées après mention.

D'une part.

Et :

1º M. Alfred Hainguerlot, propriétaire, demeurant à Villandry, près Tours (Indre-et-Loire).

Agissant tant en son nom personnel qu'au nom et comme mandataire de :

1º Mᵐᵉ Stéphanie Oudinot de Reggio, veuve de M. Georges Tom Hainguerlot ;

2º M. Édouard Hainguerlot ;

3º Et M. Charles-Arthur Hainguerlot ;

Tous trois propriétaires demeurant aussi à Villandry.

Aux termes de la procuration qu'ils lui ont donnée conjointement, suivant acte passé devant Mᵉ Roger, notaire à Savonnières (Indre-et-Loire), le dix-huit juin présent mois, dont le brevet original est demeuré ci-annexé après avoir été certifié véritable par le mandataire et revêtu d'une mention d'annexe par les notaires soussignés ;

2º Et Mᵐᵉ Rose-Auguste-Emilie-Paméla Hainguerlot, propriétaire, demeurant à Paris, rue Notre-Dame-de-Lorette, numéro 20, veuve de M. Alphée Bourdon de Vatry.

Mme veuve Hainguerlot, MM. Hainguerlot et Mme veuve de Vatry, seuls propriétaires, ainsi que M. Alfred Hainguerlot, et Mme veuve de Vatry, le déclarent et s'obligent à en justifier dans les quatre mois de ce jour, par acte en suite des présentes, de la concession des canaux de l'Ourcq et de Saint-Denis faite pour quatre-vingt-dix-neuf années à partir du premier janvier mil huit cent vingt-trois jusqu'au premier janvier mil neuf cent vingt-deux, ainsi qu'il résulte tant du traité de concession en date du dix-neuf avril mil huit cent dix-huit et de ses actes additionnels, que du traité de subrogation du dix juillet mil huit cent vingt-quatre et des conventions additionnelles du premier février mil huit cent quarante et un.

D'autre part.

Lesquels,

En exécution d'un décret de M. le Président de la République en date du vingt-deux avril mil huit cent soixante-seize qui a déclaré d'utilité publique le rachat par la ville de Paris des canaux de l'Ourcq et de Saint-Denis, affectés à la fois à la navigation et à l'alimentation de la ville, et dont une ampliation demeure ci-jointe, avec mention de son annexe.

Ont arrêté ainsi qu'il suit les clauses et conditions de ce rachat :

ARTICLE PREMIER. — M. Alfred Hainguerlot ès-noms et qualités qu'il agit, et Mme veuve Bourdon de Vatry déclarent, par les présentes, renoncer purement et simplement, au profit de la ville de Paris, à partir rétroactivement du premier janvier mil huit cent soixante-seize, au bénéfice des traités des dix-neuf avril mil huit cent dix-huit, dix juillet mil huit cent vingt-quatre et premier février mil huit cent quarante et un sus énoncés, et par suite ils transportent et abandonnent à la ville de Paris, sans aucune exception ni réserve :

Le canal de l'Ourcq, y compris la dérivation du Clignon et de la rivière d'Ourcq, depuis le Port-aux-Perches jusqu'à son embouchure dans la Marne, le canal Saint-Denis et le bassin de La Villette ;

Ensemble tous les bâtiments, magasins et maisons éclusières et autres édifiés pour l'exploitation, tout le matériel fixe ou mobile destiné à cette exploitation, les terrains acquis par les concessionnaires et joints par eux à ceux faisant partie de la concession, les plantations d'arbres et les taillis existant sur les canaux et leurs dépendances, les pépinières destinées à l'entretien des plantations et existant sur des terrains dépendant de la concession ou acquis par les concessionnaires ou simplement pris par eux en location, en un mot, tous les droits mobiliers et immobiliers appartenant aux concessionnaires et décrits dans les états A, B, C et D qui demeurent ci-annexés après avoir été certifiés véritables par les parties et revêtus d'une mention annexe par les notaires soussignés :

L'état A comprenant les immeubles joints à la concession ;

L'état B comprenant la nomenclature de tous les bâtiments et constructions existant ;

L'état C comprenant tous les objets composant le matériel et le mobilier de l'exploitation ;

Et l'état D comprenant l'indication de toutes les plantations, taillis et pépinières.

Art. 2. — L'entrée en jouissance de la ville de Paris aura lieu à compter rétroactivement du premier janvier mil huit cent soixante-seize.

Elle sera constatée par un procès-verbal contradictoire de prise de possession.

Les titres et documents établissant le droit de propriété des cédants seront en même temps remis à la ville de Paris.

Art. 3. — Pour prix de l'abandon de tous les droits des concessionnaires pendant la période restant à courir du premier janvier mil huit cent soixante-seize au premier janvier mil neuf cent vingt-deux sur les canaux, bassins, immeubles et objets mobiliers ci-dessus indiqués, la ville de Paris payera aux concessionnaires *quarante-six annuités de cinq cent quarante mille francs* chacune.

Art. 4. — Chaque annuité sera divisée en deux parties inégales, l'une payable le seize juillet, comprenant un semestre d'intérêts des bons dont il va être parlé ; l'autre payable le seize janvier, comprenant le second semestre d'intérêts et l'amortissement annuel desdits bons, le tout conformément au tableau figurant sur le modèle du bon au porteur qui demeure annexé, après avoir été certifié véritable par les parties et revêtu d'une mention d'annexe par les notaires soussignés.

Les payements seront effectués entre les mains des porteurs des bons de liquidation qui seront créés jusqu'à concurrence du montant de chacune des annuités, le premier desdits payements ayant lieu le seize juillet mil huit cent soixante-seize, et le dernier le seize janvier mil neuf cent vingt-deux.

Ces bons, détachés d'un registre à souche, seront contrôlés par un délégué de M. le Préfet dont le visa, accompagné d'un timbre sec, aura pour but de constater que le total des sommes, pour chacune des échéances, reste dans la limite des montants de l'annuité.

Les coupons d'intérêts qui n'auraient pas été représentés dans les cinq années de leur échéance, seront prescrits par application de l'article 2277 du Code civil.

Les bons seront délivrés au moment de l'entrée en jouissance de la ville de Paris.

Art. 5. — Les concessionnaires conserveront pour leur compte la responsabilité de tous les faits de gestion et d'exploitation antérieurs au premier janvier mil huit cent soixante-seize et seront chargés du règlement de toutes les indemnités qui y seraient relatives. Ils arrêteront au trente et un décembre mil huit cent soixante-quinze le compte des produits de cet exercice qui leur appartiendront exclusivement, même ceux dont l'échéance ou le payement aurait lieu postérieurement au premier janvier mil huit cent soixante-seize, étant toutefois bien entendu, que le produit de tous les bateaux arrivant à destination à partir du premier janvier mil huit cent soixante-seize appartiendra à la ville de Paris, quelle que soit la date de l'expédition.

Ils devront justifier qu'ils n'ont pas vendu ou exploité plus de deux mille cinq cents arbres dans le cours de l'année mil huit cent soixante-quinze, ni fait de coupes extraordinaires de taillis, enfin que l'exploitation des arbres s'est faite par parties, suivant l'usage des années précédentes, et conformément aux bonnes règles de l'aménagement.

Ils devront payer toutes les dépenses, de quelque nature qu'elles soient, afférentes à l'exercice mil huit cent soixante-quinze, et remettre à la ville de Paris, les ouvrages, immeubles et dépendances en état d'entretien et de fonctionnement régulier.

Art. 6. — A partir du premier janvier mil huit cent soixante-seize, époque de la prise de possession par la ville de Paris, celle-ci devra exécuter aux lieu et place des concessionnaires dans les droits desquels elle se trouvera substituée tant activement que passivement, et ce, à ses risques et périls, tous les baux, traités, marchés et conventions consentis par lesdits concessionnaires dans le cours de leur exploitation, antérieurement à ce jour, le tout de manière que les cédants ne soient jamais inquiétés ni recherchés à ce sujet.

Tous les baux, traités marchés et conventions sont d'ailleurs énoncés dans un état qui demeure ci-annexé après avoir été certifié véritable par les parties et revêtu d'une mention d'annexe par les notaires soussignés, et les pièces y relatives seront remises à la ville de-Paris le jour de la prise de possession.

Les cédants tiendront compte à la ville de Paris, le jour de la prise de possession, de tous loyers d'avance par eux encaissés.

ART. 7. — La ville de Paris aura également la charge, à partir rétroactivement du premier janvier mil huit cent soixante-seize jusqu'au décès des ayants droit, du service des pensions attribuées par les concessionnaires, antérieurement à ce jour, à d'anciens employés des canaux, ou à leurs veuves, et payées dans les dépenses de l'exploitation, suivant l'état qui demeure annexé aux présentes, après avoir été certifié véritable par les parties et revêtu d'une mention d'annexe par les notaires soussignés.

M. Alfred Hainguerlot, ès noms et qualités qu'il agit et Mme de Vatry expliquent par ordre que les pensions faites par les concessionnaires des canaux sont toutes à titre gracieux, car il n'est jamais entré dans les usages de l'exploitation de faire aucune retenue pour cet objet.

Par suite, l'engagement ci-dessus pris au nom de la ville de Paris se trouve donc limité absolument à la somme annuelle de *dix mille vingt francs,* montant des pensions indiquées en l'état ci-annexé, sauf, bien entendu, l'effet des extinctions, au fur et à mesure des décès des bénéficiaires.

Les sommes devenues disponibles par suite de ces extinctions, pourront être allouées, soit comme pension, soit comme supplément de retraite aux employés actuels de la Compagnie, au moment où ils quitteront le service des canaux, en tenant compte des années antérieures de service sans que, de ce chef, la Ville puisse être tenue d'une somme plus forte.

ART. 8. — Les frais de toute nature occasionnés par les présentes et par les actes qui en seront la conséquence seront supportés par la ville de Paris que M. le Préfet de la Seine y oblige.

ART. 9. — *Droit de propriété de la famille Hainguerlot.* — M. Alfred Hainguerlot, ès noms et qualités qu'il agit, et Mme veuve de Vatry déclarent que les immeubles, objets et droits quelconques faisant l'objet de la première session appartiennent aux cédants d'une manière régulière.

Ils s'obligent solidairement à justifier de ce droit de propriété par un acte qui sera dressé ensuite des présentes, sous quatre mois de ce jour, et à remettre lors de cet acte, à la ville de Paris, tous les titres et pièces en leur possession.

ART. 10. — *Élection de domicile.* — Pour l'exécution des présentes, il est fait élection de domicile, savoir :

ANNEXES 457

Par M. le Préfet de la Seine, au nom de la ville de Paris, au siège de l'Administration municipale ;

Et par M. Alfred Hainguerlot, ès nom et qualités et Mme Bourdon de Vatry, à Paris, passage Laferrière, n° 4.

DONT ACTE :

Fait et passé à Paris, au palais du Luxembourg pour M. le Préfet de la Seine et M. Alfred Hainguerlot, et en sa demeure sus-indiquée pour Mme de Vatry.

L'an mil huit cent soixante-seize.

Le vingt juin.

Et lecture faite tant des présentes que des articles douze et treize de la loi du vingt-trois août mil huit cent soixante et onze, concernant les dissimulations, les parties ont signé avec les notaires.

Signé : Alfred HAINGUERLOT, P. de VATRY née HAINGUERLOT, Ferdinand DUVAL, SEGOND et MAHOT DELAQUERANTONNAIS, ces deux derniers notaires.

Suit cette mention :

Enregistré gratis à Paris, deuxième bureau, le vingt-neuf juin mil huit cent soixante-seize. Folio 74, recto, case trois.

Signé : BOYN.

DÉRIVATIONS

Dérivation des sources de la vallée de la Dhuis.

DÉCRET

Napoléon, par la grâce de Dieu et la volonté nationale, empereur des Français,

A tous présents et à venir, salut;

Sur le rapport de notre Ministre Secrétaire d'État au département de l'agriculture, du commerce et des travaux publics;

Vu le projet montant à 18 000 000 de francs présenté par les Ingénieurs du service municipal de la ville de Paris pour la dérivation des sources de la Dhuis, dans l'intérêt de l'alimentation de la ville;

Vu notamment le plan d'ensemble portant la date 18-22 décembre 1860;

Vu la délibération du Conseil municipal en date du 18 mai 1860;

Vu les pièces de l'enquête, ouverte sur le projet sus-visé dans les départements de l'Aisne, de Seine-et-Marne, de Seine-et-Oise et de la Seine;

Vu les avis des commissions d'enquête;

Vu le rapport des Ingénieurs du service municipal de la ville de Paris en date des 18-22 décembre 1860;

Vu les avis des Préfets des quatre départements intéressés;

Vu l'avis du conseil général des ponts et chaussées en date du 14 octobre 1861; vu la lettre de notre ministre de l'intérieur du 16 novembre 1861;

Vu la loi du 3 mai 1841;

Vu le sénatus-consulte du 25 décembre 1852.

Notre Conseil d'État entendu

Avons décrété et décrétons ce qui suit :

Article premier. — Est approuvé le projet des travaux à faire pour la dérivation des sources de la Dhuis, conformément à l'avant-projet et au plan ci-dessus visés, en date des 18-22 décembre 1860, qui demeureront annexés au présent décret.

Art. 2. — Les travaux mentionnés à l'article 1er sont déclarés d'utilité publique.

La ville de Paris est autorisée à poursuivre l'expropriation des bâtiments et des terrains nécessaires à l'exécution desdits travaux en se conformant aux dispositions de la loi du 3 mai 1841.

Art. 3. — Les expropriations nécessitées par l'exécution desdits travaux, devront avoir lieu dans un délai de cinq ans, à dater de la promulgation du présent décret.

Art. 4. — Notre Ministre Secrétaire d'État au département de l'agriculture, du commerce et des travaux publics, est chargé d'assurer l'exécution du présent décret.

Fait au palais des Tuileries, le 4 mars 1862.

Signé : Napoléon

Par l'Empereur :

Le Ministre Secrétaire d'État au département de l'Agriculture, du Commerce et des Travaux publics,

Signé : Rouher.

POUR AMPLIATION :
Le Conseiller d'État, Secrétaire général,

Signé : De Boureuille

Dérivation des sources de la vallée de la Vanne.

DÉCRET DÉCLARATIF D'UTILITÉ PUBLIQUE

Napoléon, par la grâce de Dieu et la volonté nationale, Empereur des Français,

A tous présents et à venir, salut :

Sur la proposition de notre Ministre Secrétaire d'État au département de l'agriculture, du commerce et des travaux publics ;

Vu le projet montant à vingt-neuf millions six cent mille francs (29 600 000 fr.) présenté par l'ingénieur en chef du service municipal de la ville de Paris, pour dériver et amener dans cette ville les eaux des sources qu'elle possède dans la vallée de la Vanne ;

Vu notamment le tracé général portant la date du 16 décembre 1865 ;

Vu les pièces de l'enquête ouverte sur le projet sus-visé dans les départements de l'Aube, de l'Yonne, de Seine-et-Marne, de Seine-et-Oise et de la Seine ;

Vu les avis des commissions d'enquête ;

Vu les rapports des ingénieurs du service municipal ;

Vu les avis des préfets des cinq départements intéressés ;

Vu les avis du Conseil général des ponts et chaussées, en date des 18 avril et 11 octobre 1866 ;

Vu la loi du 3 mai 1841 ;

Vu le sénatus-consulte du 25 décembre 1852 ;

Notre Conseil d'État entendu ;

Avons décrété et décrétons ce qui suit :

ARTICLE PREMIER. — Est approuvé le projet ci-dessus visé des travaux à faire pour dériver et amener à Paris les eaux des sources que cette ville possède dans la vallée de la Vanne.

ART. 2. — Les travaux mentionnés à l'article 1er sont déclarés d'utilité publique.

La ville de Paris est autorisée à poursuivre l'expropriation des bâtiments et des terrains nécessaires à l'exécution desdits travaux, en se conformant aux dispositions de la loi du 3 mai 1841.

Les droits des tiers sont expressément réservés, même en ce qui concerne la dérivation même des eaux.

ART. 3. — Les expropriations nécessitées par l'exécution des travaux sus-énoncés devront avoir lieu dans un délai de cinq ans à dater de la promulgation du présent décret.

ART. 4. — Notre Ministre Secrétaire d'État au département de l'agriculture, du commerce et des travaux publics, est chargé de l'exécution du présent décret.

Fait au palais des Tuileries, le 19 décembre 1866.

Signé : NAPOLÉON

Par l'Empereur :
Le Ministre Secrétaire d'État au département de l'Agriculture, du Commerce et des Travaux publics,

Signé : ARMAND BÉHIC

POUR AMPLIATION :
Le Conseiller d'État, Secrétaire général,

Signé : DE BOUREUILLE

POUR COPIE CONFORME :
Le Conseiller d'État, Secrétaire général,

Signé : ALFRED BLANCHE

DÉRIVATION DES SOURCES DE LA VIGNE ET DE VERNEUIL

Loi du 5 juillet 1890 déclarative d'utilité publique.

Loi ayant pour objet de déclarer d'utilité publique les travaux à exécuter par la ville de Paris pour le captage, la dérivation et l'adduction à Paris des eaux des sources dites de la Vigne et de Verneuil.

Le Sénat et la Chambre des députés ont adopté,
Le Président de la République promulgue la loi dont la teneur suit :
Article premier. — Il sera procédé par les soins de la ville de Paris :

1° Au captage, dans la vallée de la Vigne, de quatre sources situées sur le territoire de la commune de Rueil-la-Gadelière (Eure-et-Loir) et dites « les fontaines du Nouvet, d'Erigny, des Graviers et des Foisys » ; dans la vallée de l'Avre, de la source du Breuil, située sur le territoire de la commune de Verneuil (Eure) ;

2° A l'exécution des travaux nécessaires pour dériver et amener à Paris les eaux des sources précitées, conformément aux dispositions générales du projet dressé à la date des 31 octobre 1885, 11 septembre 1886, par les ingénieurs du service municipal de Paris et soumis aux enquêtes dans les départements de l'Eure, d'Eure-et-Loir, de Seine-et-Oise et de la Seine.

Le volume des eaux dérivées au profit de la ville de Paris ne devra pas excéder 1 280 litres par seconde. Ce volume maximum sera jaugé par la section, à son origine, de l'aqueduc d'adduction.

Les travaux de captage et d'adduction ci-dessus mentionnés sont déclarés d'utilité publique.

Art. 2. — La Ville de Paris est autorisée à poursuivre l'expropriation des terrains et bâtiments nécessaires à l'exécution desdits travaux, en se conformant aux dispositions de la loi du 3 mai 1841.

Art. 3. — La dépense sera entièrement supportée par la ville de Paris.

Art. 4. — La ville de Paris sera tenue d'indemniser des dommages résultant de la dérivation des sources de la Vigne et de Verneuil, les propriétaire qui se servent des eaux émanant de ces sources, soit pour la mise en mouvement de leurs moulins et usines, soit pour l'irrigation de leurs terres, soit pour toutes autres causes.

Ces indemnités seront réglées comme en matière de dommages résultant de l'exécution des travaux publics.

Art. 5. — Les droits des tiers sont et demeurent expressément réservés.

La présente loi, délibérée et adoptée par le Sénat et par la Chambre des députés, sera exécutée comme loi de l'État.

Fait à Paris, le 5 juillet 1890.

CARNOT.

Par le Président de la République :
Le Ministre des Travaux publics,
YVES GUYOT.

Le Ministre de l'Intérieur,
CONSTANS.

Le Ministre de l'Agriculture,
Jules DEVELLE.

DÉRIVATION DES SOURCES DU LOING ET DU LUNAIN

Loi du 21 juillet 1897 déclarative d'utilité publique.

Loi ayant pour objet de déclarer d'utilité publique les travaux à exécuter par la ville de Paris pour le captage, la dérivation et l'adduction à Paris des eaux des sources dites des vallées du Loing et du Lunain.

Le Sénat et la Chambre des députés ont adopté,
Le Président de la République promulgue la loi dont la teneur suit :

ARTICLE PREMIER. — Il sera procédé par les soins de la ville de Paris :

1° Au captage, dans la vallée du Loing, de deux sources situées sur le territoire de la commune de Saint-Pierre-les-Nemours (Seine-et-Marne) et dites « de Chaintréauville et de la Joie »; de deux sources situées sur le territoire de la commune de Bourron (Seine-et-Marne) et dites

« des Bignons et du Sel » ; dans la vallée du Lunain d'une source dite « de Villemer » située sur le territoire de la commune de ce nom (Seine-et-Marne) et de la source dite « Saint-Thomas », située dans le même département, sur le territoire de la commune de Gennevraye ; lesdites sources appartenant à la ville de Paris ;

2° A l'exécution des travaux nécessaires pour dériver et amener à Paris les eaux des sources précitées, conformément aux dispositions générales du projet dressé le 11 septembre 1893 par les ingénieurs du service municipal de Paris et soumis aux enquêtes dans les départements de Seine-et-Marne, de Seine-et-Oise et de la Seine.

Les travaux de captage et d'adduction ci-dessus mentionnés sont déclarés d'utilité publique.

ART. 2. — La ville de Paris est autorisée à poursuivre l'expropriation des terrains et bâtiments nécessaires à l'exécution desdits travaux, en se conformant aux dispositions de la loi du 3 mai 1841.

ART. 3. — La dépense sera entièrement supportée par la ville de Paris.

ART. 4. — La ville de Paris sera soumise aux conditions suivantes, stipulées dans l'intérêt de la navigation du canal du Loing et dans celui des communes auxquelles les sources fournissent l'eau :

I. — Elle restituera dans le bief du canal dit des Buttes, qui traverse la ville de Nemours, un volume d'eau égal à celui qu'elle lui aura enlevé par la dérivation des sources. Le volume à restituer sera obtenu au moyen d'une prise d'eau effectuée dans la rivière du Loing.

II. — Elle remettra à l'État, pour régler la susdite prise d'eau et pour maintenir le tirant d'eau de la partie de la voie navigable dite « *Râcle de Fromonville* », des ouvrages convenablement établis et indépendants des moulins et usines existant actuellement sur la rivière du Loing.

III. — Pour faciliter le remplissage du canal à la suite des chômages, la ville de Paris devra tenir en réserve, d'une manière permanente, un volume d'eau de 200 000 mètres cubes, susceptible d'être versé à la voie navigable à un moment quelconque, en un point situé au-dessous de Nemours, sans entraver l'adduction des eaux des sources du Loing et du Lunain à Paris.

Les dispositions et les mesures à prendre à cet effet seront arrêtées par le ministre des travaux publics, après conférences entre les représentants des services intéressés.

IV. — La ville de Paris supportera toutes les dépenses des travaux énumérés aux paragraphes 1, 2 et 3 du présent article ; elle remboursera, en outre, à l'État les frais occasionnés pour assurer l'étanchéité du barrage de Saint-Mammès ainsi que le surcroît de dépenses annuelles résultant des installations et de la manœuvre des nouveaux ouvrages affectés au service du canal.

V. — La ville de Paris asssurera à la ville de Nemours 800 mètres cubes d'eau de sources par jour et proposera à toutes les communes aux habitants desquelles les sources dérivées des vallées du Loing et du Lunain fourniront de l'eau des traités par lesquels ladite ville s'engagera à assurer à ces communes le volume d'eau correspondant aux besoins susindiqués et à le livrer, si elles le désirent, dans des ouvrages maçonnés comprenant : puisards, abreuvoirs et lavoirs couverts, lesquels seront exécutés par les soins et aux frais de la ville, à proximité des sources ou de leurs cours et aux endroits indiqués par les intéressés.

Art. 5. — La ville de Paris sera tenue d'indemniser des dommages résultant de la dérivation des sources du Loing et du Lunain les propriétaires et autres usagers qui se servent des eaux émanant de ces sources, soit pour la mise en mouvement de leurs moulins et usines, soit pour l'irrigation de leurs terres, soit pour toutes autres causes.

Ces indemnités seront réglées comme en matière de dommages résultant de l'exécution des travaux publics.

Art. 6. — Les droits des tiers, notamment ceux des communes en ce qui concerne les lavoirs et abreuvoirs communaux existants, sont expressément réservés.

La présente loi délibérée et adoptée par le Sénat et par la Chambre des députés, sera exécutée comme loi de l'État.

Fait à Paris, le 21 juillet 1897.

FÉLIX FAURE.

Par le Président de la République :
Le Ministre des Travaux publics,

TURREL,

Le Ministre de l'Intérieur,

LOUIS BARTHOU.

Le Président du conseil, Ministre de l'Agriculture,

J. MÉLINE.

TRAVAUX SANITAIRES

Ordonnance royale qui détermine le mode de construction des fosses d'aisances dans la ville de Paris.

24 septembre 1819.

Louis, par la grâce de Dieu, Roi de France et de Navarre, à tous ceux qui ces présentes verront, salut ;
Sur le rapport de notre Ministre de l'Intérieur;
Vu les observations du Préfet de police sur la nécessité de modifier les règlements concernant la construction des fosses d'aisances dans notre bonne ville de Paris ;
Notre conseil d'État entendu,
Nous avons ordonné et ordonnons ce qui suit :

SECTION I

DES CONSTRUCTIONS NEUVES

Article premier. — A l'avenir, dans aucun des bâtiments publics ou particuliers de notre bonne ville de Paris et de leurs dépendances, on ne pourra employer pour fosses d'aisances, des puits, puisards, égouts, aqueducs ou carrières abandonnés, sans y faire les constructions prescrites par le présent règlement.

Art. 2. — Lorsque les fosses seront placées sous le sol des caves, ces caves devront avoir une communication immédiate avec l'air extérieur.

Art. 3. — Les caves sous lesquelles seront construites les fosses d'aisances devront être assez spacieuses pour contenir quatre travailleurs et leurs ustensiles, et avoir au moins deux mètres de hauteur sous voûte.

Art. 4. — Les murs, la voûte et le fond des fosses seront entièrement construits en pierres meulières, maçonnés avec du mortier de chaux maigre et de sable de rivière bien lavé.

Les parois des fosses seront enduites de pareil mortier, lissé à la truelle.

On ne pourra donner moins de trente à trente-cinq centimètres d'épaisseur aux voûtes, et moins de quarante-cinq ou cinquante centimètres aux massifs et aux murs.

Art. 5. — Il est défendu d'établir des compartiments ou divisions dans les fosses, d'y construire des piliers et d'y faire des chaînes ou des arcs en pierres apparentes.

Art. 6. — Le fond des fosses d'aisances sera fait en forme de cuvette concave.

Tous les angles intérieurs seront effacés par des arrrondissements de vingt-cinq centimètres de rayon.

Art. 7. — Autant que les localités le permettront, les fosses d'aisances seront construites sur un plan circulaire, elliptique ou rectangulaire.

On ne permettra point la construction de fosses à angle rentrant, hors le seul cas où la surface de la fosse serait au moins de quatre mètres carrés de chaque côté de l'angle, et alors il serait pratiqué, de l'un et de l'autre côté, une ouverture d'extraction.

Art. 8. — Les fosses, quelle que soit leur capacité, ne pourront avoir moins de deux mètres de hauteur sous clef.

Art. 9. — Les fosses seront couvertes par une voûte en plein cintre, ou qui n'en différera que d'un tiers de rayon.

Art. 10. — L'ouverture d'extraction des matières sera placée au milieu de la voûte, autant que les localités le permettront.

La cheminée de cette ouverture ne devra point excéder un mètre cinquante centimètres de hauteur, à moins que les localités n'exigent impérieusement une plus grande hauteur.

Art. 11. — L'ouverture d'extraction correspondante à une cheminée d'un mètre cinquante centimètres au plus de hauteur ne pourra avoir moins d'un mètre en longueur sur soixante-cinq centimètres en largeur.

Lorsque cette ouverture correspondra à une cheminée excédant un mètre cinquante centimètres de hauteur, les dimensions ci-dessus spécifiées seront augmentées de manière que l'une de ces dimensions soit égale aux deux tiers de la hauteur de la cheminée.

Art. 12. — Il sera placé, en outre, à la voûte, dans la partie la plus éloignée du tuyau de chute et de l'ouverture d'extraction, si elle n'est pas dans le milieu, un tampon mobile, dont le diamètre ne pourra être moindre de cinquante centimètres. Ce tampon sera en pierre, encastré dans un châssis en pierre, et garni, dans son milieu, d'un anneau de fer.

Art. 13. — Néanmoins ce tampon ne sera pas exigible pour les fosses dont la vidange se fera au niveau du rez-de-chaussée, et qui auront, sur ce même sol, des cabinets d'aisances avec trémie ou siège sans bonde, et pour celles qui auront une superficie moindre de six mètres, dans le fond, et dont l'ouverture d'extraction sera dans le milieu.

Art. 14. — Le tuyau de chute sera vertical.

Son diamètre intérieur ne pourra avoir moins de vingt-cinq centimètres s'il est en terre cuite, et de vingt centimètres s'il est en fonte.

Art. 15. — Il sera établi, parallèlement au tuyau de chute, un tuyau d'évent, lequel sera conduit jusqu'à la hauteur des souches de cheminées de la maison, ou de celles des maisons contiguës, si elles sont plus élevées.

Le diamètre de ce tuyau d'évent sera de vingt-cinq centimètres au moins ; s'il passe cette dimension, il dispensera du tampon mobile.

Art. 16. — L'orifice intérieur des tuyaux de chute et d'évent ne pourra être descendu au-dessous des points les plus élevés de l'intrados de la voûte.

SECTION II

DES RECONSTRUCTIONS DE FOSSES D'AISANCES DANS LES MAISONS EXISTANTES

Art. 17. — Les fosses actuellememnt pratiquées dans des puits, puisards, égouts anciens, aqueducs ou carrières abandonnés, seront comblées ou reconstruites à la première vidange.

Art. 18. — Les fosses situées sous le sol des caves, qui n'auraient point communication immédiate avec l'air extérieur seront comblées à la première vidange, si l'on ne peut pas établir cette communication.

Art. 19. — Les fosses actuellement existantes dont l'ouverture d'extraction, dans les deux cas déterminés par l'article 11, n'aurait pas et ne pourrait avoir les dimensions prescrites par le même article, celles dont la vidange ne peut avoir lieu que par des soupiraux ou des tuyaux, seront comblées à la première vidange.

Art. 20. — Les fosses à compartiments ou étranglements seront comblées ou reconstruites à la première vidange, si l'on ne peut pas faire disparaître ces étranglements ou compartiments, et qu'ils soient reconnus dangereux.

Art. 21. — Toutes les fosses des maisons existantes, qui seront reconstruites, le seront suivant le mode prescrit par la première section du présent règlement.

Néanmoins, le tuyau d'évent ne pourra être exigé que s'il y a lieu à reconstruire un des murs en élévation au-dessus de ceux de la fosse, ou si ce tuyau peut se placer intérieurement, ou extérieurement, sans altérer la décoration des maisons.

SECTION III

DES RÉPARATIONS DES FOSSES D'AISANCES

Art. 22. — Dans toutes les fosses existantes, et lors de la première vidange, l'ouverture d'extraction sera agrandie, si elle n'a pas les dimensions prescrites par l'article 11 de la présente ordonnance.

Art. 23. — Dans toutes les fosses dont la voûte aura besoin de réparations, il sera établi un tampon mobile, à moins qu'elles ne se trouvent dans les cas d'exception prévus par l'article 13.

Art. 24. — Les piliers isolés, établis dans les fosses, seront supprimés à la première vidange, ou l'intervalle entre les piliers et les murs sera rempli en maçonnerie, toutes les fois que le passage entre ces piliers et les murs aura moins de soixante-dix centimètres de largeur.

Art. 25. — Les étranglements existants dans les fosses, et qui ne laisseraient pas un passage de soixante-dix centimètres au moins de largeur, seront élargis à la première vidange, autant qu'il sera possible.

Art. 26. — Lorsque le tuyau de chute ne communiquera avec la fosse que par un couloir ayant moins d'un mètre de largeur, le fond de ce couloir sera établi en glacis jusqu'au fond de la fosse, sous une inclinaison de quarante-cinq degrés au moins.

Art. 27. — Toute fosse qui laisserait filtrer ses eaux par les murs ou par le fond sera réparée.

Art. 28. — Les réparations consistant à faire des rejointoyements, à élargir l'ouverture d'extraction, placer un tampon mobile, rétablir des tuyaux de chute ou d'évent, reprendre la voûte et les murs, boucher ou élargir des étranglements, réparer le fond des fosses, supprimer des piliers, pourront être faites suivant les procédés employés à la construction première de la fosse.

Art. 29. — Les réparations consistant dans la reconstruction entière d'un mur de la voûte ou du massif du fond des fosses d'aisances, ne pourront être faites que suivant le mode indiqué ci-dessus pour les constructions neuves.

Art. 30. — Les propriétaires des maisons dont les fosses seront supprimées en vertu de la présente ordonnance, seront tenus d'en faire construire de nouvelles, conformément aux dispositions prescrites par les articles de la 1re section.

Art. 31. — Ne seront pas astreints aux constructions ci-dessus déterminées les propriétaires qui, en supprimant leurs anciennes fosses, y substitueront les appareils connus sous le nom de *fosses mobiles inodores* ou tous autres appareils que l'administration publique aurait reconnus par la suite pouvoir être employés concurremment avec ceux-ci.

Art. 32. — En cas de contravention aux dispositions de la présente ordonnance, ou d'opposition de la part des propriétaires aux mesures prescrites par l'Administration, il sera procédé, dans les formes voulues, devant le tribunal de la police ou le tribunal civil, suivant la nature de l'affaire.

Art. 33. — Le décret du 10 mars 1809, concernant les fosses d'aisances dans Paris, est et demeure annulé.

Art. 34. — Notre Ministre Secrétaire d'État de l'intérieur, et notre Garde des sceaux, Ministre de la justice, sont chargés de l'exécution de la présente ordonnance.

Donné en notre château des Tuileries, le 24 septembre, l'an de grâce 1819, et de notre règne le vingt-cinquième.

Louis.

Arrêté réglementaire pour l'écoulement des eaux-vannes dans les égouts publics par voie directe.

2 juillet 1867.

Le Sénateur, Préfet de la Seine, Grand'Croix de l'Ordre impérial de la Légion d'honneur,

Vu : 1° la loi des 16-24 août 1790 ;

2° Les décrets des 26 mars 1852 et 10 octobre 1859 ;

3° Les ordonnances de police des 5 juin 1834, 23 octobre 1850, 1er septembre 1853 et 29 novembre 1854 ;

4° L'arrêté préfectoral du 9 février 1867 ;

5° La délibération de la Commission municipale en date du 20 décembre 1850, qui fixe la rétribution à payer à la Ville pour écoulement dans les égouts des liquides provenant des fosses d'aisances ;

6° La délibération du Conseil municipal du 21 novembre 1862 ; ensemble l'arrêté préfectoral du 2 décembre suivant, approbatif de cette délibération ;

7° Le rapport du Directeur des eaux et des égouts ;

Arrête :

Article premier. — Les propriétaires de maisons en bordure sur la voie publique pourront faire écouler les eaux-vannes de leurs fosses d'aisances dans les égouts de la Ville d'une manière directe.

Abonnement.

A cet effet, ils souscriront des abonnements qui, s'il y a lieu, seront approuvés par arrêtés préfectoraux, sur l'avis de l'Ingénieur en chef des eaux et des égouts.

Ces abonnements seront annuels et révocables à la volonté de l'Administration. Ils partiront des 1er janvier et 1er juillet de chaque année.

Renonciation.

Le propriétaire pourra y renoncer en prévenant le Préfet de la Seine six mois à l'avance. Quelle que soit la date de l'avertissement, le prix de l'abonnement sera exigible jusqu'à son expiration.

Conditions d'abonnement.

Art. 2. — Les conditions à remplir pour l'abonnement sont les suivantes :

Concession d'eau.

1° La propriété sera desservie par les eaux de la ville.

Branchement d'égout.

2° Elle sera pourvue d'un branchement d'égout particulier. Ce branchement pourra être prolongé jusqu'au caveau renfermant les appareils de vidange, pour servir, si on le juge à propos, à l'enlèvement souterrain de ces appareils [1]. Dans ce cas, le branchement sera fermé à l'aplomb du mur de face au moyen d'une grille verticale à deux clefs dissemblables, dont une, établie sur le modèle arrêté par l'Administration sera remise au service des égouts, l'autre demeurant aux mains du propriétaire. Cette grille ne sera pas exigible dans le cas où le caveau et le branchement y aboutissant seront sans communication avec l'intérieur de la propriété [2].

Appareils diviseurs.

3° Les eaux-vannes devront être séparées des solides au moyen d'appareils diviseurs d'un modèle accepté par l'Administration. Les entrepreneurs chargés de la fourniture et de l'entretien de ces appareils seront exclusivement choisis par les entrepreneurs de vidanges en exercice à Paris.

Caveau.

Les appareils diviseurs seront établis dans un caveau convenablement ventilé, et dont le sol aura été rendu imperméable et disposé en forme de cuvette.

Chutes.

Chaque chute de cabinets d'aisances sera pourvue d'un appareil diviseur mobile. Les chutes avec leurs branchements ne pourront être placées sous un angle supérieur à 45 degrés.

Eaux-vannes.

4° Les eaux-vannes s'écouleront à part dans l'égout par une conduite en fonte ou en grès vernissé, établie suivant les instructions de l'Ingénieur en chef des eaux et des égouts.

Eaux pluviales, ménagères, industrielles et de concession.

5° Les eaux pluviales, ménagères, industrielles, et celles provenant de la concession desservant la propriété, seront dirigées dans la con-

[1] et [2]. Ces dispositions sont tombées en désuétude.

duite, de manière à se mélanger aux eaux-vannes avant qu'elles n'atteignent l'égout public. En aucun cas, les eaux de ces diverses provenances ne pourront être directement envoyées dans les appareils filtrants.

Fosses réformées.

6° Les fosses fixes, rendues inutiles par suite de l'installation des appareils diviseurs, seront comblées ou converties en caves.

Police des travaux.

ART. 3. — Les dispositions qui précèdent et toutes celles que l'Administration jugerait utile de prescrire seront exécutées aux frais, risques et périls du propriétaire, d'après les instructions des agents du Service des eaux et des égouts, et sans qu'il puisse être mis empêchement au contrôle de ces agents, sous quelque prétexte que ce soit.

Aucun appareil de vidange nouveau ne sera mis en service qu'après avoir été reconnu par l'Inspecteur de l'assainissement ou son délégué, qui en autorisera l'usage.

Interruption d'écoulement.

ART. 4. — Les abonnés n'auront droit à aucune indemnité pour cause d'interruption momentanée d'écoulement d'eaux-vannes à l'égout, par suite de travaux exécutés par la ville de Paris, lorsque l'interruption ne se prolongera pas au delà d'un mois. Après ce terme, la réduction de la redevance fixée par l'article 6 ci-après sera proportionnelle à la durée de l'interruption.

Responsabilité.

ART. 5. — Les abonnés seront exclusivement responsables envers les tiers de tous les dommages auxquels pourraient donner lieu, soit les appareils de vidange, soit l'écoulement des liquides en provenant.

Tarif.

ART. 6. — Le propriétaire, ou en son nom l'entrepreneur chargé de la fourniture et de l'enlèvement des appareils filtrants, acquittera à la Caisse municipale une redevance annuelle de *trente francs* par tuyau de chute.

Payement.

Art. 7. — Le montant de la somme à payer sera fixé chaque semestre, après constatation contradictoire du nombre des orifices existants, par l'Inspecteur de l'assainissement ou son délégué, en présence du propriétaire ou de son représentant, et sera reconnu par ceux-ci sur un état que l'Ingénieur en chef des eaux et des égouts transmettra à la Préfecture de la Seine pour être rendu exécutoire.

Le prix de l'abonnement sera versé en deux termes égaux, 1er janvier et 1er juillet, et d'avance.

Résiliation.

A défaut de payement à l'une des deux échéances, l'écoulement sera suspendu et l'abonnement pourra être résilié.

Contraventions.

Art. 8. — Les contraventions aux dispositions du présent arrêté seront constatées par procès-verbaux ou rapports et poursuivies par les voies de droit, sans préjudice des mesures administratives auxquelles ces contraventions pourraient donner lieu.

Fait à Paris, le 2 juillet 1867.

G.-E. HAUSSMANN.

Résolutions votées par la Commission technique de l'assainissement de Paris et résumé des travaux de la Commission[1].

RÉSOLUTIONS VOTÉES

TITRE I

CABINETS D'AISANCES

Article premier. — Dans toute maison, il devra y avoir un cabinet

---

[1] Cette commission, constituée par arrêté préfectoral du 25 octobre 1882, était composée de : MM. Floquet, préfet de la Seine, *président*; Alphand et Bouley, *vice-présidents*; Bailly, Bourneville, Brouardel, Carnot, Cernesson, Chatoney, Couche, Deligny, Fauvel, Girard (Aimé), Guéneau de Mussy (Henry), Guichard, Hudelo, Huet, Humblot, Lamouroux, Lefébure de Fourcy, Loiseau (Charles), Level (Emile), Marié Davy, Mille, le docteur Napias, Pascal, Proust, Robinet, Ronna, Royer, Trélat (Emile), Vallin, Vauthier, Villard, *membres*; Durand-Claye, *secrétaire*.

d'aisances par logement. Ce cabinet pourra, à la rigueur, être placé en dehors du logement, pourvu qu'il soit au même étage.

Art. 2. — Tout cabinet d'aisances devra être alimenté, soit à l'aide de réservoirs, soit par une conduite ou par tout autre moyen, d'une quantité d'eau suffisante pour assurer un débit *minimum* de dix litres par personne et par jour.

Art. 3. — Tout cabinet d'aisances devra être muni d'un siphon obturateur au-dessous de la cuvette.

TITRE II
EAUX MÉNAGÈRES ET PLUVIALES

Art. 4. — Il sera placé une occlusion siphoïde, à l'origine des tuyaux d'évacuation des eaux ménagères.

Art. 5. — Les descentes des eaux pluviales doivent toujours être munies d'intercepteurs empêchant toute communication directe avec l'égout.

TITRE III
TUYAUX DE CHUTE

Art. 6. — Chaque tuyau de chute et chaque conduite des eaux ménagères doit se prolonger au-dessus du toit, afin que la ventilation en soit active et permanente.

Art. 7. — Il est désirable que les tuyaux de chute, prolongés au-dessus du toit, ainsi qu'il vient d'être dit, soient lavés à l'aide de réservoirs placés au dernier étage des cabinets et faisant des chasses intermittentes et automatiques.

Art. 8. — Afin d'assurer une interception hermétique et permanente entre l'égout et la maison, les tuyaux d'évacuation seront munis d'un appareil siphoïde obturateur à leur extrémité inférieure avant leur débouché dans l'égout public.

Art. 9. — Les tuyaux d'évacuation seront étanches, en fonte ou grès vernissé, et prolongés dans le branchement jusqu'à l'égout public.

TITRE IV
FOSSES FIXES

Art. 10. — Il est nécessaire de poursuivre la suppression du système des fosses fixes. En conséquence, des fosses fixes nouvelles ne seront établies que dans les cas, à déterminer par l'Administration, où l'absence d'égout, les dispositions de l'égout existant ou l'insuffisance de l'eau, etc., ne permettraient pas l'écoulement direct soit à l'égout, soit dans une canalisation spéciale.

Art. 11. — Une cuvette à pans inclinés devra être creusée dans le radier de la fosse, au-dessous de l'ouverture d'extraction, pour rendre le travail de rachèvement plus facile et plus rapide.

Art. 12. — Dans les fosses fixes existant actuellement, la ventilation devra se faire à la fois par un tuyau d'évent et par le tuyau de chute ouvert à sa partie supérieure et prolongé au-dessus du toit.

Art. 13. — Il est nécessaire d'assurer, par un personnel suffisant, une surveillance plus complète de l'étanchéité des fosses et des opérations de vidange.

Art. 14. — Les opérations de vidange ne doivent être autorisées qu'à l'aide des appareils les plus perfectionnés, notamment de ceux qui comportent le vide fait dans les tonnes avec désinfection des gaz.

TITRE V

FOSSES MOBILES

Art. 15. — Les fosses mobiles, dont le débordement est inévitable, doivent être supprimées dans le plus bref délai, partout où cela sera possible.

Art. 16. — Il y a lieu de faire une exception *temporaire* en faveur des récipients avec garnitures sèches et absorbantes, qui rendent de grands services, principalement dans les maisons sans étages et au rez-de-chaussée, quand leur renouvellement est assuré par un service régulier.

TITRE VI

APPAREILS SÉPARATEURS OU DILUEURS

Art. 17. — Les appareils, dits séparateurs ou dilueurs, ne sont qu'un mode imparfait d'écoulement à l'égout.

Art. 18. — Les modèles employés dans les appareils séparateurs ou dilueurs en service doivent rendre impossible tout débordement dans le caveau et assurer l'écoulement direct du trop-plein à l'égout. Ils ne pourront fonctionner que dans les maisons largement pourvues d'eau.

Art. 19. — Les eaux pluviales et ménagères devront, autant que possible, se déverser dans l'appareil séparateur ou dilueur.

TITRE VII

ÉCOULEMENT DES MATIÈRES DE VIDANGE AUX ÉGOUTS

Art. 20. — L'écoulement total des matières excrémentitielles à l'égout peut être autorisé dans les égouts largement et constamment alimentés en eau courante, ne laissant pas s'accumuler de sables, et dans lesquels les matières seront entraînées sans repos jusqu'au débouché des collecteurs.

Art. 21. — Il peut être autorisé également dans les égouts moins abondamment pourvus d'eau que les précédents, mais ayant la pente et l'eau nécessaires à l'écoulement des matières, à la condition qu'il soit procédé dans ces égouts aux travaux et au mode de curage indiqués dans les articles 23 et suivants.

Art. 22. — Dans les égouts ne satisfaisant pas aux conditions spécifiées aux articles 20 ou 21 ou dans lesquels le reflux des collecteurs peut arrêter l'écoulement, l'émission des matières excrémentitielles pourra se faire dans des tuyaux étanches, placés dans les galeries et prolongés jusqu'à des égouts remplissant les conditions sus-énoncées.

TITRE VIII

ENTRETIEN ET CURAGE DES ÉGOUTS

Art. 23. — Il y a lieu d'établir des cunettes à rails sur 7 600 mètres d'anciens égouts, recevant actuellement beaucoup de sable.

Art. 24. — Les angles de tous les radiers des égouts doivent être arrondis.

Art. 25. — Il y a lieu d'augmenter les dimensions ou d'opérer la transformation de vieux égouts sur une longueur de 10 000 mètres environ. La pente de leur radier sera augmentée sur 8 kilomètres.

Art. 26. — Pour assurer le lavage des égouts, — indépendamment de l'écoulement des eaux amenées par les bouches et de celles qui proviennent des habitations, — il sera établi un système de chasses, produites par des réservoirs d'eau contenant dix mètres cubes, placés en tête de chaque égout et le long de ces égouts, à des distances maxima de 250 mètres.

Ces réservoirs se videront instantanément une ou deux fois par 24 heures.

Des équipes d'ouvriers suivront le mouvement des eaux de la chasse pour faire circuler les matières qui n'auraient pas été entraînées et seraient restées attachées aux parois des égouts.

La longueur des égouts dans lesquels ce mode de curage par chasse peut être employé est d'environ 424 kilomètres.

Art. 27. — Il sera établi dans les collecteurs un certain nombre de bassins à sable (15 au maximum), de telle sorte que les bateaux ou wagons-vannes assurent l'enlèvement des matières dans un délai de 24 heures.

Art. 28. — Il sera établi des réservoirs mobiles au-dessous des bouches d'égout des voies empierrées ou autres déversant dans les égouts des sables, des fumiers ou autres corps lourds. Le nombre de ces réservoirs est estimé à 2 000.

Art. 29. — Le système central des collecteurs sera complété en vue de soulager les collecteurs des Coteaux et de Clichy et de pourvoir à un débit de 400 000 mètres cubes par 24 heures.

Art. 30. — Les eaux des parties basses de Grenelle, de Bercy et du XIIIe arrondissement de Paris seront envoyées dans les collecteurs départementaux, soit en amont, soit en aval de Paris.

Art. 31. — Il sera établi, au débouché du collecteur, à Clichy, des portes de flot et des barrages mobiles pour empêcher le reflux des eaux de la Seine en temps de crue. L'écoulement des eaux du collecteur sera alors assuré en modifiant les machines élévatoires de Clichy pour qu'elles relèvent et rejettent ces eaux dans la Seine jusqu'à concurrence de 600 000 mètres cubes par 24 heures.

TITRE IX

ÉPURATION DES EAUX D'ÉGOUT

Art. 32. — Les eaux d'égout de la Ville de Paris, prises dans leur état actuel, c'est-à-dire contenant une forte proportion de matières excrémentitielles, peuvent être soumises au procédé d'épuration par le sol, sans danger pour la santé publique.

Art. 33. — Il y a lieu de demander au Gouvernement de prendre les mesures nécessaires pour interdire la projection des eaux impures dans le cours de la Seine et de la Marne, dans la traversée des deux départements de la Seine et de Seine-et-Oise.

Art. 34. — Il sera fait immédiatement une étude pour l'épuration des eaux des collecteurs départementaux de la Seine et des égouts de Paris qui leur seront rattachés, par des irrigations dans les plaines bordant le fleuve en amont de Paris.

Le Secrétaire,
A. Durand-Claye.
Pour le Président empêché :
Le Vice-Président,
Alphand.

Résumé des travaux.

Par un arrêté en date du 25 octobre 1882, M. le Préfet de la Seine a nommé une commission à l'effet :

« 1° De rechercher, au moyen des expériences faites et des documents et renseignements qui lui seront fournis, le meilleur procédé à employer pour substituer au système actuel de vidange le mode d'évacuation des matières fécales le plus conforme aux lois de l'hygiène ;

« 2° D'indiquer les modifications à apporter au point de vue de la salubrité, dans les procédés employés pour la construction et le curage des égouts, pour l'écoulement des eaux ménagères et pour l'enlèvement des détritus de toute nature, déversés sur la voie publique. »

Cette commission, formée d'Inspecteurs généraux des Ponts et Chaussées, d'Ingénieurs civils, d'Hygiénistes, d'Architectes, de Membres de la Commission des logements insalubres et d'Ingénieurs en chef des Ponts et Chaussées et des Mines, a terminé la première et la plus importante partie de ses travaux. A la suite de 64 séances, dont 57 de sous-commissions et 7 de commissions plénières, elle a arrêté les principes généraux dont elle recommande l'application à l'Administration municipale.

Les résolutions votées s'appliquent aux diverses questions que soulève l'évacuation des immondices et des eaux ménagères depuis la maison jusqu'aux champs d'épuration.

Il n'est personne qui ne sache l'urgence et l'opportunité du vaste problème soumis aux délibérations de la Commission. La Ville de Paris, dotée d'un magnifique réseau d'égouts et d'une large canalisation d'eau alimentaire, ne compte pas actuellement parmi les villes où la salubrité semble la plus satisfaisante. Les cas de fièvre typhoïde et de diphtérie y sont, relativement au nombre des habitants, plus fréquents que dans d'autres grandes villes d'Europe. D'autre part, seule parmi les capitales, Paris a conservé, comme mode général de réception des immondices de ses habitants, la fosse fixe et, comme mode de traitement de ces matières, les voiries, dépotoirs et usines à sulfate d'ammoniaque. En même temps, la tenue des cabinets d'aisances laisse le plus souvent à désirer, spécialement dans les maisons d'ouvriers. Il y avait donc à se demander s'il n'était pas possible d'améliorer la situation actuelle et de profiter plus largement des puissants organes d'assainissement que la science de Belgrand a créés dans la capitale.

Le problème du mode d'évacuation des vidanges se rattachait à la question d'assainissement de la Seine, question dont la Ville de Paris poursuit résolument la solution depuis plusieurs années. La grande expérience de Gennevilliers, faite aujourd'hui sur plus de 550 hectares, était de nature à bien fixer les idées sur les procédés à adopter pour l'assainissement définitif du fleuve. A la suite d'enquêtes prolongées, à la suite des travaux remarquables de MM. Bouley, Schlœsing, Marié-Davy, etc., toutes les Commissions consultées et le Gouvernement lui-même, par l'organe du Conseil général des Ponts et Chaussées (dépêche ministérielle du 28 février 1881), avaient adopté l'irrigation sur terrain perméable, comme le seul procédé pratique d'épuration des eaux d'égout. Mais des réserves avaient été faites sur l'addition possible des matières de vidange aux égouts; ces réserves se retrouvaient et dans la décision ministérielle précitée, qui ajournait toute décision sur la transformation du système des vidanges, et dans les conclusions d'une Commission, dite des « Odeurs de Paris », nommée le 28 septembre 1880 par M. le Ministre de l'agriculture et du commerce. Cette commission admettait, dans les termes les plus explicites, l'épuration par le sol comme seule solution pratique de l'assainissement de la Seine; elle signalait comme particulièrement favorables à cette destination les terrains domaniaux d'Achères, indiqués déjà aux ingénieurs de la Ville par la Commission ministérielle d'assainissement de la Seine en 1874, et adoptés par les délibérations du Conseil général des Ponts et Chaussées et du Conseil municipal de Paris. Mais cette même Commission posait la condition que les matières de vidange ne seraient pas mélangées aux eaux d'égout, et proposait de porter ces matières par une canalisation métallique étanche hors de Paris, pour les traiter ensuite à chaud dans des usines.

Toutes ces réserves retardaient les approbations nécessaires pour arriver à la purification complète du fleuve.

Il convenait donc, tant pour la salubrité intérieure que pour l'assainissement extérieur de Paris, d'aborder franchement le problème de l'évacuation des immondices. Il convenait de vérifier, par l'avis des hommes les plus compétents et par une discussion libre et approfondie, si la délibération prise le 23 juin 1880 par le Conseil municipal de Paris, au sujet de la suppression des fosses, de l'envoi des matières aux égouts, et de la purification des eaux d'égout par le sol, pouvait et devait passer à bref délai dans le domaine de la pratique.

La Commission a tranché tout d'abord par un vote formel (séance générale du 23 décembre 1880) la question de l'épuration par le sol des eaux d'égout, même additionnées de matières de vidange. Elle a déclaré (art. 32 des conclusions) que « les eaux d'égout de la Ville de Paris, prises dans leur état actuel, c'est-à-dire contenant une forte proportion de matières excrémentitielles, peuvent être soumises au procédé d'épuration par le sol sans danger pour la santé publique ».

Ce vote a eu lieu à la suite d'un savant rapport de M. le Dr Proust, corroboré de l'avis, fortement motivé, de MM. Bouley (de l'Institut) et Fauvel, inspecteur général des services sanitaires. La sous-commission compétente avait discuté à fond la question et entendu tous les intéressés. — Les faits acquis à l'étranger dans les nombreuses fermes à eau d'égout, toujours chargée de matières fécales, la pratique séculaire de l'emploi des fumiers organiques en agriculture, et notamment des matières vertes dans le nord et le midi de la France, les résultats constatés à Gennevilliers avec des eaux d'égout qui renferment, dès aujourd'hui, un cinquième des matières excrémentitielles d'après les évaluations les plus modérées, et peut-être la moitié ou les deux tiers de ces matières fournies par les tinettes, les urinoirs publics, les plombs des maisons d'ouvriers, les casernes, etc., et enfin les progrès les plus récents de la science qui montrent dans l'aération et la dilution de puissants procédés d'atténuation des virus, ont été invoqués par les éminents hygiénistes qui ont pris part à la discussion et ont amené la conviction de l'immense majorité des membres de la Commission. Comme corollaire, la Commission a émis le vœu que des mesures analogues à celles que réalise la Ville de Paris soient prises dans tout le cours des rivières qui traversent les départements de la Seine et de Seine-et-Oise, et elle a adopté les bases d'un avant-projet, destiné à réaliser l'épuration des eaux impures du département et de quelques quartiers de Paris, en amont de la capitale (art. 33. et 34 des conclusions).

Cette décision préliminaire, sans préjuger le mode d'évacuation des vidanges à l'intérieur de la ville, déblayait néanmoins le terrain en offrant, à la sortie de Paris, un procédé assuré pour la réception et le traitement des matières, mélangées aux eaux d'égout, soit dans les diverses branches du réseau, soit à l'extrémité des collecteurs, au débouché du réseau spécial, si ce réseau était adopté. On échappait ainsi à l'obligation de la solution unique des usines, dont le fonctionnement pratique laisse tant à désirer et qui ont soulevé dans la banlieue, et même dans l'intérieur de Paris, de si vives et de si justes réclamations. Du même coup, les appréhensions qu'avaient pu inspirer les eaux d'égout de Paris additionnées de matières de vidange, pour leur application en irrigations, disparaissaient et la Commission proclamait une fois de plus la puissance et l'efficacité de l'épuration par le sol.

Les diverses sous-commissions poursuivirent dès lors en toute liberté leurs études sur les questions complexes que soulevait l'assainissement intérieur de la Ville. — De nombreuses visites furent faites dans le réseau des égouts de Paris, spécialement dans les parties signalées comme défectueuses ; les galeries de l'hôtel des Invalides, où l'écoulement total des matières à l'égout se pratique depuis de longues années, furent l'objet d'un examen attentif. Des voyages d'étude furent entrepris à Bruxelles, Amsterdam et Londres par des délégations nombreuses qui reçurent, dans ces trois villes, l'accueil le plus sympathique des municipalités et de leurs ingénieurs. Les résultats des travaux des sous-commissions, formulés en résolutions, furent l'objet de discussions approfondies en séance plénière et aboutirent aux 34 articles qu'on vient de lire.

Partant du cabinet d'aisances, la Commission, éclairée par la visite des maisons ouvrières de Londres, et ne connaissant que trop l'infection de nos lieux communs, pose le principe salutaire du cabinet spécial à chaque logement (art. 1) et exige l'emploi de l'eau à la dose minima de 10 litres par tête et par jour (art. 2). Cette eau doit être versée sous forme de chasse, de manière à entraîner toutes les matières. Un siphon hydraulique, moyen simple d'interception entre la cuvette et le tuyau de chute, est exigé au-dessous de chaque siège (art. 3). C'est la pratique constante des maisons anglaises et belges. — Les eaux ménagères et pluviales doivent passer par un siphon analogue (art 4 et 5).

Le logement assaini, la Commission examine les conditions auxquelles doivent satisfaire les tuyaux de chute qui conduisent les matières jusqu'aux récipient commun, fosse ou égout. Trop souvent ces tuyaux sont peu ou point lavés ; leur diamètre est exagéré ; ils ne communiquent pas avec l'atmosphère et renferment une masse d'air infect qui, rentre dans les appartements par les sièges des cabinets, les pierres d'évier, les plombs, etc. La Commission prescrit la prolongation du tuyau de chute au-dessus du toit, pour assurer le libre et facile renouvellement de l'air (art. 6) ; elle émet le vœu que des réservoirs automatiques et intermittents, placés aux derniers étages, assurent de temps en temps des chasses dans toute l'étendue du tuyau de chute (art. 7). Enfin (art. 8 et 9), elle demande que les tuyaux de chute, devenus tuyaux évacuateurs dans le sous-sol des maisons, soient prolongés jusqu'à l'égout public et munis, avant leur débouché, d'un siphon général. La Commission avait été frappée, dans ses visites au réseau des égouts de Paris, des inconvénients que présentait, au point de vue de la salubrité, l'arrêt des tuyaux d'évacuation à l'aplomb du niveau du mur de la maison, c'est-à-dire à l'origine de la galerie toujours assez large, mal lavée et à faible pente, qui forme le branchement particulier à Paris ; elle avait également constaté la nécessité d'avoir de véritables obturateurs hydrauliques, sous forme de siphons, au lieu des appareils imparfaits affectant la disposition de cuillers et retenant les immondices qui doivent n'être arrêtées nulle part et être entraînées le plus tôt possible par le courant de l'égout public.

La Commission, après avoir suivi les eaux-vannes et ménagères, depuis leur lieu de production jusqu'à l'extrémité de leur canalisation, s'est trouvée en présence de leur mode de réception et d'évacuation. Le système des fosses fixes a été presque unanimement condamné. Le principe de leur suppression, aussi rapide que possible, est en conséquence posé très nettement (art. 10). Mais, cette suppression ne pouvant évidemment être instantanée dans tout Paris, la Commission indique quelques modifications de détail (art. 11 à 14), qui peuvent être utilement appliquées aux fosses existantes jusqu'à leur entière disparition. Nous citerons notamment la double aération par le tuyau de chute et le tuyau d'évent, prescription qui empêchera, dans la mesure du possible, le reflux des émanations dans les cabinets.

La Commission condamne également les récipients de toute nature, fosses mobiles, tinettes, appareils dits « diviseurs ou dilueurs », qui s'opposent au libre et rapide écoulement des matières (art. 15 et 17.) Elle n'admet pas qu'il convienne jamais de conserver dans la maison un lieu où puissent fermenter les produits de la vie journalière. — Les fosses mobiles, même étanches peuvent déborder ; les tinettes, qui ont souvent le même inconvénient, laissent écouler la majeure partie des matières et ne sont, suivant l'expression d'un des membres de la Commission, que l'hypocrisie de l'envoi direct à l'égout, sans en avoir les avantages. — La Commission ne tolère, à titre exceptionnel et temporaire, que les récipients avec garnitures sèches et absorbantes, qui peuvent rendre quelques services dans les cas où l'on n'a ni eau, ni cabinet convenablement organisé (art. 16). Quant aux appareils dits « diviseurs ou dilueurs », elle cherche à diminuer les inconvénients de ceux qui peuvent actuellement exister en exigeant l'établissement d'un trop-plein, l'emploi abondant de l'eau dans la maison et le passage par l'appareil de toutes les eaux pluviales et ménagères, qui entraîneront ainsi toutes les matières organiques et ne laisseront derrière les filtres que les substances inertes.

Une fois les règles posées pour la sortie prompte et rapide des matières hors de la maison, restait la question fondamentale : ces matières peuvent-elles être versées à l'égout ? Doivent-elles au contraire, d'une façon générale, être enfermées dans une canalisation spéciale ? Une discussion, du caractère scientifique le plus élevé, s'est développée sur ce sujet au sein de la Commission. Les adversaires de l'envoi des matières aux égouts ont fait ressortir les stagnations, inévitables suivant eux, la fermentation qui en serait la conséquence fatale, le dégagement soit de gaz toxiques, soit de miasmes qui, sortant par les bouches d'égout, viendraient empoisonner les maisons riveraines et leur communiquer la funeste influence de virus, qui, comme ceux du charbon, pourraient subsister indéfiniment dans le courant intermittent des eaux d'égout. — Il leur a été répondu que personne ne songeait à admettre les matières de vidanges dans des égouts où la circulation ne serait pas assurée d'une manière permanente et continue, tant par la pente que par des chasses et des curages fréquents ; que ces mesures étaient, du reste, indispensables en tout état de cause pour assurer un bon fonctionnement des égouts, lesquels reçoivent toujours les eaux de la voie publique et les eaux ménagères, c'est-à-dire les matières excrémentitielles des chevaux, les liquides des urinoirs publics, et toutes les matières, si facilement putréfiables, qui sortent des cuisines et des diverses salles de l'habitation. Quant aux virus des maladies infectieuses, assez mal définis pour la plupart, tout le monde reconnaissait qu'il leur fallait un certain temps pour se développer et devenir nocifs ; si donc on les entraînait par l'eau hors de la ville, avant cette limite où commence à se produire leur nocivité, tout danger sera évité. Sous leur forme ordinaire de mycelium, ces virus étaient détruits ou atténués par l'influence de l'oxygène de l'air, toujours abondant dans des égouts bien ventilés ou dans des eaux animées d'un mouvement rapide ; la fermentation elle-même les détruisait, sous la forme plus rare, mais plus résistante de spores, ces virus n'avaient aucune motilité. Ils ne pouvaient donc qu'être entraînés par le courant des eaux d'égout et balayés avec les eaux de lavage qui doivent passer quotidiennement non sur le radier, mais aussi sur les parois ; ces parois constamment humides, retenaient, du reste, toutes les poussières au lieu de les laisser s'envoler sur la voie publique. Aucun fait applicable à des égouts convenablement tenus et recevant les matières de vidange ne pouvait être invoqué à l'appui de leur nocuité. On pouvait donc admettre le principe de l'écoulement direct pratiqué depuis si longtemps à Londres et appliqué plus récemment à Bruxelles et à Berlin, sous réserve d'imposer aux égouts de Paris, supérieurs dans leur ensemble à ceux des autres capitales, un certain nombre de mesures destinées à assurer la continuité et la perfection de leur curage. — Après de savantes discussions, dont le détail se trouve aux procès-verbaux des séances des 7, 14, 21 et 28 juin, la Commission a admis, à une forte majorité, le principe de l'envoi direct des matières de vidange par les égouts (art. 20 et 21 des conclusions).

Elle demande que cet envoi soit subordonné à la suppression des bancs de sable, dont elle avait remarqué l'existence trop fréquente, dans ses visites du réseau parisien ; que le mouvement du courant puisse être continu depuis le point de déversement jusqu'à la bouche même des collecteurs ; que les égouts soient pourvus d'une eau courante permanente et abondante, ou, en cas de moindre débit, de moyens puissants de chasse (art. 20 et 21). Dans ce but, elle recommande l'emploi de réservoirs à vidange instantanée, de 10 mètres cubes environ, échelonnés en tête et le long des égouts, tous les 250 mètres environ (art. 25). Quelques modifications de détail, telles qu'arrondissement des angles des radiers, réfection de vieilles galeries, établissement de cunettes à rails, sont indiquées comme nécessaires (art. 23, 24, 25). Pour les sables, toutes les bouches communiquant avec des voies empierrées ou exposées à des engorgements de débris solides comme dans le quartier des Halles, devront être munies de réservoirs mobiles, qui retiendront les masses encombrantes et les empêcheront de venir obstruer les égouts (art. 28).

On obtiendra ainsi un résultat analogue à celui que la Commission a constaté à Londres et à Bruxelles, où les bouches d'égout sont munies de réservoirs fixes à sables et ordures. Des bassins à sable, établis dans les collecteurs (art. 27), faciliteront les manœuvres des bateaux et wagons-vannes et éviteront qu'un même banc séjourne plus de vingt-quatre heures sur le radier de ces collecteurs.

Dans ces conditions, la Commission a pensé que le système des égouts de Paris se prêterait, dans un grand nombre de cas, au large service s'étendant des eaux pluviales aux matières de vidange, conformément à ce qui se pratique dans les réseaux de l'étranger, généralement inférieurs comme construction et comme entretien à ce qui peut être réalisé dans notre capitale. Désireuse cependant de parer aux cas exceptionnels qui peuvent se présenter dans certaines parties du réseau, la Commission a admis (art. 22) que, si l'on rencontrait des galeries sans pente sensible, sans eau, soumises au reflux des collecteurs, il conviendrait de maintenir aux maisons riveraines l'avantage de la suppression des fosses fixes ou des récipients mobiles, mais qu'alors l'émission des matières excrémentitielles pourrait se faire dans des tuyaux étanches, placés dans les galeries et prolongés jusqu'à des égouts remplissant les conditions nécessaires.

Enfin, pour compléter et assurer le service continu du réseau général parisien, la Commission demande qu'on améliore le système central des collecteurs, devenu aujourd'hui insuffisant (art. 29) en créant de nouvelles galeries susceptibles de pourvoir à un débit total de 400 000 mètres cubes ou en dérivant vers les collecteurs départementaux les eaux des quartiers excentriques de Paris (art. 30). Elle a approuvé, en outre (art. 31), les lignes essentielles d'une transformation des machines de l'usine élévatoire de Clichy, qui, en temps ordinaire, servent à monter les eaux des collecteurs sur les champs épurateurs, et qui, en temps de crue, devront rejeter ces mêmes eaux en Seine et assurer l'écoulement dans les collecteurs, au lieu de les laisser exposés, comme ils le sont aujourd'hui, à de regrettables stagnations.

Tel est le résumé des travaux de la Commission. Les hommes éminents qui la composent ont rendu un service inappréciable à l'hygiène publique : ils ont posé, sans parti pris et dans toute l'indépendance de leur conviction scientifique, les règles auxquelles les ingénieurs du service municipal doivent conformer leurs projets et leurs travaux.

Ils ont consacré le programme adopté en 1880 par le Conseil municipal, et la Ville de Paris peut, aujourd'hui, demander avec confiance au Gouvernement les voies et moyens nécessaires pour réaliser les réformes que réclame l'assainissement de la capitale de la France.

Paris, le 18 juillet 1883.

Pour le Président empêché :
Le Vice-Président,
A. ALPHAND.

L'Ingénieur en chef,
Secrétaire de la Commission,
Signé : A. DURAND-CLAYE.

Loi du 10 juillet 1894 relative à l'assainissement de Paris et de la Seine.

Le Sénat et la Chambre des députés ont adopté,
Le Président de la République promulgue la loi dont la teneur suit :

ARTICLE PREMIER. — La Ville de Paris (Seine) est autorisée à emprunter, à un taux d'intérêt n'excédant pas quatre francs pour cent francs (4 p. 100), intérêts, primes de remboursement et lots compris, une somme de cent dix-sept millions cinq cent mille francs (117 500 000 fr.), remboursable en soixante-quinze ans à partir de 1898 et applicable aux dépenses suivantes, savoir :

1° Travaux d'adduction et d'élévation des eaux d'égout jusqu'aux terrains à affecter à l'épuration agricole, acquisition de terrains, aménagement des terrains acquis ou adduction des eaux jusqu'aux terrains affectés à cet usage après accord avec les propriétaires. . . . . 30 800 000 fr.

2° Achèvement du réseau d'égouts de Paris, amélioration des égouts existants et construction de nouveaux collecteurs. 35 200 000 —

3° Achèvement de la distribution d'eau, construction de réservoirs, améliorations diverses des conduites, des bassins de filtrage, des aqueducs, des canaux, etc., dérivation du Loing et du Lunain . . . . 50 000 000 —

4° Frais de l'emprunt. . . . . 1 500 000 —

Total. . . . . 117 500 000 fr.

Le montant des lots applicables aux obligations amorties à chaque tirage est fixé annuellement à la somme de quatre cent soixante-dix mille francs (470 000 fr.).

Il sera statué par des décrets rendus sur la proposition du ministre de l'Intérieur sur le mode et les conditions de réalisation de l'emprunt.

Art. 2. — Les propriétaires des immeubles situés dans les rues pourvues d'un égout public seront tenus d'écouler souterrainement et directement à l'égout les matières solides et liquides des cabinets d'aisances de ces immeubles.

Il est accordé un délai de trois ans pour les transformations à effectuer à cet effet dans les maisons anciennes.

Art. 3. — La Ville de Paris est autorisée à percevoir des propriétaires de constructions riveraines des voies pourvues d'égouts, pour l'évacuation directe des cabinets, une taxe annuelle de vidange qui sera assise sur le revenu net imposé des immeubles, conformément au tarif ci-après :

10 francs pour un immeuble d'un revenu imposé à la contribution foncière ou à celle des portes et fenêtres inférieur à 500 fr.

30 fr. pour un immeuble d'un revenu imposé de	500 fr.	à	1 499 fr.
60 —	1 500 —	à	2 999 —
80 —	3 000 —	à	5 999 —
100 —	6 000 —	à	9 999 —
150 —	10 000 —	à	19 999 —
200 —	20 000 —	à	29 999 —
350 —	30 000 —	à	39 999 —
500 —	40 000 —	à	49 999 —
750 —	50 000 —	à	69 999 —
1 000 —	70 000 —	à	99 999 —
1 500 —	100 000 —	et au-dessus.	

En ce qui concerne les immeubles exonérés à un titre et pour une cause quelconque de la contribution foncière sur la propriété bâtie, la Ville pourra percevoir une taxe fixe de cinquante francs (50 fr.) par chute.

Le produit de ces taxes servira à rembourser l'emprunt en principal et intérêts, et à faire face à l'augmentation des dépenses d'entretien.

Art. 4. — Le taux desdites taxes pourra être revisé tous les cinq ans par décret, après délibération conforme du Conseil municipal sans que ces taxes puissent être supérieures au tarif fixé à l'article 3.

Art. 5. — Le recouvrement de ces taxes aura lieu comme en matière de contributions directes.

Art. 6. — La Ville de Paris devra terminer, dans le délai de cinq ans à partir de la promulgation de la présente loi, les travaux nécessaires pour assurer l'épandage de la totalité de ses eaux d'égout. Sur les terrains qui lui appartiennent ou dont elle sera locataire, elle devra se conformer aux conditions prescrites par l'article 4 de la loi du 4 avril 1889.

Art. 7. — Les actes susceptibles d'enregistrement auxquels donnerait lieu l'emprunt autorisé par la présente loi seront passibles du droit fixe de 1 franc.

La présente loi délibérée et adoptée par le Sénat et par la Chambre des députés, sera exécutée comme loi de l'État.

Fait à Paris, le 10 juillet 1894.

CASIMIR PÉRIER.

Par le Président de la République :
Le Président du Conseil,
Ministre de l'Intérieur et des Cultes,
CH. DUPUY.

Arrêté concernant l'écoulement direct à l'égout.

LE PRÉFET DE LA SEINE,

Vu : . . . .
Vu la décision du conseil d'État du 1ᵉʳ mai 1896 qui contient notamment ce qui suit : « Considérant qu'il importe cependant que l'obligation imposée aux particuliers soit remplie sans que la salubrité dans la Ville de Paris puisse en être compromise ; qu'à cet égard, le Préfet de la Seine était incontestablement fondé à user dans l'intérêt de la salubrité publique des pouvoirs qu'il tient de la loi des 16-24 août 1790 et des décrets du 26 mars 1852 et du 10 octobre 1859 ; qu'il pouvait ainsi prescrire l'emploi de chasses d'eau suffisantes pour assurer l'évacuation à l'égout des vidanges et des eaux ménagères, empêcher toute communication entre l'atmosphère de l'égout public et celle des immeubles riverains, en tenant compte de ce que l'égout reçoit aussi des eaux pluviales et ménagères ; qu'il pouvait également défendre la projection à l'égout de tout autre corps solide que les matières de vidange et ordonner la désinfection des fosses supprimées ».

ARRÊTE :

ARTICLE PREMIER. — L'évacuation des matières solides et liquides des cabinets d'aisances sera faite directement à l'égout public dans les voies désignées par délibérations du Conseil municipal régulièrement approuvées.

ART. 2. — Le délai de trois ans, accordé par l'article 2, § 2 de la loi du 10 juillet 1894 pour les transformations à effectuer, à cet effet, dans les maisons anciennes, court à partir de la date fixée par les arrêtés d'approbation.

ART. 3. — Des chasses d'eau suffisantes devront assurer l'évacuation à l'égout et les dispositions adoptées devront empêcher toute communication entre l'atmosphère de l'égout public et celle des immeubles riverains.

ART. 4. — Tout propriétaire se disposant à installer dans son immeuble l'écoulement direct à l'égout des matières de vidange devra adresser à l'Administration les plans et coupes cotés des travaux projetés, permettant de s'assurer de l'exécution des prescriptions du présent arrêté. A défaut d'avis de la part de l'Administration, les travaux pourront être entrepris vingt jours après le dépôt des plans, constaté par récépissé. L'entrepreneur restera soumis à la déclaration préalable prescrite par l'ordonnance du 20 juillet 1838 (art. 1er).

ART. 5. — Les fosses et caveaux rendus inutiles par suite de l'application de l'écoulement direct à l'égout, seront vidés et immédiatement désinfectés.

ART. 6. — La projection à l'égout de tout autre corps solide que les matières de vidange est formellement interdite.

ART. 7. — Les contraventions aux prescriptions qui précèdent seront poursuivies par toutes voies de droit.

ART. 8. — L'arrêté du 9 mai 1896 est rapporté.

ART. 9. — Le Directeur administratif de la Voie publique et des Eaux et Égouts et le Directeur des Affaires municipales, sont chargés, chacun en ce qui le concerne, de l'exécution du présent arrêté, dont ampliation sera adressée :

. . . .

Fait à Paris, le 24 décembre 1897.

Le Préfet de la Seine,

J. DE SELVES.

INSTRUCTION

Aux agents de l'Administration sur les conseils à donner aux propriétaires pour l'application de l'écoulement direct à l'égout des matières solides et liquides des cabinets d'aisances.

TITRE I

CHASSES D'EAU

Le système d'évacuation rendu obligatoire à Paris par la loi du 10 juillet 1894 est connu dans d'autres pays sous le nom de système par circulation.

Il a en effet pour base l'entraînement rapide des matières nuisibles depuis le point origine jusqu'au débouché final par le moyen de chasse d'eau.

Pour assurer d'une manière parfaite le fonctionnement du système, il faut produire la chasse à l'endroit et au moment voulus pour que l'entraînement ait lieu immédiatement sans possibilité d'arrêt ou de dépôt.

C'est pourquoi une chasse doit être déterminée brusquement, à chaque visite, dans la cuvette même des cabinets d'aisances, et le volume d'eau déversé doit être suffisant pour laver complètement la cuvette, renouveler l'eau contenue dans le siphon obturateur, dont l'utilité sera indiquée plus loin, et véhiculer les matières dans la canalisation, jusqu'à l'égout.

Cette chasse est utilement fournie par un petit réservoir spécial, alimenté automatiquement au moyen d'un branchement muni d'un robinet flotteur, placé à 2 mètres environ au-dessus de la cuvette et qui se vide soit à volonté par une commande à la portée de la main, soit par un mode automatique à des intervalles convenablement réglés. Elle peut aussi être produite par tout autre appareil dont l'effet soit analogue.

Pour obtenir le maximum d'effet utile, il convient de donner aux conduits d'évacuation, siphons, tuyaux de chute, canalisations à la suite, des diamètres relativement faibles ; pour les chutes, par exemple, 0,08 m. à 0,13 m. au lieu de ceux de 0,19 m. et de 0,22 m. précédemment en usage et indispensables avec les appareils à valve.

En effet, dans un tuyau trop large, l'eau se divise, coule sans force et n'empêche point la formation de dépôts sur les parois, tandis qu'à volume égal, dans un conduit étroit, elle forme piston, entraîne avec force et vitesse les matières qu'elle enveloppe, s'oppose à tout dépôt, délave énergiquement les parois et provoque un utile renouvellement de l'air.

Les canalisations qui relient le pied des tuyaux de chute à l'égout doivent être établies avec le maximum de pente disponible et 0,03 m. par mètre au moins. Dans les cas exceptionnels où cette pente minima ne pourrait être obtenue, il y est suppléé par l'établissement de réservoirs de chasse supplémentaires ou d'autres moyens de propulsion en des points convenablement choisis.

Ces canalisations doivent être parfaitement étanches, capables de résister aux pressions intérieures, disposées de manière à y éviter tout dépôt et de plus aisément visitables. C'est pourquoi on recommande de les tracer de manière qu'elles soient toujours formées de parties droites ; les raccordements courbes, s'ils sont indispensables, doivent être établis sous les plus grands rayons possibles. De plus, à chaque changement de direction ou de pente, à chaque rencontre ou intersection des canalisations, il doit être ménagé autant que possible un regard facilement accessible dont le tampon mobile constitue une fermeture rigoureusement hermétique.

TITRE II

PROTECTION DE L'ATMOSPHÈRE DES LOCAUX HABITÉS

L'hygiène réclame la protection de l'atmosphère des locaux habités contre toute pénétration de gaz odorants ou insalubres, d'air vicié, provenant non seulement des égouts, mais encore des tuyaux de chute et conduits d'évacuation dont les émanations sont presque toujours plus redoutables et plus pénétrantes encore que celles des égouts.

Aussi n'est-ce point un obturateur unique placé à la jonction de la canalisation intérieure avec l'égout qui permet de réaliser cette protection d'une manière absolue, mais une série d'obturateurs disposés à l'origine supérieure des divers branchements reliés à cette canalisation, à chacun des orifices ouverts dans les logements pour recevoir les eaux souillées (cuvettes de cabinets d'aisances, éviers, lavabos, postes d'eau, bains, etc.) et formant fermeture hermétique.

Le seul appareil de ce genre actuellement connu qui soit réellement efficace est le siphon à occlusion hydraulique permanente.

Cet appareil, simple et peu coûteux, est d'un fonctionnement absolument sûr, quand il est convenablement disposé pour qu'il s'y maintienne en tout temps une garde d'eau suffisante.

Des précautions spéciales doivent être prises lors de la construction des maisons et une vigilance particulière doit être exercée par la suite pour protéger les siphons et tous les appareils hydrauliques contre les conséquences de la gelée, installation systématique des colonnes montantes dans des locaux bien clos, loin des murs extérieurs froids, protection au besoin des conduits et appareils par des enveloppes isolantes; en temps froid fermeture des baies d'aérage, maintien de l'alimentation d'eau par le moyen d'un petit écoulement continu ou d'une faible source de chaleur telle qu'un bec de gaz en veilleuse, addition d'un peu de sel marin dans l'eau des siphons qui ne sont pas en usage (appartements vacants), etc.

Outre l'emploi général des siphons, il est à recommander de veiller à l'étanchéité parfaite des canalisations.

On doit au reste s'efforcer d'y empêcher autant que possible la production des gaz odorants ou insalubres; et, à cet effet, il n'est pas de moyen plus certain que l'aération naturelle. C'est pourquoi les tuyaux de chute et d'évacuation des eaux usées auxquels aboutissent tous les branchements siphonnés, et les conduits à la suite, doivent être disposés de manière qu'un courant d'air s'y puisse établir constamment: en communication directe avec l'égout aéré lui-même par les bouches de la rue, ils doivent déboucher librement à la partie supérieure dans l'atmosphère et pour cela on recommande de les prolonger jusqu'au-dessus du faîtage et ne pas les employer pour l'écoulement des eaux pluviales.

TITRE III

TRANSFORMATIONS A EFFECTUER DES MAISONS ANCIENNES

Il convient que les transformations à effectuer dans les maisons existantes pour y adapter le nouveau mode d'évacuation, soient dirigées dans le sens des indications qui précèdent.

Mais, afin d'en réduire la dépense au strict minimum, il est admis qu'on peut en général conserver tant qu'ils sont en bon état : 1° les tuyaux de chute et les divers conduits de l'ancienne canalisation, pourvu qu'ils soient étanches ; 2° les appareils à valve des cabinets d'aisances lorsqu'ils sont munis d'effets d'eau.

Il suffit alors d'établir une chasse automatique convenablement alimentée au pied de chaque chute, de prolonger le tronc commun de la canalisation générale jusqu'à l'égout public, d'établir sur le parcours et près du débouché de l'égout un siphon obturateur, et d'assurer l'aération générale tant par l'établissement de prises d'air en amont du siphon que par la prolongation des tuyaux de chute et d'évacuation des eaux usées jusqu'au-dessus du toit.

Mais il ne faut pas se dissimuler que l'installation ainsi modifiée est loin d'être parfaite; les conduits trop larges, insuffisamment lavés, continuent à se couvrir intérieurement de dépôts en fermentation; les appareils à valve ne constituent qu'une occlusion médiocre, laissent passer l'air vicié et s'établir entre les locaux voisins des communications qui ne sont pas sans danger en cas de maladie transmissible, de plus ils se prêtent trop facilement à la projection des corps solides étrangers qui vont s'accumuler au pied des chutes et y provoquent des obstructions dont les chasses n'ont pas toujours raison.

Aussi conviendrait-il de saisir ultérieurement toutes les occasions qui viendraient à se présenter pour améliorer peu à peu l'installation en substituant au fur et à mesure des remplacements, aux conduits et appareils anciens, des appareils et conduits conformes aux types nouveaux.

Il est en outre à recommander de munir immédiatement de siphons tous les orifices d'évacuation des eaux ménagères ainsi que les cuvettes des cabinets d'aisances particuliers ou communs quand ceux-ci sont insuffisamment aérés.

ÉGOUTS

Décret du 26 mars 1852.

(Extrait.)

Art. 6. — Toute construction nouvelle dans une rue pourvue d'égout devra être disposée de manière à y conduire les eaux pluviales et ménagères.

La même disposition sera prise pour toute maison ancienne, en cas de grosses réparations, et, en tous cas, avant dix ans.

DISPOSITIONS POUR L'EXÉCUTION DU DÉCRET DU 26 MARS 1852

Arrêté ordonnant les branchements en maçonnerie.

19 décembre 1854.

Le Préfet de la Seine,

Vu le décret du 26 mars 1852, et notamment l'article 6 relatif à la projection directe dans les égouts publics des eaux pluviales et ménagères des maisons de Paris ;

Vu le rapport des ingénieurs du service municipal ;

Considérant que l'emploi de simples tuyaux en fonte, pour le drainage des maisons particulières, présente des inconvénients sérieux pour la salubrité, par suite des engorgements auxquels ils sont exposés, et pour la sûreté et la liberté de la circulation, à raison des travaux que leur entretien nécessite journellement sur la voie publique ;

ARRÊTE :

ARTICLE PREMIER. — A l'avenir, la projection directe dans les égouts publics des eaux pluviales et ménagères des maisons de Paris, que prescrit l'article 6 du décret du 26 mars 1852, aura lieu par des galeries souterraines en maçonnerie.

Ces galeries, qui seront établies et entretenues par les propriétaires, conformément aux projets dressés par les ingénieurs du service municipal, et approuvés par le Préfet, auront au minimum 2 mètres de hauteur sous clef[1] et 1 mètre 30 centimètres de largeur aux naissances.

Chacune d'elles pourra desservir deux propriétés, à la condition d'être établie au droit du mur mitoyen. Dans tous les cas, une grille en fer, établie à l'aplomb du mur de face, interceptera la communication de la maison avec l'égout. Cette grille aura une serrure à deux clefs, dont l'une restera entre les mains du propriétaire et l'autre sera remise à l'Administration[2].

ART. 2. — Pour la ventilation permanente du canal de dérivation, il sera pratiqué soit dans le mur mitoyen, soit dans le mur de face, une cheminée d'appel s'ouvrant au-dessus des combles et dont la section sera de 3 décimètres carrés au moins.

ART. 3. — En cas d'avaries, les tuyaux de drainage existant aujourd'hui seront remplacés conformément aux prescriptions de l'article 1er du présent arrêté.

ART. 4. — L'Ingénieur en chef Directeur du Service municipal est chargé d'assurer l'exécution des dispositions qui précèdent, et de constater les infractions qui pourront être commises.

Fait à Paris, le 19 décembre 1854.

G.-E. HAUSSMANN.

---

[1] et [2] Plusieurs fois modifiées, ces dispositions sont actuellement réglementées par l'arrêté préfectoral du 16 juillet 1895.

Arrêté réglementant la construction et l'entretien des branchements particuliers d'égout.

Le Préfet de la Seine,

Vu. . . . .

Arrête :

Article premier. — Les branchements particuliers d'égout sont construits et entretenus aux frais des propriétaires intéressés.

Un branchement particulier d'égout ne peut desservir qu'une seule propriété. Mais une propriété peut être desservie par autant de branchements qu'il est nécessaire pour l'évacuation de ses eaux usées dans les meilleures conditions possibles.

Art. 2. — En règle générale les branchements particuliers d'égout doivent être exécutés en maçonnerie de meulière et mortier de ciment, conformément aux dispositions observées pour la construction des égouts publics, et présenter les dimensions ci-après :

Hauteur sous clé.	$1^m,80$
Largeur aux naissances.	$0^m,90$
— au radier	$0^m,50$
Épaisseur de la maçonnerie (non compris chape et enduits).	$0^m,20$

Chaque branchement doit être d'ailleurs fermé à l'aplomb de l'égout public par un mur de $0^m,30$ d'épaisseur au moins, en maçonnerie de meulière et ciment, avec enduit de part et d'autre, qui présentera du côté de l'immeuble un parement vertical et du côté de l'égout épousera le profil du pied-droit jusqu'à la naissance de la voûte, pour se prolonger ensuite verticalement jusqu'à la rencontre de la voûte du branchement dont la pénétration restera dès lors apparente à l'intérieur de l'égout. Une plaque en porcelaine portant le numéro de l'immeuble sera scellée dans l'enduit qui recouvrira le parement du mur à l'intérieur de l'égout. Une ventouse placée sur la façade de la maison mettra l'air du branchement en communication avec celui de la rue.

Art. 3. — Tous les écoulements d'eaux pluviales et usées de l'immeuble doivent être ramenés dans le branchement particulier par une canalisation qui sera prolongée jusqu'à l'aplomb de la paroi intérieure de l'égout public.

A cet effet, les prolongements des tuyaux d'eaux pluviales et ménagères des façades devront être ramenés à l'intérieur de l'immeuble pour y être branchés sur la canalisation générale. C'est seulement en cas d'impossibilité matérielle par suite de la disposition des lieux qu'on en tolérera l'établissement sous trottoir en tuyaux de fonte épaisse de $0^m,15$ de diamètre intérieur au moins avec joints en plomb et sous le maximum de pente disponible sans que l'inclinaison puisse jamais être inférieure à $0^m,03$ par mètre. Si cette dernière condition ne pouvait être remplie, il devrait être établi des branchements supplémentaires.

Art. 4. — Dans les voies de petite circulation classées en deuxième catégorie et pour les propriétés d'un revenu imposable inférieur à 3 000 francs, le branchement, au lieu d'être établi en maçonnerie, pourra être formé d'un tuyautage en fonte épaisse posé dans les conditions définies à l'article précédent et reliant directement l'immeuble à l'égout public si toutefois la nature du sol le permet.

La même disposition s'appliquera aux branchements supplémentaires quand ils n'auront à écouler que les eaux pluviales et ménagères des façades.

Art. 5. — Au droit de toute voie privée, le branchement sera constitué par un tronçon d'égout d'un des types en usage au Service municipal, qui sera établi à partir de l'égout public jusque dans l'intérieur de la voie privée et suffisamment prolongé au delà de l'alignement pour recevoir toutes les eaux usées sans qu'aucun ouvrage soit établi à cet effet sur la voie publique. Ce tronçon d'égout sera ouvert du côté de l'égout public, raccordé audit égout par une partie courbe dirigée dans le sens de l'écoulement, fermé à l'extrémité amont par un mur pignon et pourvu en tête d'un réservoir de chasse.

Il sera toujours étudié en vue de son extension ultérieure sur toute la longueur de la voie privée.

Une grille pourra être exigée à l'aplomb de l'alignement pour intercepter la communication de l'égout privé avec l'égout public.

Art. 6. — Les projets des branchements particuliers seront dressés par les Ingénieurs du Service municipal aux frais de l'Administration et d'après les indications fournies par les propriétaires.

Ils ne pourront être mis à exécution qu'après une approbation régulière et dans les conditions de cette approbation.

Art. 7 — Lorsqu'une partie quelconque d'un branchement en

maçonnerie rencontrera une conduite de gaz préexistante, celle-ci devra toujours être isolée par un manchon en fonte dont le propriétaire devra supporter les frais. Des mesures analogues seront prises en ce qui concerne les canalisations électriques.

ART. 8. — Tout branchement entrepris isolément sera exécuté par l'entrepreneur du choix du propriétaire, lequel devra présenter aux agents de l'Administration l'autorisation écrite du propriétaire et justifier au besoin, à toute réquisition, de son inscription sur la liste des entrepreneurs admis à faire des travaux de ce genre.

ART. 9. — Les travaux seront soumis à la surveillance des ingénieurs de la ville de Paris.

Les entrepreneurs se conformeront aux clauses et conditions générales imposées aux entrepreneurs des travaux publics par l'arrêté du Ministre des Travaux publics en date du 16 février 1892 et aux stipulations des cahiers des charges des entreprises d'entretien du Service municipal de Paris.

Si un entrepreneur n'observe pas quelqu'une des clauses et prescriptions ci-dessus visées, notamment dans le cas où après avoir ouvert une tranchée sur la voie publique il abandonnerait le travail commencé l'ingénieur donnera avis de l'état de choses au propriétaire ou à son représentant, et pourra, après un ordre de service notifié à l'entrepreneur et non suivi d'effet dans les 24 heures, soit faire remblayer la tranchée, soit confier la continuation du travail à l'entrepreneur de l'Administration. L'entrepreneur qui aura été l'objet de ces mesures sera exclu de tout travail d'égout dans les rues de Paris pour l'avenir.

ART. 10. — Faute par le propriétaire d'entreprendre les travaux ou de se conformer aux conditions qui lui auront été prescrites et huit jours après une mise en demeure restée sans effet, les ingénieurs pourront procéder d'office à l'exécution des travaux qui sera confiée aux entrepreneurs de l'Administration. Les dépenses avancées par elle dans ce cas et dans celui de l'article précédent seront recouvrées sur le propriétaire par toutes les voies de droit.

ART. 11. — Les branchements à construire par mesure collective dans une rue ou portion de rue seront confiés à un entrepreneur unique désigné d'avance par voie d'adjudication publique spéciale aux travaux de cette nature.

L'entreprise sera d'ailleurs strictement limitée aux travaux extérieurs et ne comprendra même pas la fourniture et la pose des conduites à établir dans l'intérieur des branchements.

Les propriétaires resteront libres de faire exécuter par des entrepreneurs de leur choix les travaux de canalisation intérieure. Mais ces travaux devront être exécutés sans retard et terminés vingt jours au plus après les branchements ; après ce délai et sans autre avis préalable, les gargouilles des trottoirs pourront être enlevées d'office.

Chaque propriétaire paiera directement à l'entrepreneur la dépense qui lui incombe, après vérification et règlement sans frais du métré des ouvrages, s'il le demande, par l'ingénieur qui aura surveillé l'exécution des travaux.

Art. 12. — Les raccordements et la réfection définitive des chaussées, trottoirs et dallages, au-dessus des tranchées seront faits par les entrepreneurs de l'Administration pour la voie publique. La dépense en sera payée par la Ville et remboursée par le propriétaire conformément aux règles et suivant les tarifs fixés pour ces travaux. Les dépenses faites d'office par application des articles 9 et 10 seront recouvrées en même temps que les frais de raccordements.

Le métrage des divers travaux et le décompte des dépenses seront notifiés préalablement à chaque propriétaire qui aura dix jours, après cette notification, pour présenter ses observations au bureau de l'ingénieur ordinaire. Ce délai expiré, il sera passé outre à l'émission de l'arrêté de recouvrement.

Art. 13. — L'entretien des branchements et de leurs accessoires sous la voie publique reste à la charge des propriétaires, quelle que soit l'époque de leur établissement. Les travaux d'entretien seront soumis aux règles stipulées ci-dessus pour la construction des branchements isolés.

Les propriétaires devront tenir constamment les branchements en parfait état de propreté, et faire enlever les eaux qui pourront s'y amasser. Ils ne devront y faire aucun dépôt de quelque nature que ce soit.

Ils seront tenus d'y donner accès à toute heure du jour aux agents de l'Administration chargés de la surveillance, ainsi qu'à ceux de la Préfecture de Police.

Ils ne pourront élever aucune réclamation dans le cas où les branchements seraient traversés à une époque quelconque postérieure à leur établissement par des conduites d'eau ou de gaz ou des canalisations électriques, ou atteints et modifiés de quelque manière que ce soit par des entreprises d'intérêt général.

Art. 14. — Chaque propriétaire est responsable, tant vis-à-vis de l'Administration que vis-à-vis des tiers, des conséquences de l'établissement, de l'existence et de l'entretien des ouvrages construits tant à l'extérieur qu'à l'intérieur pour le drainage de son immeuble. En conséquence, il lui appartient d'exercer sur ces ouvrages, dans son propre intérêt, le contrôle qu'il jugera convenable. La surveillance exercée par l'Administration ne substitue en rien la responsabilité de la Ville à la sienne propre.

Il lui appartiendra notamment de prendre à ses frais, risques et périls, les mesures qu'il croira nécessaires pour intercepter pendant la construction du branchement la communication entre son immeuble, la voie et l'égout publics.

Dans le cas où un accident viendrait à se produire, le propriétaire est tenu d'en donner immédiatement connaissance à toute heure du jour, aux agents de l'Administration municipale et à ceux de la Préfecture de Police.

Art. 15. — Les branchements actuellement existants, en communication avec les égouts publics devront être successivement murés au droit de l'égout, conformément aux prescriptions de l'article 2 ci-dessus.

Cette modification, soumise d'ailleurs à toutes les règles stipulées ci-dessus pour la construction des branchements isolés, sera effectuée lors du premier travail de modification ou d'entretien qui sera entrepris, et au plus tard avant dix ans à dater de la publication du présent arrêté.

Art. 16. — Les arrêtés antérieurs relatifs aux dispositions, à l'établissement et à l'entretien des branchements particuliers d'égout sont et demeurent abrogés, sauf celui du 30 mars 1872, relatif au curage des branchements en communication avec les égouts publics et celui du 14 mai 1880, classant les rues de Paris en voie de grande et de petite circulation, ainsi que les arrêtés postérieurs qui ont complété ce classement.

Art. 17. — Le Directeur administratif des travaux de Paris est chargé de l'exécution du présent arrêté dont ampliation sera adressée

. . . .

Fait à Paris, le 16 juillet 1895.

POUBELLE.

ASSAINISSEMENT DE LA SEINE

Loi du 4 avril 1889 ayant pour objet l'utilisation agricole des eaux d'égout de Paris et l'assainissement de la Seine (aqueduc d'Achères).

Le Sénat et la Chambre des députés ont adopté,
Le Président de la République promulgue la loi dont la teneur suit :

ARTICLE PREMIER. — Il sera procédé à l'exécution des travaux nécessaires pour conduire dans la presqu'île de Saint-Germain les eaux d'égout de Paris élevées par des machines établies à Clichy, conformément aux dispositions générales du projet dressé, à la date des 19 juillet, 27 août 1880, par les ingénieurs du service municipal de la Ville de Paris.

Les travaux ci-dessus mentionnés sont déclarés d'utilité publique.

ART. 2. — La dépense sera exclusivement supportée par la Ville de Paris.

ART. 3. — Est approuvée la convention passée entre l'État, représenté par les ministres des Finances, de l'Agriculture et des Travaux publics, et la Ville de Paris, représentée par le Préfet de la Seine, pour la location ou la cession à cette dernière des terrains domaniaux destinés à servir de champ d'irrigation pour les eaux d'égout.

ART. 4. — Dans les terrains concédés, la Ville de Paris ne pourra répandre ses eaux que sur les parties du sol mises en culture, sans préjudice de l'utilisation sur d'autres points par elle-même ou par concessionnaires, au moyen des traitements chimiques ou d'un canal dans la direction de la mer, ou de toute autre façon.

Elle ne pourra, pour la culture, répandre sur le sol qu'un maximum de 40 000 mètres cubes d'eau par hectare et par an.

Le tout sous la surveillance de ses agents, sans former de mare stagnante, ni opérer de déversement d'eaux d'égout non épurées en Seine, dans la traversée du département de Seine-et-Oise, sauf les cas de force majeure.

L'exécution de ces prescriptions et la limite de saturation des terres seront contrôlées par une commission permanente de cinq experts nommés, l'un par le ministre de l'Agriculture, un autre par le Conseil général de la Seine, un troisième par le Conseil général de Seine-et-Oise, le quatrième par le ministre des Finances, et un membre du Comité consultatif d'hygiène de France nommé par ses collègues.

Ces experts adresseront tous les six mois aux ministres de l'Agriculture et des Finances un rapport qui sera inséré au *Journal Officiel*.

La présente loi, délibérée et adoptée par le Sénat et par la Chambre des députés, sera exécutée comme loi de l'État.

Fait à Paris, le 4 avril 1889.

CARNOT.

Par le Président de la République :
Le Ministre des Travaux publics,
YVES GUYOT.

Le Ministre de l'Agriculture,
LÉOPOLD FAYE.

Le Ministre des Finances,
ROUVIER.

Décret du 23 février 1895 relatif aux irrigations à l'eau d'égout de la plaine de Gennevilliers.

Le Président de la République,
Sur le rapport du ministre des Travaux publics :
Vu le projet présenté le 29 novembre 1891 par le Service municipal de l'assainissement de la Seine en vue de la déclaration d'utilité publique des travaux de canalisation établis ou à établir par la Ville de Paris pour la conduite des eaux d'égout dans la presqu'île de Gennevilliers ;

Vu les pièces de l'enquête ouverte sur ce projet dans le département de la Seine suivant les formes déterminées par l'ordonnance royale du 18 février 1834 ;

ANNEXES

Vu l'avis de la Chambre de commerce de Paris, en date du 8 juillet 1892 ;

Vu l'avis du Conseil d'hygiène et de salubrité du Département de la Seine, en date du 2 septembre 1892 ;

Vu l'avis du Conseil général du département de la Seine, en date du 29 septembre 1892 ;

Vu les adhésions directes de l'Ingénieur en chef du département de la Seine, de l'Ingénieur en chef de la Navigation de la Seine (2º section), de l'Ingénieur en chef des Ponts et Chaussées, agent-voyer en chef du département de la Seine, du Directeur du Génie à Paris, et de l'Ingénieur en chef de la Navigation de la Seine (3º section), en date respectivement des 28, 29 juillet, 4, 6 et 9 août 1892 ;

Vu la lettre du préfet de la Seine, en date du 16 février 1893 ;

Vu les avis du Conseil général des Ponts et Chaussées des 29 mai et 30 octobre 1893 ;

Vu l'avis du ministre de l'Intérieur du 28 juillet 1893.

Vu la loi du 3 mai 1841 ;

Vu la loi du 27 juillet 1870 ;

Le Conseil d'État entendu ;

DÉCRÈTE :

ARTICLE PREMIER. Sont déclarés d'utilité publique, conformément au plan dressé par les Ingénieurs du service municipal de la Ville de Paris et soumis à l'enquête, les travaux de canalisation nécessaires sur les communes de Clichy, Saint-Ouen, Ile-Saint-Denis et Gennevilliers :

1º Pour l'adduction, par conduites souterraines, des eaux d'égout destinées à l'irrigation des terrains de la plaine de Gennevilliers ;

2º Pour le drainage jusqu'à la Seine des eaux épurées de la nappe souterraine.

ART. 2. — Les eaux d'égout ne seront livrées aux propriétaires qui en feront la demande que sous la condition :

1º Qu'ils justifieront, s'il y a lieu, du droit de passage sur les fonds intermédiaires ;

2º Que ce droit de passage s'exercera par conduites souterraines ;

3º Que les eaux seront utilisées exclusivement pour la culture, sans former de mares stagnantes, et sous la surveillance des agents de la Ville.

ART. 3. — Il ne pourra être répandu sur le sol qu'un maximum de 40 000 mètres cubes d'eau d'égout par hectare et par an.

Art. 4. — Il ne pourra être fait usage des eaux d'égout pour irriguer les terrains compris dans un périmètre formé par la Seine, le vieux chemin de Saint-Denis, le boulevard d'Asnières (chemin viscinal n° 5), la rue de la Fabrique et l'achevure de la Fosse-aux-Astres.

Des décrets rendus après enquête et avis du Conseil municipal pourront établir, autour des autres agglomérations de la commune, des périmètres analogues dans lesquels l'emploi des eaux d'égout sera interdit.

Art. 5. — L'exécution des prescriptions du présent décret, la limite de saturation des terres et le degré de pureté des eaux déversées dans la Seine par les tuyaux de drainage seront contrôlés par une commission permanente de cinq experts nommés l'un par le ministre des Travaux publics, un autre par le ministre de l'Intérieur, un troisième par le ministre de l'Agriculture, un quatrième par le Conseil général de la Seine, et le cinquième par le Comité consultatif d'hygiène de France.

Ces experts adresseront, tous les six mois, au ministre des Travaux publics un rapport sur les résultats de l'épuration des eaux d'égout dans la plaine de Gennevilliers.

D'après ces résultats, des décrets prescriront, s'il y a lieu, à la Ville de Paris les mesures nécessaires pour sauvegarder la salubrité.

Art. 6. — La Ville de Paris est autorisée à poursuivre l'expropriation des terrains nécessaires à l'exécution ou à la conservation des travaux en se conformant aux dispositions de la loi du 3 mai 1841.

L'expropriation devra être poursuivie immédiatement et effectuée dans un délai de dix-huit mois pour les terrains déjà occupés. Elle devra être effectuée dans un délai de trois ans pour les terrains à occuper.

Art. 7. — Le ministre des Travaux publics et de l'Intérieur sont chargés, chacun en ce qui le concerne, de l'exécution du présent décret.

Fait à Paris, le 23 février 1895.

FÉLIX FAURE.

Par le Président de la République :

Le Ministre de l'Intérieur,

LEYGUES.

Le Ministre des Travaux publics,

DUTEMPS.

ANNEXES

Décret du 11 avril 1896 déclarant d'utilité publique les travaux à exécuter par la ville de Paris et à ses frais sur le territoire du département de Seine-et-Oise (Prolongement de l'émissaire général des eaux d'égout vers Méry et Triel).

Le Président de la République française,
Sur le rapport du ministre des Travaux publics et du ministre de l'Intérieur ;
Vu l'avant-projet dressé, les 22-31 décembre 1894, par les ingénieurs du service municipal de la Ville de Paris pour : 1° Le prolongement de l'émissaire général des eaux d'égout, entre la branche d'Achères à Herblay, et le siphon de Triel ; 2° l'établissement de la branche de Méry-sur-Oise ;
Vu les pièces de l'enquête ouverte sur cet avant-projet dans les départements de la Seine et de Seine-et-Oise, suivant les formes déterminées par l'ordonnance royale du 18 février 1834 et notamment :
Les avis de la Chambre de commerce de Paris et de la Chambre consultative d'agriculture de Pontoise, en date, respectivement, des 23 avril, 31 mai et 29 juin 1895 ;
Les procès-verbaux des commissions d'enquête des départements de la Seine et de Seine-et-Oise, en date, respectivement, des 30 mai et 21 juin 1895.
Vu les adhésions directes de l'ingénieur en chef du département de Seine-et-Oise, de l'ingénieur en chef de la navigation de l'Oise, de l'ingénieur en chef du contrôle du réseau de l'Ouest, de l'ingénieur en chef du contrôle du réseau du Nord, du général directeur du génie à Paris, en date, respectivement, des 17, 19, 13, 7 mai et 11 août 1895 ;
Vu la lettre du préfet de Seine-et-Oise, en date du 13 novembre 1895 ;
Vu les avis du Conseil général des Ponts et Chaussées du 12 décembre 1895 ;
Vu la loi du 4 avril 1889 ;
Vu la loi du 10 juillet 1894 [1] ;
Vu les lois du 3 mai 1841 et 27 juillet 1870 ;
Le Conseil d'État entendu,

DÉCRÈTE :

ARTICLE PREMIER. — Sont déclarés d'utilité publique les travaux à

[1] Voir plus haut, p. 486, le texte de la loi du 10 juillet 1894.

exécuter par la Ville de Paris et à ses frais sur le territoire du département de Seine-et-Oise :

1° Pour le prolongement de l'émissaire général des eaux d'égout de Paris, entre la branche d'Achères, à Herblay, et le siphon de Triel ;

2° Pour l'établissement de la branche de Méry ;

3° Pour l'établissement des conduites souterraines secondaires, nécessaires à l'adduction des eaux d'égout jusqu'à proximité des divers terrains à irriguer ;

4° Le drainage jusqu'à la Seine et l'Oise des eaux épurées de la nappe souterraine.

Art. 2. — Les travaux seront exécutés conformément aux dispositions générales de l'avant-projet ci-dessus visé, dressé à la date des 22-31 décembre 1894 par les ingénieurs du service municipal de la Ville de Paris, et avec les modifications résultant de l'accomplissement des conditions auxquelles les chefs des divers services intéressés ont subordonné leurs adhésions directes ci-dessus visées à l'exécution de cet avant-projet.

Art. 3. — La présente déclaration d'utilité publique sera considérée comme nulle et non avenue si les expropriations nécessaires à l'exécution des travaux projetés n'ont pas été accomplies dans un délai de cinq ans, à dater du présent décret.

Art. 4. — Les eaux d'égout ne seront délivrées aux propriétaires qui en feront la demande que sous la condition :

1° Qu'ils justifieront, s'il y a lieu, du droit de passage sur les fonds intermédiaires ;

2° Que ce droit de passage s'effectuera par conduites souterraines ;

3° Que les eaux seront utilisées exclusivement pour la culture sans former de mare stagnante et sous la surveillance des agents de la Ville.

La pose des canalisations sera faite aux frais de la Ville de Paris jusqu'à l'entrée des propriétés particulières.

Les eaux qui ne seront pas utilisées par les particuliers seront déversées sur les terrains en culture appartenant à la Ville de Paris sans y former de mare stagnante.

Art. 5. — Il ne pourra être répandu sur le sol un volume d'eau d'égout supérieur à quarante mille mètres cubes (40 000 m^3) par hectare et par an.

Art. 6. — Toutes les précautions seront prises par la Ville de Paris et sous sa responsabilité pour empêcher des infiltrations nuisibles dans les puits, sources, drains et cours d'eau se trouvant à proximité des champs d'épandage.

ART. 7. — Des décrets rendus après enquête et avis des conseils municipaux des communes intéressées pourront établir, autour des agglomérations de population, des périmètres à l'intérieur desquels l'épandage des eaux d'égout serait interdit.

ART. 8. — L'exécution des prescriptions du présent décret, la limite de saturation des terres et le degré de pureté des eaux déversées dans les cours d'eau par les tuyaux de drainage seront contrôlés par une commission permanente de cinq experts nommés : l'un par le ministre des Travaux publics, un autre par le ministre de l'Intérieur, un troisième par le ministre de l'Agriculture, un quatrième par le Conseil général de Seine-et-Oise et le cinquième par le Comité consultatif d'hygiène de France. Ces experts adresseront tous les six mois au ministre des Travaux publics un rapport sur les résultats de l'épandage des eaux d'égout de la Ville de Paris dans le département de Seine-et-Oise, tant sur les terrains achetés ou loués par la Ville que sur les terrains particuliers ; d'après ces résultats des décrets prescriront, s'il y a lieu, à la Ville de Paris, les mesures reconnues nécessaires pour sauvegarder la salubrité.

ART. 9. — Les ministres des Travaux publics et de l'Intérieur sont chargés, chacun en ce qui le concerne, de l'exécution du présent décret.

Fait à Paris, le 11 avril 1896.

FÉLIX FAURE.

Le Ministre de l'Intérieur,
SARRIEN.

Le Ministre des Travaux publics,
ED. GUYOT-DESSAIGNE.

Décret du 30 mars 1899 déclarant d'utilité publique les travaux de canalisation ou de drainage établis ou à établir par la Ville de Paris sur le territoire de la commune d'Achères.

Le Président de la République française,
Sur le rapport du ministre des Travaux publics,

Vu l'avant-projet dressé les 23-26 janvier 1897 par les ingénieurs du service municipal de la Ville de Paris pour les travaux de canalisation ou de drainage d'eau d'égout établis ou à établir par la Ville de Paris sur le territoire de la commune d'Achères et sur la partie des territoires des communes de Conflans et d'Andrésy située sur la rive gauche de la Seine;

Vu les pièces de l'enquête ouverte sur cet avant-projet dans les départements de Seine et de Seine-et-Oise, suivant les formes déterminées par l'ordonnance royale du 18 février 1834, et notamment :

L'avis de la Chambre de commerce de Paris du 23 juin 1897;

Les procès-verbaux des commissions d'enquête des départements de la Seine et de Seine-et-Oise, en date respectivement des 26 juin, 29 juin 17 juillet 1897;

Vu les pièces de l'enquête supplémentaire à laquelle il a été procédé en vue de la détermination, autour de l'agglomération d'Achères, d'une périmètre à l'intérieur duquel l'épandage des eaux d'égout serait interdit;

Vu les adhésions directes de l'ingénieur en chef du Contrôle de la voie et des bâtiments du réseau de l'Ouest, du 26 mai 1897, de l'ingénieur en chef de la navigation de la Seine, du 31 mai 1897, de l'ingénieur en chef du service ordinaire du département de Seine-et-Oise, du 12 juin 1897, et du directeur du Génie, à Versailles, du 18 juin 1897;

Vu les avis des préfets de Seine-et-Oise et de la Seine, en date respectivement des 1er décembre 1897 et 12 avril 1898;

Vu les avis du Conseil général des Ponts et Chaussées, en date du 9 juin 1898;

Vu l'avis du président du Conseil, ministre de l'Intérieur, du 7 septembre 1898;

Vu les lois des 4 avril 1889 et 10 juillet 1894;

Vu les lois des 3 mai 1841 et 27 juillet 1870;

Le Conseil d'État entendu,

DÉCRÈTE :

ARTICLE PREMIER. — Sont déclarés d'utilité publique les travaux à exécuter par la Ville de Paris, et à ses frais, sur le territoire du département de Seine-et-Oise : 1° pour l'adduction, par conduites souterraines, des eaux d'égout destinées à l'irrigation des terrains situés dans la plaine d'Achères ; 2° pour l'irrigation des terrains enclavés dans le domaine municipal des Fonceaux ; 3° pour le drainage jusqu'à la Seine des eaux épurées de la nappe souterraine.

Art. 2. — Les travaux seront exécutés conformément aux dispositions générales de l'avant-projet ci-dessus visé, des 23-26 janvier 1897, avec les modifications résultant de l'accomplissement des conditions auxquelles les chefs des divers services intéressés ont subordonné leurs adhésions directes à l'exécution de cet avant-projet.

Art. 3. — La présente déclaration d'utilité publique sera considérée comme nulle et non avenue si les expropriations nécessaires à l'exécution des travaux n'ont pas été accomplies dans un délai de cinq ans à dater du présent décret.

Art. 4. — Les eaux d'égout ne seront délivrées aux propriétaires qui en feront la demande que sous les conditions :

1° Qu'ils justifieront, s'il y a lieu, du droit de passage sur les fonds intermédiaires ;

2° Que ce passage s'effectuera par conduites souterraines ;

3° Que les eaux seront utilisées exclusivement pour la culture, sans former de mare stagnante, et sous la surveillance des agents de la Ville.

La pose des canalisations sera faite aux frais de la Ville de Paris jusqu'à l'entrée des propriétés particulières.

Les eaux qui ne seront pas utilisées par les particuliers seront déversées sur les terrains en culture appartenant à la Ville de Paris, sans y former de mare stagnante.

Art. 5. — Il ne pourra être répandu sur le sol un volume d'eaux d'égout supérieur à quarante mille mètres cubes (40 000 m^3) par hectare et par an.

Art. 6. — Toutes les précautions seront prises par la Ville de Paris et sous sa responsabilité pour empêcher des infiltrations nuisibles dans les puits, sources, drains et cours d'eau se trouvant à proximité des champs d'épandage.

Art. 7. — Il ne pourra être fait usage des eaux d'égout pour irriguer les terrains compris dans un périmètre délimité ainsi qu'il suit : à l'ouest, par le mur de la forêt depuis son intersection avec le chemin rural n° 4, dit du Magasin, jusqu'à son intersection avec le chemin de l'Eglise ; au sud-est : 1° par une ligne droite allant de ce dernier point au chemin des Vignes d'en bas, à l'angle de la propriété Cardat ; 2° par le chemin des Vignes d'en bas ; 3° par le mur de la propriété Basset ;

au nord-est : 1° par le mur de cette dernière propriété jusqu'à l'angle saillant situé le plus au nord ; 2° par une ligne brisée allant rejoindre le point indiqué comme origine, en passant par la buse située sur le fossé du chemin vicinal n° 3, dit de la Seine, à 20 mètres environ au nord de la maison Loubart.

Des décrets, rendus après une enquête ouverte suivant les mêmes formes que l'enquête ayant précédé la déclaration d'utilité publique et après avis des conseils municipaux des communes intéressées, pourront établir autour des agglomérations de population, des périmètres à l'intérieur desquels l'épandage des eaux d'égout sera interdit.

ART. 8. — L'exécution de ces prescriptions, la limite de saturation des terres et le degré de pureté des eaux déversées dans les cours d'eau par les tuyaux de drainage, seront contrôlés par la Commission permanente instituée par la loi du 4 avril 1889, relative à l'utilisation agricole des eaux d'égout de Paris, à laquelle sera adjoint un représentant du ministère des Travaux publics.

Les résultats de l'épandage des eaux d'égout, tant sur les terrains achetés ou loués par la Ville de Paris que sur les terrains particuliers, seront consignés dans le rapport semestriel prévu par la loi susvisée de 1889. D'après ces résultats, des décrets prescriront s'il y a lieu, à la Ville de Paris, les mesures reconnues nécessaires pour sauvegarder la salubrité.

ART. 9. — Le ministre des Travaux publics et le ministre de l'Intérieur sont chargés, chacun en ce qui le concerne, de l'exécution du présent décret, qui sera inséré au *Bulletin des Lois*.

Fait à Paris, le 30 mars 1899.

ÉMILE LOUBET.

Par le Président de la République :

Le Président du Conseil,
Ministre de l'Intérieur et des Cultes,
CH. DUPUY.

Le Ministre des Travaux publics,
C. KRANTZ.

TABLE DES MATIÈRES

PREMIÈRE PARTIE

APERÇU RÉTROSPECTIF

CHAPITRE PREMIER

LES EAUX ET LES ÉGOUTS IL Y A CENT ANS

	Pages.
1. Vue d'ensemble.	1
2. Alimentation d'eau.	
Sources du Midi.	4
Sources du Nord	5
Pompes de la Samaritaine	5
Pompes Notre-Dame	5
Pompes à feu de Chaillot et du Gros-Caillou	7
3. Mode d'assainissement.	
Les égouts	9
Voirie de Montfaucon	11
4. Projets	12

CHAPITRE II

LES EAUX ET LES ÉGOUTS DANS LA PREMIÈRE MOITIÉ DU XIXe SIÈCLE

1. Le Consulat et l'Empire.	
Les eaux	14
Égouts et vidanges	16

TABLE DES MATIÈRES

Pages.

2. La Restauration.
   Concession du canal de l'Ourcq et du canal Saint-Denis. 16
   Construction du canal Saint-Martin 17
   Les égouts — *Parent. Duchâtelet (1824). —Premier emploi de la meulière (Duleau)* 17
   Les vidanges 19

3. Période de 1830 à 1854.
   Chaussées bombées 20
   Distribution générale.
      Eau de l'Ourcq 21
      Cuve de Chaillot 23
      Fontaines marchandes et porteurs d'eau 23
   Puits artésien de Grenelle 24
   Les égouts 25
      Nouveaux types 26
      Branchements 27
   Muraillement de la Bièvre 27
   Création du dépotoir et suppression de la voirie de Montfaucon.
   Les vidanges 28
   Essais d'emploi agricole 29

4. Situation en 1854. 29
   Les eaux. 30
   Les égouts 30
   Les vidanges 30

CHAPITRE III

PÉRIODE DE TRANSFORMATION. BELGRAND (1854-1878)

1. Programme nouveau. 31
   Double canalisation. Service privé. Service public 31
   Réseau des égouts. Grands collecteurs dirigés vers l'aval 32
2. Annexion de la banlieue. 32
   Traité avec la Compagnie générale des eaux 33
3. Rachat des canaux 35
4. Dérivations de la Duuis et de la Vanne 35
5. Usines sur la Seine et sur la Marne.
   Austerlitz. 36
   Saint-Maur 37

TABLE DES MATIÈRES 513

Pages.

Complément d'alimentation du canal de l'Ourcq. Usines de Trilbardou et d'Isles-les-Meldeuses. 38

6. Puits artésiens.
   Puits de Passy 38
   Puits de la place Hébert et de la Butte aux Cailles 39

7. Usines de relais.
   Ménilmontant 39
   Place de l'Ourcq. 39

8. Réservoirs.
   Passy 40
   Gentilly. 40

9. Fontaines Wallace. 40

10. Réseau des collecteurs.
    Collecteur d'Asnières 41
    Collecteur de la Bièvre. — Siphon de l'Alma 41
    Collecteur du Nord 41
    Collecteurs secondaires 41
    Égouts secondaires 43

11. Curage des égouts. 43

12. Essais d'épuration des eaux d'égout 46

13. Assainissement des habitations.
    Système diviseur. — Tinettes filtrantes 48

14. Nouveau mode de traitement des vidanges 49

15. Couverture du canal Saint-Martin 50

16. Situation en 1878.
    Les eaux. 51
    Les égouts 51
    Les vidanges 52

CHAPITRE IV

période de développement (1878-1891). (alphand et ses collaborateurs)

1. Nouvelle organisation. 53
2. Extension rapide du système 53
3. Amélioration du service privé. 54
4. Amélioration du service public. 56
5. Introduction des compteurs. 58

		Pages.
6. Service d'incendie		59
7. Insuffisance progressive de l'eau de source. Pratique des substitutions d'eau de rivière		60
8. L'écoulement direct et l'épuration agricole		62
9. Adaptation des égouts a l'écoulement direct		63
10. Amélioration du réseau des collecteurs		64
11. Usine municipale de Bondy		65
12. Amélioration des canaux		66

CHAPITRE V

TRAVAUX RÉCENTS

67

DEUXIÈME PARTIE
L'ÉTAT ACTUEL

CHAPITRE PREMIER

VUE D'ENSEMBLE

1. Outillage général	71
2. Double service d'eau	72
3. Qualités des eaux	73
Eaux de sources	73
Eaux de rivière	75
4. Quantités disponibles	76
5. Consommation effective	77
6. Régime de la distribution	78
7. Réseau d'égouts unique	80
8. Système des collecteurs	80
9. Développement des galeries. Volume d'eau écoulé	82
10. Émissaires, usines élévatoires et champs d'épuration	83
11. Eaux d'égout. Eau épurée	85
12. Canaux de navigation	86

CHAPITRE II

ORGANISATION GÉNÉRALE. — PERSONNEL

1. Division du service	89
2. Service réservé	90

TABLE DES MATIÈRES 515

Pages.
3. Service de l'assainissement. 91
4. Service temporaire des adductions d'eaux nouvelles. 91
5. Personnel 91
6. Ouvriers. 93
7. Répartition du personnel 94

CHAPITRE III

ALIMENTATION DU SERVICE PRIVÉ

1. Dérivation de la Dhuis 97
   Aqueduc 98
2. Dérivation de la Vanne. 100
   Captages. 104
   Usines. 108
   Aqueduc collecteur 111
   Aqueduc principal. 111
3. Dérivation de l'Avre. 116
   Captages 118
   Aqueduc 121
4. Dérivation du Loing et du Lunain. 124
   Les sources 125
   Captages. 128
   Aqueducs secondaires 129
   Usine élévatoire. 131
   Aqueduc principal. 134
   Exécution des travaux 135
5. Établissements de filtrage 138
   Saint-Maur 138
   Ivry. 139
   Construction et fonctionnement 141
6. Usines de relais 144

CHAPITRE IV

ALIMENTATION DU SERVICE PUBLIC

1. Canal de l'Ourcq. 146
   Usines d'Isles-les-Meldeuses et de Trilbardou 147
   Aqueduc de ceinture. 150

TABLE DES MATIÈRES

Pages.

2. Usines puisant en Seine 150
    Ivry 152
    Austerlitz 155
    Bercy 156
    Chaillot 159
    Javel 160
3. Usine de Saint-Maur 161
4. Usines de relais 165
    Ourcq 166
    Ménilmontant 167
    Montmartre 168
    Charonne 170
5. Puits artésiens 170
6. Anciens aqueducs 172

CHAPITRE V

RÉSERVOIRS

1. Dispositions générales 174
2. Réservoirs affectés exclusivement au service privé . 177
    Montretout 177
    Montsouris 180
    Cuve du Château 182
3. Réservoirs affectés exclusivement au service public 183
    Eau d'Ourcq 183
    Eau de Seine 184
4. Réservoirs mixtes affectés aux deux services 188

CHAPITRE VI

DISTRIBUTION

1. Zones et étages du service privé 194
2. Zones et étages du service public 196
3. Tracé général et longueur des canalisations 199
4. Mode d'établissement des conduites 200
5. Appareils accessoires 203
6. Branchements de prise 205
7. Appareils publics 206

TABLE DES MATIÈRES 517
Pages.

CHAPITRE VII

ÉGOUTS ET COLLECTEURS

1. État général du réseau souterrain. 212
2. Collecteurs généraux 212
3. Collecteurs secondaires. 220
4. Ouvrages divers.
   Siphons. 223
   Usines élévatoires 226
   Déversoirs 229
   Chambres à sables 230
5. Égouts élémentaires 232
6. Ouvrages accessoires 233

CHAPITRE VIII

CHAMPS D'ÉPURATION

1. Émissaire général. 237
2. Usines.
   Clichy. 241
   Colombes. 243
   Pierrelaye 248
3. Ouvrages divers de l'émissaire général.
   Galeries libres 250
   Siphons 252
      1º Siphon de Clichy. 252
      2º Siphon d'Argenteuil. 252
      3º Siphon d'Herblay. 255
      4º Siphon de Chennevières. 256
      5º Siphon de la vallée de l'Oise. 257
4. Champs d'épuration. 258
   Gennevilliers 258
   Parc agricole d'Achères 260
   Méry-Pierrelaye 265
   Carrières-Triel 267

CHAPITRE IX

CANAUX DE NAVIGATION

1. Canal de l'Ourcq.	270
2. Bassin de la Villette.	272
3. Canal Saint-Denis.	275
4. Canal Saint-Martin.	279

TROISIÈME PARTIE

FONCTIONNEMENT DES SERVICES. EXPLOITATION ET ENTRETIEN

CHAPITRE PREMIER

EAUX

1. Dérivations	283
2. Machines élévatoires et réservoirs.	284
3. Distribution	288
4. Régie intéressée.	292

CHAPITRE II

ÉGOUTS

1. Mode de curage.	295
2. Outillage.	297
3. Visites publiques.	300
4. Atmosphère des égouts	301
5. Entretien	302

CHAPITRE III

ÉPURATION ET UTILISATION AGRICOLE DES EAUX D'ÉGOUT

1. Usines et émissaires.	304

TABLE DES MATIÈRES   519

                                                                             Pages.

2. CHAMPS D'ÉPURATION 305
3. EXPLOITATION AGRICOLE 306

CHAPITRE IV

ASSAINISSEMENT DES HABITATIONS OU TRAVAUX SANITAIRES

1. ÉCOULEMENT OBLIGATOIRE A L'ÉGOUT 310
    Décret-loi de 1852. 310
    Loi du 10 juillet 1894 311
2. APPLICATION DE LA TAXE ANNUELLE DE VIDANGE 312
3. DISPOSITIONS TRANSITOIRES 312
4. INSTRUCTION DES AFFAIRES. STATISTIQUE. COLLECTIONS. . 314
5. TRAVAUX DE CANALISATION INTÉRIEURE DANS LES ÉTABLISSEMENTS PUBLICS 315

CHAPITRE V

CANAUX DE NAVIGATION

1. TRAVAUX D'ENTRETIEN 317
2. MODE D'EXPLOITATION 318
3. DROITS DE NAVIGATION 319
4. SYSTÈMES DE TRACTION 320
5. PRODUITS DIVERS 321

QUATRIÈME PARTIE

RÉSULTATS TECHNIQUES ET FINANCIERS

CHAPITRE PREMIER

DISTRIBUTION D'EAU

1. RÉSULTATS GÉNÉRAUX 323
2. TRAITS DISTINCTIFS 324
3. OBJECTIONS COURANTES 325
4. PRODUIT DE LA VENTE DE L'EAU 329
5. DÉPENSES ANNUELLES 330
6. REVENU NET 330

CHAPITRE II

RÉSEAU D'ÉGOUTS

1. Physionomie spéciale des égouts parisiens.	332
2. Critiques diverses	333
3. Produit brut des redevances.	335
4. Dépenses d'entretien et de curage	337
5. Capital engagé.	338

CHAPITRE III

ÉPURATION DES EAUX D'ÉGOUT

1. Effets de l'épuration par le sol	339
2. Conséquences de l'opération. Assainissement de la Seine	340
3. Résultats culturaux	341
4. Objections diverses.	343
5. Organisation et résultats du contrôle.	344
6. Dépenses et produits	345

CHAPITRE IV

TRAVAUX SANITAIRES

1. Progrès de l'écoulement direct.	347
2. Situation transitoire.	348
3. Difficultés de la transformation dans les maisons anciennes	350

CHAPITRE V

CANAUX

1. Importance du trafic.	352
2. Produits des droits de navigation et recettes diverses.	353
3. Revenu.	354

APPENDICE

AVENIR DU SERVICE. — EXTENSIONS ÉVENTUELLES

1. Alimentation d'eau 356
2. Égouts et collecteurs 358
3. Épuration totale de l'efflux urbain. 360
4. Assainissement des habitations. 361
5. Canaux. 362

ANNEXES 365

ÉVREUX, IMPRIMERIE DE CHARLES HÉRISSEY

ERRATA

Pages.	Lignes.	
5	5	*Lire :* substructions, *au lieu de :* subsructions.
26		Substituer la figure ci-dessous à celle donnée par erreur comme représentant le profil en travers de l'égout Rivoli.

33	12	*Lire :* tarifé, *au lieu de :* tarifié.
34	15	*Après* un an à l'avance, *ajouter :* la Ville a renoncé à cette faculté le 26 décembre 1867 moyennant...
37	4	*Lire :* 20 000 m³, *au lieu de :* 2 000 m³.
53	6	*Lire :* vingt-deux, *au lieu de :* vingt-cinq.
53	8	*Ajouter :* ainsi que de l'architecture.
113		Sous la première figure, *lire :* Pont-siphon de l'Yonne, *au lieu de :* Arcades de Pont-sur-Yonne.

ERRATA

Pages.	Lignes.	
180	22	*Lire* : et dont le bâtiment en bois provient, *au lieu de* : enfin.
180	23	*Lire* : et enfin un... *au lieu de* : transformé en.
185	2	*Lire* : jonction, *au lieu de* : fonction.
185	7	*Lire* : dont, *au lieu de* : donc.
223	14	*Lire* : dessous, *au lieu de* : dessus.
290	31	*Lire* : 155 211,64, *au lieu de* : 228,64.
296	28	*Lire* : soit en bateau, *au lieu de* : soit ou en bateau.
302	14	*Supprimer les mots* : en raison de.
319	29	*Lire* : versé, *au lieu de* : adressé.
344	27	*Lire* : 1894-95, *au lieu de* : 189-495.
370	10	*Lire* : Inspecteur, *au lieu de* : Ingénieur de 1re classe.

www.ingramcontent.com/pod-product-compliance
Lightning Source LLC
Chambersburg PA
CBHW051410230426
43669CB00011B/1828